辽宁转变经济发展方式对策研究

王大超　赵慧娥　等著

LIAONING ZHUANBIAN
JINGJI FAZHAN FANGSHI
DUICE YANJIU

人民出版社

策划编辑:孙兴民
责任编辑:李椒元
装帧设计:徐　晖
责任校对:吕　飞

图书在版编目(CIP)数据

辽宁转变经济发展方式对策研究/王大超,赵慧娥等著.
　-北京:人民出版社,2010.9
ISBN 978－7－01－008843－3

Ⅰ.辽…　Ⅱ.①王…②赵…　Ⅲ.地区经济-经济发展-研究-
辽宁省　Ⅳ.F127.31

中国版本图书馆 CIP 数据核字(2010)第 064133 号

辽宁转变经济发展方式对策研究
LIAONING ZHUANBIAN JINGJI FAZHAN FANGSHI DUICE YANJIU

王大超　赵慧娥　等著

人民出版社 出版发行
(100706　北京朝阳门内大街 166 号)

北京世纪雨田印刷有限公司印刷　新华书店经销

2010 年 9 月第 1 版　2010 年 9 月北京第 1 次印刷
开本:880 毫米×1230 毫米 1/32　印张:17.25
字数:391 千字　印数:0,001－3,000 册

ISBN 978－7－01－008843－3　定价:39.00 元

邮购地址 100706　北京朝阳门内大街 166 号
人民东方图书销售中心　电话 (010)65250042　65289539

目 录

第一章 科学发展观下辽宁转变经济发展方式的现实

意义 ……………………………………………………… 1

第一节 经济发展方式概述 …………………………………… 1

一、经济发展理论的演进轨迹 …………………………… 1

二、经济增长与经济发展的关系 ………………………… 9

三、经济发展方式概述 …………………………………… 10

第二节 辽宁经济发展方式的历史回顾 …………………… 13

一、计划经济时期辽宁经济发展方式的特点 ………… 13

二、改革开放到东北老工业基地振兴战略实施前

辽宁经济发展方式的特点 ………………………… 22

三、东北老工业基地振兴战略实施以来辽宁经济

发展方式的特点 …………………………………… 28

第三节 转变经济发展方式是辽宁经济可持续发展的必

然选择 …………………………………………… 33

一、经济发展需要消费、投资和出口"三驾马车"的

均衡拉动 …………………………………………… 33

二、辽宁经济可持续发展面临的各种约束 ………… 36

第四节 转变辽宁经济发展方式的思路 …………………… 44

一、选择经济发展方式应遵循的基本原则 ………… 44

二、实现辽宁经济发展方式转变的路径 …………… 46

第二章 大力发展循环经济,转变辽宁经济发展方式……… 51
 第一节 发展循环经济是转变辽宁经济发展方式的重要
  途径 ……………………………………………… 52
  一、循环经济的基本内涵和基本原则 ……………… 52
  二、大力发展循环经济对转变辽宁经济发展方式
   的必要性 ……………………………………… 55
  三、国内外循环经济发展研究概述 ………………… 57
 第二节 辽宁省循环经济发展现状及问题分析 ………… 69
  一、辽宁省循环经济的发展现状 …………………… 69
  二、辽宁省循环经济发展中存在的主要问题 ……… 74
 第三节 发达国家发展循环经济的主要经验 …………… 76
  一、主要发达国家发展循环经济的主要经验 ……… 76
  二、发达国家发展循环经济的经验对辽宁省的
   启示 …………………………………………… 80
 第四节 推进辽宁循环经济发展的对策建议 …………… 81
  一、推进辽宁循环经济发展的基本途径 …………… 81
  二、推进辽宁循环经济发展的建设重点 …………… 85
  三、推进辽宁循环经济发展的具体措施 …………… 89
  四、推进辽宁循环经济发展的关键环节 …………… 95
第三章 转变经济发展方式,提升辽宁装备制造业的
  核心竞争力 ……………………………………… 100
 第一节 装备制造业在辽宁经济中的地位以及当前存在
  的主要问题 …………………………………… 100
  一、装备制造业在辽宁经济中的地位 …………… 100
  二、目前辽宁装备制造业存在的主要问题 ……… 101
 第二节 辽宁装备制造业发展绩效的国内比较 ……… 106

一、辽宁装备制造业绩效的国内比较 ……… 108

二、分析与结论 ……… 114

第三节　转变辽宁装备制造业发展方式与提高其核心
竞争力的对策建议 ……… 118

一、转变装备制造业的发展重心 ……… 118

二、转变装备制造业全面振兴思路 ……… 118

三、转变装备制造业的再造策略 ……… 119

四、转变装备制造企业的创新观念 ……… 122

五、构建产业集群,全方位推进产业"经济生态圈"
的整合 ……… 128

第四章　加快都市经济圈发展,促进辽宁经济发展方式
转变 ……… 138

第一节　都市经济圈发展与经济发展方式转变 ……… 138

一、都市经济圈的定义和功能 ……… 138

二、都市经济圈是工业化发展的必然产物 ……… 142

三、都市经济圈是生产要素密集地区 ……… 143

四、都市经济圈的发展有利于提高要素生产率 ……… 144

五、都市经济圈的发展有利于发挥集群效应 ……… 145

第二节　国内外都市经济圈的发展态势 ……… 145

一、国外都市经济圈发展态势 ……… 145

二、我国都市经济圈的发展态势 ……… 150

第三节　辽宁都市经济圈的区位优势分析——以沈阳
为例 ……… 156

一、地理位置优势 ……… 157

二、海陆空立体交通的优势 ……… 158

三、工业基础雄厚的优势 ……… 159

四、人力资本优势 ……………………………… 160

五、市场潜力的优势 ……………………………… 161

六、振兴东北政策的优势 ………………………… 162

七、沿海开放机遇的优势 ………………………… 162

第四节　沈阳经济区发展的 SWOT 分析 ………… 164

一、沈阳经济区经济发展的优势和劣势 ………… 164

二、沈阳经济区发展的机遇和挑战 ……………… 168

第五节　辽宁经济圈转变经济发展方式的对策与建议 …… 171

一、都市经济圈建设中的原则 …………………… 172

二、辽宁区域经济发展方式的对策和建议 ……… 178

第五章　优化产业结构,提升辽宁大中型工业企业

竞争力 ……………………………………… 186

第一节　大中型工业企业在辽宁经济中的地位 …… 186

第二节　企业竞争力理论 ………………………… 188

一、竞争力测算与企业经营水平的量化监控 …… 189

二、竞争力监测与不同企业之间的比较 ………… 190

三、企业竞争力指标 ……………………………… 191

四、企业竞争力评价指标体系设置原则 ………… 192

第三节　辽宁省大中型工业企业所在 38 个行业竞争力

分析 ……………………………………… 193

一、行业竞争力指标体系构成 …………………… 193

二、行业竞争力的测算方法 ……………………… 194

三、计算结果及分析 ……………………………… 196

四、行业竞争力系数测算的启示 ………………… 199

第四节　辽宁上市公司竞争力分析 ……………… 199

一、企业竞争力评价指标体系设置 ……………… 199

二、计算方法 ……………………………………… 201

三、计算过程和结果分析 ………………………… 201

四、企业竞争力系数测算的启示 ………………… 203

第五节 辽宁大中型工业企业主要指标与全国平均水平
的对比分析 ……………………………………… 204

一、辽宁大中型工业企业主要经济指标在全国的
比重 …………………………………………… 204

二、辽宁大中型工业企业拥有资产在全国的比重…… 205

三、辽宁大中型工业企业的经济效益指标与全国
的对比 ………………………………………… 206

四、辽宁大中型工业企业所在行业同全国行业
指标的对比 …………………………………… 206

第六节 辽宁工业产业链战略 ……………………… 211

一、石化工业产业链 ……………………………… 211

二、装备制造工业产业链 ………………………… 212

三、冶金工业产业链 ……………………………… 214

四、其他产业 ……………………………………… 216

第七节 提升辽宁大中型工业企业竞争力的策略……… 219

一、扩大资源整合,提升企业规模竞争力 ………… 220

二、引领科技创新,奠定企业增长竞争力 ………… 221

三、强化精细管理,形成企业效率竞争力 ………… 222

四、优化产业结构,促进辽宁工业整体竞争力的
提升 …………………………………………… 223

第六章 大力发展文化产业,促进辽宁经济发展方式
转变 …………………………………………… 261

第一节 现代经济增长与文化产业 ………………… 262

一、解析现代经济发展 …………………………… 262

二、现代经济发展进程中的文化产业力量 ………… 269

第二节　国际视野比较 …………………………… 272

一、软实力与文化产业发展 ……………………… 272

二、当代文化产业发展模式比较：日韩形态与欧美
模式 ……………………………………… 273

第三节　文化产业与辽宁经济发展方式转变分析 ……… 279

一、辽宁省文化产业发展现状 …………………… 279

二、制约辽宁文化产业发展的因素及其影响 ……… 284

三、文化产业发展与辽宁经济增长方式转变互动
机理分析 ………………………………… 286

第四节　辽宁文化产业发展中的政府行为 ………… 288

一、文化产业规制动因分析 ……………………… 288

二、辽宁省政府文化产业政策的市场增进作用 …… 290

第五节　增进文化产业在辽宁省经济发展方式转变的
作用的对策 ……………………………… 291

一、辽宁省文化企业产权改革 …………………… 291

二、辽宁省政府文化产业发展的政策创新 ………… 295

第七章　加快发展高新技术产业，促进辽宁经济发展
方式转变 ………………………………… 300

第一节　高新技术产业对经济发展的作用 ………… 300

一、利于优化产业结构，促进全省经济发展方式的
转变 ……………………………………… 300

二、推动科技、产业、教育、就业的持续发展和资源
的优化配置 ……………………………… 301

三、利于提高全省技术创新与制度创新能力,促进
技术进步 ……………………………………… 301

四、利于培育产业集群和名牌产品,增强经济发展
竞争力 ………………………………………… 302

五、利于抓住老工业基地振兴和沿海开放的双重
机遇 …………………………………………… 303

六、利于辽宁老工业基地全面振兴,符合国家经济
发展战略需要 ………………………………… 303

第二节　国内外高新技术产业发展状况概述 …………… 304

一、国外高新技术产业的理论与实践 …………… 304

二、国内高新技术产业发展概况及存在的主要
问题 …………………………………………… 307

第三节　辽宁高新技术产业发展存在的问题和制约
因素 …………………………………………… 310

一、辽宁高新技术产业的发展现状分析 ………… 310

二、存在的问题 …………………………………… 316

三、制约因素 ……………………………………… 320

第四节　加快高新技术产业发展,促进辽宁转变经济
发展方式的对策建议 ………………………… 324

一、产业结构调整与高新技术产业发展 ………… 325

二、科技创新与高新技术产业发展的理论思考 … 327

三、提升辽宁高新技术产业竞争力的思路 ……… 330

四、高新技术产业园区的发展思路及功能提升 … 336

五、大力发展信息产业,推动高新技术产业发展 … 344

六、提升辽宁高新技术产业人力资本对策 ……… 346

七、风险投资业与高新技术产业的互动发展分析 … 352

八、政府职能与政府规制 ·················· 353

九、网络经济条件下高新技术产业创新的战略性

思考 ·· 358

第八章　发展现代农业，促进辽宁农业经济发展方式

转变 ·· 363

第一节　辽宁农业经济发展现状 ················ 364

一、辽宁农业自然资源状况 ················ 364

二、辽宁农业发展状况评述 ················ 366

第二节　辽宁农业经济发展方式转变的难点 ······ 371

一、自然资源因素的制约 ·················· 371

二、社会经济因素的制约 ·················· 372

三、农业技术因素的制约 ·················· 374

第三节　辽宁农业全要素生产率测度 ············ 376

一、模型和数据说明 ······················ 376

二、回归结果及说明 ······················ 378

三、有关研究方法的几点说明 ·············· 381

四、主要结论 ····························· 381

第四节　发展现代农业是转变辽宁农业经济发展方式的

根本途径 ·································· 382

一、现代农业是继传统农业之后的农业发展新

阶段 ······································ 383

二、发展现代农业是转变农业经济发展方式的

必由之路 ·································· 385

三、发展现代农业是走出二元经济社会结构的

战略举措 ·································· 387

第五节　辽宁发展现代农业,转变农业经济发展方式的

对策建议 ·············· 388

一、用现代物质条件装备农业,改善农业生产条件

和农村基础设施 ·············· 389

二、用现代科学技术改造农业,加强农业科技创新

和推广 ·············· 392

三、用现代产业体系提升农业,拓展农业的功能和

效用 ·············· 395

四、用现代经营形式推进农业,注重农业产业化和

农民组织化程度 ·············· 401

五、用现代发展理念引领农业,健全农业社会化

服务体系 ·············· 404

六、培养新型农民发展农业,加强农村劳动力素质

培训工程 ·············· 407

七、加快发展资源节约型农业,不断提高农业经营

集约化水平 ·············· 409

八、深化农村改革,创新推动现代农业发展的体制

机制 ·············· 415

第九章　以城市化和第三产业推动辽宁经济发展方式

的转变 ·············· 417

第一节　城市化和第三产业推动辽宁经济发展方式转变

之因由 ·············· 417

一、城市化是后发现代化国家逐步消除城乡二元

经济社会结构的必经之路 ·············· 417

二、城市化不断地改变着人们的思维方式和生活

方式 ·············· 422

　　　三、城市化过程也是经济发展方式不断转变的

　　　　过程 ……………………………………………… 424

　　　四、第三产业是推动经济发展方式转变的重要

　　　　力量 ……………………………………………… 425

　第二节　辽宁城市化发展的现状以及存在的主要问题 …… 430

　　　一、我国理论界在城市化方面的争论 ……………… 430

　　　二、辽宁省城市化发展的现状 ……………………… 435

　　　三、辽宁省城市化进程中存在的主要问题………… 438

　第三节　辽宁第三产业发展的现状及存在的主要问题 …… 443

　　　一、辽宁第三产业发展现状 ………………………… 443

　　　二、辽宁第三产业发展中存在的主要问题………… 448

　第四节　加快辽宁城市化进程和发展第三产业的对策

　　　　建议 ……………………………………………… 452

　　　一、加快辽宁城市化进程的对策建议 …………… 452

　　　二、加快辽宁第三产业发展的对策建议 ………… 455

第十章　辽宁转变经济发展方式的人力资本战略 ………… 467

　第一节　辽宁转变经济发展方式进程中的人力资本

　　　　需求 ……………………………………………… 468

　　　一、从产权结构看辽宁人力资本需求的变化 …… 469

　　　二、从产业结构看辽宁人力资本需求的变化……… 474

　　　三、从微观的行业分布看辽宁省人力资本需求的

　　　　变化 ……………………………………………… 481

　第二节　辽宁人力资本供求中存在的问题及成因分析 …… 485

　　　一、辽宁人力资本的使用效率问题 ……………… 485

　　　二、辽宁人力资本使用低效率问题的经济解释……… 493

第三节　为辽宁转变经济发展方式提供人力资本有效
　　　　供给的政策建议 …………………………… 505

一、深化产权改革以市场为导向形成人力资本
　　需求 ………………………………………… 505

二、加快教育体制改革以需求为硬约束形成人力
　　资本的有效供给 …………………………… 508

三、发挥政府在人力资本要素市场中的引导、保障
　　和补充作用 ………………………………… 511

四、拓宽教育的融资渠道，防止因教致贫及收入
　　分配差距加大 ……………………………… 516

参考文献 ……………………………………………… 525

后记 …………………………………………………… 535

第一章 科学发展观下辽宁转变经济发展方式的现实意义

胡锦涛总书记在党的十七大报告中强调："加快转变经济发展方式,推动产业结构优化升级,是关系国民经济全局紧迫而重大的战略任务。"在此次报告中,胡锦涛总书记提出了"加快转变经济发展方式"的新观点,替代以往转变经济增长方式的提法,体现了经济理论的创新和飞跃。

改革开放30多年来,辽宁经济保持高速增长状态,对资源和能源的需求不断加大,环境污染的日趋严重加大了环境压力,资源和环境的约束问题已成为制约辽宁经济发展的瓶颈。因此,转变经济发展方式,提高经济发展质量势在必行。同时,作为一个正在振兴中的老工业基地,实现经济发展方式的转变对加速老工业基地振兴并最终把辽宁建设成为我国未来重要的经济增长极具有极其重要的意义。

第一节 经济发展方式概述

一、经济发展理论的演进轨迹

(一)经济增长理论

亚当·斯密在1776年的巨著《国民财富的性质和原因的研究》中最早对经济增长问题做出了全面系统的分析,他把经济增长视为国民财富或社会财富的增长,认为国民财富的增长来源于劳动生产率和从事劳动的人数,开创了经济增长理论的先河。20世纪30年代末,英国的经济学家哈罗得(R. F. Harrod)和美国的经济学家多马(E. D. Domar)根据凯恩斯的"收入决定论"的思想提出了宏观经济增长模型,也标志着现代经济增长理论的产生。

1. 哈罗得—多马经济增长模型

1948年,英国经济学家哈罗得在其出版的《动态经济学导论》中提出了他的经济增长模型。而美国经济学家多马于1946年和1947年发表的两篇论文——《资本扩张、增长率和就业》和《扩张和就业》中提出了与哈罗得模型基本相同的理论,因此他们的模型被合称为哈罗得—多马经济增长模型。

该模型假设全社会只有一种产品,既是资本品又是投资品;生产中只使用资本和劳动两种生产要素,并按照一个固定比例投入生产;在生产的过程中假定技术水平不变。此模型的数学表达式为:$g = s/v$,其中 g 为经济增长率;s 表示储蓄率;v 表示资本—产出比率,由技术条件决定,假定为不变。因此,此模型强调的是在资本产出率保持不变的基础上,一国的经济增长率取决于储蓄率。

哈罗得—多马经济增长模型的意义在于其发展了凯恩斯的短期、静态的经济理论,将其长期化、动态化;强调了储蓄和资本积累对经济增长的决定作用;指出投资需求不足时,国家干预和宏观调控在经济增长中的必要性。但是此模型却忽略了技术进步、国民受教育程度等因素对经济增长的促进作用。

2. 经济增长要素分析理论

美国经济学家丹尼森(E. F. Denison)于1962年出版的《美国经济增长因素和我们面临的选择》一书中,从对美国经济增长因素的分析和估计入手,分析影响经济增长的因素,并度量它们所起作用的大小。

丹尼森把经济增长因素分为两大类:生产要素投入量和生产要素生产率。丹尼森认为,生产要素投入量包括劳动在数量上的增长和质量上的提高,以及资本在数量上的增加。而属于生产要素生产率的有三项,即资源配置的改善、规模的节约和知识的进展及其在生产上的应用。通过定量的测定,比较各个增长因素对经济增长率所做的贡献,最终比较长期经济增长中各个因素的相对重要性。

丹尼森的结论是,知识进展可以减少同样生产要素投入产品所需的投入量,对于经济增长的重要性愈来愈显著,是发达资本主义国家最重要的增长因素,这里的知识进展既包括技术进步也包括管理知识的进步。同时,丹尼森还指出教育因素是促进经济增长的重要因素,但他所谓的教育因素是指劳动者所受正规教育年限的多少,并未考虑教育质量的成分。丹尼森认为,由增加教育量而引起的劳动者的教育程度的提高,不但促进过去的经济增长,也通过教育途径的改变推进未来经济增长方式的转变。

3. 经济增长极限理论

(1)经济增长极限理论简述

"经济增长极限理论"又称"零经济增长论",由罗马俱乐部于20世纪60年代末70年代初发表的重要报告提出。1968年,意大利垄断资本家帕塞伊邀请西方一些著名的经济学家、科学家和教育家等云集罗马,讨论经济增长所带来的一些问题,特别是人类对资源的运用限度和生态平衡等问题,"罗马俱乐部"因此得名,报告由美国麻省理工学院的梅多斯(D. L. Meadows)等17位教授于1972年共同撰写。

梅多斯等人建立的"世界模式",研究以下五个方面经济发展

的重要趋势及它们之间的相互关系:(1)加速的工业化;(2)快速
的人口增长;(3)广泛的营养不良;(4)有限资源的耗竭;(5)日益
恶化的环境。通过综合考虑,阐发了地球有限论的必然结论:现代
工业的发展是以快速耗竭地球的天然资源与日益严重的环境污染
为代价的,如果按照当前趋势发展下去,人类终将自我毁灭。为
此,梅多斯等人认为,要避免世界经济的崩溃,就要采取措施,建立
一个持续的生态平衡环境,控制经济发展,实行"零经济增长"。
如果不能把"增长速度控制为零",世界在 2100 年来到之前,会因
不能再生产的资源耗竭和严重污染而崩溃,整个经济也将会停止
增长。因此针对此问题,他们提出了若干具体措施:为使工业资本
保持不变,应使投资率等于折旧率;将经济重点转移到不消耗资源
的服务业上去;污染降低到 1970 年数值的四分之一;增加农业投
资,以提高人均食物量;由于工业资本转移到服务业和农业上去之
后,工业资本会相对减少,为了抵消这种相对减少所产生的影响,
就要改善设计,延长工业设备的寿命。采取这些措施之后,"稳
定"的"世界模型"就可以建立了。

(2)对经济增长极限理论的争论

经济增长极限理论的提出,遭到了许多西方资产阶级经济学
家和科学家的反对,一些科学家还通过具体的计算和实际科学统
计资料的论证,否定梅多斯等人的"世界模型"。例如在美国爱迪
生电气研究所 1976 年出版的《未来的经济增长》一书中,采用数
据分析方法全面否定了经济增长极限论,提出了相反的论证观点。
该书认为,欠发达国家正在经历着经济一定程度的发展,在死亡率
下降的同时出生率没有下降,人口增长率不但不会急剧增长,反而
将会降低;不可再生资源也是会随着时间的推移和经济的增长而
逐渐减少,但是地球上可利用的资源将随着科技的发展而增长;技

术的发展也可以降低大多数污染带来的危害等等。

美国社会学家、经济学家甘哈曼于 1984 年出版的《第四次浪潮》一书中,对能源、资源、人口、生态等的前景保持乐观,他预测 200 年后,整个世界将进入"后工业化社会",总人口将达 150 亿人,人均总产值将达 2 万美元,资源也很充足,生产较为富裕。

还有一些西方经济学家也批评了梅多斯等人所提出的"零经济增长理论",认为此理论既无根据也不实际。他们认为,污染不会随着经济的停止增长而减少,能源消耗也是如此,即便经济增长为零,只要通过经济增长发展新技术就能解决此问题;零经济增长不需要技术进步和创新,变相地抵消了人们钻研技术的积极性,降低社会效率;发展中国家为了脱离落后地位、赶超发达国家就必须要保持经济增长,发达国家同时会认为其他国家的持续发展一样会带来资源的消耗以及环境的污染,因此也很难保持经济零增长,最终"世界模式"很难达到。总之,这些西方经济学家认为,零经济增长是不可能实现的,也是不应该实现的。

(二)经济发展理论

1. 二元经济模型

古典经济学家大卫·李嘉图早在 19 世纪便指出,农业部门存在剩余劳动力,并且这种剩余劳动力有向工业部门转移的趋势。刘易斯(W. Arthur Lewis)模型综合了第二次世界大战前后许多经济学家的思想,使二元经济理论具有了描述和指导欠发达国家经济发展的典型含义,对以后的发展理论产生了巨大的影响,[①]此模型得名于其 1954 年发表的论文《劳动无限供给下的经济发展》。

刘易斯认为,绝大多数发展中国家的经济已经由传统的单一

---

① 齐良书主编:《发展经济学》,高等教育出版社 2007 年版。

农业经济发展演变为农业部门与现代工业部门并存的二元结构经济，因此经济发展问题的直接体现是工农业两大部门之间的关系问题。该模型假设经济体中只存在两个部门：传统的农业部门和现代的工业部门，提出经济发展的关键在于了解资本剩余的使用，而工业部门劳动边际生产力提高的幅度将影响工业化和经济发展的进程。工业部门将剩余再投资于生产创造新资本从而扩大资本积累，资本积累引起了工业部门的扩张，导致对劳动就业需求量增加，从而吸引剩余劳动从农业部门向工业部门转移。资本积累的数量越大、速度越快，边际生产力提高的幅度也就越大，导致从农业部门转移到工业部门的劳动力的数量跟着增加，吸收速度也就越快，而且这个过程要一直继续到剩余劳动力消失为止。

　　不可否认的是，刘易斯的二元经济模型存在着一定的缺陷：此观点忽略了当农业部门劳动力不断减少的情况下农业部门的产出问题。除非在改进农业技术方面有所创新，否则农业产出势必会下降，在一定程度上忽略了农业部门的发展。此外，劳动供给超过需求将导致现代部门工资水平下降，阻止农村劳动力进一步流入，[1]因此也无法解决城市失业问题的存在。

　　2. 工业化与经济增长的比较研究[2]

　　钱纳里将经济结构变化与经济增长的动态过程分为三个阶段，分别反映了不同的经济结构对经济增长的影响、经济增长方式的转换过程以及不同类型国家所处的经济阶段。在第一阶段，经济增长主要由初级产业（农业）和服务业所支撑，经济增长速度

----

　　① 齐良书主编：《发展经济学》，高等教育出版社 2007 年版。

　　② 此理论是发展经济学中的重要理论，主要论述发展中国家工业化进程与经济增长的关系，因此将其归入到经济发展理论中。

慢。第二阶段(人均国民生产总值约为 400—2000 美元),处于这一阶段的国家是 20 世纪 70 年代至 80 年代的亚洲新型工业国家,经济增长主要由快速上升的工业制造业支撑,因而进入高速增长的工业化阶段。第三阶段经济增长进入发达经济阶段,工业制造业对于经济增长的贡献由于其产品需求弹性变小而趋于下降,除基础设施对经济增长的贡献仍有上升外,服务业和初级产业(农业)对经济增长的贡献主要来源于知识、技术、信息的应用。①

　　3. 可持续发展理论

　　二战后,科学技术的快速发展,给资本主义国家带来了增长热潮,也加快了发展中国家的工业化进程。然而在传统的发展思想和理论的指导下,粗放型经济发展模式严重地影响了资源、环境、经济与社会的发展,造成了资源的浪费和短缺,导致了生态环境的严重恶化。能源危机、环境污染和生态破坏逐渐引起人们的关注,可持续发展理论思想油然而生。

　　有关可持续发展的定义,不同的学者缘于其所占角度不同给出的定义也是各不相同的。经济学家、社会学家和自然科学家分别从各自的学科角度出发,对可持续发展进行了阐述。自然科学家认为,"可持续发展是保护和加强环境系统的生产和更新能力(国际生态学联合会和国际生物学联合会举办的专题研讨会,1991)";"可持续发展是寻求一种最佳的生态系统以支持生态的完整性和人类愿望的实现,使人类的生存环境得以维持"等。社会学家将可持续发展定义为,"在生存于不超出维持生态系统涵

---

　　① ［美］H. 钱纳里、S. 鲁宾逊等:《工业化和经济增长的比较研究》,上海人民出版社 1995 年版。

容能力之情况下,改善人类的生活品质"①;"人口增长趋于平稳,经济稳定,政治安定,社会秩序井然的一种社会发展(布朗)"。经济学家从经济发展的角度,将可持续发展定义为,"在保持自然资源的质量和提供服务的前提下,使经济的净利益增加到最大限度(巴贝尔)";"自然资本不变前提下的经济发展,或今天的资源使用不应减少未来实际收入(皮尔斯)";"建立在成本效益比较和审慎的经济分析基础上的发展和环境政策,加强环境保护,从而导致福利的增加和可持续发展水平的提高(《世界发展报告》,1992)"。

目前被广为接受的可持续发展的定义是 1987 年挪威前首相布伦特兰夫人在其作为主席的联合国世界与环境发展委员会发表的报告《我们共同的未来》中所提出的,将可持续发展定义为既满足当代人的需要,又不对后代人满足其需要的能力构成危害的发展。总之,不能以牺牲环境和浪费资源为代价,为满足当代人的需求而使后代人失去经济发展的条件,从而降低生活水平。

综上所述,可持续发展应遵循以人为本的原则,不仅包括经济的内容,同时也包括人口、环境、资源和社会等方面的内容。既是时间的概念,包括今天的发展和福利不应建立在牺牲下一代人的福利和发展的基础上;也是空间的概念,意味着一国的经济发展不应影响另一国家的经济发展,甚至某一经济区域的发展不影响另一地区的发展。因此,可持续发展是全国乃至全球发展的总目标,而这一目标需要整个人类社会的共同努力。

---

① 参见世界自然保护同盟、联合国环境规划署和世界野生动物基金会发表的《保护地球——可持续生存战略》(1991 年)。

二、经济增长与经济发展的关系

胡锦涛总书记明确指出"由转变经济增长方式到转变经济发展方式,虽然只是两个字的改动,但却有着十分深刻的内涵。转变经济发展方式,除了涵盖转变经济增长方式的全部内容外,还对经济发展的理念、目的、战略、途径等提出了新的更高的要求。我们要正确处理好和快的关系,坚持好字优先,加快形成符合科学发展观要求的发展方式。"

(一)经济增长与经济发展的联系

唯物辩证法认为,矛盾就是对立统一,对立的双方又是统一的。经济发展和经济增长之间也存在着必然的联系。首先,经济发展是经济持续增长的结果,历史经验表明,经济的发展都是沿着从粗放型增长到集约型增长,从单纯的经济增长到全面的经济发展而演进的。其次,经济增长是经济发展的手段,是经济发展的基础和必要条件。发展是增长的延续和飞跃,经济发展要通过经济增长来完成,而不可能在负增长或微弱增长的基础上长期维持下去,没有经济增长,何谈社会结构的转换和社会福利水平的显著提高,也无法持续实现经济发展。

总之,有经济增长才有持续的经济发展,经济发展是经济增长的目的,在追求经济增长的同时不能忽视经济发展,否则将导致经济发展中的比例、结构失调及社会动荡。经济发展是经济持续增长的结果,国民生活水平的提高、经济结构和社会形态等的进步也都很大程度上依赖于经济增长。

(二)经济增长与经济发展的区别

经济增长(Economic Growth)和经济发展(Economic Development)是既有联系又有区别的两个概念,有些西方发展经济学家并没有把他们区分开来,而是相互替代使用。例如刘易斯在其著作《经济增长理论中》是以经济增长为研究对象,但论述的范围也涉及了经济发展的主要问题。

经济增长是指一定时期内一个国家的产品、服务的数量和价值增加进而社会财富即社会总产品量的增加,一般用国民生产总值(GNP)、国内生产总值(GDP)、国民收入(National Income)等来衡量。经济发展不仅包括经济增长,还包括引起产出增加的社会制度结构、产业结构、技术状况、政治文化条件的变化等。世界银行对于发展给出了如下的定义:"发展是改善人民的生活质量,就是提高他们建设自己的未来的能力。"美国经济学家托达罗(Todaro)认为发展是涉及整个社会制度重新组合和重新定向的多维的过程,除了收入和产出的增加,还特别包括体制的、社会的和管理的结构的急剧变化,也包括公民意识,在许多情况下甚至是习惯和信仰的急剧变化。钱纳里在其出版的《结构变化与发展政策》一书中曾指出,"经济发展可以视为维持经济持续增长所需要的经济结构的一系列相互联系的变化,既包括需求、生产和就业构成,也包括贸易和资本流动的外在结构。总之,这些结构变化明确表示一个传统的经济制度向现代经济制度转变的过程。"比较而言,经济增长偏重于数量的衡量而非质的变化,而经济发展是一个既包含数量又包含质量的衡量标准。

三、经济发展方式概述
(一)粗放型发展方式与集约型发展方式

粗放型发展方式即外延型发展方式,依靠资金、劳动力、原材料消耗和能量资源的大量投入,导致高投入、高消耗、高污染、低效益结果的发展方式。经济发展追求的是数量、产值和速度的增长,而忽略了增长的质量和效益。集约型经济发展方式即内涵型发展方式,是注重生产要素效率提高的经济发展方式;通过提高要素生产率来增加生产质量和社会效益,产出的增加是依靠提高活劳动和物化劳动利用率,进而产生低消耗、高质量、高效益的结果。

(二)资源依赖型发展方式与资源节约型发展方式

资源依赖型发展方式,主要是指依靠不可再生自然资源方面的比较优势,通过对自然资源的开采、初级加工并形成初级产品的经济发展模式。产业的发展及产出的增加依赖相关资源,使得产业结构单一,经济发展不可持续。资源节约型发展方式,是指经济发展的前提是资源的节约,包括水资源、能源资源及原材料资源,是通过提高资源利用率,建立低投入、低耗能、低排放和高效率的经济发展方式。

(三)速度数量型发展方式与质量效益型发展方式

速度数量型发展方式是由高投入、高消耗推动的消耗型发展方式。经济发展片面的追求数量、产值和速度而导致经济发展质量低、效益差和结构失衡。质量效益型发展方式是一种效率型增长方式,由劳动、经营管理效率提高、技术进步、资源转移、规模经济等因素形成的动力所推动。经济发展追求质量和效益的提高,包括经济增长率的提高、结构优化、运行状态良好及环境污染程度低等多方面的内容。

(四)环境友好型发展方式与环境破坏型发展方式

环境友好型发展方式旨在保护环境与经济发展并重,把加强环境保护作为调整经济结构、转变经济发展方式的重要手段,在保护环境中求发展。在经济发展中,综合运用法律、经济、技术和必要的行政办法解决环境问题,提倡经济发展不能以牺牲环境为代价。环境破坏型发展方式是指片面追求 GDP 增长速度、经济总量规模而不顾环境承载能力、以牺牲环境为代价的一种经济发展方式,是一种以牺牲下一代甚至几代人的利益为代价的发展方式,是不可持续的发展方式。这种发展方式所造成的空气污染、土地荒漠化和石漠化、河流污染以及地下水污染等严重影响当代经济社会的发展。

(五)生产要素依赖型发展方式与科技依赖型发展方式

生产要素依赖型发展方式是指经济发展严重依赖传统生产要素投入的增加,靠增加土地、资本和劳动要素来实现扩大再生产,特别是依靠不可再生和不可移动的土地资源投入的增加来实现经济增长。科技依赖型发展方式意味着产量的增加是通过生产效率的提高完成的,而生产效率的提高又是由技术创新、知识发展、资源配置的改善等因素引起的。

(六)不可持续发展型发展方式与可持续发展型发展方式

可持续发展型发展方式追求的是资源使用效率的提高,以较少的能源、水和其他资源的消耗创造较高的经济增长,倡导当代的经济发展不应以破坏下一代的生态环境和资源为代价。相反,不可持续发展方式的根本出发点是追求经济增长,利用能源的消耗促进经济发展,以破坏生态环境和资源为代价。

(七)出口导向型发展方式与进口替代型发展方式

出口导向型发展方式和进口替代型发展方式是20世纪五六十年代发展中国家走过的两种截然不同的发展道路,经济战略可分为出口导向型战略和进口替代型战略。出口导向型战略是由于国内市场狭小,经济发展水平较低,人们的消费能力低下,而通过发展出口导向型产品和产业来带动经济增长,并为经济发展和经济起飞积累资本的经济发展方式,代表国家为日本和亚洲"四小龙"。进口替代型发展方式需要实行贸易保护政策,通过高关税或进口限额等措施排斥国外的竞争,发展进口替代产业,促进国家实现工业现代化,代表国家为巴西和阿根廷。

第二节 辽宁经济发展方式的历史回顾

一、计划经济时期辽宁经济发展方式的特点

辽宁,得名于 1929 年,寓意着辽河流域永远安宁,位于中国东北地区的南部,是中国东北经济区和环渤海经济区的重要结合部,是东北地区通往关内的交通要道,也是东北地区和内蒙古通向世界、连接欧亚大陆桥的重要门户和前沿地带。辽宁全省下设 14 个省辖市,现有人口 4271 万,占全国总人口的 3.25%;土地面积 14.8 万平方公里,约占全国土地总面积的 1.54%。优越的地理环境赋予了辽宁省丰富的自然资源,矿产资源尤为丰富,是我国矿产种类比较齐全,矿产资源基本配套的省份之一。其中铁、菱镁矿、金刚石、硼、红柱石埋藏量居全国首位;铜、铅、石油等十余种矿产资源也占有重要地位。1949 年中华人民共和国成立后,经过 8 年的建设,辽宁成为中国最早的工业基地。改革开放以来,东部是我国经济发展最好、经济效率最高的地区,为我国经济实现快速增长做出了重大贡献。

(一)计划经济时期辽宁经济发展方式的特点——粗放型经济发展方式

计划经济时期是辽宁老工业基地建设、形成和发展的时期。同全国其他地区一样,辽宁的经济发展先后经历了国民经济恢复时期、第一、第二个五年计划时期、国民经济调整时期和"文化大革命"时期。改革开放前,我国实行的是高度集中的中央计划经济体制,在这种体制下,政府是配置资源的唯一主体,资源配置同

行政权力结合在一起,经济的高速发展、高速增长,很大程度上是靠资本投入、资源消耗来驱动的。在速度与效益的关系上,强调"多快好省",多和快优于好和省。从总体上看,在这一时期,辽宁的经济发展是粗放型的,依靠"高投入、高消耗、高污染"为主的经济增长。

从执行第一个五年计划开始,辽宁工业生产能力显著增强,工业总产值一直保持增长趋势。1978 年的工业总产值为 376.8 亿元,比 1953 年增长 5.5 倍,占全国工业总产值的 8.9%。"一五"时期和调整时期的增长速度最为显著,年增长率达到了 20.9% 和 18.3%。辽宁是资源型和原材料工业省份,重化工业所占比重较大。在工业总产值中,有 70% 左右集中在重化工业上,特别是"大跃进"时期提倡"以钢为纲"的口号,导致 1957 年重工业和轻工业的产值比扩大到了 71.6∶22.8(见表 1-1)。在 1953—1977 年辽宁省全民所有制单位基本建设投资比重中,无疑是工业投资占主导地位,而其中又以重工业为主。1949—1978 年近 30 年里,工业投资总额达 294.17 亿元,其中重工业投资额累积为 268.50 亿元,重工业占总工业投资比重在任一五年计划中均超过 60%(见表 1-2)。长期对于重工业的重视导致了农业、轻工业与重工业之间发展的不均衡,"四五"时期与"一五"时期比较,工农业总产值中重工业由 56.1% 上升为 65.6%;农业则由 18.4% 下降到 11.7%;轻工业由 25.5% 下降至 22.7%。

表 1-1　1953—1978 年辽宁省社会总产值及构成　(单位:亿元)

年份	社会总产值	农业总产值	工业总产值	轻工业	重工业
1953	99.1	16.9	57.8	17.2	40.6
1954	106.8	18.8	64.2	17.8	46.4

年份	社会总产值	农业总产值	工业总产值	轻工业	重工业
1955	108.3	19.4	67.8	17.2	50.6
1956	133.1	22.1	83.5	20.4	63.1
1957	142	21.2	94.4	22..8	71.6
1958	195.1	21.2	138.9	26.4	112.5
1959	258.7	24.6	198.6	40.4	158.2
1960	303.3	19.2	243.1	49.3	193.8
1961	151.9	19.6	107.9	25	82.9
1962	149.2	21.2	107.4	33.4	74
1963	160.2	21.8	117.9	26.7	91.2
1964	185.8	22.6	138.2	30.2	110
1965	223	26.5	170.5	46.2	124.3
1966	249.7	29.4	193.6	50.5	143.1
1967	190.6	29.3	137.9	43.2	94.7
1968	168.6	30.4	115.8	34.2	81.6
1969	244.5	30	186.1	54.9	131.2
1970	296.6	37.7	226.4	55.5	170.9
1971	328.1	35.5	252.5	61	191.5
1972	341.2	33	265.2	66.1	199.1
1973	376	40.3	288.4	72.5	215.7
1974	401.8	43.9	307.3	81.9	225.4
1975	430.9	48.3	325.5	88	237.5
1976	446.6	47.4	343.2	94.8	248.4
1977	437.2	46.6	337	94	243
1978	483.7	49.2	376.8	99.2	277.6

数据来源:国家统计局综合司:《1949—1989 年全国各省、自治区、直辖市历史统计资料汇编》。

表1-2　"一五"至"五五"时期辽宁全民所有制单位固定
资产投资比重划分

年份	农业	轻工业	重工业
"一五"	3.8	4.3	67
"二五"	5.4	6.5	68.9
1963—1965年	11.7	4.2	61.8
"三五"	15.4	4	60.5
"四五"	9	5.3	62.8
"五五"	6.1	9.1	62.8

数据来源:《辽宁经济事典》,人民出版社1992年版。

表1-3　历年一次性能源消耗总量　　　(单位:万吨)

年份	按标准煤计算
1952	876.1
1957	1927.8
1962	2481.7
1965	2711.7
1975	4806.6

数据来源:《辽宁经济事典》,人民出版社1992年版。

表1-4　万元国民收入消耗能源　　　(单位:万吨)

年份	数量
"一五"时期	23.7
"二五"时期	30.4
调整时期	35
"三五"时期	—
"四五"时期	36.2
"五五"时期	24.5

数据来源:《辽宁经济事典》,人民出版社1992年版。

　　辽宁的一次性能源消耗总量呈逐年递增趋势(见表1-3),从1952年的876.1万吨标准煤上升至1975年的4806.6万吨标准煤,在20年中翻了6番。此外,辽宁万元国民收入消耗能源在"一五"时期为23.7吨标准煤,至"二五"、"四五"时期呈上升态势,分别为30.4万吨、36.2万吨标准煤,"五五"时期虽有所下降至24.5万吨煤,但仍高于全国平均水平(见表1-4)。每百元社会总产值中,物质消耗逐年递增,从"一五"时期的50.6元,上升为"三五"时期的57.8元,再到"四五"时期的58.3元。但是每百元积累新增的国民收入却不增反降,由"一五"时期的51.4元,分别下降到"三五"和"四五"时期的37.3元和30.4元。由此可见,高消耗并没有带来高效益,经济效益明显下降。此外,能源的高消耗势必会重度污染环境,辽宁省废弃物、有害气体的排放水平均高于其他省区,严重地破坏了生态环境质量。

　　因此,不难看出,计划经济时期的辽宁经济是一种重工业主导型的经济,是一种严重依赖自然资源开采、加工的经济,走的是一条速度数量型、粗放型的经济发展道路,是一种不注重环境保护的发展道路。

　　1. 辽宁经济是典型的资源依赖型经济增长方式

　　从"一五"计划开始实施至改革开放的25年里,辽宁社会总产值从1953年的99.1亿元增加至1978年的483.7亿元,增加了近4倍。通过分析不难看出,辽宁的经济增长严重依赖资源的开采利用。

　　"一五"计划是结合辽宁的实际情况而制订的,利用辽宁矿产资源丰富的优势将其建设成为全国的重工业基地,其宗旨在于完成以鞍山钢铁联合企业为中心的东北工业基地的新建、改建,其中包括抚顺、阜新的煤矿工业,本溪的钢铁工业和沈阳的机械制造工业。苏联帮助我国设计的 156 项重点工程,有 24 项安排在辽宁建设,突出发展辽宁的包括冶金、机械、化工、建材以及煤炭、电力、石油等在内的能源工业。① 全省施工的限额以上项目共有 175 个,其中工业建设项目 98 个,占同期全国工业大中型项目的 10.6%。在实施的第一个五年时间里,鞍钢大型轧钢厂、无缝钢管厂、七号高炉,抚顺铝厂,抚顺西露天矿,石油一、二、三、五、六、七厂等骨干企业相继建成投产。

　　"一五"时期 24 个国家重点工程中有 8 个涉及煤炭工业工程,包括新丘一立井、阜新平安立井、阜新海州露天、抚顺东露天、抚顺龙凤立井等。作为老煤炭工业基地,煤矿的分布涵盖了辽西、辽中、辽南、辽北、辽东等各地区,包括辽西地区的阜新矿务局、北票矿务局、南票矿务局;辽北地区的抚顺矿务局和铁法矿务局;辽东地区的沈北煤田、红阳煤田和本溪煤田等。1955 年开始,原煤产量均超过了 2000 万吨,而 1970 年后原煤产量更是在 4000 万吨左右徘徊。值得一提的是,"大跃进"时期,由于一味地追求数量,大肆采剥煤炭资源,全省新开办小煤窑 230 处,导致 1960 年原煤产量高达 5560 万吨,比"一五"时期增加了 4 倍。

　　辽宁石油工业历史的发展可以追溯到 20 世纪 30 年代,日本帝国主义为掠夺我国资源,解决侵华战争的石油供应问题,先后在抚顺建立了提炼石油的三个炼油厂、在锦州建设了以煤为原料合成油的两个炼油厂、在大连建立了加工天然原油的炼油厂。原油的总产量从 1953 年的 30 万吨,发展到 1960 年的 80 万吨、1978 年的接近 400 万吨。1960 年后大庆油田、70 年代辽河油田相继的开发建设,抚顺石油一、二、三厂、锦西石油五厂、锦州石油六厂、大连

---

　　① 　岳岐峰:《辽宁经济事典》,人民出版社 1992 年版。

石油七厂、鞍山和盘锦两个炼油厂的改造也进一步增加了原油产量。

鞍钢、本钢、大钢、抚钢等企业早在20世纪初就已初具规模，且作为"一五"时期的国家重点工程项目，鞍钢和本钢得到了国家的大量投资，生产速度逐年增长。以鞍钢为例，1957年与1952年相比，铁矿石、生铁、钢材都增长了3倍左右。到了1953年，全省钢产量达到了115万吨，截至1978年，钢产量已逐渐向1000万吨迈进。另外，1958—1960"大跃进"时期本着重点发展重工业的纲领，追求大规模，搞"以钢为纲"，使得1959、1960两年中钢的产量较之前比均大幅度提高，同年分别占全国的48.8%和40%。

2. 辽宁经济发展方式是环境破坏型发展方式

长期以来，辽宁重生产、轻治理，经济发展以牺牲生态环境质量为代价。据《辽宁经济事典》记载资料统计，计划经济时期全省每年排放废气8000多亿标立米，每年工业固体废弃物的产生量达7000多万吨，辽宁省耕地平均每年减少45万亩，均居全国之首。每年排放的工业和生活污水高达22亿吨，居全国第5位。其中排入大气中的有毒有害物质达50多种、490多万吨；80%以上废水未经处理直接排入河流或流域，致使全省70%的河流受到不同程度的污染。人均耕地面积由1949年的3.88亩下降到1978年的1.69亩，低于全国水平。营口、大连、丹东海域水质均超过国家三类海水标准，源于无机氮、化学耗氧量和石油类等污染物的排放。大连湾多次出现赤潮，锦西连山湾海域底质金属污染居全国之首。本着资源的优势，大量地开发煤矿、无计划地发展采矿场等，严重地破坏了山地植被，水源涵养能力急剧下降，水土流失逐年加重，洪水、泥石流等灾害日益频繁，河道、水库淤积日趋严重，致使辽宁面临着严重的生态危机。

3. 辽宁经济发展方式是速度数量型经济发展方式

从 1953 年到 1978 年,辽宁社会总产值无论从数值上还是增长速度上都是显著的。例如第一个五年计划期间,全省工业总产值由 1952 年的 45.25 亿元上升至 1957 年的 117.13 亿元,增幅达到 158.9%,年均增速高达 21%。然而更具代表性的莫过于 1958—1960 年的"大跃进"时期,该时期的标志是求成,经济发展注意数量、忽视质量;追求速度、轻视比例。农业提出在三五年内达到十二年农业发展纲要规定的粮食产量指标,而工业则要求在三、五、七年内提前实现原有的 15 年钢产量赶上或者赶超英国的目标。此期间,全省新创办了民办工业达 3.95 万处,城乡新建小、土高炉 4051 座,小转炉 244 座,新开办小煤窑 230 处、小电站 311 座、小炼油厂 80 处。在此政策指导下,工农业总产值的比例由 1957 年的 83.7∶16.3 变化为 1960 年的 93.4∶6.5;轻重工业比例由 1957 年的 29.2∶70.8 变化为 1960 年的 26.9∶73.1;在重工业内部也存在比例失调。在第四个五年计划中,提出 1975 年全省钢产量达到 895 万吨、生铁 970 万吨、煤 4320 万吨。为了实现这些高指标,此期间大幅度扩大投资规模。全省积累率高达 34.8%,比"三五"时期的 24.4% 上升了 10.4 个百分点。"四五"时期全省固定资产投资年平均增长速度由 11.0% 增长为 20.1%。这种过分的对于速度数量的追求,最终导致产品质量低劣,严重破坏了资源。

(二)粗放型经济发展方式形成的原因

1. 经济体制的因素

苏联是世界上第一个社会主义国家,经济管理模式是高度中央集权化和通过行政手段管理经济,中国的经济发展模式和经济体制从"一五"计划开始便是选择照搬苏联模式。"一五"计划开始的基本任务之一就是在苏联的帮助下大力发展多集中于煤炭、电力、冶金、石油、化工和军事工业方面的 156 项工程,大力发展工业,重视重工业发展。这就注定着中国在此阶段的经济发展方式是只注重外延发展忽视内涵建设,追求数量轻视质量的发展方式。经过国民经济恢复时期和第一个五年计划建设时期,辽宁一直处在长期的社会主义计划经济体制和粗放式经济发展方式下,被定义为重要的工业基地,主要为国家提供矿产品及一些初级加工产品。为了获取大量矿产资源增加国家基础工业的实力,不惜投入大量人力、物力、财力。这种粗放型的方式在很大程度上忽视了资源的保护性开发、集约化开发和综合体开发的道路。也正由于计划管理制度的存在,大型企业完全由中央统一管理,按国家指令行事,盲目地追求规模的扩大,忽视了资源、环境问题,更不用说日后的出路问题。

2. 指导思想的因素

计划经济时期的经济发展方式很大程度上取决于中央的政策指导方针,1958 年,党中央提出了"鼓足干劲、力争上游、多快好省地建设社会主义"的总路线和"大跃进"的口号。工业生产要实现"大跃进",要"超英赶美";农业生产要"大跃进",要"放卫星",要实现"吨粮田";教育事业要"大跃进",一大批中等专业学校立即变成了大学。在所谓的"比学赶帮超"的气氛下,谁的速度慢,谁提出要注重质量,就会立即被作为"白旗"拔掉,甚至被扣上"右倾机会主义分子"的帽子。在这样一种政治气氛下,不顾客观规律的"大炼钢铁"运动、"深翻地"在全国迅速展开。尽管在 1962 年党中央提出了"以农业为基础、以工业为主导"和"调整、巩固、充实、提高"的方针,但并没有从根本上扭转粗放型经济发展方式。1966 年以后,中国经济发展进入了一个极不正常的时期,政治斗争取代了经济建设,以至于到"文化大革命"结束时,我国国民经济已经处于崩溃的边缘。

3. 国际环境的因素

改革开放前的计划经济体制以及粗放的经济发展方式的形成是与当时的国际环境分不开的。中华人民共和国成立初期,由于美国发动侵朝战争、对我国进行经济封锁等一系列因素的影响,迫使我国在外交上实行"一边倒"的外交政策,在经济上不得不采取"苏联模式",实行高度集中的计划经济。由于两大阵营的对立和两个平行的世界市场的存在,为了充分显示社会主义制度的优越性,在经济发展方面不仅要避免资本主义国家经常发生的周期性经济危机,同时要在经济发展速度上超过西方资本主义国家,只有这样才能显示出"东风压倒西风"。中苏两党关系破裂后,我国一些学者也曾经对"苏联模式"进行过反思,也曾经提出过"把计划建立在价值规律基础上"等真知灼见,但在"左"的思潮的压制下,这种反思没能继续下去。

二、改革开放到东北老工业基地振兴战略实施前辽宁经济发展方式的特点

党的十一届三中全会的召开标志着我国经济建设进入了改革开放的新时期。由于我国在改革开放初期实行的是"摸着石头过河"的方针,从提出"以经济建设为中心"到"有计划的商品经济"再到"建设有中国特色的社会主义市场经济"经历了十余年的时间,直到十四大才最终确定了我国经济体制改革的目标。尽管辽宁的经济体制改革也是从 1978 年开始,但是,由于辽宁是计划经济体制的重灾区,因此,经济发展方式的转变要落后于广东等改革开放先行区。尽管辽宁的经济体制改革相对滞后,但改革开放仍然为辽宁经济发展注入了新的活力。

(一)经济增长显著,产业结构逐步合理化

经济增长的速度是显著的,1978—2002 年辽宁地区生产总值由 229.2 亿元增加至 5458.2 亿元。产业结构逐步由失衡向协调的方向发展,第一、第二产业比重逐渐下降,取而代之的是第三产业比重的逐渐增加,2002 年辽宁三大产业结构比重为 10.8∶47.8∶41.4,第三产业的迅速发展使得其产值比重已经接近第二产业(见表 1-5)。党的十一届三中全会以后,辽宁贯彻实行了对国民经济"调整、改革、整顿、提高"的政策方针,调整了工业发展的比例关系,使工业经济逐步朝健康的方向发展。为了改善轻工业相对落后的状况,对辽宁的轻工业实施"六优先"原则,轻工业总产值占工业产值比重由 1978 年的 26.7%,上升至 1990 年的 31.4%。

表 1-5 1978—2002 年辽宁生产总值比重构成

年份	第一产业	第二产业	第三产业
1978	14.1	71.1	14.8
1979	16.6	67.9	15.5
1980	16.4	68.4	15.2
1981	17	65	18
1982	17.4	63.4	19.2
1983	19.9	60.3	19.8
1984	18.3	61.2	20.5
1985	14.4	63.3	22.3
1986	15.3	59.1	25.6
1987	15.2	58	26.8

年份	第一产业	第二产业	第三产业
1988	16.1	55.9	28
1989	14.1	54.3	31.6
1990	15.9	50.9	33.2
1991	15.1	49.2	35.7
1992	13.2	50.4	36.4
1993	13	51.7	35.3
1994	13	51.1	35.9
1995	14	49.8	36.2
1996	15	48.7	36.3
1997	13.2	48.7	38.1
1998	13.7	47.8	38.5
1999	12.5	48	39.5
2000	10.8	50.2	39
2001	10.8	48.5	40.7
2002	10.8	47.8	41.4

数据来源:辽宁省统计局:《辽宁统计年鉴2007》,中国统计出版社2007年版。

(二)农村经济体制改革初显成效

1978年改革开放以来,打破长期"左"的思想约束,在农村实施了以联产承包责任制为核心的农村经济体制改革。将经营自主权下发给农民,到了1984年全省基本上都实行了家庭联产承包责任制。为了解放农村生产力,调动农民的生产积极性,辽宁还制定了一系列关于农村专业户和农民手工业制品免税等宽松的经济政策,并鼓励农村由单一的粮食生产转向农、林、牧、副、渔多种经营方向发展。为了加快发展步伐,有关部门积极鼓励科技兴农,提高机械、水利、化肥、电气等农业现代化水平,促进传统农业向现代农业的转变。由于农林牧副渔的全面发展,1990 年全省农业生产总值达 273.8 亿元,比 1978 年增长 79.9%,平均每年增长 5.0%,大大快于 1953—1978 年 26 年间平均每年增长 2.7% 的速度。① 并在之后的 12 年里保持持续增长,2002 年农业总产值高达 1215 亿元。

(三)由封闭走向开放

改革开放前,辽宁的经济基本上是在封闭的状态下运行的。1981 年政府工作报告明确指出:"我们要利用两种资源,首先是国内资源,其次是国际资源;开拓两个市场,首先是国内市场,其次是国际市场;学会两种本领,一是管理国内经济的本领,二是开展对外经济贸易的本领。"辽宁引进、利用外资始于党的十一届三中全会后不久,1983 年办起第一家合资企业,1984 年大连成为全国第一批沿海开放城市。② 1988 年 3 月,国务院批准了辽东半岛对外开放,范围涉及 8 市 16 县。1980 年到 2002 年,辽宁省通过对外借款、兴办三资企业和外商其他投资方式,共签订的利用外资项目数额从 24 个增加到 2132 个,合同金额由 487 万美元增加到 74.3 亿美元,实际利用外资从 457 万美元上升至 42.3 亿美元(见表 1 - 6)。随着对外开放步伐的加快,2002 年辽宁进出口总额由 1978 年的不足 16 亿美元发展到 2003 年的 217.4 亿美元。

---

① 岳岐峰:《辽宁经济事典》,人民出版社 1992 年版。
② 于书今,卢松:《改革取向与制度创新——辽宁老工业基地振兴报告》,万卷出版公司 2004 年版。

表1-6　辽宁利用外资情况　　　　（单位:万美元）

年份	签订利用外资协议额	年份	签订利用外资协议额
1979	113	1991	92238
1980	487	1992	269694
1981	138	1993	431588
1982	2448	1994	499888
1983	1458	1995	466820
1984	6366	1996	502673
1985	24213	1997	550991
1986	43852	1998	506974
1987	56494	1999	505987
1988	132271	2000	555807
1989	84960	2001	592312
1990	85298	2002	742914

数据来源:《辽宁经济事典》及国家统计局综合司《1949—1989年全国各省、自治区、直辖市历史统计资料汇编》。

（四）加大环境保护力度

老工业基地和资源型省份的属性使辽宁成为全国环境污染和破坏最严重的省份之一。多年来对于资源的开采利用严重地污染了城市大气环境,使本身就紧缺的水资源出现危机,土地资源大量丧失,自然生态环境恶化,局部海域污染日趋严重。环境保护问题也越来越多地受到辽宁省政府的关注与重视。辽宁环境工作起步于1972年成立的"三废"治理办公室,1979年辽宁省环境保护局正式组建成立。1980年,对辽宁省内超标排放污染物和造成污染事故的企事业单位实行收费和罚款制度,1987年在制订的《全省城市环境质量控制计划》中,开始将环境保护计划纳入国民经济和社会发展年度计划管理轨道。2年后又在《环境污染治理投资

计划》中将污染治理投资作为指令性计划纳入有关部门固定资产
投资计划管理。1988 年,为了控制重污染行业和重点区域的污
染,辽宁开始实行水污染申报登记和发放许可证制度,并将沈阳、
丹东作为试点城市。1989 年,在沈阳、大连、鞍山、抚顺、本溪、丹
东、锦州和营口 8 个城市进行了城市环境总和治理定量考核。
1990 年发布的《关于进一步加强环境保护工作的通知》,规定从
1991 年开始在全省征收排污水费,并且建立升级环境保护专项基
金——从征收的超标排污费及排污水费中分别提取 10%。改革
开放后,对于日趋严重的环境污染,辽宁加大了环境保护力度,
1985 年治理污染资金投入为 28312 万元,而 2002 年治理污染资
金总投入高达 888389.1 万元,增加了 30 倍之多(见表 1 - 7)。到
了 1990 年,全省共征收排污费 126934 万元,罚款 598.53 万元。
仅在 2000、2001 两年,污染事故赔罚款总额就分别为 140.2 万元
和 268.8 万元。

表 1 - 7　辽宁污染治理资金投入　　（单位:万元）

年份	污染治理资金
1985	28312
1986	26182
1987	31744
1988	34504
1989	40735
1990	38953
2000	682538.63
2002	888389.1

数据来源:《辽宁经济事典》及国家统计局综合司《1949—1989 年全国各省、自治区、直
辖市历史统计资料汇编》。

三、东北老工业基地振兴战略实施以来辽宁经济发展方式的特点

2003 年 10 月党中央、国务院发布《关于实施东北地区等老工业基地振兴战略的若干意见》，标志着振兴东北老工业基地战略实施的开始，至今已五年有余。辽宁地区生产总值于 2007 年达到了 11021.7 亿元，比上年同期增长 14.5%，与 2002 年相比翻了一倍，成为全国第八个地区生产总值过万亿的省区。2003—2006 年，辽宁省地区生产总值年均增长 12.6%，其中生产能力正常增长 8.98%，如比照全国经济周期因素再提高一个百分点，又如果没有振兴政策因素，那么 2003—2006 年辽宁经济应该年均增长 10% 左右，而实际是增长了 12.6%。[①] 面临着老工业基地振兴和对外开放两大机遇，辽宁省政府不断加大改革创新，变化不仅体现在 GDP 这个重要的经济增长指标上，经济发展方式、经济增长质量和经济结构均发生了翻天覆地的变化。与此同时，节能减排、环境保护以及生态建设都得到了迅速的推进。

（一）经济增长对投资的依赖度增加

2003—2006 年辽宁的投资率经历了大幅的提高，从 38.88% 增加到了 54.08%（见表 1-8）。2005—2006 年，辽宁外商直接投资超速增长，年均增长 32.3%，高于辽宁振兴前三年年均增长 14.5 个百分点。世界 500 强企业纷纷进入辽宁，外资项目规模也不断扩大。2006 年合同外资额在 1000 万美元以上的大项目有 445 个，比 2005 年增加 88 个。振兴东北老工业基地战略实施后，辽宁固定资产投资年均增长 40%，比全国同期高 14.4 个百分点，

---

① 高慧斌：《辽宁进入全面振兴阶段》，振兴东北网：http://www.chinaeast. gov.cn/。

高于辽宁振兴前三年年均增长22个百分点(见表1-8)。2006年固定资产投资为5689.64亿元,已经占到了地区生产总值的一半以上,为拉动经济增长做出了巨大贡献,由此可看出,固定资产投资增长是推动辽宁老工业基地振兴的主要力量。

表1-8 辽宁历年投资率

年份	2000	2001	2002	2003	2004	2005	2006
投资率	31.52	32.3	33.63	38.88	47.38	50.03	54.08
固定资产投资年增长率	15	12.1	13	29.7	44	41.1	34.8
外商直接投资年增长率	16.5	5.6	31.4	35	-10.7	27.2	38.3

数据来源:辽宁省统计局:《辽宁统计年鉴2007》,中国统计出版社2007年版。

(二)辽宁成为循环经济试点省份

2002年,国家环保总局正式批复辽宁省在全国率先开展循环经济试点工作,也是目前为止唯一的循环经济试点省份。从2005年实施起的4年来,辽宁将推进循环经济型企业、生态工业园区、城市资源循环型社会和资源再生产业基地建设作为推进目标。

1. 推行清洁生产,建立大批循环经济型企业

截至2005年,全省开展清洁生产审核的污染企业480多家,实施的项目多达9420个,因此带来的年新增经济效益接近20亿元,节约用水1.67亿吨,节约电能1.85亿千瓦时,减少空气中的污染物质例如二氧化硫、烟粉尘等18万多吨。其次,在多个行业创建了多家废水"零排放"企业,例如鞍钢已经建成40多个循环经济项目,高炉、焦炉和转炉煤气基本接近了"零放散",水资源循环利用率达到91%。最后,通过综合利用废弃物,建设生态工业

示范园。例如抚矿集团以"一矿四厂一气"转产项目为主线,综合利用油母页岩和煤矸石,大力发展接续产业和替代产业。目前,已建成年产6000万块的煤矸石烧结砖一期工程和年增产水泥27万吨的页岩废渣水泥厂扩建工程。[①]

2. 构建产业之间、企业之间的循环链

为了实现资源循环再利用,实现资源在不同产业和不同企业之间的充分利用,构建循环经济机制。例如大连开发区启动实施了工业介质循环利用、废旧家电综合利用和中水回用等9个工业生态链接项目,已有5个项目建成投产,电镀工业园实现废水"零排放"。葫芦岛市在金属冶炼、石化、城市基础设施建设等方面实施了15个链接项目,通过对近50万吨固体废弃物、7万吨二氧化碳和6500多吨二氧化硫的综合利用,带来了新经济效益7000多万元。

3. 发展循环生态产业

大力发展循环生态工业和农业,以生态设计完成结构调整和产行升级,实现环境与经济"双赢"。沈阳铁西新区为了从根本上解决环境污染问题,目前将47家重点企业构建成9条工业生态产业链和循环网络,工业废水50%以上通过处理后回用,年减排固体废物44万吨。大连市将消除市中心污染源作为治理的目标,将少部分地处市内的能耗高、污染重、效益差的工业企业关闭,大部分都采取了搬迁改造的方式。企业可以通过政府补贴的地价差异获得额外的资金,为企业的发展、技术水平的提高奠定了基础。盘

---

① 《辽宁省循环经济试点工作总结报告》,中华人民共和国环境保护部网站:http://www. chinaenvironment. com/view/ViewNews. aspx? k = 20030605103547343。

锦市生态农业示范园区之一西安生态养殖场通过以生产和利用水生植物为核心,牧渔农相结合,实行四级净化,五步利用,资源多层次开发,多级循环利用的复合生态模式,成为被联合国环境署命名的全球 500 佳之一。①

4. 推进资源再生利用

为了缓解日趋严重的水资源危机,辽宁将城市中水回用作为重点,建设资源循环型社会。截至 2005 年,全省已建成 25 座城市污水处理厂,累计日处理能力达到 284.8 万吨,实际运行负荷达到了 80%。鞍山西部第一、本溪第二、大连春柳河等 10 座污水处理厂共实现日回用中水 40 多万吨,主要用于工业、城市河道景观和绿化用水。鞍钢、抚顺石化等大排量、大污染企业也采取了中水回用,已使工业企业取水量减少了 24.5%。在沈阳和大连已建成住宅小区、学校、宾馆等中水回用工程 110 多个,日回用中水 4 万多吨。

(三)逐渐加强环境治理

1. 开始"三同时"的执行

东北振兴规划中明确提出要加快建设环境友好型社会,加大生态建设与环境保护力度,促进经济与资源、环境协调发展。辽宁省政府在此规划的指导下,在之后的几年发展中加大了对环境污染的整顿力度,将环保"三同时"作为重要的衡量标准之一。对于一些没有履行"环评"制度和"环保三同时"制度的企业,禁止开工建设和擅自生产。2007 年国家环保总局东北督察中心和辽宁省

---

① 《辽宁省循环经济试点工作总结报告》,中华人民共和国环境保护部网站: http://www. chinaenvironment. com/view/ViewNews. aspx? k = 20030605103547343。

环保局对于污水集中处理设施建设严重滞后、环评执行率和环保"三同时"执行低的企业制定了一系列的整治措施,例如对于违反"三同时"制度的锦州金城造纸股份有限公司等 13 家企业、违反国家产业政策的锦州锦鑫有色金属公司等 7 家企业、存在超标排污行为的沈阳三木化工有限公司等 30 家企业加大了惩罚措施,并提出了挂牌督办和限期治理等整治措施。2008 年辽宁环保局明确提出加大执法力度,严厉查处超标排污企业,不允许没有履行环保"三同时"制度的企业恢复生产。为了加大辽河治理和节能减排力度,辽宁省于 2008 年提出对 9 类污染实施区域限批,限批范围就包括环评、"三同时"执行率低的地区及严重超排的重点企业达到 60%以上的地区等。由表 1 - 9 可见,2003 年后,辽宁加大了建设项目"三同时"环保投资额,2005 年投入额度最大达 215980万元,是 2003 年的 2 倍。

2. 开始对历史形成的环境保护欠账进行治理

一直以来资源大量的消耗、环境的破坏,使辽宁环境形成了较多的历史欠账。经过多年的建设和治理,虽得到了一定的改善,但并没有从根本上解决问题,生态破坏情况仍然很严重。从 2003 年开始,辽宁用于治理环境污染的投资金额就超过了 135.53 亿元,并呈逐年上升趋势。至 2006 年的 202 亿元,投资力度逐年加大(见表 1 - 9)。以林业为例,全省目前森林资源面积为 464 万公顷,森林覆盖率为 31.84%,人均森林面积仅为 0.11 公顷,位居全国第十五。森林分布不均匀,大量集中在辽东,而辽西、南、中部生态分布薄弱。2004 年辽宁环境保护局便提出到 2010 年全省森林覆盖率达到 37%,到 2020 年全省森林覆盖率达到 39%的目标,并根据不同的自然条件和林业经济发展实际情况,提高森林覆盖率,实现林业产业可持续发展,建成比较完备的森林生态体系和比较发达的林业产业体系。

此外,为落实十七大关于切实解决环境问题的会议精神,辽宁还加大了饮用水安全的保障和辽河的治理。提出 3 年内,要争取让辽河的 COD 指标消灭劣 Ⅴ 类水,5 年内力争辽河的城市河段实现景观化。并将在 3 年内取缔辽河城市段的 38 个直排口,所有辽河干流流域的工业园区一律要配套建设污水处理厂,在辽河上下游实施生态补偿机制。

表 1 - 9　辽宁环境治理投资总额　　　　　(单位:万元)

年份	2001	2002	2003	2004	2005	2006
建设项目"三同时"环保投资	78897	179061	104062	169913	215980	200726
环境污染治理投资总额	682539	888389	1355300	1230418	1714219	2020821

数据来源:辽宁省统计局:《辽宁统计年鉴2007》,中国统计出版社 2007 年版。

第三节　转变经济发展方式是辽宁经济可持续发展的必然选择

一、经济发展需要消费、投资和出口"三驾马车"的均衡拉动

(一)消费、投资、出口是推动经济发展的主要力量

消费、投资与出口,是促进经济增长的"三驾马车"。从需求的角度看,社会产品生产出来之后,最终离不开三大需求,即投资需求、消费需求和出口需求。投资、消费和出口的增加,就是对社会产品和服务需求的增加,也是对经济增长的拉动。投资作为拉动经济增长的"三驾马车"之一,是任何一个国家和地区在经济发展初期所选择的基本发展方式,固定资产的投资支撑着经济的发展,也是社会经济持续发展的基本依托。消费作为内部需求和投资一样是推动国家经济增长的主要原动力,而消费作为所有经济行为有效实现的最终环节是不容忽视的,只有消费需求不断提高,经济的发展才能持久。世界上一些经济发达、开放度高的国家,特别是美国、日本和欧洲的几大国,都将消费作为推动经济发展的第一要素。因此,经济的发展需要内需和外需相互协调,形成以消费、投资、出口作为主要力量协调拉动经济增长的局面。

(二)消费、投资、出口在经济发展的不同阶段所起的作用是不同的

任何一个国家在经济发展过程中都存在着三种经济发展模式:投资拉动型、消费拉动型和出口导向型,不同的发展时期经济发展的侧重点是不同的。一般来说,投资拉动型的经济增长主要适合处于工业化阶段的发展中国家,出口导向型经济增长模式则适合国内市场狭小的国家,而发达的成熟市场经济国家则以消费拉动型的经济增长模式为主。①

在工业化发展过程中的经济起飞时期,经济的加速发展、资本的迅速积累需要投资拉动,因此造就了投资、消费和出口三者之间发展的不均衡。随着经济发展到一定阶段后,继续以投资拉动经济增长就变得不可持续了,消费率低所带来的影响也逐渐呈现出来。经济的增长并没有提高居民生活,人民的收入水平也没有提高;对投资的依赖不断增加资本形成率,生产能力逐渐扩大,而此时消费能力相对于生产能力不断萎缩,形成了国内市场规模有限

① 李威、刘超:《我国经济增长的动力分析》,《浙江大学学报》2006 年第 11 期。

与供给过剩之间的矛盾,因此不得不通过出口来释放。出口扩大势必增加国际收支,导致国内资金流动性过剩,银行手里有着大量资金需要贷出,反过来又助长了投资的高增长;固定资产投资持续高增长,使得贷款和货币投放量增加,通膨的压力必然最终表现出来。纵观来看这是一个内部循环的过程,并没有从根本上解决问题,因此增加消费率、实现消费、投资和出口三者之间的均衡发展尤为重要。例如美国就是一个以消费拉动为主的典型国家,2005年消费率为72.1%,投资率为25.1%。而日本在经济起飞期间,则以投资拉动和出口导向双重模式相互补充,1990年之后转变为消费拉动增长模式。① 相比之下,2005年我国41.81%的投资率、49%的消费率及33.64%的出口率与发达国家发展方式比相差甚远。

（三）从理论上讲辽宁经济发展已经到达了转变经济发展方式的关节点

1949年至今,辽宁的经济发展方式一直是以投资为驱动的经济增长,投资远大于消费和出口的GDP占比。“一五”时期,国家给辽宁用于工业建设的投资为46.4亿元,占同期全国工业投资总额的18.5%,其中重工业基本建设达43.6亿元,占全省工业建设总额的94%。采用2000年后的数据分析看,2005年后,辽宁经济投资对GDP的贡献率高于消费和出口,消费率自2003年后逐年递减,取而代之的是投资率的逐年上升(见表1－10)。据统计,截至2007年,中国人均国民总收入达到2360美元,按照世界银行的划分标准,中国已经由低收入国家跃升至世界中等偏下收入国家

---

① 李威、刘超:《我国经济增长的动力分析》,《浙江大学学报》2006年第11期。

行列。① 一直以来辽宁人均 GDP 均高于全国水平，表明辽宁的发展已进入工业中后期阶段，若再通过高投资率来刺激经济增长便不合时宜，过高的投资率带来的经济增长是不可持续的。随着出口总额的逐渐增加，出口增长速度将会向下降的趋势发展，因此从理论上讲辽宁的经济发展已经到了转变经济发展方式的关键时期，应提高居民的消费水平，增加居民消费需求，形成消费、投资、出口协同拉动经济发展的模式。

表1-10　辽宁消费、投资和出口所占比率　　（单位，%）

年份	消费率	投资率	净出口率
2000	55. 42	31. 52	13. 06
2001	56. 19	32. 3	16. 51
2002	55. 54	33. 63	10. 29
2003	51. 69	38. 88	9. 43
2004	48. 69	47. 38	3. 93
2005	47. 73	50. 03	2. 24
2006	44. 61	54. 08	1. 31

数据来源：辽宁省统计局：《辽宁统计年鉴2007》，中国统计出版社2007年版。

二、辽宁经济可持续发展面临的各种约束

长期以来，辽宁在为全国做出巨大贡献的同时也付出了难以衡量的代价——资源和环境的破坏。十七大报告中所倡导的可持续发展观是将资源和环境作为人类生存和发展的前提条件，同时将资源的永续利用、经济的有序发展以及在满足当代人需求的基

---

　　① 统计局：《我国跃升至世界中等偏下收入国家行列中》，新华网：http://www. afinance. cn/new/gncj/200810/159531. html。

础上为后代人创建可以永续利用的资源环境作为目标的。目前，辽宁仍没有摆脱粗放的经济发展方式，长期积累的环境问题仍无法从根本上解决，资源和环境的约束在一定程度上阻碍了持续发展的道路。

(一)辽宁经济发展面临日益严重的水资源约束

辽宁是全国水资源最紧缺的省份之一，水资源短缺日趋突出。我国目前人均占有水资源量仅1932.1立方米，不足世界人均占有量的1/4。联合国可持续发展委员会规定的人均占有水资源量为2000立方米，最低限额为1000立方米，而辽宁更是我国人均低于最低限额的10个省份之一，水资源短缺已成为制约辽宁经济社会发展的重要因素。

1. 辽宁人均水资源占有量低

2006年辽宁水资源总量为261.4立方米，相比2005年减少23.4%，占全国的1%，位居全国第23。人均占有量为615.5立方米，仅为全国人均占有量的1/3，远远低于世界人均占有量1000立方米的缺水警戒线。从全国其他省区来看，西藏拥有最高水资源人均占有量，达到了149001.4立方米，辽宁仅为其0.4%(见表1-11)。

2. 地下水超采严重

2007年，辽宁地下水资源总量93.35亿立方米，比以往年平均值减少25.1%。其中平均降水量比多年平均值少4.5%，加上年径流量分布不均，全省多处河道出现断流。辽宁各市除了大连、本溪、丹东和朝阳外，其余各市的降雨量都有不同程度的减少，其中又以沈阳下降得最多，减少20%。2007年，全省总供水量142.87亿立方米中，有67.17亿立方米来自地下水。辽宁地下水超采十分严重，截至2006年，超采的总面积达1500平方公里，年超采地下水近4亿立方米。全省已形成20个地下水超采区,8个水源地水质严重超标。在沈阳地区已经形成了降深28米、面积为280平方公里的超采漏斗;辽阳地区形成了降深23.5米、面积为320平方公里的超采漏斗;同时在大连、营口、锦州、葫芦岛沿海地区出现了4个连片总面积约750平方公里的海水入侵区。

3. 地表水污染严重

2007年辽宁地表水资源总量为231.94亿立方米,比多年平均值少23.3%;在全省总供水量中,地表水供水量73.30亿立方米,占51.3%。据辽宁人大常委的报告中统计,2007年辽河、浑河、太子河、大辽河、大凌河、鸭绿江6条主要河流中,除鸭绿江水质良好,全程符合二类水质标准外,其他5条河流均为重度污染。监测的36个干流监测断面中,26个为劣Ⅴ类水质,主要污指标为氨氮、化学需氧量和石油类;其中有69.4%和27.8%的断面超过国家《地表水环境质量标准》中的Ⅴ类水质标准。省内的河流中又属辽河污染最为严重,由于受西辽河、东辽河、招苏台河和太子河4条入省河流水质污染影响,其全河段水质都受到严重污染,化学需氧量、氨氮浓度值均严重超标,大部分的河流生态功能已经消失。

4. 辽西地区干旱严重

2007—2008年夏季出现的持续高温、降水量异常减少,导致辽宁部分地区旱情日渐严重,农作物出现枯萎、育滞现象,全省936座水库中有160座水库干涸。辽西大部、沈阳北部以及大连南部发生轻到重度干旱,农作物因高温缺水而提前干枯,导致900万亩农田受旱。其中,辽宁西北部干旱较为严重,中小河流全部断流。朝阳部分地区也遭遇严重旱情,大量农作物花期不育,旱情波及400余万亩耕地,数十万人和大牲畜饮水困难。在受灾严重的凌源市,干旱造成全市水资源短缺,部分河流断流,地下水位下降2米多,570眼机电井不能正常运行,30个乡镇受灾。由此可见,辽宁部分地区的干旱问题已凸显,辽西地区已经成为严重的干旱地区。

表 1-11 2006 年全国各省区市人均水资源占有量

地区	水资源总量 亿立方米	人均水资源占有量 立方米
全国	25330.1	1932.1
北京	22.1	141.5
天津	10.1	95.5
河北	107.3	156.1
山西	88.5	263.1
内蒙古	411.3	1719.8
辽宁	261.4	615.5
吉林	353.6	1300.3
黑龙江	727.9	1904.8
上海	27.6	153.9
江苏	404.4	538.3
浙江	903.6	1829.5
安徽	580.5	949.3
福建	1623.5	4577.7
江西	1630.0	3768.7
山东	199.3	214.8
河南	321.8	342.8
湖北	639.7	1122.0
湖南	1770.3	2794.9
广东	2216.2	2396.1
广西	1881.1	4011.3

地区	水资源总量　亿立方米	人均水资源占有量　立方米
海南	227.6	2735.4
重庆	380.3	1356.8
四川	1865.8	2278.1
贵州	814.6	2176.1
云南	1711.7	3832.2
西藏	4157.1	149001.4
陕西	275.5	739.1
甘肃	184.6	709.9
青海	569.0	10430.8
宁夏	10.6	176.8
新疆	953.1	4695.1

数据来源:《2007 年中国统计年鉴》,中国统计出版社 2007 年版。

(二)辽宁经济发展面临严重的矿产资源约束

曾经的矿产资源大省辽宁,经过长期对矿产资源的开发利用,一些主要矿产资源处于即将枯竭的边缘。早在"一五"时期,辽宁是物资调出省区,五年内全省共调出生铁 490 万吨、钢材 438 万吨、有色金属 18.8 万吨,这些产品占当时生产总量的 37.5%、61.3% 和 73.3%。而如今,主要矿产资源的枯竭使得辽宁不得不依赖外省或进口来解决。

首先,近年来"寅吃卯粮"现象普遍存在于矿产资源的消费中,矿产资源储备量的增长速度较慢,低于矿产品产量的增长速度,而两者又均低于消费量的增长速度。全省 8 座有色金属矿山已经关闭了 7 座,一些主要有色金属矿山比如青城子铅锌矿、八家子铅锌矿、柴河铅锌矿、杨家杖子钼矿、新华钼矿、二棚甸子铜多金属矿、红透山铜矿等,部分因资源枯竭问题而关闭,其余的都在勉强维持中,导致有色金属几乎全部进入枯竭状态。从钢铁工业的情况看,尽管辽宁境内有丰富的铁矿石蕴藏量,但高额的开采成本使得近年来辽宁进口铁矿石的数量在逐年增加,钢铁工业需要的富铁、富锰均需要通过从外省调入或进口来解决。

其次,高强度开发及勘察投入减弱,煤炭、石油等主要能源矿产已由输出省变成输入省。辽宁省内的 15 座矿城中,钢都鞍山、煤都抚顺等 6 座城市均以矿产资源丰富为名。随着资源储备量的逐渐减少及持续开采,北票、抚顺、阜新、沈阳等矿务局所属煤田及辽河油田均已进入中晚期,后备资源严重不足。辽宁省煤炭资源储量占全国 0.7%,而每年消耗总量占全国 10%。从产量来看,1996—2006 年的 10 年中,增加量仅为 700 万吨。由于开采的力度逐渐加大,资源储量增加缓慢,近两年来,辽宁已经关闭了 12 座煤矿,本溪煤炭事业公司、北票矿务局相继破产关闭。在辽宁能源总量消费构成中,1999 年后煤炭消费均超过 50%。据相关统计,辽宁煤炭的对外依存度一直呈增加趋势,从 1999 年的 28% 到 2005 年的 86.4%(见表 1-12)。我国从 1993 年变为原油净进口

表 1-12 辽宁主要能源对外依存度

矿种	统计单位（矿石量）	基准年（1999 年）		2005 年	
		消费	依存%	需求量	依存%
煤炭	万吨	6668.21	28	9500	86.4
石油	万吨	3334	57.1	6500	78.5
铜矿	万吨	924	88.1	2700	95.6
铅矿	万吨	299	83.7	400	87.5
锌矿	万吨	1580	90.8	1600	90

资料来源:辽宁省国土资源厅,转引自龙宝林博士论文《东北老工业基地重要矿产资源现状及可持续供给战略研究》。

国,石油消费量不断飙升,从 2000 年的 9749 万吨上升至 2005 年的 1.71 亿吨,至 2007 年石油进口数量已接近 2 亿吨,对外依存度由 1995 年的 7.6% 增加到 2003 年的 36.1%,成为全球第二大石油进口国。

(三)辽宁经济发展面临的智力资源约束

1. 人力资本供求关系不均衡

从全国范围看,辽宁的人力资本并不匮乏。根据 2006 年抽样比为 0.907‰的全国人口变动情况抽样调查样本数据,2006 年辽宁的文盲率仅为 4.17%,远低于全国 9.31% 的水平。从科技人力资本和投入水平看,辽宁在全国具有明显优势,人均受教育年限紧跟京津沪之后位列第四。2006 年,科技人力资源指数位列全国第 5。万人专业技术人数列全国第 5,平均受教育年限列全国第 4,高于江苏、浙江、福建等沿海发达地区。① 由此可见,辽宁的劳动者受教育水平较高,与全国其他地区相比,劳动力资源优势明显。但是 2004 年 2 月沈阳春季大型招聘会上,应聘者达万人,而沈阳华晨金杯汽车有限公司、沈阳中顺汽车有限公司等企业,虽然斥高薪大举揽才,但虚位以待的汽车设计师、汽车总布局设计工程师、产品开发工程师、工程管理工程师等岗位始终无人问津。有人预测,在未来几年内,与辽宁老工业基地振兴密切相关的汽车、电子信息、生物工程与制药、新材料、新能源、先进装备制造等 10 大领域人才将面临紧缺。② 此现象说明目前辽宁的人力资本供求关系存在着不均衡,某些产业或行业的人力资本需求在较长时期内发生

---

① 鲍振东:《2007:中国东北地区发展报告》,社会科学文献出版社 2007 年版。

② 王洛林、魏后凯:《东北地区经济振兴战略与政策》,社会科学文献出版社 2005 年版。

短缺。

2. 缺乏科技创新人才

辽宁自主知识产权一直为经济发展和老工业基地振兴提供了有力支撑,但在全国范围看却缺乏竞争力,拥有量于 2006 年呈下降趋势。辽宁专利申请与授权名次从 2005 年的全国第七位下降到第八位。据资料显示,2006 年辽宁被授权的专利共 7399 件,占全国的 6%。与拥有专利授权数额最多的广东省(43516 件)相差甚远,和北京、上海等发达省市也有明显差距。

(四)辽宁经济发展面临的土地资源约束

1. 土地沙漠化日趋严重

多年来,由于长期的过量采伐、过度开采,辽宁的森林资源总量逐渐减少,土地沙漠化程度不断加深。辽宁是沙漠化危害较为严重的省区之一,全省共三个沙区:以彰武县、康平县、北票市为代表的辽北内陆沙地;辽河、大凌河冲击形成的法库县、新民市等沿河沙地;兴城市、大洼县为代表的沿海沙地。据统计,至 2006 年,辽宁共有沙化和荒漠化土地 1855.2 万亩,占全省国土总面积8.36%,沙漠化程度逐年加深(几年前是 7%,十几年前是 6%),主要集中在辽西北和辽河水系及辽东湾 18 个县(市)。[①] 近年来,土地沙漠化已经在一定程度上威胁沈阳、大连、鞍山、阜新、朝阳等城市群的生态安全,土地承载能力大幅降低。

2. 耕地面积即将突破 18 亿亩红线

2007 年,温家宝总理首次在政府报告中提出耕地"红线"问题:"在土地问题上,我们绝不能犯不可改正的历史性错误,遗祸子孙后代。一定要守住全国耕地不少于 18 亿亩这条红线,坚决实

---

① 丁冬:《沙漠化威胁辽宁生态安全》,《中国环境报》2007 年 11 月 23 日。

行最严格的土地管理制度。"国土资源部于 2008 年 4 月发布的
《2007 年中国国土资源公报》中显示,截止到 2007 年 10 月 31 日,
全国耕地面积已经从 2001 年的 19.14 亿亩锐减至 18.26 亿亩,迫
近"18 亿亩耕地红线"。我国人均耕地仅为 1.38 亩,不到世界人
均水平的 40%;总耕地面积净减少 61.01 万亩,减幅 0.03%,同比
下降 0.22 个百分点,①虽然减少速度放缓,但从数字上看,耕地保
护形势依然严峻。

第四节　转变辽宁经济发展方式的思路

一、选择经济发展方式应遵循的基本原则
(一)以人为本原则

坚持以人为本、不断提高人民的生活水平是经济发展应遵循
的根本原则,也是科学发展观的核心。经济社会的发展不仅仅是
结构的调整、产业的升级和公共服务的改善,其根本的主体是作为
生产者和消费者的人民。国家与地区建设的宗旨是全心全意为人
民服务,造福人民;经济发展建设也应将人民的根本利益作为出发
点和落脚点,切实保障人民各项权益,做到发展为了人民、发展依
靠人民、发展成果由人民共享。② 因此,经济的发展是经济与人口
自然的协调发展,应建立在人与自然和谐共存的基础上;不能以人
为本的发展,要使经济发展方式转变就无从谈起。

(二)科学发展观原则

无论是应对经济全球化的大环境所带来的新机遇和新挑战,

---

①　《耕地减少速度放缓:土地调控深入》,《21 世纪经济报道》2008 年 4 月 17
日。

②　由胡锦涛总书记在党的十七大报告中明确提出。

还是全面认识工业化、信息化、国际化深入发展的新形势和新任务,都需要采取科学的分析方法。经济的持续发展,社会的稳定及共同富裕也需要通过科学发展来实现。科学发展观是我国经济发展和现代化建设的重要指导思想,我们要以科学发展的理念来看待经济发展。经济发展的过程中面临着恢复生态、保护资源、兼顾人类发展与自然协调的多重压力,因此就更需要从科学的角度出发,合理开发资源,使生态环境建设协调统一,提高人力资本层次与科学进步。坚持以人为本,顾全经济社会的协调、全面和可持续发展。

(三)不断创新原则

当今世界,国际竞争的核心内容便是创新能力的竞争。经济发展质量提升与产业竞争力增强的根本是自主创新能力的提高,因此经济发展应坚持不断创新的原则。若要实现走新型工业化和城市化道路的老工业基地,就必须做到制度创新、机制创新和科技创新。化解社会矛盾、实现科学发展需要机制创新;科技创新是经济发展的核心与驱动力。现正处于东北老工业基地振兴的关键时刻,科技创新对于辽宁而言更为重要。辽宁经济的发展应突出科技创新对产品结构调整与优化升级的推动作用;用高新技术和先进适用技术改造传统产业,并重点地发展高新技术产业,提高科技成果转化率与科技进步贡献率。[①] 总之,科技进步、劳动者素质提高和管理理念更新能够带动经济发展,而三者进步的核心是不断的创新。

(四)可持续发展原则

建立中国特色的社会主义事业需要经济建设、政治建设、文化

---

① 董践真:《促进经济社会发展辽宁确定科技创新四个突破点》,振兴东北网:http://www.ce.cn/district/qujj/zxdb/200603/04/t20060304_6265917.shtml。

建设、社会建设相协调,生产关系与生产力、上层建筑与经济基础相协调,经济发展与人口资源环境相协调;需要建设资源节约型、环境友好型社会,实现速度和结构质量效益相统一。坚持可持续发展原则可以改变粗放型经济发展方式,有效缓解资源约束,也可以解决日益紧迫的人口、资源和环境三者之间的矛盾,形成经济发展与能源、环境保护的良性互动。经济发展要考虑有限资源的永续利用,考虑后代的社会和谐,使人们在良好的生态环境中生产生活。因此,实现资源的可持续发展,人类社会的可持续发展,是经济发展必然的选择。

二、实现辽宁经济发展方式转变的路径

(一)从土地、劳动力、资本等生产要素依赖型向科技进步依赖型转变

长期以来,辽宁经济发展过多地依赖土地、劳动力、资本等生产要素的投入增加,而缺乏科学进步及管理制度创新,因此才造就了"高投入、低产出、低效率、高污染"的粗放型经济发展方式。现阶段随着对资源的大肆开采、环境日益严重的污染,能源、资源和环境已经逐渐变得不可持续,过去粗放型的经济发展方式也难以继续。为了继续维持经济发展,在有限的可利用资源下,就急需将经济发展方式由原来的依靠物质消耗向依靠科技进步、劳动者素质的提高转变。现今,经济转型成功已经实现集约化发展方式的国家和地区,都将科学进步作为实现经济发展方式转变的主要动力,追求科技水平的高发展同样也追求自主创新能力的提高。

高科技、低资源消耗、少污染和充分发挥人力资源优势将加速辽宁进一步朝新型工业化道路迈进,但需要依靠科技进步,依靠创新和创造,依靠通过有限的资源创造无限的财富去满足人们日益

增长的物质文化需要。科学技术是第一生产力,与信息同时成为经济发展的重要推动力。在现今能源、资源、环境三大约束的背景下,只有坚持科技不断进步与自主创新,才有可持续的后续发展。因此提高经济的发展的技术含量、发展内涵型经济迫在眉睫。

(二)从投资依赖型向消费、投资、出口均衡推动型转变

十七大报告中明确提出:"坚持扩大国内需求特别是消费需求的方针,促进经济增长由主要依靠投资、出口拉动向依靠消费、投资、出口协调拉动转变。"针对当前出现的日趋严重的金融危机及国际国内经济形势的不断变化,为抵御国际经济环境对我国的不利影响、确保全国经济平稳较快发展,国务院于 2008 年 11 月 5 日召开的常务会议中提出至 2010 年将增加 4 万亿元投资以扩大内需、促进经济增长。在拉动经济发展的三驾马车中,外需(也就是出口)由于受美国金融危机的影响遇到了很大的阻力,因此扩大内需才是保证我国经济较快平稳和持续增长的必要条件。会议出台的扩大国内需求的十项措施主要针对加快民生工程、基础设施、生态环境建设和灾后重建等问题,重点涉及民生和农村等领域。与改善民生相关的重要投资领域是医疗和教育,"只有完善包括住房、教育、医疗、养老在内的社会保障体系,才能让人们敢于消费,这才是扩大内需的关键。"[1]而扩大农村地区内需,需要增加农民的实际收入,将农民潜在的需求变成现实的消费。"我国农村内需潜力大是指农村人口比较多,只要有收入增加的刺激,农民收入用于消费的比重就会变高。"[2]由此可见,投资力度的加大在

---

[1]　中国经济新闻网:http://www.jjxww.com/html/default.aspx。
[2]　秦池江:《拉动农村内需为经济增长注入持续动力》,中国网:http://www.china.com.cn/。

一定程度上可以刺激消费,协同促进经济的发展。

　　辽宁一直以来经济的发展是投资拉动型,经济增长主要靠投资来推动。投资是扩大国内需求的有效动力,如以发展的眼光来看,想要优化投资结构、投资规模、保障投资的经济效益,必须要有消费的导向和支持。长久看来,只有把投资建立在消费的有效需求之上,共同拉动经济的增长,才能有效地扩大内需。无论是着眼于改善民生,还是着眼于未来经济的可持续发展,都要坚持扩大国内需求,增加国民收入,鼓励合理消费,把经济发展建立在开拓国内市场的基础上,形成消费、投资、出口协调拉动经济增长的局面,完成经济发展方式由投资依赖型向消费、投资、出口均衡推动型转变。

(三)从不可持续发展型向可持续发展型转变

　　可持续发展是近年来经济发展的主题,与节约发展、清洁发展、安全发展共存,倡导建设资源节约型、环境友好型社会。辽宁的经济发展方式应转变成为从一次性和单一性利用资源到循环利用和综合利用资源,从以牺牲环境为代价到保护优化环境的可持续发展方式。

　　可持续发展要求"节能减排",将节约资源作为基本国策,倡导发展循环经济,保护生态环境,促进经济发展与人口、资源环境相协调。辽宁的经济发展一直以来是依赖煤、石油、钢铁等资源的消耗以及对环境的污染,因此辽宁的可持续发展应是建立在经济高增长、高效率、低耗能、低污染的基础上的。低耗能要求在有限的自然资源约束下,有选择有侧重地进行开发利用,节约不可再生资源并提高其利用效率;寻找自然资源的替代资源;大力发展循环经济。低污染需要利用现代技术创新改造传统产业,替代高耗能、高污染的传统技术;开发新能源来降低传统的矿产资源对环境的污染。因此,为了走生产发展、生活富裕、生态良好的文明发展道路,保证一代接一代地永续发展,辽宁的经济发展方式必须实现向可持续发展的转变。

(四)从片面追求经济增长型向经济社会协调发展型转变

科学发展观始终强调"人口、资源、生态环境与经济发展"的强力协调,辽宁过去的经济发展是与科学发展观相悖的,是在"先污染、再治理、先粗放、再集约"的指导思想下进行的,片面追求经济增长而忽视经济发展的质量、导向及路径,使整个经济社会发展不协调,三大产业结构的发展不协调。一直以来,辽宁产业结构的基本状态是农业基础薄弱,工业发展过分强调重工业,服务业发展滞后,经济增长主要依靠第二产业来推动。

为了实现经济社会的协调发展,就必须立足优化产业结构来推动经济发展。胡锦涛总书记在十七大报告中提出:"要加快转变经济发展方式,推动产业结构优化升级。由通过第二产业带动向第一、第二、第三产业协同带动转变;由主要依靠增加物质资源消耗向主要依靠科技进步、劳动者素质提高、管理创新转变。"因此,应充分利用科技进步在可持续发展战略实施中对经济增长的推动力,发展现代产业体系及提升高新技术产业。首先,加强农业基础地位,用现代科学技术促进农业发展,大力发展现代农业;其次,优化第二产业内部结构,以信息化和技术科技化振兴装备制造业,将原材料工业朝深加工、高精度和高附加值发展;最后,以第二产业的发展带动第三产业,提高服务业的比重和水平。实现以第一产业为基础、第二和第三产业系统带动经济发展优化产业结构,最终实现三次产业协同带动经济发展的转变。

(五)从固化城乡二元结构型向消除二元结构型转化

辽宁与东南沿海地区发展的差距,一方面体现在城市经济,另一方面体现在农村经济发展的落后,其根本原因是城乡二元结构的问题。城乡二元结构体现在居民收入、福利待遇、教育水平、社会地位等很多方面。以居民收入为例,1978 年全省城镇居民人均可支配收入为农村居民纯收入的 2 倍,到了 1995 年城乡居民收入之比扩大到 2.1 倍,2000 年扩大到 2.3 倍,2005 年进一步扩大到 2.47 倍。① 农村居民享受到的教育、医疗等服务的数量和质量都与城市居民有显著差别。城乡二元化结构严重制约着辽宁经济的发展,因此统筹城乡经济社会发展,消除二元结构势在必行。

党的十七届三中全会明确提出:"没有农村繁荣稳定就没有全国繁荣稳定,没有农民全面小康就没有全国人民全面小康。我国已经进入着力破除城乡二元结构、形成城乡经济社会发展一体化新格局的重要时期。"十七大报告也将城乡经济社会发展一体化体制机制基本建立、农村文化进一步繁荣、农村基本生活保障、基本医疗卫生制度更加健全等作为今后农村改革发展的基本目标任务。因此,为实现城乡经济社会一体化发展的目标,需要在整个国民经济与社会发展中整体考虑农村经济和发展规划。共同建设城市和乡村物质文明、政治文明、精神文明和生态文明,增强农村与城市间的带动与促进作用,缩小城乡差距,将城乡经济社会逐步均衡化、持续化、协调化,完成经济发展方式从固化城乡二元结构向消除二元结构转化。

---

① 马媛:《城乡二元结构问题亟待解决》,辽宁政协委员会网站:http://www.lnzx.gov.cn/Newspapers/shendubaodao/2008—06—19/Article_993.shtml.

第二章 大力发展循环经济,转变辽宁经济发展方式

发展循环经济是落实科学发展观、转变经济发展方式、建立资源节约型和环境友好型社会的重要途径。进入 21 世纪以来,党和政府十分重视循环经济的发展。[①] 党的十六届五中全会从贯彻落实科学发展观、构建社会主义和谐社会的高度,提出了建设资源节约型、环境友好型社会的奋斗目标;而发展循环经济无疑是建设资源节约型、环境友好型社会和实现可持续发展的重要途径。党的十七大明确提出"加强能源资源节约和生态环境保护"、"开发和推广节约、替代、循环利用和治理污染的先进适用技术,发展清洁能源和可再生能源"等转变经济发展方式、促进国民经济又好又快发展的要求,同时提出了"循环经济形成较大规模,可再生能源比重显著上升"的生态文明建设目标。[②] 因此,大力发展循环经济,已成为我国的一项基本国策,党中央和国务院进行了全面部署和大力推动。

自 2002 年辽宁开始循环经济试点省建设以来,循环经济发展已初见成效。而今,在已有的基础上继续推进循环经济发展,不仅

---

① 孟赤兵:《循环经济要览》,航空工业出版社 2005 年版,第 6、10、12 页。
② 胡锦涛:《高举中国特色社会主义伟大旗帜,为夺取全面建设小康社会新胜利而奋斗》,人民出版社 2007 年版。

是辽宁循环经济试点建设的重要任务,也是辽宁实现老工业基地振兴、转变经济发展方式、促进经济社会可持续发展的重要内容。

第一节　发展循环经济是转变辽宁
经济发展方式的重要途径

一、循环经济的基本内涵和基本原则

(一)循环经济的基本内涵

循环经济(Circular Economy)是物质闭环流动型(Closing Materials Cycle)经济的简称,其基本内涵是按照生态规律组织整个生产、消费和废弃物处理过程,使经济活动成为一个"资源→产品→再生产资源"的闭环过程,在这个过程中,所有物质和能量在不断进行的循环中得到合理持久的利用、资源和环境得到合理配置和永续发展,从而把经济活动对自然环境的影响和破坏减少到最低程度,保证经济社会发展与自然环境改善的协调性和可持续性。

循环经济是对传统线性经济的扬弃。从物质流动的形式来看,传统经济活动表现为"资源→产品→废弃物、污染排放"的单向流动的线性过程。这种线性流动过程,是在生产的源头投入资源,在生产的末端产出产品和排放废弃物;在消费的源头投入产品,在消费的末端排放废弃物;形成了以要素高投入、废弃物高排放、产出高增长为特征的线性经济发展模式。在这种经济发展模式中,由于无限度地向自然界索取资源和能量,然后把大量废物和污染抛向自然界,从而直接造成了对资源的破坏和对环境的污染,使经济和社会的发展出现了不可持续性。

循环经济正是为了解决这种矛盾而出现的一种新的经济发展模式。这种经济发展模式把经济活动从原来的单向线性的过程改

变为循环反馈式流程:在生产的源头投入资源,在生产的末端产出产品,把生产过程产生的废弃物作为资源再投入生产源头,直到实现生产末端的废弃物趋向零排放;在消费的源头投入产品,把消费过程产生的废弃物作为资源再投入生产源头,直到实现消费过程的废弃物全利用。这种经济发展模式的目标是使生产和消费的资源利用率趋向100%,以节约自然资源;使生产和消费过程的废弃物排放量趋向为零,以实现环境友好;使生产和消费等量产品耗费的资源量达到最小,以体现经济的本质要求。这种经济发展模式能够保持经济生产的低消耗、低排放、低废弃,从而把经济活动对自然环境的影响降低到尽可能小的程度,有利于人类社会发展的可持续性。

(二)循环经济的基本原则

循环经济的基本原则是"减量化、再利用、再循环",又被称为"3R"原则。

其一,减量化原则(Reducing)。循环经济的首要原则就是要减少进入生产和消费流程的物质量,减少废弃物的产生,在经济活动的源头注意节约资源和减少污染,对废弃物或污染的产生通过预防而非末端治理的方式加以避免。在生产环节上,减少原料和能源的投入,在产品工艺设计时就把住物质需用关,减少物质使用量,不让多余的物质进入生产过程,既节约了资源又减少了废物排放,同时不降低产品性能。在消费领域,反对消费至上的奢侈购物,减少对物品的过度需求,减少对一次性物品的购买量,购物要适时、适质、适量,购买耐用、可循环使用的物品和包装物较少、可循环的产品,达到既定的消费目的。

其二,再利用原则(Reusing)。这一原则要求投入到生产和消费系统中的物质要尽可能多次或以尽可能多的方式被使用,通过再利用,有效防止这些物质过早地成为垃圾,借以延长产品的寿命和最终废物产生的时间周期。在生产领域,尽可能地使产品标准化,当产品发生损坏时,只需更换损坏的零部件,而不必更换整个产品;很多产品可以采用统一的标准设计,比如标准尺寸设计能使计算机、电视机或其他电子装置中的电路非常容易和便捷地更换;当产品报废时,可以拆下其中尚可利用的部件。在消费领域,坚持所有的生活消费品都有延长消费寿命的充分余地的原则,对任何物品都要在尽可能用到不能再用也不能转为他用的程度时,才可作为生活垃圾抛弃。比如,在扔掉某件物品前,要确定其是否有继续利用的可能性;对已损坏的物品应当尝试通过修理使其继续发挥原有的功能,而不是急于以新品替代;对于自己不需要但仍有使用价值的物品,应通过市场途径或捐赠途径等使之继续发挥作用。

其三,再循环原则(Recycling)。再循环原则是对于已经产生的特别是阶段性的废弃物要尽可能多地进行再生利用,使其重新变为另一生产系统的资源再次进入生产过程,以减少废弃物的最终处理量,同时减少自然资源的消耗量,从而既在源头上减少了资源的压力,又在末端减少了垃圾处理的压力。在这一原则下,生产领域和消费领域要尽可能考虑到废物的资源化问题,使循环经济系统成为人工闭环系统,如生产者应尽量利用再生资源代替天然资源,消费者应购买再生资源制成品。

总之,循环经济的"3R"原则中,减量化原则属于输入端方法,以资源投入最小化为目标,从源头节约资源使用和减少污染的排放;再利用原则属于过程性方法,以废物利用最大化为目标,提高产品和服务的利用效率;再循环原则属于输出端方法,要求使废弃物转化为再生原材料,重新生产出原产品或次级产品。"3R"原则在循环经济中的重要性也不是并列的,而是在优先减少资源能源消耗和减少废弃物产生的基础上的运用。

二、大力发展循环经济对转变辽宁经济发展方式的必要性

新中国成立以来,辽宁省在国家经济建设中作出了重大贡献,但是长期沿用的以资源开采和资源依赖为特征的粗放型经济增长方式,既造就了辽宁老工业基地,也带来了诸多负面后果。资源和环境无法继续支撑经济社会的持续发展,正是辽宁老工业基地出现衰退态势、发展逐步陷入困境的重要原因之一。因此,发展循环经济、转变经济发展方式,建立资源节约型和环境友好型社会,对振兴辽宁老工业基地是极其必要的。

首先,辽宁资源相对不足,资源消耗增长过快,造成资源的严重紧缺,资源和环境对经济社会发展的束缚日益严重。辽宁是一个能源消费大省,截至 2007 年,年能源消费量占全国能源消费总量的 6.7%,能源对外依存度超过 50%。例如,辽宁是我国北方严重缺水的地区之一,全省人均水资源量 820 立方米,为全国人均水平的 1/3,而每年全省水资源消耗量和废水排放量却居全国前列,工业和农业用水矛盾突出。全省每年缺水大约 8 亿—12 亿立方米,中部城市群、沿海和辽西北地区缺水更为严重。辽宁省委和省政府明确提出到 2010 年要实现辽宁老工业基地振兴,如果不能在能源及资源的利用方面有新的举措和较大的突破,按照我省目前的能耗水平,到 2010 年全省能源消费总量将达到 1.8 亿—2.0 亿吨标准煤,按照这一趋势,预计到 2010 年,70%—75% 的能源消费量,即 1.3 亿—1.5 亿吨标准煤要依赖国内外市场调入。

其次,辽宁资源开采和利用方式粗放,综合利用水平及资源利用效率低,浪费严重。辽宁传统工业中,高耗材、高耗能、高耗水的行业居多,由于高耗的产业构成、技术与管理粗放、综合利用水平

及资源利用效率低,导致生产单位产品的能耗和物耗较高。例如,据有关部门统计,辽宁省能源利用效率仅为30%,比工业发达国家低近20个百分点,主要工业产品能耗比发达国家高30%。全省万元产值的水耗是国内先进水平的2.9倍,其中吨钢取水量为30立方米,是上海宝钢的5倍,是国外先进水平的10倍;吨钢综合能耗标准煤高于全国平均水平的62%。以2002年为例,辽宁钢铁工业总产值624.48亿元,能源消费量为2635.8万吨标准煤,亿元钢铁产值消费的能源为4.221万吨标准煤,高出全国平均水平1.582万吨标准煤。按照全国亿元钢铁工业产值消费的能源计算,辽宁相当于多消费了986.9万吨标准煤。

第三,辽宁的环境污染严重。传统经济发展模式下建设起来的辽宁老工业基地,高耗的重化工业聚集,资源和能源利用水平低,产生大量工业废弃物,带来严重的环境污染。例如,辽宁工业总产值在全国约占5.4%,而工业"三废"排放量却大大高于全国的平均水平,工业废气排放量占全国的7.8%,工业废水排放量占全国的6.3%,工业固体废物排放量占全国的10.7%,其中历年累积工业固体废物量占全国的24.2%。全省二氧化硫的排放量远远超过了环境容量。可见,辽宁是全国工业污染最严重的地区之一。

总之,以牺牲资源和环境为代价的传统发展模式,已经给辽宁的生态环境带来了严重后果,资源和环境问题不仅制约着辽宁老工业基地的发展,而且对辽宁人民的生存空间构成威胁,辽宁老工业基地的衰退也是以"高投入、低效率、高污染"为特征的传统发展模式带来的必然结果。实践经验表明,振兴辽宁老工业基地,完成资源枯竭城市经济转型任务,不仅仅是工业发展问题,更是一个生态文明建设任务。面对严峻的形势,转变传统经济发展模式、走以有效利用资源和保护环境为基础的循环经济之路,是辽宁落实科学发展观、坚持可持续发展道路的必然选择,也是辽宁加快振兴老工业基地的根本途径。

正因如此,早在 2001 年,辽宁省委、省政府就作出开展循环经济试点建设的决策。2002 年 5 月,国家环保总局批复辽宁省为我国发展循环经济的第一个试点省份。几年来,辽宁省坚持"政府主导、市场运作、法律规范、公众参与、重点突破、兼顾社会"的基本原则,"重点推进了循环经济型企业、生态工业园区、城市资源循环型社会和资源再生产业基地建设,全省循环经济试点工作取得了初步成效"。①

《辽宁省 2007 年国民经济和社会发展计划执行情况与 2008 年国民经济和社会发展计划》把"深入推进循环经济试点省建设,继续开展企业清洁生产审核和清洁生产示范企业创建活动,加快城镇污水处理厂建设"等确定为 2008 年经济社会发展的重要内容,并提出"万元生产总值能耗降低 4%,化学需氧量和二氧化硫排放量力争分别减少 2% 以上"的建设目标。② 可见,在现有的基础上继续推进循环经济发展不仅是辽宁循环经济试点建设的重要任务,也是辽宁经济社会发展的重要内容。

三、国内外循环经济发展研究概述
(一)国外循环经济发展历程和研究概况

1. 国外循环经济发展历程

循环经济是人类社会经济发展到一定阶段的产物,是在现代

---

① 国家环保总局科技标准司:《辽宁省循环经济试点工作总结报告》,辽宁环保产业暨环保科技网:http://www.lnepia.com。

② 《辽宁省 2007 年国民经济和社会发展计划执行情况与 2008 年国民经济和社会发展计划报告》,辽宁环保产业暨环保科技网:http://www.lnepia.com。

工业社会条件下,随着经济社会高速发展与资源紧缺和环境恶化的矛盾日趋紧张而产生的一种新的经济发展模式,是人类对人与自然关系深刻反思的结果。这种反思可追溯至 20 世纪 60 年代一批环保先驱对环境问题的关注。

1962 年,美国生物学家卡尔逊的《寂静的春天》一书,首次揭示了由于大量使用杀虫剂对生态系统和人类社会产生的危害,敲响了工业社会环境危机的警钟,推动了环境意识和环保运动的形成。1966 年,美国经济学家鲍尔丁提出"宇宙飞船理论",对传统工业经济范式提出了明确的批评,认为宇宙飞船延长飞行寿命的唯一方法是实现飞船内的资源循环,最大可能地减少排出废物。同样,对在太空中独自运行的地球来说,只有实现对资源的循环利用的"循环式经济",人类才能得以长存,否则将走向毁灭。20 世纪 60 年代发生的"八大环境公害"事件和环境保护先知者们的呼吁,促使各国政府逐步关注环境问题。

20 世纪 70 年代的两次世界性能源危机,更引发了人们对经济增长方式的反思和探索。1972 年,意大利"罗马俱乐部"的研究者在《增长的极限》的研究报告中,第一次系统考察了经济增长中的人口、资源、生态环境和科学技术进步之间的关系,阐释了资源供给和环境容量无法满足外延式经济增长模式,提出了人类经济增长极限的警示,说明了资源循环问题对人类社会发展的重要性和紧迫性。同年 6 月,联合国人类环境会议通过了《人类环境宣言》,提出人类在开发利用自然的同时,也要承担维护自然的责任和义务,世界各国尤其是发达国家由此首先走上了保护和改善生态环境的历程。整个 20 世纪 70 年代,循环经济思想还是一种超前性的理念,世界各国关心的问题仍然是污染物产生之后如何治理以减少其危害,即所谓环境保护的末端治理方式。

　　1987年，世界环境与发展委员会公布的《我们共同的未来》的报告，正式向全世界提出了"可持续发展"的理念，阐述了通过管理来实现资源的高效利用、再生和循环的思想。1990年，英国环境经济学家D. Pearce 和 R. K. Turner 在《自然资源和环境经济学》一书中首先提出"循环经济"的概念，重点讨论的是资源的循环利用。之后，各国学者竞相从技术、资源、环境及生态等角度对资源循环利用问题进行探讨，在不断探索和总结的基础上，形成了以资源利用最大化和污染最小化为主线，将清洁生产、资源综合利用、生态设计和可持续消费等融为一体的循环经济理论。

　　1992年，100多位国家元首在联合国环境与发展大会上共同签署了《里约热内卢宣言》，指出"社会生产和消费方式的根本改变是实现全球可持续发展必不可少的"。大会通过的《21世纪议程》号召世界各国在促进经济发展的过程中，不仅要关注经济发展的数量和速度，更要重视经济发展的质量和可持续性。随着可持续发展战略和循环经济理论的发展，源头预防和全过程治理思想成为一些国家环境与发展政策的真正主流。

　　2002年8月，约翰内斯堡"可持续发展世界首脑会议"确认，经济发展、社会进步与环境保护共同构成可持续发展的三大支柱。更多国家开始把发展循环经济、实现可持续发展作为国家战略，循环经济成为人类对人与自然关系深刻反思后经济社会发展的必然选择。

　　在实践上，从20世纪80年代末到90年代初以来，德国、日本、美国、瑞典等发达国家以把减物质化的经济增长作为提高国际竞争力的目标，循环经济在这些国家得到迅速发展，成为一种新的经济发展模式。

　　2. 国外循环经济研究概况

循环经济研究的主要内容大体有三个方面,即发展模式研究、评价指标体系研究和立法研究。

其一,循环经济发展模式研究。发达国家在企业、区域和社会层面上研究和发展出了一些循环经济运行模式。第一,企业层面也称企业内部的循环经济,以杜邦化学公司模式为典型。这种模式的要义是组织企业内部各工艺路线之间的物料循环利用。20世纪80年代末,杜邦公司把工厂当作实践循环经济新理念的实验室,创造性地把循环经济"3R"原则发展成为与化学工业相结合的"3R制造法",即资源投入减量、资源利用循环和废弃物资源化,从而达到少排放甚至零排放的环境保护目标。[①] 到1992年,世界工商企业可持续发展理事会提出"生态经济效益理念"的循环经济新概念,要求企业在生产活动中推行清洁生产,减少物料和能源的使用量,达到污染物排放的最小化,推动了循环经济在企业层面上的实践。第二,区域层面即企业与企业之间的循环经济,要求通过企业间的物质集成、能量集成和信息集成,形成企业间的工业代谢和共生关系,建设工业生态园区。丹麦卡伦堡工业园区模式是典型的范例。这种模式的要义是把不同的工厂联结起来,形成共享资源和互换副产品的产业共生组合,使得一家工厂的废气、废热、废水、废渣等成为另一家工厂的原料和能源。[②] 美国"总统可持续发展理事会"成立了生态工业园特别工作组,建立了示范点;

---

① 汤天滋:《主要发达国家发展循环经济经验述评》,《财经问题研究》2005年第2期。
② 汤天滋:《主要发达国家发展循环经济经验述评》,《财经问题研究》2005年第2期。

德国、日本、英国、法国等国家也都积极进行生态工业园建设。①
第三,社会层面主要是德国的回收再利用体系(DSD)和日本的循
环型社会模式。德国的回收再利用体系是由专门组织回收处理包
装废弃物的非营利社会中介组织将企业组织成为网络,在需要回
收的包装物上打上绿点标记,然后委托回收企业进行处理。1991
年,德国首次按照从资源到产品再到资源的循环经济思路制定了
《包装废弃物处理法》,1994 年又公布《循环经济和废物处置法》,
把资源闭路循环的循环经济思想从商品包装拓展到社会相关领
域。日本的循环型社会模式,主要是促进在生产、流通、消费、废弃
整个过程中对物资的有效利用和循环利用,限制资源浪费,降低环
境负担;由政府推动构筑多层次法律体系,改变过去"大量生产、
大量消费、大量废弃"的传统经济社会,实现经济社会可持续发展
和建设循环经济社会。②

　　其二,循环经济评价指标体系研究。建立城市循环经济评价
指标体系是循环经济建设的基础性工作,也是考核循环经济发展
效果的定量评价工具。随着循环经济的发展,各个国际组织、国家
和地区从不同角度相继开展了循环经济指标体系的研究。经济合
作与发展组织(OECD)和联合国环境规划署,以加拿大政府提出
的"压力—状态"框架为基础,发展成"压力—状态—响应"的 PSR
概念框架。之后,OECD 按照这一概念框架于 1991 年和 1994 年
分别提出初步环境指标体系和核心环境指标体系。1996 年,由联
合国可持续发展委员会在 PSR 模型的基础上,根据可持续发展的

---

① 姜国刚:《东北地区循环经济发展研究》,中国经济出版社 2007 年版,第 9
页。
② 汤天滋:《主要发达国家发展循环经济经验述评》,《财经问题研究》2005
年第 2 期。

需要,提出一套覆盖社会、经济、环境、制度四个方面的可持续发展指标体系,该指标体系包括了可持续发展有关的所有指标。英国提出的国内发展指数(MDP),也考虑了长期的环境损毁和自然资本贬值、社会和环境成本耗费的开支,特别强调了环境指标,细化了污染指标和污染控制指标。日本将推进循环型社会纳入基本规划,制定了循环型社会的总体指标和定量目标。①

　　其三,循环经济立法研究。加强和完善资源利用与保护的法律法规体系及有效的执法,是发展循环经济的重要保证。发达国家以立法为先导,把循环经济全面纳入强有力的法制化轨道加以推进。目前日本、德国、美国、北欧国家、法国、英国、意大利、西班牙、新加坡、韩国等国家,都制定了综合或单项的发展循环经济的法律。其中,德国在1972年颁布了《废弃物管理法》,1996年新的《封闭物质循环与废弃物管理法》生效,标志着德国迈向可持续的经济运行和资源管理的新时代。日本促进循环经济发展的法律法规最为健全,大体分3个层面:第一层面是一部基本法,即《促进建立循环社会基本法》;第二层面是2部综合性法律,即《固体废弃物管理和公共清洁法》和《促进资源有效利用法》;第三层面是5部具体法律法规,分别是《促进容器与包装分类回收法》、《家用电器回收法》、《建筑及材料回收法》、《食品回收法》和《绿色采购法》。1991年日本制定了《关于促进利用再生资源的法律》,1997年又制定颁布了《容器包装再利用法》,逐渐建立起了相互呼应的循环经济法规。美国在循环经济立法方面也比较早,先后制定了《固体废弃物法》、《资源再生法》、《资源保护再生法》等法律。

---

　　① 白露等:《循环经济实现途径研究的回顾和展望》,《湖南师范大学学报》2007年第1期。

(二)国内循环经济发展历程和研究概况

1. 国内循环经济发展历程

20 世纪 70 年代,中国的一些学者、环保部门和工业部门开始推行无废、少废工艺。80 年代,中国政府开始重视工矿企业产生的废物的回收和再利用工作,提出了节约资源、治理污染的末端治理思想,并在联合国环境署的倡导下明确提出推行清洁生产的口号,取得了不少成就。进入 20 世纪 90 年代后,中国政府积极响应联合国环境与发展大会的号召,开始实施可持续发展战略和《21世纪议程》。这一时期,"第二次全国工业污染防治会议"正式提出了循环经济理论;国家环保局提出污染防治必须从单纯的末端治理向生产全过程控制转变,末端治理思想发展为源头治理的思想;同时提出经济与环境协调发展的重点是清洁生产,主要方向是在生产环节,实施主体是企业,口号是实现企业环境与经济效益的双赢。随着经济社会的发展,发展循环经济越来越引起政府、学界和企业的关注。1998 年学界引入循环经济概念,并确立了"3R"原则在循环经济中的中心地位。

2002 年,十六大提出了全面建设小康社会的战略目标和走新型工业化道路的战略部署。随着新型工业化试点的开展,逐渐总结出一些实践模式。2004 年《国家中长期科学技术规划战略研究》的第十专题《生态建设、环境保护与循环经济》,明确阐述了建设资源节约型和环境友好型社会、发展循环经济、提高资源生产率、减少环境污染、将经济发展与环境保护结合起来的战略,并将有关循环经济理论关键技术和示范工程的研究作为国家中长期科技发展的优先课题之一。国家先后进行了生态试点省市建设、生态工业示范园区建设、环保科技产业园建设、ISO14000 国家示范区建设、绿色 GDP 试点省市建设和生态示范区建设。

　　2005 年 7 月 2 日，国务院发布了《关于加快发展循环经济的若干意见》，明确提出了发展循环经济的指导思想、基本原则、主要目标、重点环节、技术开发和标准体系建设、政策法制机制、组织和领导等要求，促进了我国循环经济工作由起步阶段转向全面试点阶段。随着立法、政策和战略的全方位研究、探索和制定，开展了循环经济全面试点工作，并出台了《循环经济试点工作方案》。

　　2. 国内循环经济研究概况

　　其一，循环经济发展模式研究。刘贵富认为循环经济体现在经济活动的所有层面上，提出我国目前的循环经济模式应为"5 + 1"模式，即微循环、小循环、中循环、大循环、超大循环、废物处理和再生产业。[①] 于建成在的《发展循环经济、建设生态城市》中提出了"3 + 1"的循环经济发展模式，即小循环、中循环、大循环，废物处置和再生产业。范小克认为循环经济有两种发展模式，一种是对于能够充分利用自然力的循环经济模式，属于"循环经济的自然模式"；另一种是"循环经济的工业模式"。诸大建、藏漫丹等认为构建城市循环经济发展模式，要考虑城市的自然经济、社会发展状况和所处的特殊地位，也要科学分析城市的发展趋势，进而提出适合我国循环经济发展的 C—模式。[②] 钟丽景、白庆中提出"零排放"生态城市模式的构想，认为这是一种有利于环境、资源与经济协调发展的绿色生活、工作、生产和消费的方式。[③] 山东在发展

---

　　① 刘贵富：《循环经济的循环模式及结构模型研究》，《工业技术经济》2005 年第 8 期。

　　② 诸大建等：《中国发展循环经济的战略选择》，《中国人口、资源与环境》2005 年第 6 期。

　　③ 钟丽景、白庆中：《可持续发展的"零排放"生态城市模式初探》，《环境污染治理技术与设备》2002 年第 5 期。

循环经济方面创建了独具特色的"点、线、面"模式,即建立企业"点"上的小循环,打造行业"线"上的中循环,构建以"点""线"为支撑、以社会区域为单元的"面"上大循环。苏州高新区在发展循环经济过程中,推行"补链"招商模式,他们在招商引资中,坚定了"绿色招商"、"生态招商"、"补链招商"的理念,有意识地去完善区域内的循环经济产业体系,以实现"工业链"向"生态链"转变。日照市积极探索以三个层面的循环为重点的发展模式。江苏提出了七种模式:即工业生态整合模式、清洁生产模式、产业间多级生态链联结模式、生态农业园模式、家庭型循环经济模式、可再生资源利用为核心的区域循环经济模式、商业化回收模式。①

　　其二,循环经济评价指标体系研究。刘滨、王苏亮等结合我国国情提出循环经济指标体系应包括的主要指标。② 于丽英、冯之浚提出城市循环经济评价指标体系是政府政绩考核的重要依据。③ 周宏春和刘燕华认为循环经济评价指标体系应该主要包括资源效率指标、环境影响指标和社会进步三方面。④ 张思峰等以大量的数据和模型探讨了生态工业园生态效率评价体系和生态城市发展水平测度体系的构建与应用,分析了城市生活垃圾减量化效益评估和受损植被生态服务功能补偿评估问题。⑤ 姜国刚提出

---

　　① 孟赤兵:《循环经济要览》,航空工业出版社 2005 年版,第 315—343 页。

　　② 刘滨等:《试论以物质流分析方法为基础建立我国循环经济指标体系》,《中国人口、资源与环境》2005 年第 4 期。

　　③ 于丽英、冯之浚:《城市循环经济评价指标体系的设计》,《中国软科学》2005 年第 12 期。

　　④ 周宏春、刘燕华:《循环经济学》,中国发展出版社 2005 年版。

　　⑤ 张思峰等:《循环经济:建设模式与推进机制》,中国发展出版社 2007 年版。

以模糊综合评价的方法来测度循环经济发展水平。① 李王锋、张天柱提出资源型城市循环经济评价指标体系包括 3 个层次、21 个指标。② 牛桂敏依据循环经济的理论内涵和主要目标，以循环经济和生态经济学理论为基础构建循环经济评价指标体系。③ 章波、黄贤金构建了自上而下的树形结构指标体系。④ 国家环境保护总局在城市环境指标方面曾进行过有益的探索，先后在 20 世纪80 年代末制定了城市环境综合整治定量考核指标体系，20 世纪90 年代末制定了环境保护模范城市考核指标体系。

其三，循环经济立法研究。我国的循环经济立法还处于起步阶段。2003 年 1 月开始实施的《清洁生产促进法》，对我国探索循环经济的过程产生了深远的影响。《节约能源法》、《环境影响评价法》、《可再生能源法》等都提出了发展循环经济相关方面的要求。2004 年修订了《固体废物污染环境防治法》，《废旧家电及电子产品回收处理管理条例》、《清洁生产审核办法》、《中国节水技术大纲》等法规也相继出台，同时制定了《节能中长期专项规划》、《国家生态工业示范园区申报、命名和管理规定》、《生态工业示范园区规划指南》、《循环经济示范区申报、命名和管理规定》、《循环经济示范区规划指南》、《全国生态示范区建设试点验收暂行规定》、《全国生态示范区验收标准》等规划和法规。各地也先后出台了地方性法规，上海、山西、辽宁、江苏等省市及沈阳、太原、贵阳

① 姜国刚：《东北地区循环经济发展研究》，中国经济出版社 2007 年版。
② 李王锋、张天柱：《资源型城市循环经济评价指标体系研究》，《科学学与科学技术管理》2005 年第 8 期。
③ 牛桂敏：《循环经济评价体系的构建》，《城市环境与城市生态》2005 年第 4 期。
④ 章波、黄贤金：《循环经济发展指标体系研究及实证评价》，《中国人口、资源与环境》2005 年第 3 期。

等城市也先后制定了地方清洁生产政策和法规。①

(三)辽宁省循环经济发展研究概况

1. 辽宁省循环经济发展研究概况

2002 年辽宁省被确定为循环经济试点省以来,学者们开始对辽宁循环经济发展问题进行研究。其中,张军涛从老工业基地振兴的角度,对辽宁生态产业进行了研究,分析了辽宁生态产业的现状、面临的问题和潜在市场,提出了发展生态产业的对策。② 何军在介绍循环经济的内涵和发展的基础上从环境保护的角度探讨了发展循环经济的必要性,提出只有通过大力发展循环经济,才能尽快解决辽宁省的结构性、区域性环境污染问题。③ 于中涛等探讨了发展循环经济对振兴辽宁老工业基地的现实意义。④ 樊奇、王大超论述了辽宁发展循环经济的现实意义,通过对辽宁传统工业现状的分析,提出辽宁由传统线性工业向新型生态工业迈进的实现路径,同时提出应加快制定地区循环经济发展战略,依法推动循环经济发展。⑤ 秦书生等分析了辽宁发展循环经济的必要性,提出了发展循环经济建立环境友好型社会的基本途径。⑥ 杨慧民探讨了德国发展循环经济的经验及其对辽宁老工业基地的启示,通

---

① 孟赤兵:《循环经济要览》,航空工业出版社 2005 年版,第 449—517 页。

② 张军涛:《辽宁老工业基地振兴与发展中的生态产业研究》,《社会科学辑刊》2004 年第 1 期。

③ 何军:《发展循环经济解决辽宁老工业基地的环境问题》,《辽宁化工》2004 年第 12 期。

④ 于中涛等:《大力发展循环经挤,振兴辽宁老工业基地》,《农业经济》2005 年第 1 期。

⑤ 樊奇、王大超:《依托循环经济理念　振兴辽宁老工业基地》,《沈阳师范大学学报》2006 年第 3 期。

⑥ 秦书生等:《辽宁发展循环经济建立环境友好型社会的思考》,《科技创业月刊》2007 年第 1 期。

过分析德国发展循环经济的经验,结合辽宁老工业基地的现状,提出一些循环经济发展的建设性建议。① 赵丽、邓峰对大连循环经济发展问题进行了讨论,论述了创建循环经济城市是大连市走可持续发展之路的必然选择,结合实际情况,提出了大连市建设循环经济城市的总体模式和基本途径,阐述了大连市建设循环经济型城市的保证措施。② 项学敏等应用产业生态学的理论与方法,分析大连市旅顺口区产业现状,并就构建旅顺口区产业生态链,为大连旅顺口区的生态工业园建设提供理论依据,为大连循环经济建设提供参考。③ 李晶等对沈阳市循环经济建设工作进行了探讨,在论述沈阳市循环经济发展构想的基础上,对沈阳市循环经济示范城市建设工作的进展情况进行了介绍,提出加强循环经济建设的意见和建议,并从企业、园区和社会层面对全面开展循环建设经济工作提出了思考。④

2. 辽宁省循环经济发展研究的不足

关于辽宁循环经济发展的研究已经取得了很多成果,但大多着眼于强调利用循环经济理论指导企业生产中的物质循环利用,对推进辽宁循环经济发展的认识中的一些不足没有足够的重视,主要表现为以下几个方面:

第一,现有研究对发展循环经济对于辽宁老工业基地振兴的

① 杨慧民:《德国发展循环经济的经验及其对辽宁老工业基地的启示》,《科技管理研究》2007 年第 1 期。
② 赵丽、邓峰:《建循环经济型城市　走可持续发展之路》,《辽宁城乡环境科技》2003 年第 2 期。
③ 项学敏等:《产业生态链构建研究——以大连市旅顺口区为例》,《环境科学与技术》2006 年第 4 期。
④ 李晶等:《沈阳市循环经济建设工作的实践和思考》,《环境保护与循环经济》2008 年第 1 期。

必要性和意义等方面的论述较为充分，而对辽宁循环经济试点省份建设的现状缺乏认识和总结。

第二，在论述辽宁循环经济发展整体的同时，忽视对不同地区和城市间资源使用状况差异性和循环经济发展不平衡的研究，现有的区域性探讨也仅局限于沈阳、大连两个中心城市。

第三，对发达国家发展循环经济的经验对辽宁省的借鉴问题研究不足。

第四，对循环经济发展途径的研究主要是从利用循环经济理论指导企业生产中的物质循环利用的角度出发，理论性较强，缺乏可操作性对策的研究。

第五，仅仅强调发展循环经济需要政府主导、规划、法律等传统管制性手段的保障，忽视了经济手段在循环经济发展中的激励和约束作用，对解决企业发展循环经济动力不足的问题缺乏认识和研究。

第二节　辽宁省循环经济发展现状及问题分析

一、辽宁省循环经济的发展现状①

（一）辽宁省循环经济发展的基本进程和基本原则

2001 年，辽宁省开始开展循环经济试点建设。2002 年 5 月 31 日，国家环保总局正式批复辽宁省为我国首个循环经济试点省；6 月，经专家审议的《辽宁省发展循环经济试点方案》提出"3 + 1"循环经济模式，即利用小循环、中循环、大循环和资源再生产业发展循环经济。省委省政府提出了"初步建成循环经济的机制

---

① 本部分内容根据辽宁省环保局的资料总结而成。

和框架"的近期目标和"初步实现环境、经济、社会的协调发展"的长远工作目标,制定了《辽宁省循环经济和生态环境保护"十一五"规划》,全省14个市的试点工作实施方案和具体实施计划随后也全部制定,并将试点建设纳入省、市长环境保护工作目标责任状,建立了联席会议和年终考核制度。

几年来,辽宁省坚持"政府主导、市场运作、法律规范、公众参与、重点突破、兼顾社会"的基本原则,通过创建一批循环经济型企业、生态工业园区、资源转型城市和建设区域性资源再生产业基地,提高了资源利用效率,培育了新的经济增长点,初步建立了较为完善的循环经济发展机制和框架。

(二)辽宁省循环经济发展的具体政策

辽宁省循环经济发展的具体政策措施包括:一是发挥政府的主导作用,组织进行循环经济规划和设计,制定促进循环经济发展的相关法规和规章。二是按照市场规律,鼓励产业界积极创新和开发,实施循环经济的产业工程。三是加强循环经济试点建设的宣传教育,引导社会公众的参与和支持。四是加大政策支持力度,建立循环经济的多元投入机制。五是研究开发先进适用技术,建立和完善循环经济的科技支撑体系。六是健全社会中介组织,建立信息交换平台。七是加强与国际组织、外国政府、金融和科研机构等在循环经济领域的交流与合作,学习借鉴发达国家发展循环经济的成功经验,引进资金和先进技术。

(三)辽宁省循环经济发展的成果

目前辽宁省循环经济工作进展和取得的成果如下:

第一,实施清洁生产审核,建立了一大批循环经济型企业。全省已有480多家重点污染企业开展了清洁生产审核,60%的重点污染企业实现了清洁生产,共实施9420多个项目,总投资近10亿元,每年新增经济效益近 20 亿元,节水 1.67 亿吨,节电 1.85 亿千瓦时,减排二氧化硫、烟粉尘等污染物 18 万多吨;与 2000 年相比较,全省年均节能 4.2%,工业用水重复利用率由 69% 提高到 88%,年均节水 2.5 亿立方米;在冶金、电力、煤炭和选矿等行业创建了 50 多家废水"零排放"企业;鞍钢已建成 40 多个循环经济项目,基本实现了高炉、焦炉和转炉煤气的"零放散",当年产生的冶金废渣全部实现回收利用,水资源循环利用率达到 91%。

第二,开展废弃物综合利用,培育了新的经济增长点。一是结合资源枯竭地区经济转型,开发利用矿山废弃资源,建设国家生态工业示范园。抚矿集团以"一矿四厂一气"转产项目为主线,围绕油母页岩和煤矸石综合利用,大力发展接续产业和替代产业。目前,已建成年产 6000 万块的煤矸石烧结砖一期工程和年增产水泥 27 万吨的页岩废渣水泥厂扩建工程;年产 59 万吨油母页岩炼油扩建项目和页岩热电厂项目正在筹建之中。二是结合开发区整合提升,开展资源循环利用和能源梯级利用,提高区域经济运行质量。大连开发区通过建设关键链接项目,构建和完善生态工业网链,启动实施了工业介质循环利用、废旧家电综合利用和中水回用等 9 个工业生态链接项目,已有 5 个项目建成投产,电镀工业园实现废水"零排放"。三是建设区域内企业间的关键链接项目。葫芦岛市在金属冶炼、石化、城市基础设施建设等方面实施了 15 个链接项目,综合利用近 50 万吨固体废弃物、7 万吨二氧化碳和 6500 多吨二氧化硫,年新增经济效益 7000 多万元。四是结合资源综合利用,大力发展资源再生产业。全省已建成朝阳华龙、铁岭新新等 30 多个煤矸石和粉煤灰综合利用项目,2003 年全省煤矸石和粉煤灰综合利用率达到 74% 和 47%,比 2001 年分别提高了 45 个、10 个百分点。

　　第三,大力发展生态工业,实现环境与经济"双赢"。沈阳铁西新区通过对污染企业的搬迁、改造,实现产业重组和产品升级换代,优化城市布局,从源头解决环境污染问题。目前,正在将47家重点企业构建成9条工业生态产业链和循环网络,开展物流、能流的梯级利用,工业废水50%以上通过处理后回用,年减排固体废物44万吨。大连市以消除市中心污染源为突破口,对地处市内的能耗高、污染重、效益差的工业企业进行搬迁改造。除少数企业就地关闭外,大多数企业通过盘活土地,利用级差地价获得发展资金,提高了企业技术水平。城市环境的改善,提升了土地价值,为引进高新技术调整产业结构和招商引资提供了良好的投资环境和条件。

　　第四,发展循环型生态农业,促进了城乡发展的协调统一。全省已建成63个高标准"四位一体"现代农业示范园区和45万亩有机食品基地。盘锦市启动建设了太平农场、鼎翔公司、西安生态养殖场、石山种畜场四个生态农业示范园区。西安生态养殖场以生产和利用水生植物为核心,牧渔农相结合,实行四级净化,五步利用,资源多层次开发,多级循环利用的复合生态模式,成为被联合国环境署命名的全球500佳之一。阜新市以双汇、大江等加工企业为龙头建立养殖业和有机农业、绿色农业发展链条,已建成千亩以上农业园区15个。全省还建成秸秆气化工程39处,促进了农村能源调整。

　　第五,以城市中水回用为重点,全面建设资源循环型社会。结合城市污水处理厂建设,开展城市中水回用,缓解水资源短缺危机。目前,全省已建成25座城市污水处理厂,累计日处理能力达到284.8万吨,实际运行负荷达到了80%。以鞍钢、抚顺石化等一批用、排水大户开展中水回用为代表,已使工业企业取水量减少了24.5%。以沈阳和大连为重点,建成住宅小区、学校、宾馆等中水回用工程110多个,日回用中水4万多吨。

第六,开展循环经济宣传教育,提高公众参与意识。编制了省、市循环经济发展方案。邀请清华大学金涌、钱易院士,东北大学陆钟武院士等中外专家为各级领导干部作循环经济的专题报告,结合省情剖析辽宁省开展循环经济建设对促进经济增长方式转变的推动作用。积极利用电视、报刊等多种媒体,广泛开展宣传,加大公众参与力度。

总之,截至目前,辽宁省循环经济发展成果比较显著。2007年全省万元 GDP 能耗实现 1.704 吨标准煤,同比下降 4.01%;其中万元工业增加值能耗实现 2.649 吨标准煤,同比下降 9.28%,下降幅度位居全国第二位。2008 年上半年,节能降耗工作仍保持良好发展态势,万元工业增加值能耗同比下降 6.1%,万元 GDP 能耗同比下降 3.5%。在国家组织的对各省级政府 2007 年度节能目标考核中,辽宁省被评为全国 6 个超额完成等级的省市之一,节能工作走在全国前列。

辽宁省的循环经济试点工作在全国受到普遍关注。全国政协、环保总局领导曾先后到辽宁省专门视察循环经济试点工作,认为辽宁省循环经济试点工作,在老工业基地调整改造、资源枯竭地区经济转型、经济开发区的整合提升和资源节约利用等方面已经取得了初步成效,而且发展势头良好,对全国尤其是东北地区发展循环经济,走新型工业化道路具有重要的示范意义。

调查中我们也发现,实行清洁生产、发展循环经济的企业往往能够获得较好的经济效益。以抚顺大伙房水泥有限公司为例:

2003 年时,该企业生产工艺落后,生产设备老旧,生产能力仅为年 30 万吨。辽宁东立实业集团收购该企业后,于 2005 年投资 2.4 亿元,采用新型干法水泥生产工艺对旧生产线进行技术改造,建成一条年产 127 万吨水泥的新型干法水泥熟料生产线。

未改造前,该企业水泥灰尘四处飞扬,周围的农作物上落满水泥灰尘,扣上塑料大棚,结果大棚上也积满了灰尘,影响光照效果,因此每年周边的农民都向企业进行索赔。厂区内也处处沾满了水泥灰尘,工人下班时都是灰头土脸。

上了新型干法水泥生产线后,飞扬的水泥粉尘不见了,企业又投资对厂区进行了绿化,建成了花园式工厂。

企业采用的新型干法水泥生产线,具有工艺过程节能化、技术装备大型化、生产环境清洁化、控制管理信息化等特点,符合国家产业结构调整政策,节能减排,代表着水泥生产的方向。以往,矿山剩下的选矿废弃物扔了没人用,如今,该企业每年"吃掉"粉煤灰、尾矿粉、钢渣、铜矿渣、氟石膏、磷石膏、油页岩等区域工业废渣50多万吨,不仅比传统工艺降低了成本,而且提高了产品的市场竞争力。在水泥质量略有提高的前提下,根据产品品种的不同,每吨水泥生产成本比过去降低了50—80元,年产量达150万吨,在市场价格不变的情况下,企业多创效益几千万元。

2007年,省政府将抚顺大伙房水泥有限公司列为循环经济的试点单位,省经委、市经委把该企业列为节能减排试点单位。2008年,政府支持该企业投资3000万元新建低温余热发电项目,该项目每年可增加发电量2995万千瓦时,节约标煤1.13万吨,使该企业逐步成为抚顺地区生产绿色建材、保护环境资源、降低综合能耗、发展循环经济的典范。

二、辽宁省循环经济发展中存在的主要问题

(一)地区发展不平衡

从循环经济发展的基础条件看,资金、技术、思想观念和意识等对区域循环经济的发展有着直接影响。辽宁14个城市的经济

发展水平有较大差距,其中沈阳和大连的 GDP 占全省的一半左右,不同城市的产业构成也有较大差异,而辽西地区是自然环境和经济基础比较脆弱的地区,也是经济欠发达地区。这些地域要素的空间差异导致了辽宁循环经济发展中存在着地区之间的不平衡。大连、沈阳等城市的生态产业发展势头比较强劲,循环经济产品的生产技术开发和循环经济产业发展服务等方面也得到了很好的体现,而其他地区特别是辽西地区的循环经济建设相对薄弱。

(二)农业循环经济发展面临的主要障碍

我国农村地区的经济发展水平不容乐观。辽宁农村破坏生态环境的事件时有发生,特别是辽西地区处于农业和牧业的过渡地区,受周边地区生态环境条件的影响,土地退化、沙化面积有扩大趋势。在欠发达的农村地区,由于各种保障制度的不健全,农民在生产和生活中需要面对更多风险,许多时候宁愿维持现状也不愿意接受新技术和新的种植方法。这些状况必然在一定程度上影响到农业循环经济技术的推广和应用。

(三)法律机制不健全

有法可依是推动循环经济发展的前提,立法对循环经济的影响具有首要的、决定性的作用。我国严格意义上的循环经济法还处于萌芽状态,全国性的环境经济政策虽然种类较多,但真正实施并发挥作用的较少,有些环境经济政策由于没有配套的措施,更不能有起到应有的作用。2003 年开始实施《清洁生产促进法》标志循环经济立法的起步,但针对的仅是输入端,不能涵盖循环经济的全过程。

(四)政府主导下的市场机制不完善

目前辽宁循环经济的发展主要是由政府主导和推动,市场机制的推动力量不足,这不利于循环经济的长远发展。因为由政府和行政管理部门推动的循环经济建设,虽然在短时间内见效快,但发展的持续性和稳定性不强,远远不如由市场机制推动的发展推进程度深、辐射范围大、持续效果好。

(五)企业积极性不高、参与意识不强

有的企业对循环经济认识不足,认为发展循环经济就是减少排放、治理污染。有的企业缺乏对发展循环经济的重要性和必要性的认识,对追求经济效益与转变经济发展方式之间的关系及当前两者之间的矛盾认识不足,因此认为发展循环经济投入大、效益慢,缺乏长远规划和远景目标,没有发展循环经济的积极性和主动性。

(六)公众参与不足

发展循环经济需要广大公众的积极参与和参与能力的普遍提高。然而目前辽宁乃至全国的公众环境教育并未普遍展开,相关法律法规对公民参与环境保护和循环经济等问题也未进行明确规定,公众对环境保护认识不足,绿色消费意识还比较淡薄,缺乏循环经济观念和参与循环经济的行为的确定性。

第三节　发达国家发展循环
经济的主要经验

德国、日本、美国等主要发达国家在 20 世纪 90 年代前后就把发展循环经济、建立循环型社会作为实施可持续发展战略的重要途径和实现形式,并在实践中取得了较好的成效和经验。学习和借鉴它们的经验,对推进辽宁循环经济的发展具有实际意义。

一、主要发达国家发展循环经济的主要经验

(一)以立法为先导,推动循环经济法制化发展

发达国家发展循环经济的首要举措就是以立法为先导,以法制化推动循环经济的全面发展。如前所述,德国、日本、美国及北欧国家、西欧国家,都制定了综合或单项的发展循环经济的法律。其中,德国除1972年颁布了《废弃物管理法》和1996年的《封闭物质循环与废弃物管理法》两部纲要性法律外,还制定了各种垃圾处理法规,使不同种类的垃圾从搜集到最终处理的每个环节都有章可循。1991年,德国通过了《包装条例》法规,将包装物的回收处理规定为一种义务,也相应地建立了与之配套的法律体系。针对不同的废弃物,分别设立了单独的法案或条例,将每一个环节都细化到立法中。德国政府用法律来约束公众和企业行为,使人们把实行循环经济作为一种社会责任和生活方式的一部分,对循环经济在德国的成功实施起到关键的作用。

日本促进循环经济发展的3个层面的法律法规形成了一个比较完整的法律体系。其中,《促进建立循环社会基本法》明确了循环经济的概念和"可循环资源"的定义,规定了回收处理程序,确定了政府、地方、企业和公众的责任,规定了建立循环社会的措施,提出了建立循环型经济和社会的根本原则,从法制上确定了21世纪经济和社会发展的方向。2部综合性法律和5部具体法律法规分别对不同行业的废弃物处理和资源再生利用等作了明确细致的规定,形成了健全而又相互呼应的循环经济法规系统,使企业和公民的循环经济行为有法可依、有章可循。

美国在循环经济立法方面也比较早,虽未形成一部全国性的循环经济法规,但从20世纪80年代中期以来,俄勒冈、新泽西等州先后制定促进资源再生循环法规以来,目前已有半数以上的州制定了不同形式的再生循环法规。

总之,发达国家通过立法把经济发展方式确定为循环经济,并在各个层面上都有促进循环经济发展的具体的法律法规规定,从而把循环经济全面纳入法制化轨道。实践证明,循环经济实践发展较成功的国家,都是循环经济法律法规比较完备的国家。这是发达国家发展循环经济的宝贵的基本经验。

(二)运用经济激励手段引导生产和消费行为

政府制定并实行一系列强有力的经济激励政策,引导和鼓励各行各业和广大民众实践循环经济,是发达国家促进循环经济发展的另一条重要经验。主要政策有:

一是政府奖励政策。比如美国的"总统绿色化学挑战奖",于1995年设立,奖励那些具有基础性和创新性、并对工业界有实用价值的化学工艺新方法,以通过减少资源消耗来实现对污染的防治。再如日本的资源回收奖,用于鼓励市民回收有用物质的积极性。该奖项实施后在日本许多城市收到良好的效果,例如日本大阪市对社区、学校等集体回收报纸、硬板纸、旧布等发给奖金,在全市设了80多处牛奶盒回收点,回收到一定程度后可凭回收卡免费购买图书;市民回收100只铝罐或600个牛奶盒奖励100日元。

二是税收优惠政策。对发展循环经济有成就的企业,发达国家政府给予税收方面的优惠政策予以鼓励。如美国亚利桑纳州1999年颁布的有关法规对分期付款购买再生资源及污染控制型设备的企业可减税10%。美国康奈狄克州对前来落户的再生资源加工利用企业除可获得低息风险资本小额商业贷款以外,州级企业所得税、设备销售税及财产税也可相应减免。再如日本对废塑料制品类再生处理设备在使用年度内,除了普通退税外,还按取得价格的14%进行特别退税。对废纸脱墨处理装置、处理玻璃碎片用的夹杂物去除装置、铝再生制造设备、空瓶洗净处理装置等,除实行特别退税外,还可获得3年的固定资产税退还。荷兰利用税法条款来推动清洁生产技术的开发和应用,对采用革新性的清洁生产或污染控制技术的企业,其投资可按 1 年折旧,而其他投资的折旧期通常为 10 年。①

三是政府优先采购政策。对发展循环经济有利的项目或产品,发达国家政府还通过自己优先采购行为予以鼓励。如美国几乎所有的州都制定了对使用再生材料的产品实行政府优先购买的相关政策或法规,联邦审计人员有权对各联邦代理机构的再生产品购买进行检查,对未能按规定购买的行为处以罚金。

四是价格调整政策。价格调整是发达国家发展循环经济的又一重要政策。如日本有关法规中规定废旧物资要实行商品化收费,即废弃者应该支付与废旧家电收集、再商品化等有关的费用。再如美国 200 多个城市根据所倒垃圾数量进行收费;一些州和几个欧洲国家对饮料瓶罐采用了垃圾处理预交金制。德国规定市、镇政府必须向州政府交纳污水治理费,污水治理未达要求的企业要承担巨额罚款;同时规定居民水费中含有足够的污水治理费,市民用水每立方米费用为 7.5 马克,其中的 2.5 马克归饮水公司,5 马克给废水公司,废水公司又将所得款项的三分之一拨给污水处理厂,三分之二拨给污水输送管道系统。

此外,发达国家还运用金融、抵押金等方面的政策引导循环经济行为。如德国对减轻环境污染的环保设施给予的贷款,不仅利率相对较低,偿还条件也优于市场条件,且借贷周期长、利率固定,必要时还可以给予经济补助。德国还建立相应的配额制度并收取押金,促进消费者把有关废物退还到商店或超市,以达到废物的再循环和再利用。总之,发达国家的经济激励政策遍布各行各业,积

---

① 汤天滋:《主要发达国家发展循环经济经验述评》,《财经问题研究》2005年第 2 期。

极运用各种经济手段鼓励企业技术创新和相关成果的市场化与产业化。运用经济激励手段引导企业的生产和消费行为是发达国家循环经济发展的又一个成功经验。

(三)提高公众的参与意识和参与能力

实施循环经济不仅需要政府的主导和企业的自律,还需要广大公民的积极参与和实践。循环经济体系建立较好的发达国家都十分重视提高公众的参与循环经济的意识和能力。比如日本建立循环型社会,特别注重提高公众的参与意识和参与能力,使公众的日常消费行为充满了环保、节能、绿色意义。再如德国通过舆论传媒等手段加强对循环经济的社会宣传,促使社会各阶层人群都能够了解并认可循环经济,提高大众的绿色消费意识,在生活中优先选择有环保标志的绿色产品,以此约束消费市场和消费行为,进而鼓励企业开展清洁生产和技术创新。

二、发达国家发展循环经济的经验对辽宁省的启示

(一)营造健康有力的法律法规体系

发达国家的实践经验表明,以立法为先导把循环经济发展纳入法制化轨道对于推进循环经济发展是有效的举措。如前所述,我国严格意义上的循环经济法还处于萌芽状态,2003 年开始实施《清洁生产促进法》针对的仅是输入端,不能涵盖循环经济的全过程。因此,辽宁省循环经济建设并不是在一个大的、有力的法律环境背景下进行的,为推进循环经济发展,辽宁应将循环经济法制化提到发展日程,以法律手段大力推广循环经济模式。在立法上,辽宁可以学习和借鉴德国、日本等国家的法律框架体系中的精华,结合自身的具体情况,因地制宜、逐步渗透地出台一系列卓有成效的地方性法律法规。

(二)充分利用市场手段促进循环经济发展

发达国家的经验和实践表明,充分利用市场机制、加大运用经济手段,是推进循环经济发展的一个重要途径。如前所述,辽宁目前循环经济的发展主要是由政府主导和推动,市场机制的推动力量不足。辽宁省资源濒临枯竭、生态环境破坏严重、地区之间循环经济发展不平衡、企业发展循环经济的积极性不高、参与意识不强。因此,辽宁省应该利用好经济激励和惩罚的手段来进一步推动循环经济发展。各级地方政府完全可以根据各自的具体情况和条件出台一些如税收减免等优惠政策,吸引那些能够实施清洁生产企业落户本地;采取有效的多种激励政策形式,鼓励和引导社会、企业积极实践。

(三)强化循环经济理念,充分调动民众参与的积极性

如前所述,辽宁循环经济发展中存在公众参与不足的问题。而循环经济体系建立较好的发达国家的经验表明,必须提高公众参与循环经济的意识和能力才能推动循环经济的全面发展。因此,为进一步推动循环经济发展,辽宁应从多层次强化循环经济理念,拓宽宣传渠道,加大塑造强度和深度,使循环经济理念深入人心,充分调动民众的参与性。

第四节　推进辽宁循环经济发展的对策建议

一、推进辽宁循环经济发展的基本途径

作为发展循环经济的第一个试点省,辽宁省提出了"3+1"循环经济发展的模式,即利用"小循环、中循环、大循环和资源再生产业"发展循环经济,经过几年的努力,已初步形成了循环经济的机制和框架。进一步推进辽宁循环经济发展的基本途径是,依据

循环经济的基本原则,继续深化"3 + 1"模式,从三个不同的层次建构循环经济的产业体系,重新打造辽宁老工业基地。

(一)深化企业清洁生产系统建设

所谓"小循环"就是结合技术改造,在企业内部推行清洁生产并实现"零排放",是循环经济在微观层次应用的基本模式。辽宁推进循环经济发展,必须深化企业清洁生产系统建设。

要继续采用先进的清洁生产技术和污染治理技术,采用无废或少废生产技术,对原有高能耗、高污染产业进行技术改造,淘汰落后的工艺设备,大幅度提高生产的清洁化程度。同时努力实现制造产品的绿色化,使产品在使用和报废处理过程中对环境无害或损害最低化;特别是要实现部分老工业企业通过开发清洁节能产品降低产品在消费过程中的污染物排放。

全省要在全面完成600家重点污染企业清洁生产审核的基础上,以清洁生产周转金启动为契机,千方百计筹措项目资金,着力拓展实行清洁生产企业的范围,实现更多企业的节能、降耗、减污、增效。同时,深入开展清洁生产先进企业创建,使单位产品的能耗、物耗、水耗和污染物排放强度达到国内或国际先进水平。继续创建一批"零排放"企业,全面实现电力、冶金、煤炭、选矿等行业废水的"零排放";积极开展石油开采和加工行业的中水回用,有条件的企业实现废水"零排放";推进再生纸生产行业废水"零排放"工作;冶金行业高炉煤气、转炉煤气、焦炉煤气实现"零放散";冶金行业生产过程中产生的冶金废渣全部实现资源化,逐步开展历史堆渣的综合利用。

加快循环经济型示范企业建设工作。继续实行鞍钢循环经济型示范企业规划,从实现废物减量化和资源化、提高二次能源利用率、工业废水"零排放"和矿山生态恢复四个方面组织实施,深入推进循环经济型示范企业。研究改进抚顺石化、沈化、本钢和锦天化循环经济型示范企业建设规划,加快项目建设。

(二)深化生态工业园区建设

"中循环"是结合辽宁资源枯竭地区经济转型、经济开发区提升和老工业区调整改造,建设生态工业园区,提升区域经济运行质量。按照循环经济基本原则,建设生态工业园区就是要在更大的范围内实施循环经济的要求,把不同的企业联结起来形成资源共享和副产品互换的产业共生组织,使得一家工厂的废气、废热、废水、废物成为另一家的原料和能源,通过这种方式减少废物产生量和处理的费用,形成经济效益,促进经济发展与环境保护的良性循环。

要在现有工业园区及高新技术园区的基础上继续发展生态工业园区。辽宁现有工业园区和高新技术开发区已有一定的发展和规模,有的园区也成为一定规模的工业基地,在此基础上向生态工业园区建设发展。

继续规划、开发和建设新的工业生态园区,吸引具备资源层级利用的关联性的企业入园,加强入园企业资格的考核,杜绝为追求政绩而降低入园资格限制,确保入园企业具备资源层级利用的关联性。

加强园区循环经济信息平台建设,通过信息交换平台,及时发布循环经济的各类市场信息,为园区企业提供相关知识技术和交换机会,实现资源共享,降低交易费用。

现有的沈阳铁西新区、大连开发区和抚顺矿业集团要按照规划进一步做好项目实施工作,实现园区内能流、物流的梯级和循环利用,提高资源利用效率,降低污染排放,提升区域内经济运行质量。推进抚顺矿业集团和大连开发区的国家生态工业示范园区建设验收工作,把沈阳铁西新区早日建成国家生态工业示范园区建设试点。

（三）深化生态城市建设

"大循环"是按照"减量化、资源化、无害化"原则,大力开展城市中水回用和垃圾分类回收利用,提高社会可再生资源利用率,建立社会静脉产业,建设生态城市和循环型社会。

继续推进城市中水回用系统建设。完善沈阳、大连等城市的中水回用系统的规划工作,启动和加强其他城市的中水回用系统的规划工作,用10年左右时间,建成辽宁城市污水再生回用管网,到2010年使辽宁省中水回用率达到30%以上,实现城市污水资源化。工业废水排放量在100万吨以上的企业,必须建立中水回用设施;新建污水处理厂必须配套建设中水回用设施,已建成污水处理厂没有开展中水回用的要加快回用设施建设,开展中水回用尽快达到设计能力。继续大力推广住宅小区、学校、医院、宾馆等中水回用示范工程,处理后的污水用于绿化、保洁、冲厕、景观和工业用水等;开展再生水源热泵综合利用研究和项目建设工程,将再生水源热泵供暖作为城市热网的重要补充。制定有关经营中水和使用中水的优惠政策,鼓励全社会和各企事业单位广泛使用中水,不断研究开发或引进先进技术,对中水进行深度处理,使其得到更广泛利用。充分发挥市场机制和价格杠杆,推进水价改革,制定合理的中水使用价格,促进节约用水,提高用水效率,大力建设节水型社会。

深入开展再生资源回收利用和资源综合利用工作。首先形成电石渣、粉煤灰、秸秆等的回收利用系统,逐步形成规模化的产业集成。推进以废旧轮胎、废旧家电、废电脑及电子废弃物、废金属及包装物为重点的再生资源回收利用体系,建设几个区域性的资源再生产业基地,建设废电池和废荧光灯管资源化处理中心、废家电废电脑集中处置中心和包装废弃物资源化产业中心。制定优惠政策,扶持对废旧物资进行再资源化、再商品化的企业。到2010年使废旧轮胎回收利用率达到50%以上,废旧家电等废物回收利用率达到80%以上。

在沈阳、大连、鞍山等市建立生活垃圾分类回收体系,其他各市选择若干个垃圾分类回收试点,逐步加大这些城市的垃圾分类回收力度;特别注重有效回收餐饮业和食品加工业的食品废料,同时将食品废料资源化;用10年左右的时间,基本建成城市生活垃圾综合利用系统,实现城市生活垃圾资源化。加快城市垃圾处理厂建设进度,实现到2010年生活垃圾无害化处理率达到80%以上。

在全省开展循环经济理念和实例的宣传教育活动,提高公众的环境意识和绿色消费意识,引导全社会自觉参与循环社会建设。

二、推进辽宁循环经济发展的建设重点
(一)循环型农业建设

第一,推进清洁生产。在农业生产中,进一步削减有毒物质、有害物质的投入量;进一步减少物质投入,提高资源利用率,科学合理地使用肥料、农药、地膜等农资,减少污染;提高水资源利用率,发展节水农业。具体措施如:开发使用高效低毒、低残留的农药,开发使用生物农药,减少农药使用量;改进施肥技术,推广精准施肥方法;加大力度开发使用可降解地膜,促进地膜的广泛回收;开发使用农业用水新方法,通过硬化灌溉渠道、地膜下灌溉、大面积喷灌等提高水的利用率。

第二,推进农业废弃资源的循环利用。继续推进以沼气为纽

带的"四位一体"的能源生态综合工程,扩大家庭生态农业模式的覆盖面;加大对农作物秸秆的利用力度,因地制宜地实现秸秆粉碎还田,增强土壤肥力;充分利用秸秆发展沼气工程;出台相应的鼓励政策,发展和推广秸秆的深加工业。

第三,延长农业产业,发展农产品深加工业。广泛利用高新技术开发农产品深加工;扩大现有的农产品加工企业的规模,提高经济效益,促进现有资源消耗型企业向高效利用型企业转变。

第四,积极开发和拓展农业生态旅游。在城乡结合部开发建设农家小院,营造具有农村生态特色的休闲观光场所;在农村地区利用自然风光因地制宜地建设农业观光度假园区,做好观光游览服务、生活体验服务、农产品交易服务。

(二)循环型工业建设

循环型工业建设的基本要求是按照"减量化、再利用、再循环"的原则,深化企业清洁生产系统和生态工业园区建设。从产业发展现状的角度出发,推进辽宁循环型工业建设的重点在于钢铁、化工、煤炭三个行业。

第一,钢铁产业循环经济建设。以2006年为例,辽宁钢铁行业全年能源消耗量占全省能源消耗总量的20.3%,煤炭消耗量占全省的21.3%,焦炭消耗量占全省的91.8%,电力消耗量占全省的19%。因此,钢铁产业可作为资源消耗型产业的典型。钢铁产业必须加大力度采用先进技术,加速主要工艺设备的更新换代,向循环型产业发展。具体措施包括:一是以"零排放"为目标,建设钢铁生产过程的三个循环链,即可燃气体回收利用循环链、工业用水循环链、固体废弃物循环链,进而实现高温废气回收、余热发电、废水闭环处理循环使用,提高废渣综合利用率和废钢铁的回收利用力度。二是建设钢铁企业与相关企业之间的物质供应循环链,促进区域资源的节约和合理利用,通过供应链的传递关系带动周边产业的发展,提升整个区域的经济实力和竞争能力。三是建设钢铁产品出厂、社会消费、消费废弃物回收利用的循环链,为社会的可持续发展提供良好的保障,同时为钢铁产业的发展带来新的经济增长点。

第二,化工产业循环经济建设。化工业本身是一个高能耗高污染的行业。2006 年,辽宁化工业全年能源消耗 1031.3 万吨标准煤,占全省能源消耗的 6.8%,与上一年耗能 800.5 万吨相比,增加了 28%,全年耗电占全省用电的 4%。可见,推进循环型化工产业的发展是辽宁循环经济发展的重点之一。化工产业循环经济建设的内容,一是要深化企业的内部循环。通过实施和深化清洁生产、推广 ISO14001 环境管理体系,积极利用生态工业技术和设备,设计和改造工艺流程,使上游产品所产生的废物成为下游产品的原料,在企业内部实现物质的闭路循环和高效利用。二是大力延伸产业链,建设精细化工园区,推进园区内资源循环使用。

第三,煤炭产业循环经济建设。在长时期的粗放式开采之下,辽宁煤炭资源已濒临枯竭,资源型城市的生态环境也遭到严重威胁和破坏。比如,辽西北的阜新市作为"煤电之城",2006 年末人均生产总值只有全省水平的 37%。煤炭企业应该根据自身矿区的资源条件和外部环境,在企业内部、企业与其他企业之间、企业与社会企业之间实现资源的循环利用。一是建立企业内部的小循环。在"3R"原则指导下,科学安排各工艺之间的物料循环,降低生产过程中资源的使用量,延长产业链条,提高资源能源的利用效率,减少污染物的产生与排放。加大煤炭资源深加工力度,提高煤炭洗选率。二是建立企业与其他企业之间的中循环。企业应通过企业间的物质循环、能源梯级使用和信息交流,形成企业间的代谢和共生关系,建立以煤炭企业为核心的循环经济工业生态园区。三是建立企业和社会之间的大循环。在煤炭资源型城市,由政府帮助组织建立煤炭企业与社会之间的生产和消费的全社会循环经济模式。

此外,在其他行业的循环经济建设中,电力行业要加强煤炭、水等资源消耗的管理,提高产出率,火电厂推广安装脱硫装置和除尘回收装置,进一步提高粉煤灰的综合利用率。有色金属行业要进一步采用先进工艺,加快技术改造,进一步降低能耗、水耗、物耗。建材行业要加强石灰石矿山的控制和保护,限制和淘汰落后生产能力,加大粉煤灰等工业废渣综合利用力度,大力推广新型的墙体材料,严格执行城市建筑节能设计标准。造纸行业要大力推进林浆纸一体化工程。化纤纺织行业要加大环保投入和技术改造力度,确保实现达标排放。

(三)循环型服务业建设

循环型服务业建设就是在服务业的整个服务过程中,减少服务主体、服务客体和服务方式所产生的环境影响,实现服务业的可持续发展。具体而言,在服务企业内部,要进行清洁生产;在企业间,要建立良好的再生资源的输出输入关系;在废物处理上,要实现无害化、减量化、资源化;在服务客体上,鼓励公众参与,建立有奖举报和有效预防体制。

第一,循环型旅游业建设。推广旅游产品的清洁生产,建立生态旅游管理机制;加强景点环境整治和环境保护,旅游景区设立废物分类收集设施,实现固体废弃物减量化、资源化、无害化处理;调动游客积极性,提高游客参与度,强化游客的自我约束行为。

第二,循环型商服业建设。在已实行塑料包装袋收费的基础上,大力倡导使用耐用布袋;餐饮业要加大力度切实使用和推广可降解打包盒,禁止使用一次性筷子,推广使用消毒筷子;宾馆业减少或禁止向顾客提供一次性用品,禁止一次性拖鞋的使用,采用可反复清洗消毒的布料拖鞋;成立专门的商服业废弃物处理企业,对商服业产生的废弃物进行有效处理,形成新的可利用资源投放市场;在沈阳市餐饮废物资源化利用技术研发和产业化成果的基础上,加大继续研发和产业化推广的力度。

三、推进辽宁循环经济发展的具体措施

(一)明确政府职责、改革行政体制、加强部门合作

推进辽宁循环经济发展,必须要进一步明确政府职责,加大政府主导力度,改革现有行政管理体制,理顺省、市政府和各职能部门之间的关系,减少行政成本。

首先,政府是循环经济发展的有力推动和引导者,规范政府在发展循环经济中的职责、加大政府主导力度,是推进循环经济发展的有力保障。政府在发展循环经济中的职责包括:通过制定有关法规、规划,建立必要的管理体制和制度,引导、激励企业和社会共同推动循环经济的发展;从制定政策、调整产业结构、明确产权、加大投入、强化监督等方面发挥主导作用;通过直接投资、贷款贴息、税收优惠、调控价格、政府采购和信息发布等手段,促进循环经济发展。

其次,确立一个专门机构负责全省循环经济发展、规划和实施。这个机构可以是省政府单独设立,独立于各个部门之外,也可以设在省环保局,由环保局牵头,财政、科技、发改委等部门组织人员参与,具体负责全省推进循环经济政策的制定、实施和评估。这个专门机构下可以单独设立生态企业、生态工业园区和生态城市三个分支管理部门,具体负责相应的有关循环经济发展的政策制

定、执行和监督。

最后,明确循环经济发展的辅助机构,加强部门合作。建构循环经济的社会发展机制是一项复杂的系统工程,涉及生产、流通、分配和消费的全过程,需要多个部门、多个机构的协作,也需要投入大量资金用于基础设施的建设和启动,在这种情况下,仅一个部门单位是难以支撑的。因此,要明确各级政府及有关部门在推进循环经济工作中的分工、责任和义务,加强各部门、各行业的合作与协调;对各级政府签订的环保责任书,要严格考核,严格奖惩,以发挥应有的导向作用,并纳入政府统计体系和干部考核体系;对具有利益纷争的循环经济政策,循环经济专门机构要积极进行组织磋商,保证相关政策的落实。通过这些措施,强化和明晰各个政府部门的职责,避免政出多门的局面,减少行政成本。

(二)转变政绩观念、推行"绿色 GDP"核算

国内生产总值(GDP)是对最终产品和劳务的计算,没有把资源成本和环境成本计算在内,只能反映一个地区、一个国家经济增长及增长的规模,而不能说明一个地区或国家资源消耗的状况和环境质量的变化,不能体现科学发展观的要求。因此,各级政府要切实转变政绩观念,改革政府政绩考核机制,逐步探索建立"绿色GDP"核算体系。

"绿色 GDP"是指从 GDP 中扣除自然资源耗减和环境污染后的数值,用公式可表示为:绿色 GDP = 现行 GDP − 污染负债 − 生态赤字 − 资源损耗。显然,"绿色 GDP"把经济发展过程中付出的资源环境代价考虑了进去,扣除了环境和生态成本,可以抵消部分虚假的经济增长,减少由传统增长模式引起的环境退化,避免地方经济中以牺牲环境为代价实现经济增长的错误观念和行为,构成了使经济社会与环境资源协调发展的考核标准,能够反映经济社

会发展的真正水平,从而改变人们的思想观念,为科学评价领导干部的政绩提供了合理的标准,为政府正确决策提供科学依据,在制度层面促进循环经济的发展。因此,从政府到企业都要建立"绿色GDP"核算制度,把"绿色GDP"当作衡量经济与社会发展的综合指标和政绩考核的主要指标,从而把资源成本和环境成本纳入国民经济核算体系,推动高消耗、低利用、高排放的增长方式向低消耗、高利用、低排放的增长方式转变,最终实现辽宁经济发展方式的转变。

鉴于目前统计技术、观念等方面的原因,不可能在短期内出台"绿色GDP"核算体系。因此,近期应先制定一套能够反映发展循环经济水平的考核标准。这一新的考核指标首先应把创造每单位GDP所耗资源与所释放的污染物越低越好作为评价政府官员的政绩的重要标准,同时包括公众环境质量评价、森林覆盖增长率及企业清洁生产水平、空气环境质量变化、饮用水质量变化、环保投资增长率、公众环境诉求事件发生数量等指标,还应包括地方政府对各项环保法律法规的落实情况。

(三)健全法制保障

如前所述,我国还没有全面、专门的促进循环经济发展的法律。目前国家正在加快研究循环经济的法律法规框架及《循环经济促进法》的立法工作。为推进循环经济发展,辽宁省应将循环经济法制化提到日程,以法律手段大力推广循环经济模式。在立法上,辽宁一方面要和中央政府现有相关法律保持一致,另一方面,可以学习和借鉴德国、日本等国家经验,因地制宜地制定一些法律法规。

比如,辽宁可以结合经济社会发展的特点,出台《辽宁发展循环经济实施办法》,进一步完善与国家发展循环经济法规相配套

的地方法规;制定相关促进企业环保、节能、节材、节水、资源综合
利用的法规、标准和管理制度,如《资源综合利用条例》、《废旧轮
胎回收利用管理条例》、《包装物回收利用管理条例》、《城市生活
垃圾管理条例》、《城市建筑垃圾管理办法》等具体的专项法规。
这些法律法规应体现循环经济的减量化、再利用、再循环的基本原
则,规定循环经济在辽宁经济社会发展中的地位,明确政府、企业
和公民在发展循环经济中的权利和义务,做到有法可依,有章可
循。在此基础上,逐步建立和完善有利于循环经济发展的财税政
策,对循环经济、清洁生产和环境友好的企业在经济政策上给予优
惠和鼓励,建立环境标志、绿色采购制度等等,如此促进循环经济
健康有序地发展。

(四)强化技术支持

科学技术是第一生产力,推进辽宁循环经济发展应主要依靠
科技进步,因此必须加大力度强化技术支持。

首先, 加大政府在技术研发中的主导作用。政府在循环经济
技术研发中要进一步发挥积极的主导作用, 积极与科研机构、高
校和企业建立密切的联系, 及时掌握国内外循环经济技术领域的
前沿动态, 对具有创新性、先进性的技术研究给予有力支持, 加
大对循环经济技术研发的单位、团体和个人的物质鼓励, 对于发
展循环经济的重大技术研发项目给予资金补助或贷款贴息等
支持。

其次,设立专项基金。财政每年列支促进循环经济技术研发
的专项资金,专门用于配套支持循环经济技术研发的重大项目、前
期工作,奖励在技术研发中做出突出贡献的单位和个人,促进循环
经济技术向生产力转化。在此基础上,完善多元化的融资体制,鼓
励和引导社会资本参与支持循环经济技术的研发项目。

再次,建立技术咨询服务体系。积极建立循环经济信息系统和技术咨询服务体系,推广应用先进适用技术,为参与循环经济的企业特别是中小企业提供技术服务。及时向社会发布有关循环经济的技术、管理和政策等方面的信息,开展信息咨询、技术推广、宣传培训等工作。做好技术筛选工作,促进企业引进核心技术,使技术进步在循环经济发展中发挥更大的作用。

(五)加强舆论宣传、建立公众教育机制

循环经济作为一种新的经济发展模式在我国尚属起步阶段,人们对它的认识和接受还有一个逐步深化的过程,在推广过程中也会遇到一定的思想观念的障碍。而循环经济的发展离不开全社会的参与,因此必须向全社会宣传循环经济的基本理念、实现途径、社会效益、经济效益和生态效益,通过加强舆论宣传、建立公众教育机制,提高全社会对发展循环经济必要性的认识和参与循环经济建设的自觉性。

首先,在领导、干部和各级管理层中普及循环经济发展观,使其正确认识发展循环经济在促进经济增长、促进产业结构优化升级、节约能源、保护生态环境、转变经济发展方式等方面的重要意义。在经济类、管理类研究生教育中,设置循环经济相关课程,通过制订培训计划、编制相关书籍、举办培训班、召开研讨会、组织学术报告会等形式提高各级领导、干部、企事业单位各级管理层对发展循环经济重要性的认识,提高其环境资源意识和环境与发展综合决策能力,促进形成科学的循环经济发展观。

其次,加强对公众循环经济意识和行动的培养。大力开展循环经济的宣传教育工作,各市、各有关部门要组织开展形式多样的宣传培训活动,通过举办专题讲座、研讨会、经验交流会、成果展示会和印发宣传品等形式,运用广播、电视、报纸、杂志、互联网、社区宣传栏等手段进行广泛宣传,普及循环经济知识,宣传典型案例,引导消费者转变消费观念,努力倡导节约型消费和"绿色消费",树立有利于节约资源和保护环境的生活方式和消费方式,提高社会各方面对发展循环经济重大意义的认识,培养公众树立正确的循环经济意识和行动。

第三,将循环经济理念和知识纳入学校教育内容。从小学开始设立循环经济、绿色道德课程,并贯穿至大学教育阶段。聘请专家、学者、明星到学校推广相关知识。做到以教育影响学生、以学生影响家庭、以家庭影响社会,增强全社会的资源忧患意识、环保责任意识。

第四,发挥环保民间组织和公众参与的作用。积极建立和发展环保民间组织,使其参与循环经济政策研究、法规制定、技术推广和具体实践中,协助政府开展循环经济宣传、教育、培训等工作;鼓励公众积极参与环境政策的制定、执行、监督;组织社区群众和志愿者参与垃圾分类、废旧物资回收等社会公益性活动。通过这些活动,推动政府、企业和消费者产生推动循环经济发展的合力。

第五,树立和推广一批发展循环经济的正面典型,营造推动循环经济发展的有利的舆论环境。

(六)加强国际合作

进一步建立多渠道、多层次、多形式的国际交流,深化与日本、德国、美国等国家的合作;围绕生态建设、环境保护、清洁生产、资源综合利用等内容,与国际组织和外国政府、金融机构、科研机构、企业在技术、资金、人才、管理等方面开展全方位的交流与合作;定期组织召开国际交流会议,积极借鉴发达国家发展循环经济的成功经验。

四、推进辽宁循环经济发展的关键环节

（一）充分认识经济手段在推进辽宁循环经济发展中的作用

进一步推动辽宁循环经济发展必须加强制度建设，制度应既包括法律法规等硬性制度，也包括经济手段、市场机制等软性制度，两者对推进辽宁循环经济的发展同样具有重要的作用。因为在市场经济条件下，对于选择循环经济的市场主体而言，在运用强制性措施的同时，还需尊重市场规律，运用经济手段和市场机制，使市场主体有利可图，才能从根本上形成推进循环经济发展的内在动力。并且在市场经济中，市场主体所产生的正的或负的外部性均可通过经济手段予以内部化，而使用经济手段产生的激励和约束效应往往比强制手段具有更低的交易成本和更高的效率。

然而从辽宁省循环经济发展的现状来看，还存在着"企业在发展循环经济上紧迫感不强、积极性不高、主观能动性不足"的问题，原因是企业不能在发展循环经济中获得预期的利益。[1] 造成这种局面的根源，从宏观角度看在于中国循环经济建设尚属起步阶段，无论是在理论认识上还是在实际工作中均存在着"仅仅强调发展循环经济需要规划、法律等传统管制性手段的保障，忽视经济手段在循环经济发展中的激励和约束作用"的倾向；[2]从微观角度来说则在于辽宁省推进循环经济发展的经济政策导向和市场机制支撑尚未充分形成，经济手段的运用存在不足。因此，目前推进辽宁循环经济发展的关键环节，是如何加大经济手段的运用力度、

---

① 姜国刚：《东北地区循环经济发展研究》，中国经济出版社 2007 年版，第218—219 页。

② 白露等：《循环经济实现途径研究的回顾和展望》，《湖南师范大学学报》2007 年第 1 期。

理顺发展循环经济的市场机制,解决循环经济建设和企业经济效益关系、政府政策法制的强制性与企业的自觉性关系的问题,只有理顺这些关系,实现其平衡、互惠与和谐,才能在社会各行业养成循环经济建设的自觉性和积极性,推进辽宁循环经济发展才能落到实处。

(二)推进辽宁循环经济发展的经济手段的具体运用

政府及相关部门在实践中可针对不同企业和企业的不同情况,加大经济激励手段的运用力度,以调整生态经济企业的成本—收益关系。

其一,财政手段。省及各市政府运用财政手段对开展循环经济的企业给予补贴和优惠,引导企业进行有利于循环经济发展的行为。财政手段的运用形式可包括价格补贴、亏损补贴、微利补贴、财政贴息等。比如:对设置资源回收系统的企业提供补贴,对兴建废弃物处理设施的企业给予补贴,对建造节能设施的投入按其费用给予一定额度的补贴,对亏损或微利的废旧物品回收利用企业和废弃物无害化处理产业进行补贴等。另外,政府可运用财政手段建立循环经济基金,由政府制定基金使用办法、管理章程和审计制度,可委托专门的基金管理公司进行管理,用于支持循环经济的重大项目、技术研发和技术成果的市场化与产业化。同时,通过发行循环经济政府债券、向社会发行循环经济彩票、接受民间资金捐助和国际援助资金等方式,扩大循环经济基金的来源渠道。

其二,金融手段。金融手段主要是对能减轻环境污染的环保设施和循环经济设备投资给予贷款优惠。贷款优惠可体现在:利率低于市场利率、偿还条件优于市场条件、借贷周期长、利率固定、头几年不需偿还、必要时还可以给予补助等。对于提供给循环经济企业的中长期优惠利率贷款,应形成一种固定的制度,从而增强贷款的稳定性和企业的可预期性。

其三,税收手段。一方面是在执行排污收费政策的前提下开征消费税和环境税。我国从 2006 年起对木制一次性筷子和实木地板征收 5% 的消费税的政策,促进了相关厂商研发和利用新的替代品。辽宁省可进一步试点将对环境危害大的产品如一次性电池、轮胎等纳入消费税征收范围。同时,参考欧盟经验,对企业和消费者的消极环境行为征收环境税。[①] 辽宁省可以依据本省的实际情况,确定单位污染物排放量的征税标准,考虑对 SO_2、含铅汽油、CO_2、报废车等征收环境税,从而彻底贯彻"污染者付费"的原则,将企业和消费者所产生污染的外部成本内部化。

另一方面,进一步调整和完善增值税和所得税政策,扩大税收优惠制度。比如:对企业购买物资再利用的机器设备允许税收抵扣和加速折旧,对进口国内不能生产的进行物资再利用的设备和机器免征进口环节增值税,对循环经济产品出口全面退税,对以废弃物为主要原料的产品免征或即征即退增值税,对以废旧物资作为辅助材料的产品减征增值税,延长物资再利用企业的所得税的减免年限,等等。同时,对废旧物品回收利用企业和废弃物无害化处理企业的土地使用税、房产税等给予一定的减免等。这样,通过约束与激励相结合的税收手段,形成促进循环经济发展的合力。

其四,收取保证金。政府通过环保部门对生产过程中和产品报废时容易产生污染的企业收取保证金,在企业生产达到排放标准、报废产品及时回收等情况下,向企业退还该保证金。另外,这一手段也可由政府推广使用于普通消费者,即在消费者购买可能

---

① 杨慧民:《德国发展循环经济的经验及其对辽宁老工业基地的启示》,《科技管理研究》2007 年第 1 期。

产生固体废物并造成污染的商品时,由商家对该商品预留押金,促进消费者把有关废物退还到商家,然后向消费者返还押金,以达到废物的再循环和再利用。这一手段目前至少可用于电池、饮料罐等的回收。

其五,建立排污权市场。排污权是对于环境资源的使用权,拥有排污权就拥有了一定量的使用环境的自我净化能力的权利。[①]由于目前我国的环境保护法律体系中还未明确界定环境产权,因此促使企业的外部环境与资源的成本与利益的内部化还存在制度障碍。[②]但政府作为维护生态环境的代表,对于那些无法避免的资源消耗和环境污染,可以通过与污染者之间进行排污权的付费许可交易以及排污权的产权交易,尽可能地减少环境污染和自然资源的无节制利用。这就要求建立一个排污权市场,使排污权成为企业的一种生产要素。

具体做法是:省政府通过一定的管理程序确立排污权利,通过公开竞拍、定价出售、无偿分配许可证等方式,在一级市场上初次分配于企业;企业可根据自身的需要在二级市场上自由进行交易。企业自主决定买入或卖出排污权许可证,使企业优化配置和合理使用排污权,由此促进企业负的外部性通过经济手段内部化。

其六,优先采购和奖励手段。各级政府部门及执行政府采购的单位,优先采购有利于循环经济发展的产品,如低油耗办公车、再生打印纸、节能型复印机及其他有再生成分的办公用品等。同时,鼓励和引导普通消费者选购循环经济产品。对于普遍使用有

① 樊根耀等:《经济激励与循环经济的制度构建》,《特区经济》2005 年第 1 期。
② 张小兰:《论实行循环经济的制度障碍》,《经济问题》2005 年第 2 期。

利于循环经济发展产品的单位和消费者,政府可给予一定程度的荣誉或奖励。

　　总之,目前用以促进循环经济发展的措施往往过多地倚重于法律法规,经济手段的运用存在不足。因此,政府在营造健康有力的法律环境的基础上,还需更加充分地发挥主导作用,结合具体省情,组织力量进一步研究和探讨促进循环经济发展的经济手段的运用。同时,在实践中针对不同的企业和企业的不同情况,加大财政、税收、金融、收取保证金、建立排污权市场和优先采购等经济手段的运用力度,理顺循环经济的市场运行机制,充分发挥市场机制在推进循环经济发展中的主导作用,使循环经济中各个主体形成互补互动、共生共利的关系,以进一步调整和改变企业的成本—收益关系,吸引清洁生产的企业在辽宁落户,鼓励企业开发新的能源,引导企业不断提高发展循环经济的管理方法、生产工艺和先进设备,提高企业和社会的循环经济生产和消费行为的积极性,从而形成推动辽宁循环经济发展的内在动力,实现循环经济的动态稳定和长效发展。

第三章　转变经济发展方式,提升辽宁装备制造业的核心竞争力

装备制造业是为国民经济发展和国防建设提供技术装备的基础性产业,是国民经济的脊梁。党的十七大报告中明确提出:"振兴装备制造业,引导和支持创新要素向企业集聚,鼓励发展具有国际竞争力的大企业集团。"随着我国工业化和经济全球化进程的加快,装备制造业在国民经济发展中的地位和作用日益凸显。装备制造业的发展将带动一大批相关产业的发展,装备制造业可以为各行业提供现代化设备,从农业生产的机械化到国防使用的武器装备,各行各业都离不开装备制造业。因此,大力振兴装备制造业对于全面落实科学发展观,促进经济结构战略性调整,加快转变经济增长方式,增强自我创新能力,维护国家安全,具有重要的理论与现实意义。

第一节　装备制造业在辽宁经济中的地位以及当前存在的主要问题

一、装备制造业在辽宁经济中的地位
(一)装备制造业所包含的行业

根据中国《国民经济行业分类与代码》(GB/T4754—2002),装备制造业分为六大类,其行业及其代码分别为:通用设备制造业

(C35)、专用设备制造业(C36)、交通运输设备制造业(C37)、电气机械及器材制造业(C39)、通信设备、计算机及其他电子设备制造业(C40)、仪器仪表及文化、办公用机械制造业(C41)。

（二）装备制造业在辽宁经济中的地位

辽宁是新中国装备制造业发展最早的省份,东北振兴看辽宁,辽宁振兴看装备制造业。辽宁省装备制造业占全省工业增加值的比重逐年上升。2006 年增加值同比增长 24.8%,占全省规模以上工业的 25.6%,对工业增长的贡献率达到 30.5%;2007 年以来,增加值发展速度始终保持在 30% 以上,占全省工业比重提高到27%。装备制造业已发展成为辽宁省工业的第一支柱产业。①2006 年,《辽宁省装备制造业"十一五"发展规划》提出以交通运输装备、成套装备、基础装备等体现辽宁省优势的领域为重点,以调整产业结构、完善产业布局、构建多层次的自主创新体系、做大做强企业规模为手段,到 2010 年,把辽宁建设成为具有较强核心技术和自主研发能力、产业结构比较合理、产品技术比较先进、综合实力国内领先、在国际上有较大影响的先进装备制造业基地。

由此可见,大力发展装备制造业,转变辽宁装备制造业的传统发展模式,提升装备制造业国内以及国际竞争力,业已成为当前辽宁转变经济发展方式的重要组成部分。

二、目前辽宁装备制造业存在的主要问题

课题组将依据此分类进行比较。根据国家统计局工交司信息发布系统 2003 年和 2007 年统计数字报告,课题组选取企业单位

---

① 高慧斌:《新闻视点:装备制造业成为辽宁第一大支柱产业》,《辽宁日报》2007 年 11 月 19 日。

数(个)、资产总计(千元)、产品销售收入(千元)、利润总额(千元)、全部从业人员平均人数(人)、出口交货值(千元)、亏损企业亏损总额、产品销售费用(千元)、资产负债率(%)和资金利润率(%)等10个指标来反映装备制造各行业的发展状况。

(一)各行业都在国内占有较高的比率,但是经营绩效较差

在辽宁的装备制造产业中,各行业总量指标,如资产总计、产品销售收入、利润总额、全部从业人员平均人数等,都在国内占有较高的比率(详见表3-1),尤其是专用设备制造业和通用设备制造业。辽宁的通用设备制造业总资产和全部从业人员平均人数都在全国排名第4,产品销售收入排名第5;专用设备制造业产品总资产在全国排名第5,与2003年相比落后2位;产品销售收入、全部从业人员平均人数在全国排名第7,比2003年进步1位(详见表3-1)。

然而,辽宁的装备制造产业中各行业的亏损较重,以亏损企业亏损总额为衡量指标,交通运输设备制造业依旧全国排名第2,通用设备制造业排名第3,专用设备制造业和电气机械及器材制造业在全国排名第5,通信设备、计算机及其他电子设备制造业和仪器仪表及文化、办公用机械制造业都在全国排名第10;另外,与国内同行业相比,辽宁装备制造业的资金利润率普遍偏低,除了仪器仪表及文化、办公用机械制造业在全国排名第11外,其他五类行业的资金利润率排名都在第20名以后,而且,与2003年相比,通用设备制造业、交通运输设备制造业和电气机械及器材制造业的运行绩效大幅下滑。

表3-1 辽宁装备制造业行业具体指标及排名

行业名称 / 指标种类		通用设备制造业	专用设备制造业	交通运输设备制造业	电气机械及器材制造业	通信设备、计算机及其他电子设备制造业	仪器仪表及文化、办公用机械制造业
企业单位数(个)	辽宁	1979	747	531	745	222	208
	全国	23845	11926	12672	17322	9967	4110
	名次	4(6)	6(7)	8(9)	6(6)	10(9)	7(9)
资产总计(千元)	辽宁	100446016	56605197	162537765	47690177	41731107	6341575
	全国	1259597310	821590128	2163041951	1411266437	2151171960	274238126
	名次	5(4)	5(3)	6(6)	6(6)	10(10)	11(11)
产品销售收入(千元)	辽宁	40024365	18565015	48142973	22277061	19143563	2915375
	全国	611532348	355823965	964819089	817149678	1358429539	149172348
	名次	5(5)	7(8)	9(6)	7(6)	9(9)	10(9)
利润总额(千元)	辽宁	1336938	725955	1581903	747236	375269	185767
	全国	37032825	24336142	55042184	35039810	37338740	8098866
	名次	7(5)	10(14)	11(17)	12(12)	10(11)	9(8)
全部从业人员平均人数(人)	辽宁	280097	116276	283083	108881	75663	24488
	全国	3899442	2350089	3952885	4044516	5113777	964767
	名次	4(4)	7(8)	5(9)	7(9)	10(10)	9(8)
出口交货值(千元)	辽宁	4824080	2000710	11337869	4502559	13041219	811822
	全国	99420964	48955885	134517265	212681732	938327248	77985153
	名次	6(6)	6(6)	5(7)	8(8)	9(7)	9(7)
亏损企业亏损总额(千元)	辽宁	329570	179359	495453	261040	216407	28228
	全国	2911233	2608254	5392186	4262090	12230686	1095869
	名次	3(4)	5(2)	2(2)	5(4)	10(11)	10(7)
产品销售费用(千元)	辽宁	1180209	486466	1281449	759587	728534	77454
	全国	17762542	11632642	29020995	33290748	34854704	4332105
	名次	6(5)	9(8)	9(8)	9(10)	10(10)	12(12)

行业名称＼指标种类		通用设备制造业	专用设备制造业	交通运输设备制造业	电气机械及器材制造业	通信设备、计算机及其他电子设备制造业	仪器仪表及文化、办公用机械制造业
资产负债率(%)	辽宁	62.34	66.77	75.74	60.52	55.32	46.38
	全国	61.12	61.81	62.33	62.24	60.86	55.91
	名次	14(22)	12(14)	1(3)	18(8)	19(16)	26(13)
资金利润率(%)	辽宁	6.65	6.12	5.99	6.34	4.39	10.93
	全国	12.62	11.69	13.27	10.22	5.91	11.03
	名次	24(11)	20(21)	23(18)	25(18)	20(21)	11(10)

注:括号内的数值为 2003 年辽宁省装备制造业各指标在全国的排名。

资料来源:笔者根据国家统计局工交司信息发布系统 2003 年和 2007 年(1—5 月)统计数字和《辽宁统计年鉴》(2003、2007)相关数据整理计算而得。

(二)缺乏自主技术创新的动力和能力

辽宁装备制造业在自主创新方面,主要存在以下问题:

1. 科技发展环境滞后,科技资源流失严重

由于区域经济发展滞后,收入水平和工作环境差距加大以及本地就业机会有限,辽宁地区科技人才"孔雀东南飞"现象愈加明显。大批受过良好教育的年轻人才和高层次人才离开辽宁,地区科技教育投入的隐性流失加剧,科技发展后劲受到严重削弱。

2. 企业自主创新能力不强,技术创新战略以技术模仿或技术追随战略为主

辽宁地区的老企业多、包袱沉重,能够用于自主研发的科技投入有限,再加上企业内部运行机制比较僵化,企业自主创新的实力较弱。与江苏、浙江、广东相比,辽宁吸引外资的能力较弱,无法借助大规模引进外资,整体提升地区技术实力,从而严重影响区域整体科技实力的提升。

调查发现①,绝大部分企业的技术创新战略是技术模仿或技术追随战略,占51%,有22%的企业其技术创新战略是引进再创新战略,仅有7%和11%的企业选择成本领先战略和技术领先战略,另有6%的企业选择其他战略。

3. 科技教育管理体制和运行机制的改革滞后,科技投入的产出效率较低

辽宁地区科技教育发展与经济建设"两层皮"现象尚未得到根本解决,科研院所和高校内部改革滞后,技术市场发育及服务功能不能适应经济发展的需要,科技成果转化与规模化生产还缺乏以知识产权、技术权益为核心的完善的利益分配机制的支撑,以企业为主体的技术创新体系尚未普遍建立,企业自主创新的意愿及能力明显不足。

(三)装备制造业内部产业关联度和外部产业关联度都比较低

辽宁装备制造业各产业生产所需要的一些大型高精密度的生产设备和关键零部件大部分是进口的,一些重要的中间产品也是通过进口满足辽宁装备制造业需求的,辽宁省装备制造业内部各产业的关联度还很弱,相互带动和推动作用还很小。

改革开放以后,市场经济的引入以及卖方市场向买方市场的转变导致竞争加剧。其他产业为了生存与发展,不断优化投入结

---

① 为了具体了解辽宁装备制造业技术创新的现状及存在的问,笔者专门设计了一份《辽宁装备制造企业技术创新状况问卷调查表》,就2007年企业的R&D投入强度、技术创新来源、动力与阻力、技术创新的目标与战略以及技术合作趋向等问题进行了深入细致的调查。此次调查于2008年9月至10月进行,共向沈阳、大连、鞍山等市的大中小装备制造企业发放问卷200份,回收173份,其中有效问卷156份。该数据来源于此次问卷调查。

构,同时对生产设备技术性能提出了更高的要求,在辽宁装备制造业不能有效满足这一要求的情况下,只能从国外或其他地区引进生产设备,致使其与辽宁装备制造业相互带动作用小,产业间关联度低。

(四)产业政策缺乏地域差别化与层次化

政府在支持辽宁装备制造业的发展中存在政策失灵的表现。政策失灵的原因是多方面的,有客观条件的限制,也有由于主观执行者执行力弱所导致的,它是指一定时期内,由于政策主体多元化、模糊化,及政策主客体之间的信息不对称等原因,使得政策的实施效果没有达到预期的一种表现。辽宁现行的产业政策缺乏地域层次化、区别化。辽宁并非所有城市都适合以装备制造业为主导产业,同时,在装备制造业的六大类中,不同的地区侧重和基础条件不同。

第二节　辽宁装备制造业发展
绩效的国内比较

反映一个产业绩效的指标有很多,因此衡量一个产业绩效必须采用多指标综合分析。产业绩效的评价与分析工具有很多,其中主成分分析是一种实用的多元统计分析方法。这种方法能够消除指标样本间的相互关系,在保持样本主要信息量的前提下,提取少量有代表性的主要指标(即主成分)。同时,在分析过程中得到主成分的合理权重,用提取的主成分作为决策分析的综合指标值。由于主成分分析法具有上述独到之处,近年来在多指标综合评价上得到越来越广泛的应用。因此,课题组采用主成分分析方法,对辽宁装备制造业的绩效进行国内省际横向比较。主成分分析方法主要包括以下基本步骤是：

第一，样本数据标准化变换。设样本数据矩阵为 $X = (x_{ij})_{m \times n}$，即 n 个指标 m 个样本。标准化数据矩阵为 $Y = (y_{ij})_{m \times n} = (Y_1, Y_2, \cdots, Y_n)$，标准化变化公式为

$$y_{ij} = \frac{x_{ij} - \overline{x_i}}{s_i}, (i = 1, 2, \cdots, n) \tag{1}$$

其中，

$$x_i = \frac{1}{m}\sum_{i=1}^{m} x_{ij}, \quad s_i = \sqrt{\frac{1}{m-1}\sum_{i=1}^{m}(x_{ij} - x_i)^2} \tag{2}$$

经过标准变换后，各样本的均值与方差分别为0,1。

第二，写出样本相关矩阵。设样本相关矩阵 $R = (r_{ij})_{m \times n}$ 相关系数

$$r_{ij} = \frac{1}{m-1}\sum_{t=1}^{m} y_{ti} y_{tj} \tag{3}$$

并且有 $r_{ij} = r_{ji}, r_{ii} = 1$。所以，R 是对称矩阵，主对角线上元素均为1。

第三，计算相关矩阵 R 的特征值和对应的特征向量

由特征方程 $|R - \lambda_1| = 0$ 解出 n 个特征值

$\lambda_1 \geq \lambda_2 \geq \cdots \geq \lambda_n$

由齐次线性方程组 $(R - \lambda I) = 0$ 解出对应的特征向量

$L_1, L_2, \cdots, L_n$

$L_j = (l_{1j}, l_{2j}, \cdots, l_{nj})T, (j = 1, 2, \cdots, n)$

第四，根据特征值大于1的原则，提取 K 个主成分。

$$Z_j = \sum_{t=1}^{n} l_{ij} y_t, (j = 1, 2, \cdots, k) \tag{4}$$

式中，$Z_j = (z_{1j}, z_{2j}, \cdots, z_{mj})T, Y_t = (y_{1t}, y_{2t}, \cdots, y_{mt})T$，这表示第 j 个主成分是标准化指标样本的线形组合，其系数是特征值 λ_j 对

应的特征向量 L_j 的分量。

最后,分析主成分的经济意义,并进行综合评价。

一、辽宁装备制造业绩效的国内比较

(一)通用设备制造业绩效的比较分析

根据国家统计局工交司信息发布系统 2007 年 1—5 月份的统计资料,课题组整理计算得出 2007 年 1—5 月份我国通用设备制造业主要经济效益指标(即前述 10 个指标)的有关数据,将这些数据标准化,然后对标准化后的数据进行主成分分析。首先计算相关系数矩阵的特征值及方差贡献率和累积贡献率,经计算得下表 3 - 2。

表 3 - 2　主成分列表

主成分序号	特征根	贡献率	累计贡献率
1	8.012	80.115	80.115
2	1.166	11.662	91.778
3	0.768	7.682	99.460
4	0.031	0.306	99.766
5	0.012	0.123	99.889
6	0.008	0.083	99.972
7	0.002	0.015	99.987
8	0.001	0.007	99.994
9	0.000	0.004	99.998
10	0.000	0.002	100.000

从表 3 - 2 可以看出,前三个主成分的累积贡献率达到了 99.460%。也就是说用这三个主成分来代替原来的 10 个指标,基

本反映了原始信息。而且经过主成分分析后,这三个主成分是相互独立的,这对我们的分析带来很大的客观性。这三个主成分在各个指标上的权重见表3-3,由该表可见,第一主成分除了在"资金负债率"这一指标上的权重为负值外,在其余各个指标上的权重均为正值,因此可以认为它基本上代表了通用设备制造业发展的经济规模,也就是总体规模绩效。[①] 第二个主成分在"资金利润率"上有较大权重,可以认为其在一定程度上反映了通用设备制造业发展的经济效益,即相对效益绩效。[②] 第三个主成分在"资金负债率"上有较大的权重。根据这三个主成分的得分对大陆30个省区市通用设备制造业的绩效进行排序,见表3-4。

表3-3 因子负荷矩阵(即主成分在各个指标上的权重)

主成分类别 指标名称	第1主成分	第2主成分	第3主成分
企业单位数	0.992	0.094	-0.049
资产总计	0.996	0.073	-0.032
产品销售收入	0.991	0.114	-0.043
利润总额	0.988	0.135	-0.044
全部从业人员平均人数	0.993	0.096	-0.040

① 规模绩效代表了企业由于经济规模和经济总量而具有的竞争实力(课题组中用企业单位数、资产总计、产品销售收入、利润总额、全部从业人员平均人数、出口交货值、亏损企业亏损总额、产品销售费用等指标表示);效益绩效则表现了企业的获利能力,两个指标最能表现出企业的生存和发展能力。

② 课题组的规模竞争力和效益竞争力只是一种描述性的界定。这里的规模竞争力是指在资产总额、销售收入总额、利润总额、工业总产值以及出口交货值等反映行业总体经济规模的总量指标方面具有一定竞争优势;效益竞争力是指在资金利润率、投资回报率等反映行业相对经营绩效的指标方面具有一定竞争优势。当然,这种界定不是很规范和严密的定义。

主成分类别 指标名称	第1主成分	第2主成分	第3主成分
出口交货值	0.985	0.077	− 0.064
亏损企业亏损总额	0.990	0.040	− 0.036
产品销售费用	0.993	0.101	− 0.048
资产负债率	− 0.057	− 0.109	0.992
资金利润率	0.128	0.985	− 0.113

表3－4　各省市主成分得分及排序（通用设备制造业）

名次	省区市 名称	第1主成分 （规模绩效）	省区市 名称	第2主成分 （效益绩效）	省区市 名称	第3主成分 （资产负债率）
1	江苏	0.55205	山东	2.53229	海南	2.20324
2	浙江	0.47551	河南	2.45455	贵州	1.94377
3	上海	0.23499	天津	0.89754	黑龙江	1.72404
4	辽宁	0.09008	江苏	0.89333	四川	1.06516
5	山东	0.05881	海南	0.84557	内蒙古	1.04729
6	广东	− 0.02954	河北	0.79258	陕西	0.95441
7	黑龙江	− 0.14449	安徽	0.50826	山西	0.85279
8	四川	− 0.16226	上海	0.40489	云南	0.66748
9	山西	− 0.17324	江西	0.39578	吉林	0.45602
10	贵州	− 0.17704	浙江	0.36524	湖南	0.42268
11	青海	− 0.20737	湖南	0.27039	湖北	0.36226
12	新疆	− 0.20869	福建	0.2386	广西	0.15586
13	湖北	− 0.21491	四川	0.15143	河北	− 0.04871
14	北京	− 0.23219	重庆	0.11331	甘肃	− 0.13227
15	内蒙古	− 0.24622	广东	− 0.02769	上海	− 0.13688
16	陕西	− 0.25206	云南	− 0.06545	重庆	− 0.15081
17	河北	− 0.2644	陕西	− 0.0805	辽宁	− 0.18498

名次	省区市名称	第1主成分（规模绩效）	省区市名称	第2主成分（效益绩效）	省区市名称	第3主成分（资产负债率）
18	吉林	-0.26683	广西	-0.15432	江苏	-0.21608
19	湖南	-0.28275	甘肃	-0.21409	山东	-0.33301
20	云南	-0.303	湖北	-0.26948	青海	-0.365
21	广西	-0.30833	吉林	-0.53347	天津	-0.48713
22	重庆	-0.31927	内蒙古	-0.5841	河南	-0.53922
23	宁夏	-0.31938	北京	-0.58519	浙江	-0.5438
24	天津	-0.32228	黑龙江	-0.65963	广东	-0.59895
25	甘肃	-0.33105	宁夏	-0.67463	宁夏	-0.83636
26	海南	-0.33928	辽宁	-0.685	福建	-1.07561
27	福建	-0.34137	贵州	-0.89805	安徽	-1.12897
28	安徽	-0.35919	山西	-1.0627	江西	-1.38873
29	河南	-0.41114	青海	-1.73486	北京	-1.79445
30	江西	-0.43342	新疆	-2.50897	新疆	-1.92061

　　由表3-4可以看出,辽宁省的通用设备制造业第1主成分（规模绩效）得分为0.09008,在统计的30个省区市中排名第4,排名第1的省份是江苏,其主成分得分为0.55205;辽宁省通用设备制造业第2主成分（效益绩效）得分为-0.685,在统计的30个省区市中排名第26,排名第1的省份是山东,其主成分得分为2.53229。在第3主成分（资产负债率）得分上,辽宁省为-0.18498,排名第17,排名第1的是海南,得分为2.20324。

（二）装备制造业中各类行业的分析结果汇总比较

　　按照同样的原理和步骤,可以对装备制造业其他类别进行评价。为了节省篇幅,下面的分析省去了主成分分析的具体步骤,直接列出主成分分析结果。汇总这些分析结果,得到2007年辽宁省装备制造业中各类行业的主成分得分及名次,详见表3-5。

表3-5　2007年辽宁省装备制造业各类行业的主成分得分及名次

装备制造业主要类别	规模绩效				效益绩效				资产负债率			
	主成分得分	名次	排名第1的省份主成分得分	差值	主成分得分	名次	排名第1的省份主成分得分	差值	主成分得分	名次	排名第1的省份主成分得分	差值
通用设备	0.09008	4	0.55205 (江苏)	0.46197	-0.685	26	2.53229 (山东)	3.21729	-0.18498	17	2.20324 (海南)	2.38822
专用设备	-0.02328	6	0.43446 (江苏)	0.45574	-0.39523	19	3.25886 (湖南)	3.65409	0.19961	13	3.07818 (新疆)	2.87857
电气机械及器材	-0.15258	6	1.18346 (广东)	1.33604	-0.80098	25	2.58011 (山东)	3.38109	-0.53832	22	2.345 (甘肃)	2.88332
交通运输设备	0.02038	6	0.28534 (江苏)	0.26496	-0.3345	19	2.26128 (广东)	2.59578	1.46461	1	1.46461 (辽宁)	0
通信设备、计算机及其他电子设备	-0.25338	11	1.37235 (广东)	1.62573	-0.33833	18	2.78169 (山东)	3.12002	-0.25205	17	1.89627 (吉林)	2.14832
仪器仪表及文化、办公用机械	-0.27181	13	1.03489 (广东)	1.30670	-1.21152	26	2.04499 (宁夏)	3.25651	-0.14136	16	2.50047 (青海)	2.64183

注①:括号内为排名第1的省份。

②:差值是指与排名第1的省份主成分得分之差。

③:需要说明的是,课题组的效益绩效主要是由"资金利润率"这一平均指标反映的,广东、江苏、上海和辽宁等地装备制造类企业总数较多,尤其是亏损企业较多,而甘肃、宁夏、内蒙古和贵州等地企业数目较少,亏损企业也少,这是造成二者资金利润率差异的重要因素之一,因此,甘肃、宁夏、内蒙古和贵州等省份的效益绩效的主成分得分普遍较高。

由表5可以看出,辽宁省专用设备制造业的第1主成分(规模绩效)得分为-0.02328,在统计的30个省区市中排名第6,与排名第 1 的江苏相差 0.45574。第 2 主成分(效益绩效)得分为 −0.39523,在统计的 30 个省区市中排名第 19,与排名第 1 的湖南相差 3.65409。第 3 主成分得分为 0.19961,在统计的 30 个省区市中排名 13,与排名第一的新疆相差 2.87857。电气机械及器材制造业的第 1 主成分(规模绩效)得分为 −0.15258,排名第 6,与排名第 1 的广东相差 1.33604。第 2 主成分(效益绩效)得分为 −0.80098,排名第 25,与排名第 1 的山东相差 3.38109。第 3 主成分得分为 −0.53832,在统计的 30 个省区市中排名第 22,与排名第 1 的甘肃相差 2.88332。交通运输设备制造业的第 1 主成分(规模绩效)得分为 0.02038,排名第 6,与排名第 1 的江苏相差 0.26496。第 2 主成分(效益绩效)得分为 −0.3345,排名第 19,与排名第 1 的广东相差 2.59578。第 3 主成分得分为 1.46461,在统计的 30 个省区市中排名第 1。通信设备、计算机及其他电子设备制造业的第 1 主成分(规模绩效)得分排名第 1 的省份是广东,得分为 1.37235,辽宁仅为 −0.25338,排名第 11,二者相差 1.62573。第 2 主成分(效益绩效)辽宁得分为 −0.33833,排名第 18,与排名第 1 的山东相差 3.12002。第 3 主成分得分为 −0.25205,在统计的 30 个省区市中排名 17,与排名第一的吉林相差 2.14832。仪器仪表及文化、办公用机械制造业的第 1 主成分(规模绩效)得分排名第 1 的仍是广东省,得分为 1.03489,辽宁得分为 −0.27181,排名第 13,与之相差 1.30670。第 2 主成分(效益绩效)得分排名第 1 的宁夏省得分为 2.04499,辽宁得分为 −1.21152,排名第 26,与之相差 3.25651。第 3 主成分得分为 −0.14136,在统计的 30 个省区市中排名 16,与排名第一的青海相差 2.64183。

(三)辽宁装备制造业 2003 年与 2007 年各产业国内绩效比较

按照同样的原理和步骤,可以对辽宁装备制造业 2003 年的各产业国内绩效进行评价。汇总、对比这些分析结果,得到表 3 - 6。

表 3 - 6　辽宁装备制造业 2003 年与 2007 年各产业绩效比较

类别	规模绩效				效益绩效			
	2003 年		2007 年		2003 年		2007 年	
	名次	与排名第 1 的省份差值	名次	与排名第 1 的省份差值	名次	与排名第 1 的省份差值	名次	与排名第 1 的省份差值
通用设备制造业	5	0.6801（江苏）	4	0.46197（江苏）	19	3.00096（贵州）	26	3.21729（山东）
专用设备制造业	7	0.52223（江苏）	6	0.45574（江苏）	12	1.13215（宁夏）	19	3.65409（湖南）
电气机械及器材制造业	6	0.94733（广东）	6	1.33604（广东）	11	0.92173（贵州）	25	3.38109（山东）
交通运输设备制造业	9	0.4825（上海）	6	0.26496（江苏）	4	0.8746（甘肃）	19	2.59578（广东）
通信设备、计算机及其他电子设备制造业	9	1.64865（广东）	11	1.62573（广东）	18	4.42697（内蒙古）	18	3.12002（山东）
仪器仪表及文化、办公用机械制造业	9	1.47125（广东）	13	1.30670（广东）	17	1.20486（甘肃）	26	3.25651（宁夏）

二、分析与结论

通过上述分析可以看到:

(一)行业总体发展态势分析

首先,从总体上看,5 年来,辽宁省装备制造业中各类产业的规模竞争实力不断增强,企业个数、资产总计、利润总量和出口交货值等各项经济指标继续保持明显的竞争优势,各类产业在统计的 30 个省区市中(不含西藏)排名都在前 13 名以内,其中通用设备制造业、专用设备制造业、电气机械及器材制造业、交通运输设备制造业四大行业的规模竞争实力有了进一步的提升,位列全国第 4—6 名,而通信设备、计算机及其他电子设备制造业和仪器仪表及文化、办公用机械制造业两大行业的规模竞争实力明显下降,分别由 2003 年的第 9 名下降到第 11 和 13 名。

　　其次,5 年来,辽宁省装备制造业中各类产业的总体经济绩效大幅下滑,在 2003 年,各类行业的效益绩效位次在第 4—19 名之间,而到了 2007 年,则下降到第 18—26 名,其中,电气机械及器材制造业与交通运输设备制造业分别下降了 14 名和 15 名。因此辽宁装备制造业今后的发展重心应是探索并实施有效的战略举措,努力提高经营绩效,如:加强产业技术改造与创新,改善企业经营管理,提升产品附加值和品牌竞争力,等等,从而提高装备制造业的整体市场绩效。

　　最后,辽宁省装备制造业中各类产业的资产负债率普遍偏高,除通信设备、计算机及其他电子设备制造业和仪器仪表及文化、办公用机械制造业两大行业外,其他类产业的资产负债率都在 60% 以上,2007 年交通运输设备制造业的资产负债率高达 75.74%,在全国位列第 1(详见表 3-5)。资产负债率是衡量企业负债水平及风险程度的重要标志。资产负债率是全部负债总额除以全部资产总额的百分比,也就是负债总额与资产总额的比例关系,也称之为债务比率。一般认为,资产负债率的适宜水平是 40%—60%。对于经营风险比较高的企业,为减少财务风险应选择较低的资产负债率;对于经营风险低的企业,为增加股东收益应选择比较高的资产负债率。

(二)各行业具体发展绩效分析

1. 通用设备制造业

在辽宁省各类装备制造产业中,通用设备制造业的规模竞争实力最强,2007年在全国排名第4位,与排名第1的江苏省仅差0.46197。但是,5年来,辽宁省通用设备制造业的效益绩效大幅下降,由2003年的第19位下降到第26位。5年来,通用设备制造业的资金利润率大幅下降,排名由第11名下降到第24名。2007年,辽宁省通用设备制造业的资金利润率仅为6.65%,相当于全国平均资金利润率12.62%的1/2;通用设备制造业的亏损现象比较严重,以亏损企业亏损总额指标为例,2007年通用设备制造业在全国排名第3。

2. 专用设备制造业

5年来,辽宁省专用设备制造业的规模竞争实力有了进一步提升,与排名第1的江苏省的差距在逐渐缩小(差值由0.52223下降到0.45574),并且亏损企业亏损总额比5年前也有了较大改进,呈现出良好的发展态势。但是,5年来,辽宁省专用设备制造业的效益绩效有了小幅下降,主要是因为资金利润率较低,由2003年的第12位下降到第19位。

3. 电气机械及器材制造业

统计数据显示,2007年辽宁省电气机械及器材制造业的规模绩效与2003年相比仍是全国排名第6,不过与排名第1的广东省的差距加大,差值由0.94733上升到1.33604。该产业5年来的效益绩效大幅下滑,其原因与通用设备制造业一样,主要是因为资金利润率较低和亏损企业亏损总额巨大。

4. 交通运输设备制造业

该产业的规模竞争实力进一步增强,由2003年的第9位跃到第6位,与排名第1的江苏省的差距逐渐缩小,呈现出良好的发展态势。但是,该产业的效益绩效排名大幅下降,由第4位下降到第19位,资金利润率急剧下降,由全国排名第9位下降到第23位。另外,该产业的负债比率全国排名第1,经营风险比较高。

5. 通信设备、计算机及其他电子设备制造业

在辽宁省各类装备制造产业中,该产业的规模竞争实力没有相对优势,但是该产业在效益绩效方面,5年来发展相对比较稳健,始终在全国排名第18位。

6. 仪器仪表及文化、办公用机械制造业

在全国大力发展装备制造业的背景下,该产业的规模竞争实力相对减弱,由2003年的第9位下降到第6位,该产业在效益竞争实力方面也没有相对优势。

(三)结论性建议

依据上述分析,课题组提出以下几点建议:

从总体上看,辽宁装备制造业今后的发展重心应是探索并实施有效的战略举措,努力提高资本利润率等经济效益,提升行业经营绩效,如:加强产业技术改造与创新,改善企业经营管理,提升产品附加值和品牌竞争力等,从而提高辽宁装备制造业的整体竞争实力。

辽宁装备制造业中的各产业的绩效呈非均衡分布,这一结果提示:应该通过合理、有效的装备制造业内部分工,加快整个产业的发展速度,提升发展水平;另外,处于同一装备制造业中的各个部分可以通过各自在行业价值链上不同环节的比较优势,建立起有效的分工合作关系,共同构建辽宁装备制造业的整体绩效。

相对来看,专用设备制造业和交通运输设备制造业在规模绩

效和效益绩效方面都比较具有竞争优势,发展前景较好。

第三节　转变辽宁装备制造业发展方式与
提高其核心竞争力的对策建议

中央提出的振兴东北老工业基地和大力振兴装备制造业的重大战略方针,为辽宁装备制造业的发展带来绝佳机遇。辽宁应抓住这一有利时机,切实转变经济发展方式,运用高新技术改造传统装备制造业,大力推行自主创新,以提升辽宁装备制造业的整体竞争实力。

一、转变装备制造业的发展重心

由上述分析可以发现,从总体上看,辽宁省装备制造业中各类产业的规模竞争实力不断增强,企业个数、资产总计、利润总量和出口交货值等各项经济指标继续保持明显的竞争优势。然而,辽宁装备制造业中各类产业的总体经济绩效大幅下滑,在 2003 年,各类行业的效益绩效位次在第 4—19 名之间,而到了 2007 年,则下降到第 18—26 名,其中,电气机械及器材制造业与交通运输设备制造业分别下降了 14 名和 15 名。因此,辽宁装备制造业今后的发展重心应是探索并实施有效的战略举措,努力提高资本利润率等经济效益,提升行业经营绩效,如:加强产业技术改造与创新,改善企业经营管理,提升产品附加值和品牌竞争力,等等,从而提高辽宁装备制造业的整体竞争实力。

二、转变装备制造业全面振兴思路

由上述分析可以发现,辽宁装备制造业中的各个产业的绩效呈非均衡分布,这一结果提示:辽宁省应该转变装备制造业全面振兴的理念、思路和措施,实行非均衡发展战略。主要包括以下几个方面:

处于同一装备制造业中的各个产业可以通过各自在行业价值链上不同环节的比较优势,建立起有效的分工合作关系,通过有效、合理的装备制造业内部分工,加快整个产业的发展速度,提升发展水平,共同构建辽宁装备制造业的整体绩效。

辽宁省应该重点发展专用设备制造业和交通运输设备制造业,充分发挥这两大产业的规模竞争优势。课题组建议组成专业团队,考察广东和江苏装备制造业的发展模式,努力学习与借鉴它们的发展经验,政府应加强宏观调控和产业政策扶持,把专用设备制造业和交通运输设备制造业打造成辽宁省的优势产业和拳头产业。

仪器仪表及文化、办公用机械制造业在国内同行中的规模绩效和效益绩效都比较低,不具有相对竞争优势的产业,因而课题组建议该行业可否考虑采取收缩战略、维持战略或放弃战略,从而集中省内行业优势资源重点发展其他类别装备制造业。

三、转变装备制造业的再造策略

转变装备制造业的再造策略,由装备制造企业单体改造转变为区域整体重构,由封闭式的企业改革转变为开放式的区域再造。

以装备制造企业聚集的沈阳市铁西区的搬迁经验为例,铁西区从调整产业布局入手,由企业单体改造转变为区域整体重构,从封闭式的改造转变为开放式的改造,从单纯的外部资金输血转变为激发内生活力;搬迁的同时推进改组、改制、改造,加速国有资本与国际资本、民营资本和社会其他资本的有机融合,构成了一条绵延几十公里的沈西工业长廊,并形成了上下游协作有序的装备制造产业集群,一改企业几十年来"大而全、小而全"生产方式,产业集中度得以提高,产业配套能力和综合绩效增强。在大连,"两区一带"临港临海先进装备制造业聚集区与沈西工业走廊相互呼应,成为辽宁装备制造业的两个增长极。①

沈阳市铁西区有"东方鲁尔"之称,是辽宁省装备制造业企业最为集中的地区。铁西之变从一个"搬"字开始,实现了体制转换、产业升级和结构优化。2002 年,沈阳市委、市政府决定将毗邻的铁西区和沈阳经济技术开发区合署办公,实施了规模浩大的企业"东搬西建",使 200 多家企业陆续从老城区撤离、在开发区落户。利用土地置换筹集到的 100 多亿元资金为企业解决了改造的资金瓶颈和发展空间。② 铁西的装备企业纷纷更新设备、更新技术、推进产品升级换代的同时,深化国有企业改革,加速国有资本与国际资本、民营资本和社会其他资本的有效融合,走上了以技术为先导的自主创新之路。从单纯的资金输血转变为产业升级和结构调整的搬迁改造,使铁西区工业产值年均增长 30% 以上,工业税收是搬迁前的 2.6 倍。2006 年铁西区预计规模以上工业总产值达到 840 亿元,这个数字相当于 2002 年整个沈阳市的工业总量。沈西工业走廊以及上下游协作有序的装备制造产业集群,彻底改变了企业几十年来"大而全、小而全"的生产方式,促进了结构优化和产业升级。

沈阳机床集团和沈阳鼓风机集团分别获得了近 20 亿元的改

① 《辽宁装备制造业新跨越、国家新型产业基地雏形初现》,《经济日报》2008 年 2 月 27 日。
② 叶健:《沈阳装备从"制造"向"智造"飞跃》,《辽宁日报》2007 年 10 月 16 日。

造资金,在沈阳经济技术开发区得到了 74 万平方米和 90 万平方米的发展空间,搬迁改造后的产值增长 3.8 倍。以沈阳机床集团为例,通过改造重组,沈阳机床集团数控金属切削设备达到 95%以上,数控机床装配面积提高 2.4 倍,并实现了数据传输无纸化和零部件配送物流化,大大提高了企业制造能力和产品质量,成为现代化的、全球规模最大的数控机床制造基地。

另外一个装备制造企业密集区大连市也在走搬迁重组、重新布局之路。大连机床、大连起重机、大连重型机械等一批装备制造业企业同样呈现出强劲的发展势头。

搬迁改造使辽宁装备制造业担起"用中国装备支撑中国制造"的重任,同时搭建起开展国际竞争的平台,是辽宁装备制造企业的产业升级绝佳机会,是一次质变的重要过程。

[案例1——沈阳机床(集团)有限责任公司]

沈阳机床(集团)有限责任公司是于 1995 年通过对沈阳第一机床厂、中捷友谊厂、沈阳第三机床厂三大机床厂资产重组而组建的。重组后形成四个主机厂:沈阳第一机床厂、中捷机床有限公司、中捷摇臂钻床厂和沈阳数控机床有限责任公司,并于 2004 年成功并购德国希斯公司、重组云南机床厂;2006 年控股昆明机床厂。目前已形成跨地区、跨国经营的全新结构布局。2007 年经济规模突破 100 亿元,数控机床产量突破 2 万台,海外市场销售收入突破 1.5 亿美元,机床产销量、市场占有率居国内同行业首位,机床产品的销售收入名列世界机床行业第八位。

自 2000 年以来,企业经济规模连续 7 年实现高速增长。销售收入增长 11 倍,机床产量增长 11 倍。中高档数控机床批量进入国家重点行业的核心制造领域,为汽车、国防军工、航空航天等行业提供的数控机床已占数控机床总销量的70%以上。公司已具备为国家重点项目提供成套技术装备的能力,为上海磁悬浮列车项目提供4条轨道梁加工生产线,标志沈阳机床在该领域的研发与制造能力已达到国际先进水平。为奇瑞汽车成功提供4条发动机缸体、缸盖生产线,标志国产高档数控机床首次批量打入汽车零部件核心制造领域,从而结束了国外制造商在这一领域的垄断局面。

目前,沈阳数控机床产业园已完成搬迁,并已实现了专业化重组。现有9个整机企业,分别为:沈阳第一机床厂、中捷机床有限公司、沈一车床厂、中捷钻镗床厂、沈一希斯数控机床事业部、中捷立式加工中心事业部、成套设备有限责任公司、激光技术事业部、菲迪亚数控机床有限公司。通过专业化重组、业务流程再造和全面信息化建设,沈阳数控机床产业园最终将成为现代化的、全球规模最大的(单体)数控机床制造基地。

2007年,沈阳机床集团实现了经济规模超过百亿,成功完成了搬迁重组的历史性艰巨任务;沈阳机床集团与中国大庆油田、中国航天科技集团的神舟六号载人航天飞行项目等全国9家企业和项目,共同荣获中国工业界最高荣誉——中国工业大奖表彰奖。

四、转变装备制造企业的创新观念

转变装备制造企业的创新观念,由被动创新向自主创新转变,推进自主技术创新和自主机制创新。

目前,装备制造业企业竞争力不强的一个重要原因就是缺少拥有自主知识产权的拳头产品,企业要实现持续良性发展,必须依托有自主知识产权的产品。

统计显示:截至2004年底,辽宁省累计专利申请数量为

108370 件，授予专利权的产品 57970 件，均位居全国第 8 名，但其发明专利数量低于全国平均水平。2004 年中国机械工业（汽车除外）销售收入前 100 名的企业中，江苏占了 17 家，广东 14 家，浙江 12 家，而辽宁省只有 7 家。①

提高竞争力就必须坚持先进技术引进和消化、吸收、创新相结合，加强企业研发机构建设和研发投入，不断完善以企业为主体、产学研相结合的技术创新体系，提高自主创新能力，充分利用国内外先进技术资源，开发具有自主知识产权的核心技术。辽宁省要在"十一五"期间实现装备制造业的跨越式发展，必须着力在构建自主创新体系、提高自主创新能力上实现突破。

（一）引进消化吸收再创新，成为推进自主创新的最现实选择

引进是学习过程，目的在于创新，在于形成自主知识产权的新技术。辽宁原始创新和集成创新能力相对不足，自主创新的重点应该放在二次创新上，走引进—吸收—提高—创新的自主创新之路，这也是加快提高自主创新能力的捷径。

大连冰山集团长期以来坚持把所有引进技术全部立足于自我消化吸收再创新上，并最终拥有了自主知识产权的技术与产品，有效形成市场控制力，其多项产品的市场占有率都在 60% 以上。而且，冰山集团自主研发的主导产品"溴化锂吸收式制冷机"技术水平目前处于世界前列，如今，这一技术还反向输出到日本，日本企业每生产一台同类型产品就要向冰山集团支付一定比例的技术使用费。

第一汽车集团大连柴油机分公司（简称大柴）综合管理部部长邱运邦表示，大柴如果不能找到像德国道依茨公司这样一个强

---

① 王星琪：《振兴辽宁装备制造业的若干建议》，中国网：http://www.lnzxw.gov.cn.2008.5.27。

有力的国外合作者,进而引进世界最先进技术,大柴的发展速度可能就要慢下来。对辽宁装备制造业来说,这个"快"就是竞争力,就是市场,引进消化吸收再创新可以实现技术进步的高起点,辽宁装备正担起支撑中国制造的重任。

引进消化吸收基础上的再创新已经成为辽宁装备制造业推进自主创新的最现实选择。

(二)以企业为主体推动技术创新

装备制造业多属于技术密集型产业,辽宁要成为制造基地,关键是具备较强的产品自主开发能力和技术创新能力,形成以技术密集的装备制造业为代表、以中小型装备制造企业为主体的内生集群。辽宁省是全国首个实施以企业为主体建设技术创新体系的试点省份,全省科技专项资金的70%投在企业,确保科技计划在立项时就符合市场需求。在基础设备、运输设备和专用成套设备等许多重大技术装备领域,辽宁一批支柱企业坚持不懈地自主创新,实现了以"中国制造装备中国"的夙愿。

本溪钢铁集团成为全国第二家可以批量生产汽车面板的企业;华晨集团的中华尊驰1.8T发动机技术处于世界领先水平;沈阳变压器集团承担了世界上首条商业运行的特高压前,首架具有自主知识产权的ARJ21飞机"翔凤"成功填补了国内空白。一航集团沈飞公司承担了"翔凤"30%的工作量,成为航空制造业自主创新的一次重大实践;沈阳高新技术产业开发区建立国内第一个IC装备产业基地,并不断拓展产业链,形成辐射效应,实现整个装备制造业的技术升级和技术进步,走出了一条依靠自主创新、科技带动的新路子。

在大连,大连重工同国内外专家一起围绕曲轴研制的7大技术课题展开攻关,联合创新实现了大型船用曲轴的国产化,将有效缓解长期制约我国造船业快速发展的瓶颈问题。

创新在任何阶段都必须有"自主"的成分，这是民族高科技赢得国际话语权的必由之路。以企业为主体推动自主创新，有利于促进社会科技资源合理集聚和有效利用。辽宁把自主创新作为转变经济发展方式的根本途径，以民营为主的高科技企业已经成为促进辽宁产业升级的新生力量。

技术创新是装备制造业绩效提升的决定性因素。装备制造业在依靠国外先进技术、进口设备消化吸收求发展的历程之后，必须走向自主创新跨越式发展的道路，这是历史的必然选择。实行"引资"与"引智"并举，高位嫁接国内外先进技术和管理经验，特别是与世界和国内优秀企业合作，走消化吸收再创新的路子。广泛推广应用信息技术，加强信息资源的开发应用，以信息化带动装备制造业的发展。辽宁省装备制造业的自主创新能力近年来也取得佳绩，沈阳鼓风机集团（有限）公司生产的百万吨级乙烯装置裂解压缩机打破了国外垄断，实现了我国石化装备的重大突破；一重大连公司在国内率先研制百万千瓦级压水堆核电压力容器，打破了国外的技术垄断等。

［案例2——沈阳鼓风机（集团）有限责任公司：自主创新实现重大突破］

沈阳鼓风机（集团）有限责任公司（以下简称沈鼓）透平公司研发中心成功开发出世界领先水平的国内首件整体铣制三元闭式叶轮，攻克了国际压缩机领域一项尖端级的前沿课题，实现了技术创新的重大突破，填补了国内风机技术的空白，打破了国外企业在该领域的垄断，标志着沈鼓成为国际上仅有的掌握三元闭式叶轮整体铣制加工工艺的两家制造企业之一。

　　这一拥有自主知识产权项目的成功,夯实了沈鼓在国内风机行业中领军企业的主导地位,奠定了沈鼓在国际风机行业中知名企业的优势地位,提升了沈鼓打造百亿集团的核心竞争力,并将由此引发范围广泛、影响深远的连锁效应。

　　长期以来,整体铣制叶轮因在材料利用率、加工效率、加工质量以及耐腐蚀等方面大大优于焊接叶轮而备受关注。从20世纪末至21世纪初,GE新比隆就致力于该项技术的研究。与此同时,国外实力较强的同行也不约而同地加快研发速度,以此来拓展市场空间。然而,这项位于风机研发"金字塔"顶端的技术,花费多少金钱也不可能引进,更不会得到与国外企业联合研发的机会。打破国外的封锁,占据技术高端,赢得市场竞争,沈鼓人选择了对关键技术进行独立自主研发之路。

　　2005年初,以教授级高工崔莲顺为主的研发人员开始了三元闭式叶轮整体铣制加工工艺的研究。他们通过无数次的市场调研,查阅大量的技术资料,针对三元闭式叶轮制订了多种加工方案,根据每一种方案制定一系列的加工方法和步骤。面对没有先例、没有经验可循的重重困难,他们以"超越领先,创造未来"的科技理念为指导,认准把完美方案转化为实际生产力的目标,展开一次次的优化设计,并为之苦苦地探索了两年。

　　在700余天的日子里,研发人员经历了难以计数的攻关过程:从资料的整理、归纳到方案的论证、确定,从机床调试、刀具选择到程序编制,从加工效果的全盘考虑和影响质量可靠性的预先分析,甚至把刀头、刀杆、刀柄及机床的主轴头全部纳入分析、研究的范畴,务求让每一个环节都处在最佳状态,发挥出最大效能。

　　艰难困苦,玉汝于成。当全集团进入新厂区的春暖花开之际,技术创新也绽放出艳丽的奇葩:5月25日在实验中心小五坐标机床上,短短的 57 个小时内,高速度、高质量地加工成型美轮美奂的整体铣制三元闭式叶轮,而且比国外同行业厂家加工类似叶轮节省 20 个小时。整体铣制三元闭式叶轮试验喜获成功,成为沈鼓自主创新的重大成果,足以载入共和国装备制造业的史册,不仅将对强盛沈鼓事业提供坚实的技术支撑,也将对我国压缩机行业赶超国际发达水平产生重要的影响。

整体铣制三元闭式叶轮所用的材料仅为焊接叶轮的一半,这对于资源紧缺、贵重金属资源价格大幅上涨的我国来说,沈鼓为建设资源节约型社会做出了积极的贡献;对于企业自身发展而言,有利于沈鼓形成成本优势,为企业获得更多的市场订单奠定了价格基础。

整体铣制三元闭式叶轮与焊接叶轮相比,从效率、质量、性能等方面也都具有绝对优势。它能提高叶轮质量,增强叶轮刚性,特别是缩短加工工艺流程的效果更为显著。该工艺应用推广后,将为企业的加工制造能力带来质的飞跃。

(三)机制创新

导致我国装备制造业竞争力相对落后的深层次原因,除了技术层面外还存在严重的制度问题,装备制造业制度环境存在缺陷,应从装备制造业制度变迁方面进行改革。发展辽宁的装备制造业同样应建立现代企业制度,学习并运用先进的管理方法,增强资产运营能力和市场营销能力,提高企业的综合经济效益。这是提高企业绩效的根本途径。

在机制创新方面,辽宁省引导企业完善奖励、分配机制,不少企业用销售比例提成、加大对科研人员的奖励力度等方式增强科研人员的主动性和创造性。

辽宁装备制造要实现跨越式发展,必须以体制机制创新为着力点,加大改革、改组、改造步伐,吸引社会资本和战略投资者,推进装备制造企业实现投资主体多元化,积极鼓励中央企业、省外企业、民营企业以及国际跨国公司参与辽宁装备制造业改造重组,为装备制造业实现跨越式发展提供有力支撑。

五、构建产业集群,全方位推进产业"经济生态圈"的整合

(一)完善产业布局,促进集群发展

按照"十一五"规划的目标,到2010年,产业布局更加合理,形成以沈阳、大连为中心的两个装备制造业集聚地,建设沈西工业走廊、辽西沿海装备制造业产业带,培育10个以上具有产业特色的产业集群,形成专业化生产、区域性协作、社会化配套的产业格局。

沈阳地区将以沈西工业走廊为重点,充分发挥中部城市群产业优势和近港优势,继续加强以机床集团、沈鼓集团、北方重工等骨干企业为支撑,以铸锻、模具、仪器仪表、泵阀、机床功能配件、输变电配件等产业集群为配套支持的新型机械装备产业体系建设;加强以华晨集团、上海北盛、沈飞日野、新光三菱发动机等为骨干,以汽车零部件产业集群为配套支撑的汽车产业体系建设。

大连地区重点建设"两区一带"临港临海装备制造业聚集区。以现有汽车零部件产业群为基础增强汽车整车配套能力,重点发展数控机床及功能部件,建设临港装备制造业聚集区;依托现有的重型装备产业基础重点发展大型清洁高效发电设备、大型起重运输和工程机械、大型冶金石化设备和海洋工程,建设临海装备制造业聚集区。同时,充分发挥中心城市的辐射作用,结合"五点一线"沿海经济带和县域经济发展布局,带动省内其他地区的装备配套和专、精、特产业,形成以园区和产业集群为主要形式的产业

集聚地,培育装备制造业新的经济增长点。

(二)加强产业关联度,形成"灵活专业化"社会网络

"灵活专业化"的本质是企业内部分工的外部化或社会化,这是产业集群形成的基础条件和竞争优势的重要源泉。加强产业关联度的关键是大力发展由中小企业构成的中场产业,以拳头产业为龙头,带动高性能部件、元器件和中间材料的发展,形成高起点、专业化、大规模的中场产业和中间企业群。中小装备制造企业要有明确的市场定位,建立产业分工链条,向小而专、小而精、小而优方向发展。

(三)搭建集群平台,营造集群发展环境

由于装备制造企业在产品和技术上存在着很强的配套要求,必须围绕大型骨干企业发展协作关系紧密的配套企业,构建以大企业为龙头、中小企业分工协作的产业群体,增强产业的集聚功能,提高产业组织化程度和产业规模绩效。

产业集群和工业园区有利于大批中小企业向专业化、社会化发展,产生较强的内部规模效应。由于群内同类生产企业的激烈竞争促进了企业向专业化、社会化迈进,相当一批企业从彼此竞争的关系转变为上下游配套的伙伴关系,不仅降低了成本,而且促进了创新能力不断提高,改变了单个企业势单力薄、无力开发的被动局面。

在产业区规划时,必须研究装备制造业的产业关联,因地制宜地建设有特色的产业园区,这是产业集群的载体。结合工业园区的调整与老工业区的搬迁,各级政府要打破行政区域界限,加强规划、指导、协调和服务,在大项目周围为同一产业链上的中小企业预留空地,通过区域产业的重新定位而发展成为产业集群,在空间上为各种支撑要素的集聚和产业发展提供良好的生态环境,为中

小企业与大企业、大项目及时有效对接创造条件。

(四)全方位推进产业"经济生态圈"的整合

产业集群不仅是一个产业概念、空间概念,更是一个各种资源整合概念,产业集群的形成需要社会横向相关行业和各种资源的支撑,为其发展提供"生产型服务"。"经济生态圈"的形成是一个漫长的市场驱动的结果,要加快进程就必须进行政策引导和积极推进,比如特色产业园区的建设,产、学、研一体化的研发体系,职业教育和培训机构,通畅的信息交流渠道,高效的物流体系,现代会展业,规范和完善中介服务体系和各种专业市场,行业自律性社团组织,良好的金融环境等,为资源配置提供规范的平台。同时,以产业集群发展带动生产型服务业和社会事业的发展,促进产业结构优化升级。

附表1　各省区市主成分得分及排序(专用设备制造业)

名次	省区市名称	第1主成分(规模绩效)得分	省区市名称	第2主成分(效益绩效)得分	省区市名称	第3主成分得分
1	江苏省	0.43446	湖南省	3.25886	新疆	3.07818
2	广东省	0.22647	山东省	2.20612	贵州省	2.00775
3	山东省	0.15836	河南省	1.27691	四川省	0.97093
4	浙江省	0.12757	广西	0.92241	黑龙江	0.9166
5	上海市	0.05704	河北省	0.75308	河北省	0.7204
6	辽宁省	-0.02328	江苏省	0.56917	湖北省	0.515
7	北京市	-0.07272	安徽省	0.52817	宁夏	0.44493
8	河南省	-0.14198	浙江省	0.44979	云南省	0.44207
9	四川省	-0.18048	海南省	0.37391	内蒙古	0.42784
10	新疆	-0.18543	宁夏	0.31349	河南省	0.38622

名次	省区市名称	第1主成分（规模绩效）得分	省区市名称	第2主成分（效益绩效）得分	省区市名称	第3主成分得分
11	山西省	-0.18807	四川省	0.28604	山西省	0.3413
12	河北省	-0.18942	江西省	0.09389	甘肃省	0.31042
13	陕西省	-0.19574	福建省	0.08158	辽宁省	0.19961
14	内蒙古	-0.20139	广东省	0.06267	湖南省	0.09889
15	贵州省	-0.20216	天津市	0.04316	陕西省	0.01336
16	重庆市	-0.20995	黑龙江	-0.0416	山东省	0.01034
17	黑龙江	-0.23309	湖北省	-0.05556	吉林省	-0.10143
18	青海省	-0.25166	上海市	-0.12478	广西	-0.19395
19	天津市	-0.25183	辽宁省	-0.39523	江西省	-0.22984
20	福建省	-0.25468	陕西省	-0.40413	重庆市	-0.26265
21	甘肃省	-0.26185	北京市	-0.4987	安徽省	-0.32796
22	湖北省	-0.27385	吉林省	-0.52786	浙江省	-0.33351
23	云南省	-0.27839	云南省	-0.54144	江苏省	-0.40259
24	吉林省	-0.27923	山西省	-0.57099	天津市	-0.47317
25	安徽省	-0.31123	甘肃省	-0.70208	上海市	-0.54332
26	江西省	-0.33822	新疆	-0.88009	福建省	-0.70415
27	湖南省	-0.35685	贵州省	-0.88866	北京市	-0.81599
28	广西	-0.35752	重庆市	-1.16176	广东省	-0.99222
29	宁夏	-0.36079	内蒙古	-1.19414	青海省	-1.20672
30	海南省	-0.45465	青海省	-1.85097	海南省	-2.17847

附表2　各省区市主成分得分及排序（交通运输设备制造业）

名次	省区市名称	第1主成分（规模绩效）得分	省区市名称	第2主成分（效益绩效）得分	省区市名称	第3主成分得分
1	江苏省	0.28534	广东省	2.26128	辽宁省	1.46461
2	浙江省	0.20665	海南省	1.57661	甘肃省	1.42338
3	上海市	0.12519	天津市	1.31378	新疆	1.37189
4	广东省	0.11575	河南省	1.24132	广西	1.1958
5	湖北省	0.02727	宁夏	1.18685	内蒙古	0.94754
6	辽宁省	0.02038	上海市	1.01944	安徽省	0.93279
7	山东省	0.00408	山东省	0.96628	黑龙江	0.77122
8	重庆市	-0.07811	广西	0.93676	河南省	0.65767
9	吉林省	-0.13709	吉林省	0.75036	江西省	0.59628
10	北京市	-0.16444	重庆市	0.44889	江苏省	0.5823
11	四川省	-0.18674	北京市	0.431	陕西省	0.52392
12	陕西省	-0.20358	安徽省	0.16264	山东省	0.5221
13	江西省	-0.20686	甘肃省	0.00899	浙江省	0.41932
14	河北省	-0.20791	浙江省	-0.00082	四川省	0.16549
15	安徽省	-0.20822	江苏省	-0.04278	山西省	0.16029
16	福建省	-0.22614	湖南省	-0.05518	海南省	0.15582
17	黑龙江	-0.24755	福建省	-0.26749	北京市	0.11333
18	山西省	-0.25283	河北省	-0.30787	重庆市	-0.02714
19	贵州省	-0.25413	辽宁省	-0.3345	广东省	-0.10586
20	天津市	-0.26198	湖北省	-0.38787	吉林省	-0.10696
21	湖南省	-0.27557	四川省	-0.40752	湖南省	-0.28415
22	内蒙古	-0.27701	陕西省	-0.56548	河北省	-0.32183
23	云南省	-0.30176	新疆	-0.63551	福建省	-0.54622
24	广西	-0.30292	云南省	-0.63561	云南省	-0.59289
25	新疆	-0.31158	青海省	-0.65007	贵州省	-0.69844

名次	省区市名称	第1主成分（规模绩效）得分	省区市名称	第2主成分（效益绩效）得分	省区市名称	第3主成分得分
26	河南省	-0.31384	江西省	-0.71523	上海市	-0.87592
27	青海省	-0.3274	黑龙江	-0.96133	天津市	-0.88781
28	甘肃省	-0.34289	内蒙古	-1.04245	青海省	-1.00034
29	海南省	-0.42383	贵州省	-1.23975	湖北省	-1.63027
30	宁夏	-0.44666	山西省	-1.25696	宁夏	-3.12663

附表3　各省区市主成分得分及排序（电气机械及器材制造业）

名次	省区市名称	第1主成分（规模绩效）得分	省区市名称	第2主成分（效益绩效）得分	省区市名称	第3主成分得分
1	广东省	1.18346	山东省	2.58011	甘肃省	2.345
2	江苏省	0.47309	河北省	1.4108	黑龙江	2.19966
3	浙江省	0.40102	河南省	1.25741	陕西省	1.82341
4	上海市	0.03335	安徽省	1.13342	重庆市	1.48066
5	山东省	-0.00008	江西省	1.08002	山西省	1.27633
6	辽宁省	-0.15258	海南省	1.05527	云南省	0.33088
7	天津市	-0.18982	黑龙江	0.98257	广东省	0.29677
8	安徽省	-0.23798	福建省	0.79213	贵州省	0.27054
9	福建省	-0.24479	四川省	0.51628	天津市	0.23028
10	湖南省	-0.25307	上海市	0.4995	湖北省	0.19904
11	北京市	-0.25455	北京市	0.45163	北京市	0.14284
12	陕西省	-0.25635	江苏省	0.29439	河南省	0.09967
13	甘肃省	-0.26387	湖北省	0.25065	四川省	0.06148
14	吉林省	-0.27412	重庆市	0.06919	江西省	0.04825
15	山西省	-0.27483	浙江省	-0.15552	安徽省	0.00578
16	河南省	-0.28382	陕西省	-0.16063	山东省	-0.10853

名次	省区市名称	第1主成分（规模绩效）得分	省区市名称	第2主成分（效益绩效）得分	省区市名称	第3主成分得分
17	贵州省	- 0.28526	广西	- 0.32504	青海省	- 0.1706
18	四川省	- 0.28878	天津市	- 0.45857	江苏省	- 0.27162
19	湖北省	- 0.29407	新疆	- 0.47729	浙江省	- 0.3029
20	重庆市	- 0.29752	广东省	- 0.53283	福建省	- 0.33912
21	青海省	- 0.30906	云南省	- 0.54588	新疆	- 0.45906
22	云南省	- 0.31271	宁夏	- 0.61807	辽宁省	- 0.53832
23	河北省	- 0.31481	湖南省	- 0.65798	河北省	- 0.6712
24	黑龙江	- 0.31645	内蒙古	- 0.70574	上海市	- 0.68915
25	新疆	- 0.32848	辽宁省	- 0.80098	湖南省	- 0.70784
26	内蒙古	- 0.3332	甘肃省	- 0.97573	宁夏	- 0.76875
27	广西	- 0.334	青海省	- 1.15473	广西	- 0.95428
28	宁夏	- 0.33598	山西省	- 1.25258	内蒙古	- 0.98488
29	江西省	- 0.34091	贵州省	- 1.32088	吉林省	- 1.66798
30	海南省	- 0.42009	吉林省	- 2.23836	海南省	- 2.14789

附表4　各省区市主成分得分及排序（通信设备、计算机及其他电子设备制造业）

名次	省区市名称	第1主成分（规模绩效）得分	省区市名称	第2主成分（效益绩效）得分	省区市名称	第3主成分得分
1	广东省	1.37235	山东省	2.78169	吉林省	1.89627
2	江苏省	0.63897	新疆	2.0759	山西省	1.82215
3	上海市	0.20707	福建省	1.02067	河南省	1.78988
4	北京市	- 0.00119	内蒙古	0.91911	甘肃省	0.961
5	天津市	- 0.05871	天津市	0.82579	重庆市	0.81561
6	浙江省	- 0.06712	湖北省	0.68401	福建省	0.80099

名次	省区市名称	第1主成分（规模绩效）得分	省区市名称	第2主成分（效益绩效）得分	省区市名称	第3主成分得分
7	福建省	-0.18848	北京市	0.56374	广东省	0.55468
8	山东省	-0.21602	河北省	0.44823	山东省	0.47386
9	贵州省	-0.23986	浙江省	0.36781	内蒙古	0.23144
10	湖南省	-0.25123	江西省	0.23001	新疆	0.22819
11	辽宁省	-0.25338	广东省	0.19512	浙江省	0.228
12	陕西省	-0.2693	四川省	0.07929	上海市	0.17721
13	四川省	-0.27107	江苏省	0.07812	江苏省	0.177
14	云南省	-0.30054	海南省	0.06496	四川省	0.14266
15	黑龙江	-0.30196	甘肃省	-0.06188	海南省	-0.02747
16	安徽省	-0.3106	贵州省	-0.16842	北京市	-0.09185
17	广西	-0.31301	安徽省	-0.17319	辽宁省	-0.25205
18	河北省	-0.31855	辽宁省	-0.33833	陕西省	-0.26225
19	江西省	-0.32444	河南省	-0.35881	湖北省	-0.35585
20	湖北省	-0.32475	云南省	-0.39114	黑龙江	-0.38384
21	海南省	-0.35723	广西	-0.40411	安徽省	-0.52566
22	重庆市	-0.36031	重庆市	-0.62291	江西省	-0.62961
23	山西省	-0.37013	上海市	-0.65123	广西	-0.63981
24	内蒙古	-0.38224	吉林省	-0.90998	湖南省	-0.70354
25	河南省	-0.383	山西省	-1.09672	河北省	-0.95151
26	甘肃省	-0.38439	黑龙江	-1.39849	天津市	-1.14611
27	吉林省	-0.387	陕西省	-1.63464	云南省	-1.26699
28	新疆	-0.42069	湖南省	-2.01241	贵州省	-3.00956
29	广东省	1.37235	山东省	2.78169	吉林省	1.89627
30	江苏省	0.63897	新疆	2.0759	山西省	1.82215

附表5 各省区市主成分得分及排序(仪器仪表及文化、
办公用机械制造业)

名次	省区市名称	第1主成分（规模绩效）得分	省区市名称	第2主成分（效益绩效）得分	省区市名称	第3主成分得分
1	广东省	1.03489	宁夏	2.04499	青海省	2.50047
2	江苏省	0.4486	广西	1.64221	湖北省	1.84178
3	浙江省	0.29282	海南省	1.55862	山东省	1.7721
4	上海市	0.09607	四川省	1.30372	河南省	1.20607
5	北京市	0.03012	贵州省	1.15598	河北省	0.91844
6	山东省	-0.08361	天津市	0.80925	安徽省	0.82663
7	天津市	-0.12052	湖南省	0.78557	贵州省	0.4662
8	福建省	-0.22322	重庆市	0.74964	四川省	0.34584
9	河南省	-0.23806	黑龙江	0.69118	江苏省	0.32314
10	重庆市	-0.24283	山东省	0.35873	上海市	0.30137
11	宁夏	-0.25021	云南省	0.09421	重庆市	0.27859
12	四川省	-0.25327	河南省	0.09354	北京市	0.25467
13	辽宁省	-0.27181	吉林省	0.0549	湖南省	0.18269
14	湖南省	-0.27632	湖北省	0.0359	天津市	0.09977
15	海南省	-0.27664	北京市	0.02709	广西	-0.01327
16	黑龙江	-0.27889	浙江省	-0.0435	辽宁省	-0.14136
17	广西	-0.28166	甘肃省	-0.14261	吉林省	-0.17877
18	陕西省	-0.28202	江西省	-0.21928	浙江省	-0.19332
19	贵州省	-0.31421	江苏省	-0.24425	江西省	-0.41775
20	云南省	-0.31456	安徽省	-0.5427	广东省	-0.50827
21	江西省	-0.31956	广东省	-0.55844	黑龙江	-0.66919
22	湖北省	-0.32749	河北省	-0.6253	福建省	-0.75758
23	河北省	-0.33909	上海市	-0.71207	甘肃省	-0.90926

名次	省区市名称	第1主成分(规模绩效)得分	省区市名称	第2主成分(效益绩效)得分	省区市名称	第3主成分得分
24	甘肃省	-0.33931	陕西省	-0.9222	云南省	-0.95411
25	安徽省	-0.34116	山西省	-0.97002	宁夏	-1.03369
26	吉林省	-0.3485	辽宁省	-1.21152	海南省	-1.183
27	山西省	-0.35698	福建省	-1.62576	山西省	-1.20702
28	新疆	-0.3965	青海省	-1.72803	陕西省	-1.28994
29	青海省	-0.47299	新疆	-1.91495	新疆	-1.90878

第四章　加快都市经济圈发展,促进
辽宁经济发展方式转变

世界范围内新一轮城市化浪潮的兴起,城市经济圈已经成为新世纪推动国家、地区和世界经济发展的"引擎"和"动力",尤其是改革开放以来,我国东部沿海长江三角洲城市经济圈和珠江三角洲城市经济圈的兴起与蓬勃发展,城市经济圈不仅成为区域发展的亮点,也成为我国经济发展的"增长极"。

第一节　都市经济圈发展与
经济发展方式转变

一、都市经济圈的定义和功能

(一)都市经济圈的定义

所谓都市经济圈,一般是以一个或几个经济比较发达,具有较强辐射带动功能的中心城市为核心,由几个空间距离较近、经济联系密切、功能互补的周边城市共同组成的经济带,①是经济吸引和经济辐射能力能够达到并能促进相应地区经济发展的最大地域范

---

① 梁启东:《中国城市经济圈发展的态势分析》,新华网:http://www.ln.xin-huanet.com/。

围。都市经济圈也称都市经济群或者都市经济带。①

　　都市经济圈是衡量一个国家或地区社会经济发展水平的重要标志,其基本特征是高聚集、高能级、开放性。以大城市为核心的都市经济圈的崛起,是当今世界经济、区域经济和城市化发展的重要特点,也是我国城市与区域发展的重要趋势。随着全球化、区域协作和一体化水平的不断演进,中国正逐步走向市场经济的前沿,融入全球经济合作,致力于与东盟的 10 + 1 合作,以及积极参与东北亚经济合作。构建都市经济圈,发展区域经济合作已经成为我国发展战略规划的重要选择。

　　(二)都市经济圈的功能

　　都市经济圈应该具备以下几种功能:要素集散功能、辐射带动功能、集约用地功能、创新功能、服务功能和整体竞争力。

　　1. 要素集散功能

　　要素集散功能是指在一定范围内集聚和扩散商品与各种要素的能力,包括商品流、技术流、资金流、信息流、人才流的高速集散。生产要素的积聚,有利于在都市群内部形成协调有序、分工合理的产业体系和产业集群,减少产业雷同所导致的盲目重复建设、低层次竞争和资源浪费。都市经济圈的集聚功能还体现在社会集聚,即由于大城市的吸引而产生的工业集中,以长三角为例,上海在全国经济协作中 1/3 的项目和 60% 的对外投资在长三角地区,而江浙地区的大量著名企业也纷纷进驻上海,②集聚中心的上海与承接要素辐射、扩散的江浙地区,共同形成长三角内合理、有序的产

---

　　①　余泽忠:《城市经济圈的发展与区域经济合作》,《求索》2004 年第 7 期。
　　②　梁启东:《中国城市经济圈发展的态势分析》,新华网:http://www. ln. xin-huanet. com/。

业梯次和分工。

2. 辐射带动功能

随着都市圈规模的扩大,中心城市的发展、产业的不断升级、技术进步和创新能力的提高,极化效应不断增强,中心城市必然对周边地区产生辐射和带动作用,如长三角中的上海对江苏所产生的带动作用。辐射带动作用还体现在对都市圈以外周边地区的带动作用,如京津冀都市圈中的天津,其汽车零部件产业和技术转移对东北地区的辐射带动作用。

都市经济圈中的辐射带动作用很大程度上取决于核心城市的首位度。核心城市是指那些在区域经济中,自身经济实力强大,且对周边经济发展具有完善集聚和辐射功能的中心城市。表现为城市进入以高新技术、现代制造业和服务业为主的发展阶段,伴随着传统制造业大量向周边城市的转移。目前我国已有的城市经济圈中,以2004年的数据为例,上海的核心城市首位度最高,为2.16,京津冀首位城市北京和珠三角首位城市广州(不含港澳),经济首位度比较接近,分别为1.46和1.20,位列第二和第三。除了上海可以毫无疑问地成为区域经济发展的"龙头"以外,其他城市的核心城市的辐射功能还略显不足,但是,上海作为核心城市,在要素配置和服务功能上与世界发达的核心城市仍有很大的差距。

3. 集约用地功能

区位理论是研究人类经济行为的空间区位选择及空间区内经济活动优化组合的理论。一般来说,投资者或使用者都力图选择总成本最小的区位,即地租和累计运输成本总和最小的地方。因此,集约用地,以实现成本最小化是城市经济圈构建的基本职能之一。在有限的土地面积上尽可能多地容纳城市人口、完善必要的基础设施、避免低密度、盲目蔓延的对外扩展,造成城市土地低效利用并产生其他问题,应该是经济发展的必要前提,也是科学发展观指导下的可持续发展的要求。

近年来西方国家在城市土地利用规划方面的理论和实践表明,未来城市规划发展的主流应该是"集约和精明"地使用土地,以实现人类居住区的可持续发展。1998 年,美国开始实行一种新的城市发展计划——LUTRAQ 计划,目的是在城市开发中尽量减少土地的消耗、机动车交通和空气污染,设计更加便利和舒适的公共交通和符合人性尺度的设计和宽敞空间。① 因此,在城市建设和城市经济发展的长远规划中,我们应该转变发展思路,提高资源空间配置效率,建设宜居的、可持续发展的新型化城市。

4. 创新功能

是指都市经济圈的制度创新能力,是区域发展的动力。都市圈是新观念、新思想的诞生地,新体制、新机制的发祥地,随着都市圈内有创新能力企业的不断涌现,新的企业组织形式和经营体制的不断推出,创新产生的示范效应和带动作用,通过辐射和扩散,传递到周边地区,进而促进周边地区的发展。

5. 服务功能

都市经济圈的服务功能体现了工业化的要求。工业有着强烈的大城市区位指向,它需要大城市的服务提供、大规模的工业基础设施支持和大量的信息化交流。因此,结合第一、二产业的发展需求,大力发展生产型服务业,提高为工农业生产、经营、技术开发服务的能力,积极引进国际物流业、采购中心、金融机构、跨国公司地区营销总部和研发中心等,增强承接国际服务业转移的能力,形成

---

① 林宏:《世界都市圈发展的共性与启示》,《政策瞭望》2007 年第 6 期。

重点涵盖物流、金融、保险、信息、旅游、会展、房地产、中介服务等现代服务业的高水平的服务网络是城市经济圈的重要职能之一。

6. 整体竞争力

构建都市经济圈的意义在于通过全方位的整合,充分发挥中心城市的作用,发挥地区的综合优势,通过企业之间跨地区、跨行业的专业化协作,提升整个区域的整体功能和竞争力。都市经济圈有利于企业实施跨行业、跨地区的专业化协作,以弥补中国企业不够强大、无法与跨国企业竞争的劣势。都市经济圈通过圈内各城市之间的协同合作,形成区域合力,又有利于发挥区域的整体功能和综合优势,提升参与国内、国际竞争的整体实力。改革开放以来,我国东部沿海地区逐渐形成了以上海为中心的长江三角洲经济圈,以广州、深圳为中心的珠江三角洲经济圈和以北京、天津为中心京津唐经济圈。2007 年,三个经济圈的 GDP 占全国 GDP 总量的35%。三大经济圈的发展不仅带动了东部乃至全国经济的发展,其中的长三角经济圈更被誉为"世界第六大都市经济圈"。

二、都市经济圈是工业化发展的必然产物

世界经济发展的历史表明,都市经济圈在区域乃至国际经济竞争与合作中的作用越来越重要,它们不仅是国际经济、金融、商贸中心和控制中心,也是世界科学技术创新中心、国际文化艺术交流和国际信息制造加工传播中心,是产生新技术、新思想的"孵化器",其强大的国际辐射能力和"场效应"受到越来越多的关注和重视。尽快培育和形成若干个拉动中国经济持续增长的大都市圈,是中国加入 WTO 之后,在经济全球化环境下赢得国际竞争的

关键所在。①

只有大城市才具备与世界进行分工交流所需要的完善的基础设施，只有大城市才能有足够的产业集聚和经济规模参与全球性的城市间竞争。我国当前大型跨国公司少，企业规模小，难以抗衡大型的跨国公司的现状，为了生存和发展，客观上要求我们组建大型的跨区企业集团，参与世界企业的竞争，融入世界经济之中。我国正大力推进城市化进程，努力扭转城市化大大滞后于工业化现状。随着城市规模和城市数量的增长，在一定地域空间范围内，自发产生的一些由规模不等的城市组成的城市群，为城市经济圈的产生奠定了客观基础。

三、都市经济圈是生产要素密集地区

长期以来，地方保护主义思想导致城市经济圈内存在市场分割、低水平重复建设、城市之间恶性竞争等问题突出，大量的内耗不仅不能发挥各自城市的优势，而且导致区域整体竞争力的下降。树立区域发展的整体意识，强化区域合作观念，打破市场条块分割，城市之间优势互补、互利互惠，建立共同的长远目标，实现经济圈内经济、政治、文化、社会的共同发展和 1 + 1 > 2 的整合优势。

商品市场和要素市场整合的统一市场是经济圈建立的标志，通过区域内各种要素的有效整合，可以在合理配置区域内劳动力、资本、资源等要素的前提下，发挥各城市在区域内的优势，实现各城市之间资源共享，产业分工、协作，分享市场和机遇，以实现互助共赢。例如，上海在实现"国际经济、金融、贸易和航运四个中心，

① 梁启东:《中国城市经济圈发展的态势分析》，新华网:http://www.ln.xinhuanet.com/。

成为国际性大都市"这一目标的过程中,为长三角城市提供了一个分享"大蛋糕"的商机——上海的城市建设和发展将呈现出一个新的高潮,其投资规模之大、项目之多,将超过历史上任何一个时期。另外,上海城市整体功能的调整、升级,意味着现有部分功能的转移或退出,从而为长三角城市提供了承接、配套发展的良机。[①]

四、都市经济圈的发展有利于提高要素生产率

市场经济的根本特征是让市场机制在资源配置中起基础性作用,从而实现资源优化。追求市场利益最大化的企业客观上要求冲破城市行政范围内的地域限制和部门隔阂,在市场边界内寻求最佳资源配置和良好的市场运行环境,打破长期以来的条块分割,实现大市场战略。

土地资源是世界范围内经济发展和城市化进程中的瓶颈问题,建立城市经济圈有利于土地资源的集约使用,减少对农村土地空间的侵蚀和占用,提高土地使用效率。中国土地资源有限,耕地面积每年都在减少,土地资源供给与城市建设和社会发展之间的矛盾持久、尖锐地存在着,在推进城市化的进程中,如何在有限的土地资源上实现经济效益最大化,城市经济圈是很好的选择。例如日本的东京、名古屋和阪神三大城市经济圈,GDP 占全国 GDP 的 70%,人口占 50% 以上,而使用的土地资源仅占国土面积的 1.5%,并部分地解决了"大城市病"。因此,利用城市经济圈解决城市化中的一些问题是一个理性的选择。

---

① 陈耀:《中国三大城市经济圈及其发展前景》,《企业研究》2003 年第 21 期。

五、都市经济圈的发展有利于发挥集群效应

产业竞争力是提升城市经济圈实力的基础和条件,产业整合是实现产业竞争力的有效途径。通过城市经济圈内的产业整合,大型跨区域企业集团的成立,既可以形成规模经济效应,增强产业聚集对区域经济的带动作用,又可以避开资金和技术限制,共同投资高新技术产业,共享高科技和创新成果。产业整合包括通过城市之间互补型水平分工产业联系,形成产业集群,或者通过不同的产业梯度,形成城市之间生产的垂直一体化,从而延伸产业链。以本溪为例,装备制造业,既是本溪的重点优势产业,又是对沈阳工业产业的承接、配套。

第二节　国内外都市经济圈的发展态势

一、国外都市经济圈发展态势

(一)全球都市经济圈发展的主要阶段

世界范围内,都市经济圈的发展普遍经历了 5 个阶段:强核阶段、外溢阶段、布网阶段、整合阶段和耦合阶段。第一阶段是"强核"阶段,即"核心城市"由小到大、由弱到强的发展过程,是核心城市影响力和辐射力形成的过程。如纽约、伦敦、东京等核心城市的 GDP 在所在国家 GDP 总量中比重相当高,分别占该国 GDP 的24%、22%、26%。而我国三大城市群的首位城市北京、上海、广州分别只占 1.8%、4.6%、2.5%。

第二阶段是"外溢"阶段。核心城市规模太大所产生的一系列规模不经济的现象,诸如交通拥挤、地价飞涨、环境污染、人居环境恶化等等,由此内生了一股"外溢"的力量,其动力是产业结构升级,其表现是城市郊区化。这个时期需要政府加强引导,比如规划建设"绿带"和"卫星城"或"新城"。

第三阶段是"布网"阶段。城市功能的"外溢"和城市人口的"郊迁",使城市建设的理念发生了根本性的转变。大都市郊区不再是中心城市的附属,而是大都市经济圈不可缺少的重要功能区。建设城郊一体化的基础设施网络,包括轨道交通、高速公路、航空枢纽、海港枢纽、能源供应、水资源供应、污水处理、垃圾处理等等是这个阶段的重要任务。

第四阶段是"整合"阶段。整合大都市经济圈的功能,包括资源整合、产业整合、功能整合、管理整合,其背景是环境保护主义在全球的盛行,实现可持续发展和增强大都市经济圈的全球竞争力是这一阶段都市经济圈发展的主要战略任务。

第五阶段是"耦合"阶段,是若干都市经济圈相互重叠、渗透、融合,形成了规模更大的都市经济带。目前世界著名的都市经济带,在欧洲有伦敦、伯明翰、曼彻斯特都市经济带和巴黎、鹿特丹、鲁尔都市经济带,在美国有波士顿、纽约都市经济带和芝加哥、底特律都市经济带,在日本有东京、横滨都市经济带和大阪、神户都市经济带。都市经济带的形成标志着都市经济圈的发展已经进入了更高级和更成熟的阶段。

我国城市发展直到改革开放后还一直处于"强核"阶段。20世纪90年代,北京、上海、广州等城市相继进入"外溢"阶段,21世纪初,珠三角、长三角、京津冀三大都市经济圈先后进入了"布网"阶段,并面临着"整合"的艰巨任务。总体而论,我国的都市经济圈还处于初级阶段,与欧、美、日等地区和国家的都市经济圈有较大的发展差距。

(二)全球都市经济圈发展方式的现状

世界前五大都市圈,分别是纽约都市圈、东京都市圈、伦敦都市圈、巴黎都市圈和美加五大湖都市圈,他们代表着当前世界经济发展的巅峰力量,在国家和世界经济发展中具有枢纽作用,是连接国内国际的接点和产生新技术、新思想的"孵化器"。世界大都市经济圈已经不仅成为所在国家经济发展的核心地区,随着其辐射力和影响力的日渐增大,早已超出国界,成为影响世界经济的重要力量。

欧洲是世界城市化历史最为悠久的地区,也是最先出现都市经济圈的地区。伦敦都市经济圈,由内伦敦、大伦敦、标准大城市劳务区和伦敦大都市经济圈4个圈层构成,圈域半径约65公里,总面积1.1万平方公里,总人口1200多万,是英国的经济核心地区。

巴黎大都市经济圈涵盖巴黎市和其周边7个郊县,面积942平方公里,占法国国土面积的2.18%,人口832万,占法国全国人口的18.8%,聚集了法国28%的国内生产总值、21.6%的就业人口和25%的对外贸易。

纽约大都市经济圈是美国甚至世界的经济中心之一,土地面积1万多平方公里,人口1800多万。与洛杉矶大都市经济圈(人口1300多万,美国重要的军工基地和文化娱乐中心)和芝加哥大都市经济圈(人口810多万,是美国内地重要的金融、贸易、文化和重化工基地)共同构成美国三大都市经济圈。

东京大都市经济圈是日本金融、贸易、制造业最集中的地区,面积3.7万平方公里,人口4130万人,占日本全国人口的32%。与大阪经济圈、名古屋经济圈、以札幌为中心的北海道圈、以仙台为中心的东北圈、以广岛为中心的濑户内海圈和以福冈为中心的九州圈共同构成了日本的7大经济圈。

全球五大都市经济圈所在的欧、美、日等地区和国家是城市化先进国家,它们所走过的城市化道路,在发展中所呈现出来的特点,对辽宁乃至我国城市经济圈的发展有很重要的启示和借鉴作用。

1. 重视规划的引导作用,合理开发与利用土地资源

都市经济圈在聚集人口、创造物质财富、发展经济的同时,也会因为过度聚集而产生一定的负面效应,如交通拥挤、地价飞涨、生态环境恶化等。因此,欧、美、日等地区和国家都十分重视规划的引导作用,为了强化规划的权威性,往往把规划上升为地方法律,以加大规划实施的力度。为了防止伦敦城无限制膨胀,英国议会制定了"绿带法",在伦敦外围规划布置了9座新城,以促进城市人口的向外扩散。大巴黎地区则将保护生态环境放在首要目标,制定总体规划,将区域划分为建成空间、农业空间和自然空间三种空间,提出三种空间应彼此兼顾,相互协调,共同发展。

日本东京、名古屋和阪神三大城市经济圈,以1.5%的国土面积,聚集了50%以上的全国人口,贡献了全国70%的GDP。对有限的土地资源的合理应用,极大提高了土地使用效率,保证了农业用地,同时保护了自然环境和生态环境。中国在人均土地资源拥有量上同日本接近,日本的城市经济圈区域发展模式值得我们借鉴。

2. 运用经济手段进行宏观调控

都市经济圈的发展离不开政府的宏观调控作用,尤其是运用经济手段进行的宏观调控。洛杉矶大都市经济圈的做法值得借鉴。在联邦政府和州政府授权下成立的南海岸大气质量管理区,主要负责管理区域的大气质量规划,包括交通拥挤控制规划和土

地利用规划。依据联邦清洁空气法中规定的不同污染物的联邦标准,对达不到标准的城市实施惩罚,如联邦资助的减少。这极大地强化了南海岸大气质量管理区的权威地位,并间接促进了地方政府在环保领域内的区域合作。

3. 创新制度安排与激励机制

美国硅谷的崛起和中国浙江台州的发展,以及越来越多的案例证明了这样一个事实:穷国与富国、落后地区与发达地区的最大差别不是资源禀赋上的差别,而是鼓励创新、容忍失败的制度安排上的差别。辽宁及辽宁所在的大东北经济圈,在能源、原材料、基础设施等方面具有较大的优势,但是由于多年计划经济体制和过大比重的国有企业,制度和机制相对僵化,改革开放以来的发展远远落后于体制和机制创新的长三角和珠三角城市经济圈。

4. 重视组织协调职能

为了协调城乡发展,日本、欧美等国非常重视区域协调组织的作用,它们既有政府支持的组织,也有民间成立的非营利组织。比如1898年成立的大纽约市政府、1929年成立的区域规划协会以及1962年成立的纽约大都市区委员会等等,在积极倡导区域规划和区域合作,建立和形成协调机制等方面发挥了重要作用。这些跨行政区的协调组织的存在,不但没有取代或剥夺政府的权利,而且还是对现有行政管理体制的必要补充。我国的三大都市经济圈所缺乏的并不是规划,而是缺乏像欧美国家那样形式多样的协调组织或者都市区政府,缺乏规划的科学性、民主性和权威性。

5. 追求速度、结构、质量与效益的统一

速度与结构的统一、质量与效益的统一,是保证城市经济圈可持续发展的重要原则。英国通过规划房地产开发,控制发展速度,保证发展质量;日本通过对有限土地资源的合理使用,预留出农业用地,既保护了自然环境和生态环境,维持了高质量的城市圈发展,也实现了发展速度与效益的统一和发展成效最大化。

二、我国都市经济圈的发展态势

(一)我国都市经济圈发展概况

我国的经济区划经历了 4 次大调整。第一次是 20 世纪 50—70 年代,"沿海"和"内地"两分法的区域经济基本布局框架。第二次是 80 年代初中期,实施沿海优先发展的开放战略,即非均衡发展战略。第三次大调整是 90 年代初、中期,依据市场经济规律和经济内在联系,为了促进区域经济协调发展,在全国范围内提出了"七大经济区"的方案,即长江三角洲及沿海地区、环渤海地区、东南沿海地区、西南和中南部分省区、东北地区、中部 5 省地区和西北地区,共 7 个跨省区市的经济区域。第四次大调整是在 21 世纪初,在对"东、中、西"赋予新的含义的基础上,重点发展一部分区域,如西部的"三大经济带",中部的"长江、陇海、京广、京九、京哈等交通干线沿线地区",东部的"环渤海、长江三角洲、闽东南、珠三角等经济区域"。[①]

改革开放以来,我国沿海地区经济持续快速发展,三大经济圈初步形成,它们是以上海为中心的长江三角洲经济圈、以香港、广州、深圳为中心的珠江三角洲经济圈和以北京、天津为中心的京津冀经济圈。三大城市经济圈,土地面积合计为 90.4 万平方公里,占全国的 9.42%;人口为 4.37 亿,占全国的 34.23%;2008 年上半年,长三角、珠三角和京津冀三大经济圈实现地区生产总值

---

① 李京文:《中国区域经济发展的回顾与展望》,《中国城市经济》2006 年第
2 期。

53275.94亿元,同比增长12.6%,占全国经济总量的36.4%。①三大经济圈在中国经济发展中具有举足轻重的地位,并真正成为拉动我国经济持续、快速发展的强势地区。

此外,在我国其他地区,也已经或正在形成一些次一级城市经济圈,如东北部的东北城市经济圈(又称东三角,以对应长三角、珠三角),是我国能源、原材料及装备制造业的最重要基地;西南以成都和重庆为龙头的城市经济圈(西三角),中部以华中重镇武汉为核心的中部城市经济圈,甚至还有武汉城市群、长株潭城市群、关中城市群、中原城市群、山东城市群、吉黑城市群等等。

1. 长三角都市经济圈

2007年,长三角地区16城市共实现地区生产总值GDP46672.07亿元,占全国经济总量的18.9%;平均增幅达到15.2%;②完成全社会固定资产投资17685.7亿元,同比增长15%;完成社会消费品零售总额14428亿元,同比增长16.8%;完成外贸出口4506.8亿美元,同比增长32.6%。

在我国三大经济圈中,长三角是我国经济最发达、外向型最高和区位竞争力最高的区域,被誉为"世界第六大城市群"。长江三角洲都市经济圈,已处在向工业化中后期发展的阶段。加工制造能力是其传统的长项,通过高新技术对传统支柱产业的改造,长三角有望成为一个世界性的新型制造业基地。未来10年内,长江三角洲将有可能成为我国区域经济发展的重要增长极和亚太地区经济发达地区之一,成为具有较强国际竞争能力的外向型经济示范

---

① 中国国家发展和改革委员会:http://www.sdpc.gov.cn/。

② 《2007年长三角GDP超4.6万亿元》,《人民日报·海外版》2008年4月2日。

区。其经济发展的"引擎"主要是上海举办世博会的机会和上海国际大都市建设的机遇。

2. 珠三角都市经济圈

珠三角都市经济圈是三大经济圈中制度竞争力最高的经济圈,人均 GDP 和单位国土面积 GDP 产出均位居全国第一。2007年珠三角都市经济圈人均 GDP54919.8 元,高于长三角都市经济圈的 52519.3 元和京津冀都市经济圈的 33576.9 元,是长三角都市经济圈的 1.05 倍和京津冀都市经济圈的 1.64 倍。单位国土面积 GDP 产出为 4652.7 万元/平方公里,高于长三角都市经济圈的 4246.8 万元/平方公里和京津冀都市经济圈的 1304.4 万元/平方公里,珠三角都市经济圈单位国土面积产出是长三角都市经济圈和京津冀都市经济圈的 1.1 倍和 3.6 倍。

珠三角的崛起,很大程度上是依靠国家的优惠政策,其对外开放前沿地位仍是其制度创新的源泉,人才储备上的弱势则是制约其发展的重要因素。进入 21 世纪后,珠江三角洲成为世界 IT 产业的生产基地,产业结构的全面升级所面临的资源约束是另一个发展的瓶颈。

3. 京津唐大都市圈

又称大北京地区,主要由北京、天津、唐山、保定、廊坊等城市所辖的京津唐和京津保两个三角地区,面积 7 万平方公里,人口4000 多万。京津唐都市经济圈是我国三大经济圈中聚集竞争力最高的,其中北京、天津是全国两个知识资源最密集的地区,其政治文化的角色作用是其他经济圈所无法替代的。其目标是成为中国的能源、重化工的重要基地和金融、物流中心。环渤海经济圈"引擎"主要来自北京举办奥运会及国家扶持老工业基地的政策。

(二)我国都市经济圈发展中存在的主要问题

与世界主要经济圈相比,我国的三大经济圈对于全国经济的辐射和带动作用较弱。美国三大都会区(大纽约区、五大湖区、大洛杉矶区)的 GDP 占全美国的份额为 67%,日本三大都市圈 GDP 占全日本的份额则达到 70%,而中国经济圈占 GDP 总量仅为 36.4%。中国经济圈发展中呈现的许多问题可以概括为以下几点:发展定位重复、基础设施建设重复、产业结构严重趋同和城市之间利益纷争。

1. 发展定位重复

这里的定位重复包括两个层面,一是各大都市经济圈之间的职能定位重复。彼此之间存在严重的恶性竞争。例如北京和上海都提出要建设国际金融中心,但中国的实际情况不可能同时容纳北京、上海、香港三个国际金融中心;天津和大连都要成为中国北部国际航运中心等等,定位重复必然伴随着重复建设和市场分割问题的出现。二是城市圈内部各城市之间的定位重复,北京与天津、沈阳与大连之间的龙头地位和功能地位的确定,周边城市的梯次承接等等。定位重复削弱了城市之间的互补、互惠和资源共享,不利于规模经济和产业集群的形成,区域经济的合作协同效应也无法实现。

2. 基础设施建设重复

随着长三角高速公路等城际、省际快捷交通的增多,上海与周边城市的"同城效应"日渐显现。在长三角区域内,机场的密度经济达到平均每万平方千米为 0.8 个,超过美国每万平方千米 0.6 个的水平,但区域内仍在上演新一轮"机场建设大战"。重复建设,不但没能形成区域经济的优势互补,发挥区域经济的规模效应及区域内不同地区和部门间的比较优势,而且由于缺乏规模经营,在一定程度上影响了区域内增长极的培育和发展,进而影响区域内"极化"与"扩散"效应的发挥。

3. 产业结构严重趋同

这是中国城市经济圈发展中极为严重的一个问题,在每一个都市经济圈中都普遍且深刻地存在。在制造业方面,长三角中的上海、江苏、浙江三地均自成体系,彼此之间缺乏有效地分工、协作和整合,重复建设比比皆是,资源浪费现象严重。珠三角城市间产业结构趋同问题也很突出。广州、深圳、珠海、惠州、东莞、中山、江门、佛山、肇庆9市的工业产值47%以上集中在食品、纺织、机械工业、电气机械、电子及通讯设备5个行业,其中深圳、珠海、惠州、中山、江门、佛山各市工业产值的50%以上集中在此5个行业。京津唐都市圈中,城市与城市之间,发展目标相似、产业结构雷同,多年的各自为政,导致整个区域资源浪费和发展水平落后。辽宁中部城市群,沈阳、抚顺、鞍山、铁岭、本溪同为传统工业城市,产业同构发展现象严重。

4. 城市之间利益纷争

一般来说,都市圈中有一个或几个核心城市,核心城市对区域经济的发展起到带动和辐射作用,周边城市是中心城市的辅助和延伸。城市之间的互补和错位发展是区域经济真正有效发展的前提。但是,目前我国城市经济圈中却普遍存在城市之间争当龙头,不切实际的过高定位和彼此之间的重复定位,忽视合作的抢夺资源,取代沟通、合作、共享的利益之争,最终的结果就是重复建设、资源浪费、恶性竞争、区域内耗导致的整体竞争力不升反降。

(三)制约我国都市经济圈发展的主要原因

1. 都市发展定位不清晰

清晰的定位,是都市经济圈制定发展战略和规划的基础和出发点,只有明确了发展的目标和方向,一切的措施和行动才有了依据。但是,在我国的发展实践中,国际金融中心、国际文化中心、国际贸易中心、CBD 等等的目标定位泛滥,不切实际的定位必然导致目标的不现实性和发展规划的盲目性。这里的定位牵涉两个问题,一个是区域经济在更大范围内的定位,如长三角都市经济圈在中国的定位;另一个是在都市经济圈中,每个城市的定位。都市经济圈发展的关键是分工合作。以长三角为例,区域内各城市没有准确的定位,都市发展因此缺乏特色;同时,由于忽略了区域内城市间的分工合作和协调发展,出现大量重复建设,导致资源浪费、恶性竞争不断,内耗不但没有实现合作的目的,反而大大削减了区域经济的竞争力。

2. 地方政府缺乏合作意识,各自为政,协作机制不健全

都市经济圈的建立和发展,缺乏对总体利益的共识,缺乏宏观的协调与合作,缺乏相应的机制创新和保证。各地政府着眼于局部利益和当前利益,在地方利益和区域利益冲突的时候,为获得局部利益,甚至是极端竞争利益,存在大量的倾销性招商行为,以超低地价招商引资,不仅造成土地资源流失、国有资产流失,而且严重扰乱了市场秩序,从而损害区域总体利益,丧失了区域合作的意义。很多情况下,表面的合作甚至不如不合作。

3. 基础设施建设水平的不均衡,严重制约了都市经济圈的发育和延伸

长期存在的城乡二元结构和滞后的工业化进程,使我国城市与城市之间、城市与乡村之间在基础设施包括交通、能源、通信等建设不平衡,阻碍了信息、生产要素、技术等资源在各城市之间的交流和联系,不利于都市圈内资源的共享和产业之间的合作。

第三节　辽宁都市经济圈的区位优势
分析——以沈阳为例

　　辽宁经济圈,又称沈阳—大连经济圈,沈阳大连城市群经济隆起带,是以沈阳、大连为双龙头的辽宁区域经济带。位于东北与华北经济圈的结合部,下辖 14 个省辖市,44 个县(市),土地总面积 14.59 万平方公里,占全国土地面积的 1.5%,人口 4298 万人。2007 年辽宁省 GDP 总量为 11021.73 亿元,位居全国第 8,同比增长 14.5%,高于全国平均增速 3.1 个百分点。人均 GDP3517 美元,位居全国第 9,是全国人均 GDP 的 1.43 倍。作为中国东北地区唯一的沿海省份和区域发展龙头,辽宁区域经济发展,有利于形成统一、协调的经济体系,通过分工合作、资源共享、互惠互利,实现辽宁经济的快速发展,提升经济的整体实力和竞争力;以整体优势参与到东北区域经济的分工协作中,拉动东北地区的整体发展,进一步推动东北成为中国经济增长的第四增长极,提升中国东北地区在东北亚经济圈中的竞争力。[1]

　　《辽宁省区域发展"十一五"规划》中明确指出,在"十一五"乃至今后一个时期,辽宁省将形成"中心城市带动,辽东半岛主体,三大板块互动,沿海三点一线"的格局,加快建设"以沈阳为中心的辽宁中部城市群经济区,以大连为龙头的辽东半岛沿海经济区,以港口城市为骨干的辽西沿海经济区三大区域板块"。在本书中所探讨的辽宁经济圈特指以沈阳为中心的辽宁中部城市群经

---

　　[1]　周伟:《2007 年辽宁省成功跨入中国万亿元 GDP 省份行列》,新华网:http://www.xinhuanet.com/。

济区,也称沈阳经济区。沈阳经济区地处辽宁省的中心区域,范围包括7市及所辖21县,面积6.5万平方公里,占全省的44%;人口2127万人,占全省的51%;2006年地区生产总值达到5638亿元,占全省的61%;实际利用外资34亿美元,占全省的57%;全社会固定资产投资完成3159亿元,占全省的55%;社会消费品零售总额达1943亿元,占全省的57%;财政一般预算收入实现343亿元。[①]

所谓区位优势,是指区位的综合资源优势,即某一地区在发展经济方面客观存在的有利条件或优越地位。其构成因素主要包括:自然资源、地理位置、社会、经济、科技、管理、政治、文化、教育、旅游等方面。区位优势是一个综合性概念,一个地区的区位优势主要就是由自然资源、劳动力、工业聚集、地理位置、交通等决定。本节从以下7点分析沈阳经济区的区位优势:地理位置优势、立体化交通优势、工业基础优势、人力资本优势、市场潜力优势、国家政策优势和沿海开放优势。

一、地理位置优势

辽宁地处东北和环渤海经济区的结合部,是东北与华北贸易的结点,东北地区和内蒙古连接欧亚大陆桥的重要门户和前沿地带,东北亚经济圈战略转移的物流通道,使其既可以有效承接京津冀经济圈的技术和经济辐射,又可以方便获得日韩的资金和技术转移,还可以充分利用俄、蒙、朝的战略资源。

沈阳经济区包括中部平原地区7市(沈阳、抚顺、铁岭、辽阳、

---

① 《串串数字描绘辉煌篇章——辽宁中部城市群建设进展情况最新报告》,《沈阳日报》2007年8月6日。

鞍山、营口和本溪)15 县和东部山区 6 县两部分。中部平原地区拥有丰富的资源、密集的城市分布、发达的科技资源、雄厚的工业基础和完备的基础设施,是国家的能源、原材料、重大装备制造业和重要国防战略产业基地,是东北的经济核心地区;东部山区环境优美,森林茂密,河流纵横,是中部平原的天然屏障和重要的水源涵养区。加大对中部平原地区的经济开发和东部山区生态与环境的保护,对辽宁乃至东北老工业基地的振兴具有十分重要的意义。

二、海陆空立体交通的优势

辽宁,东北地区唯一的沿海省份,沿海分布着大连、丹东、锦州、营口、盘锦、葫芦岛 6 个城市及 10 个沿海县(市)。海岸线横跨渤海和黄海,其中,宜港海岸线长达 1000 余公里,优良商港港址 38 处,港口 5 个,万吨以上泊位 103 个,货物吞吐量达到 3.02 亿吨。目前为止,辽宁已经与世界 140 多个国家和地区实现了通航。[①] 其中的大连,拥有得天独厚的口岸优势,是欧亚大陆桥运输的理想中转港,也是中国最大的石油液体化学品集散地,中国北方重要的对外贸易港和东北地区最大的货物转运枢纽港,承担了东北地区 70% 以上的海运货物和 90% 以上的外贸集装箱运输。大连已经具备建设国际航运中心的基本条件。

2006 年,辽宁省公路总里程 53521 公里,比上年末增长 2.1%,其中,高速公路 1773 公里,增长 8.3%。[②] 2005 年,客货运年均日旅客发送量 55 万人次、年均日货物吞吐量 5.3 万吨。全省

① 《辽宁打造国家新型产业基地 重塑沿海经济强省形象》,《辽宁日报》2007 年 6 月 8 日;于光磊:《浅谈"五点一线"区域经济开发战略》,《丹东海工》2006 年 10 月。
② 《中华人民共和国统计年鉴》。

公路运输完成客运量 5 亿人次、旅客周转量 210 亿人/公里;完成货运量 7.5 亿吨、货物周转量 416 亿吨/公里。① 2007 年,大连和沈阳国际机场旅客吞吐量分列全国第 16、18 位,总计 1347.1 万人次,占全国 3.48%;货邮吞吐量分列全国第 13、16 位,总计 21.91 万吨,占全国的 2.54%,飞机起降架次分列全国第 18、21 位,总起降 120295 架次,占全国的 3.05%。②

沈阳经济区人口近 2400 万,区内各市相距不超过 150 公里,以沈阳为核心的"一小时经济圈"、"半小时通勤圈"的提出,"一轴、三区、六带"物流网络体系框架的确立,为沈阳经济区建设规划打造了畅通的交通和物流网络。继 2006 年建成 50 公里长的沈西开发大道后,2007 年沈阳市计划投资 66 亿元,新建、续建 6 条高速公路、新改建 7 条一级公路,总里程达 1743 公里,③为最终实现以沈阳为中心、城际双贯通、覆盖辽宁中部城市群的"一小时交通圈"打下坚实的基础;全长 153.5 公里的"出海大通道",更是将沈阳与营口港之间 70 公里的距离,用 1 个半小时的车程连通起来,沈阳也因此成为近海城市。

三、工业基础雄厚的优势

作为中国的老工业基地,共和国装备制造业之子,辽宁工业基础雄厚,产业结构齐全,辽宁雄厚的产业资源和产业基础主要分布在沈阳经济区,优势产业也主要集中在沈阳经济区,在省属的 26

---

① 辽宁省交通厅网站:http://www.lncom.gov.cn/。
② 中国民用航空局网站:http://www.caac.gov.cn/。
③ 《沈阳融入"五点一线":走近的是海洋 走进的是世界》,《辽宁日报》2007 年 8 月 27 日。

户企业中,有 15 户企业位于沈阳经济区,占省属企业户数的 57%。① 据振兴东北网显示,辽宁国有及国有控股企业 4187 户,占全国的 10.2%,国有及国有控股企业资产 13241 亿元,占全国的 14.9%。② 其中,沈阳经济区国有企业 943 户,资产总额 2240 亿元,分别占全省的 4 成和 3 成;装备制造业是辽宁省的第一支柱产业,也是辽宁中部城市群的主导产业。2007 年辽宁省装备制造业增加值为 1432.44 亿元,③其中以沈阳经济区装备制造业实现规模以上工业增加值近 400 亿元,占全省的 3 成以上;④具有发展新能源、新材料的科研和产业基础;拥有巨大的存量资产。世界制造业向中国,中国向东北加速转移的机遇,有力地推动了辽宁重大装备的国产化,加快了辽宁装备制造业基地的建设进程,沈阳经济区在其中的核心位置至关重要。辽宁中部城市群共有一级国有企业 943 户,占全省国有企业户数的 43%,资产总额 2240 亿元,占全省国有企业资产总额的 36%。

四、人力资本优势

辽宁拥有明显的科教优势和众多的技术人才。现有普通高校 154 所,占全国 11.3%;本科院校 78 所,占全国 12.4%;专业技术人才 210 万人,占全国 10%。省属科研机构 53 家,从事科技活动人员近 4000 人,资产总量 10.3 亿元,课题经费支出 1 亿元,R&D

---

① 《辽宁中部城市群国有经济释放爆发力》,《辽宁日报》2008 年 7 月 4 日。

② 振兴东北网:http://chinaeast.xinhuanet.com/。

③ 《东北地区 2007 年经济形势分析报告》。

④ 唐志国:《加强协作配套　主动接受辐射　努力打造装备制造业配套基地》,沈阳经济区网:http://www.syma.gov.cn/Article/ShowArticle.asp?ArticleID =1629。

课题经费支出 0.2 亿元。拥有磁选矿自动控制仪、空调装备生产线、有色金属精整设备、生物质汽化技术等一批具有国内先进水平的技术或产品。[①] 以航空制造业为例,辽宁聚集了众多航空科研院所和航空制造企业,现有航空管理、技术和产业工人 5 万余人,航空发动机、燃气轮机、民用飞机零部件的生产已形成规模优势,辽宁已经做好准备承接欧美航空产业的大转移,抓住机会,融入世界航空产业链。据 2007 年辽宁省振兴办统计,全省共有沈阳、大连、鞍山三个国家级和锦州、营口、辽阳三个省级高新技术产业开发区,已开发土地面积 80 平方公里,进区企业 8000 余家。六个高新区技工贸总收入年均增长速度达到了 50%,在六个高新区中有四个位于沈阳经济区内。

五、市场潜力的优势

作为东北地区重要的出海口岸,辽宁拥有丰富的石油、天然气资源,良好的产业基础,广阔的腹地支撑,市场潜力巨大。尤其是 2000 年,我国进入重化工业化发展阶段以后,为辽宁第二产业,特别是工业的发展提供了广阔的市场空间,以重化工业为优势产业的辽宁经济发展受到旺盛需求的拉动。数据表明,辽宁经济已进入工业化阶段后期的经济快速增长和社会转型期,2005 年、2006 年和 2007 年,辽宁全省生产总值分别为 8005 亿元、9257.05 亿元和 11021.7 亿元,增长率按可比价格计算分别为 12.3%、13.8% 和 14.5%,比同期全国 GDP 增速分别高出 1.9、2.7 和 3.1 个百分点。[②] 第二产业增加值 5047 亿元,同比增长 21%,经济增速明显

---

① 中华人民共和国科学技术部:http://www.most.gov.cn/。
② 数据中心:http://database.ce.cn/。

高于全国平均水平。

六、振兴东北政策的优势

2003 年 10 月,中共中央、国务院下发《关于实施东北地区等老工业基地振兴战略的若干意见》,一系列推动东北老工业基地振兴工作的政策相应出台,其中包括企业所得税优惠政策、豁免东北企业历史欠税政策、扩大增值税抵扣范围政策、免征农业税改革试点政策、调整东北老工业基地部分矿山油田企业资源税税额政策、东北老工业基地资产折旧与摊销政策、扩大东北地区军品和高新技术产品生产企业增值税抵扣范围等几十项政策;同时,用于振兴老工业基地的国债资金、国家开发银行软贷款、国际金融组织贷款和外国政府贷款,极大地支持和推动了辽宁省的能源、交通、水利、城市公共设施等方面的建设。东北的振兴和复苏,是中国经济落实科学发展观的重要步骤,是中国经济可持续发展的新的增长极。东北振兴看辽宁,辽宁振兴看沈阳,以沈阳为核心的辽宁中部城市群发展的意义格外重大。

七、沿海开放机遇的优势

1979 年 7 月,中国沿海对外开放战略正式开始实施,1985 年辽东半岛被开辟为沿海经济开放区。随着国家继续促进沿海大开放战略的实施,面临老工业基地振兴和沿海开放的双重机遇,立足于老工业基地,定位沿海省份,辽宁将获得双重的发展机会。

沿海开放带给沈阳经济区的机遇主要有三点:一是,在世界制造业基地大规模向中国转移的大背景下,沿海地区日益成为承接国际产业转移的重要基地,沈阳经济区独特的地理位置、广阔的腹地、丰富的自然资源和海洋资源、便利的交通等基础设施、雄厚的工业基础和相对较低的人力成本,使其在世界范围内的制造业大转移中处于较为有利的位置;二是,长三角和珠三角沿海经济带经过多年的发展,有了一定程度的资金积累,据保守估计,南方民营资本大约也有 6000 亿元到 8000 亿元的资金在急于找出路,以沈阳经济区为核心的辽宁,乃至东北老工业基地面临很好的机遇;①最后,发达沿海经济带的全面产业升级,也为国有企业集聚的沈阳经济区提供了机遇,沈阳经济区将发挥其在技术、资源、能源等多方面的优势,承接产业转移,抓住发展机遇,实现经济振兴和社会的全面发展。

　　辽宁是东北地区唯一的沿海省份,地处东北和华北板块的物流结点,连接欧亚经济和贸易往来,承接东北亚贸易和经济转移。沈阳经济区无论在地理位置上,还是在产业资源、技术和基础上,都是辽宁经济圈的核心,其独特的地理位置、四通八达的交通网络、五点一线造就的出海通路,使其在承接国际产业转移、参与国际竞争中,具有得天独厚的条件。此外,沈阳经济区基础设施完备,产业基础雄厚,主导产业符合国家宏观经济发展方向,交通网络发达、人才资源丰富、产业技术优势和产业创新能力较强,具备加快发展的思想基础和物质基础。② 抓住东北振兴和沿海开发的双重机遇,利用国内外两种资源、两个市场加快发展,充分认识到自身的区位优势,定位发展的方向,明确发展的规划,找寻发展的最佳途径,是沈阳经济区发展的必由之路。

---

　　① 《区域经济全面隆起:三大领头羊谋新三大板块直追》,《瞭望》2008 年 3 月 25 日。
　　② 《辽宁省国民经济和社会发展第十一个五年规划纲要》。

第四节　沈阳经济区发展的 SWOT 分析

自 1979 年国家提出沿海开放战略以来,以"珠三角"和"长三角"为代表的沿海经济蓬勃发展。2005 年,长三角与珠三角经济区 GDP 总量合计 53975.3 亿元,占全国 GDP 总量的 28.4%。沈阳经济区,在国家继续推动沿海开放的战略指向下,在老工业基地振兴的推动下,如何学习和借鉴长三角和珠三角经济圈的成功经验,准确定位沈阳经济区经济发展的目标,制定发展规划,设计发展路径,SWOT 分析是最科学和严谨的出发点和切入点。

一、沈阳经济区经济发展的优势和劣势

(一)沈阳经济区发展的优势

辽宁位于中国东北的南部,陆路与吉林、内蒙古、河北接壤,东南与朝鲜一水之隔,紧邻韩国、日本,靠近俄罗斯,因此,辽宁既是东北地区国内贸易往来的必经之路,也是中国东北地区对外贸易和国际交往的重要通道,在欧亚合作和东北亚地区合作中占据重要的地位。沈阳经济区地处东北亚中心,是东北经济与环渤海经济圈的交汇地带,是中国城市化最高的地域之一。城市之间地缘相近、经济关联度高,区内资源丰富、交通便利、产业齐全、基础雄厚、技术先进。

目前世界经济发展呈现出的结构大调整和产业大转移,尤其是世界制造业基地向中国的大规模转移,沿海地区日益成为承接国际产业转移的重要基地。长三角和珠三角经济带在电力、土地、水、交通运输、能源等方面出现的瓶颈问题,为沈阳经济区承接大量北上的资金和制造业转移提供了机会,沈阳经济区完善的电力、

水、能源等基础设施,立体交叉的海陆空交通网络,优秀的技术人才和比较完备的、雄厚的工业基础是其抓住发展机遇,实现超越式发展的优势所在。

从 2003 年东北振兴启动以来,辽宁经济经历了前所未有的快速发展,统计显示,2003 年以来,辽宁 GDP 增速始终高于全国平均水平,2007 年辽宁省生产总值达到 11021.7 亿元,增幅 14.5%,高出全国平均增幅 2.4 个百分点,人均 GDP25725 元,比上年增长 13.8%,辽宁经济已经进入工业化后期的快速增长期,市场潜力巨大。

(二)沈阳经济区发展的劣势

1. 经济总量小,经济增幅相对缓慢

从整个东北地区来看,2000—2005 年东北地区的生产总值,从 9743 亿元上升到 17130 亿元,但是,增幅比全国增速低 8 个百分点,占全国的比重从 10% 下降到 8.7%。人均 GDP 也比全国低了 4 个百分点。辽宁虽然经历了历史上最好的快速发展期,但是 2000—2007 年间,辽宁的 GDP 增速远远低于长三角和珠三角,且经济发展呈现出产业结构趋同、经济效益偏低、对外贸易和消费对经济的拉动力不足、经济过多地依赖投资的增长,经济发展的可持续性低等劣势。2007 年,长三角和珠三角的 GDP 总量分别为 46672.07 亿元①和 54919.8 亿元,②增速分别为 14.8% 和 15.7%。同期的辽宁 GDP 总量仅为 1.1 万亿元,经济增长速度为 14.5%,低于长三角和珠三角,仅高于京津冀 0.9 个百分点。三大经济圈

---

① 《2007 年长三角 GDP 超 4.6 万亿元》,《人民日报·海外版》2008 年 4 月 2 日。

② 《文汇报》2008 年 4 月 24 日。

人均 GDP 分别为 52519.3 元、54919.8 元和 33576.9 元,分别是辽宁的 2.04 倍、2.13 倍和 1.31 倍。单位国土面积 GDP 产出分别为 4246.8、4652.7 和 1304.4 万元/平方公里,珠三角单位国土面积产出是长三角和京津冀的 1.1 倍和 3.6 倍。① 辽宁经济的差距显而易见。

2. 经济增长质量不高

我国企业普遍存在自主研发能力薄弱的现状。据统计,我国 93% 的规模以上企业因为无力承担研发中的高投资和高风险,而根本没有研发活动。在利益驱动机制作用下,企业在新上项目或改造技术和工艺时,多以引进核心技术为主的方式,且引进后又忽视对技术的消化、吸收与创新,因此,技术的创新无法满足经济发展总量扩张的要求,企业只有被迫选择继续依靠资源、能源的消耗,进行低水平的粗放式扩张,经济增长质量较低。2006 年,辽宁全部国有及规模以上非国有工业企业的总资产贡献率仅为 8.2%,远远低于全国 13.5% 的平均水平,位列全国第 12 位。

3. 辽宁经济的外向度低,没有形成有效的外向牵动②

体现在对外贸易和吸引外资上。2007 年辽宁省全年进出口总额为 594.72 亿美元,比上年增长 22.9%。其中进口总额 241 亿美元,比上年增长 20.3%;出口总额 353 亿美元,比上年增长 24.7%。2007 年全国全年货物进出口总额为 21738 亿美元,比上年增长 23.5%。其中,货物进口 9558 亿美元,增长 20.8%,货物

---

① 《2007 年三大经济圈国内生产总值情况》,中华人民共和国发展和改革委员会地方经济司:http://dqs.ndrc.gov.cn/。

② 孟翔飞:《辽宁区域经济形势与区位优势》,《党政干部学刊》2006 年第 12 期。

出口 12180 亿美元,增长 25.7%,①辽宁的进出口总额仅占全国的2.7%,增速低于全国增幅 0.6 个百分点。而同期的长三角完成外贸出口 4506.8 亿美元,同比增长 32.6%。吸引外资方面,2007 年辽宁省实际使用外商直接投资为 91.0 亿美元,比上年增长52.0%,但是,与平均每天 1000 多万美元外资流入的上海相比,辽宁在吸引外资方面差距很大,与广东更是无法比较。辽宁在对外贸易的总量和增速上,均低于全国平均水平,在利用外资上,与长三角和珠三角存在明显差距。

4. 投资对经济的内在推动作用没有发挥

1991—2006 年,辽宁经济的年平均增速为 9.6%,而同期的辽宁全社会固定资产投资的增幅为 19.9%,国民生产总值很大程度上是由固定资产投资来拉动或者推动的,经济增长呈现投资拉动型。以 2002—2007 年的平均数据来看,固定资产的增幅非常快。固定资产投资年均增长 36.36%,经济年均增长 12.98%,二者有23.38 个百分点的差额,固定投资的大幅增长并没有带动经济相应的大幅度增长,投资对经济的推动作用尚未充分发挥。

5. 消费对经济的拉动作用不足

在拉动经济发展的三驾马车中,消费是极其重要的拉动因素。2007 年辽宁省全年全社会消费品零售总额完成 4030 亿元,增长17.3%,②占全国消费品零售总额的 4.52%,增幅略高于全国增速0.5 个百分点,同期的长三角完成社会消费品零售总额 14428 亿元,占全国消费品零售总额的 16.17%,珠三角区域的零售总额为

---

① 中华人民共和国国家统计局:《2007 年国民经济和社会发展统计公报》。
② 姜作勇:《关于辽宁省 2007 年国民经济和社会发展计划执行情况与 2008年国民经济和社会发展计划草案的报告》,《辽宁日报》2008 年 2 月 13 日。

7811.78 亿元,占全国的比重为 8.76%,①辽宁的全社会消费品零售总额仅为长三角的 1/4 和珠三角的 1/2 左右。

总体来说,辽宁经济呈现快速发展的同时,体现出经济总量不够大,发展质量不高,高投资低产出、高增长低就业、经济的外向拉动不够以及消费对经济发展的推动不充分等问题,这些已经成为沈阳经济区,乃至辽宁经济进一步发展的瓶颈和不得不面对的问题。

二、沈阳经济区发展的机遇和挑战

(一)沈阳经济区发展的机遇

沈阳经济区经济发展的机遇来源于几个方面:

1. 国际经济结构调整和产业大转移所带来的机遇

从 2002 年到 2007 年,全球高科技产业转移累计增加值总额将达 9020 亿美元,其中向中国转移的累计增加值总额为 1160 亿美元,占全球总额的 12.96%;全球设备制造业转移累计增加值总额将达 7130 亿美元,其中向中国转移的累计增加值总额将为 990 亿美元,占全球总额的 13.88%。②

2. 区域经济合作的机遇

在东北亚的区域经济合作中,东北地区与东亚的贸易总额占全国与东亚贸易总额的 20% 左右,东北地区在我国与东北亚的经济合作中占有重要的地位。而且,由于我们与日本、韩国和东盟的产业结构存在较强的互补性,日本和韩国的先进技术必将对我们

---

① 周芳:《珠三角去年消费品零售总额是 14 省份总量》,《信息时报》2008 年 4 月 13 日。

② 李春林、杨忠厚:《振兴主战场,沿海开放地,振兴中辽宁再次放大视角——看好双重机遇》,《辽宁日报》2005 年 7 月 20 日。

的经济起到有效的辐射作用和带动作用;同时,东北亚的其他国家则为我们承接产业转移提供了宝贵的中药来源和石油、木材等战略资源①。

3. 国内经济发展的机遇

在科学发展观指导下,作为经济协调发展战略的重要组成部分和中国经济增长的第四增长极,东北振兴进入提速阶段,这在政策层面为辽宁经济的发展提供了大好时机;与此同时,我国已进入重化工业化发展阶段,消费结构与产业结构升级,工业化、城镇化加速推进,以重化工业为产业优势的辽宁经济发展受到旺盛需求的拉动,辽宁的第二产业,特别是工业的发展有了广阔的市场空间。②

4. 长三角和珠三角产业结构升级以及区域发展瓶颈给辽宁带来的机遇

由于珠三角和长三角地区企业的全面产业升级,而带来的技术辐射和产业转移,将给在技术、资源、能源等方面具有优势的辽宁提供发展的机遇;同时南方民营企业大约 6000 亿元到 8000 亿元的资金积累正在寻找出口,也可以满足辽宁经济发展对资金的强烈渴求。

(二)沈阳经济区发展的挑战

全球经济危机下的经济不景气。全球范围内爆发的金融和经济危机,虽然各个国家都已经采取了多种形式的救市举动和联合政策,但是仍旧无法扭转全球经济的低迷和由此引发的需求下降,

---

① 冼国义:《区域经济合作:新特点及中国的对策》,《财贸经济》2004 年 12 月。

② 姜健力:《辽宁经济发展与发展方式的转变》,《沈阳工业大学学报》2008 年第 1 期。

深处国际化大分工中的中国经济很难独善其身,第一个倒下的合作集团后面,会有更多的外向型企业遭遇严峻的冲击,中国经济发展也面临重大考验。

固定资产投资增幅连年下降。面对经济运行中出现的贷款、投资、外汇储备快速增长等新变化,2007 年,国家将"防止经济增长由偏快转为过热"作为宏观调控的首要任务,多次上调存款准备金率和利率,通过清理固定资产项目,控制信贷,治理土地市场等措施,控制投资,使固定资产投资增幅逐年下降。2004—2007年,辽宁省固定资产投资增幅分别为 44.1%、41.1%、34.8% 和 32.1%,下降了 10 个百分点。同期国家固定资产投资增幅 2007年为 24.8%,4 年间增幅回落 2.7 个百分点。①

原材料和能源价格的攀升以及国家节能减排政策的实施。2006、2007 年我国能源价格均呈上升趋势,2006 年煤电油价格指数比上年同期上涨 10.6%,其中石油类价格大幅上涨,电力价格涨幅明显。2007 年煤炭、天然气出现较大涨幅。以工业,尤其是重化工业为主导产业的辽宁经济,过大比重的能源依赖型产业因能源价格的上涨而加大了辽宁经济发展的成本,加上国家推行的节能减排工作,也对辽宁高能耗、低效率的产业发展模式提出了更高的考验。

人力成本的上升。中国曾以低廉的人力成本、土地成本、能源成本获得了制造业的比较优势,但是随着我国经济的发展,人力成本的提高、土地资源的控制利用和能源成本的上升,我们的低成本优势不再,孟加拉国、俄罗斯等国取而代之成为制造业转移的受益

---

① 《东北地区 2007 年经济形势分析报告》,数据中心:http://database.ce.cn/。

者。在一些欧美国家甚至出现了制造业回流的情况。

第五节　辽宁经济圈转变经济发展方式的对策与建议

综合以上分析,我们看到辽宁是中国东北部正在崛起的区域经济体。2003 年以来,经济增速明显高于全国平均水平,但远远低于长三角和珠三角地区。辽宁的优势在于其原有的工业基础、深厚的技术和人才资源、完善的基础设施、独特的地理位置。但是资源枯竭的现状、国有企业的过大比重、产业结构的不合理、经济增长乏力、经济增长对就业的拉动不足等劣势相对来说更加明显。

在国际经济合作和区域经济合作的大背景下,在中国经济发展布局调整的形势下,辽宁的产业优势与国家产业发展的主导方向一致,抓住沿海开放和东北振兴的双重机遇,迎接全球经济不景气、原材料和能源价格不断上升、制造业比较优势不再的挑战,辽宁经济必须在深刻分析自身的优势和劣势的基础上,正视挑战和机遇,把发展放在东北振兴的框架下,放在沿海大开放的框架下,放在全国经济均衡、可持续发展的大框架下,放在东北亚区域经济合作的大框架下,提出适合自己的创新性的发展目标,发挥优势、规避劣势、学习经验、避免错误,以创新的思路和方法,重内涵、重效益、着眼长远、立足可持续发展,探索出辽宁经济发展的创新之路。

针对辽宁省提出的重点建设"两大基地",发展"三大产业",即建设现代化装备制造业基地、重要原材料工业基地;发展高新技术产业、农产品加工业、现代服务业的目标,沈阳经济区经济发展应遵循以下原则:

一、都市经济圈建设中的原则

应遵循以下 7 点原则:科学定位原则、可持续发展原则、合作共赢原则、统筹规划原则、适度开发原则、市场主导、政府协调原则和产业优先原则。

(一)合理定位原则

沈阳经济区发展的定位不仅取决于自身的区位优势和产业优势,还取决于经济圈所处的宏观大环境——国家、地区发展的总体状况、趋势和战略布局。其实,这是更大地理范围、更高层次的区域内分工协作。美国的纽约大都市经济圈是美国乃至世界的经济中心之一,洛杉矶大都市经济圈是美国重要的军工基地和文化娱乐中心,芝加哥大都市经济圈是美国内地重要的金融、贸易、文化和重化工基地,三者定位相互补充,发展相互借力,形成了强大的区域竞争力;日本由 3 个中央都市经济圈(东京、大阪、名古屋经济圈)和 4 个地方经济圈(以札幌为中心的北海道圈,以仙台为中心的东北圈,以广岛为中心的濑户内海圈和以福冈为中心的九州圈),共同构成了 7 大经济圈,各个经济圈在规划和定位上体现出了良好的层次性和互补性。

沈阳经济区经济发展的目标定位,除了依据自身区位优势外,还应考虑辽宁在大东北经济圈中的定位,在中国整体经济发展中的定位,甚至在东北亚区域经济中的定位。就像上海将自身发展定位在国际经济、金融、贸易和航运中心;长江三角洲定位在亚太地区经济发达地区之一和力争成为具有较强国际竞争能力的外向型经济示范区;天津定位在北方国际航运中心和国际物流中心一样,沈阳经济区的定位是建设成为我国的装备制造业基地和重要原材料工业基地;建成辽宁乃至整个东北的高新技术产业化和农产品加工示范区;建成辐射和服务于整个东北地区的现代商贸物流中心。实践证明,只有科学的、切合实际的战略定位和目标定位,才有下一步的合理规划和有效的发展路径选择,过高的定位、盲目的定位或简单重复的定位,既不利于辽宁发挥自身的区位优势和产业优势,实现经济又好又快发展,又会造成更大区域范围的重复建设和资源浪费,不利于科学发展观在辽宁经济发展中的贯彻和实施。

(二)可持续发展原则

经济发展的可持续性取决于社会和生态的可持续性。因此,很多发达城市经济圈将保护生态环境作为首要目标。如大巴黎地区通过总体规划,将区域划分为建成空间、农业空间和自然空间,提出三种空间应彼此兼顾、相互协调、共同发展,以达到保护生态环境的目的;英国为追求城市的可持续发展,在城市经济圈规划建设中,保留没有开发的土地,也是为了实现保护自然环境的目标。我国很多城市仍旧通过无限制地土地开发,扩张城市规模,单纯依靠房地产导向模式带动经济发展,以牺牲有限的土地资源和人类生存的空间为代价,换取快速但短期的经济增长,城市发展明显缺乏可持续性。

我们国家在生态可持续发展上存在很多问题,区域性环境污染、资源枯竭、能耗过高等问题非常突出。据统计,2007年我国消耗臭氧层物质世界第一,二氧化硫年排放量世界第一,持久性有机污染物世界第一,汞年排放量世界第一以及二氧化碳年排放量世界第二。以辽宁为例,辽宁曾拥有丰富的矿产、土地和原材料资源,但是数十年掠夺性的开发和粗放的发展模式,已造成严重的资源枯竭,经济后续发展难以为继。辽宁的阜新,取之"物阜民丰,焕然一新"(物资丰富,人民富庶)之意,曾是新中国最早建立的能源工业基地之一。2002年,曾号称"亚洲第一大露天矿"的阜新海洲露天矿因资源枯竭而申请破产,只留下灰蒙蒙的天际下,落寞的煤矿大坑和时刻威胁人们生命财产安全的土地沉陷隐患。

(三)合作共赢原则

区域经济合作是全球经济发展的大趋势。区域经济的核心是分工协作、资源共享、互利互惠、实现共赢。因此,在发展中,充分兼顾区域内各城市利益,通过分工协作,产生集聚和累积效应;通过资源共享,实现规模效应;通过互惠互利,实现"双赢"和"多赢"。区域利益最大化是高于一切局部利益的首位原则。这就意味着,地方政府必须跳出行政区划思维,超越区划去谋求区域经济协调发展和区域经济一体化发展。当城市之间发生竞争和利益摩擦时,解决的原则是顾全大局,遵从区域经济发展的整体性和一致性。

保证合作共赢得以实现的基础包括合理使用资源的机制、一系列与市场经济发展要求相适应的制度安排和相应的补偿机制,使得资源在向中心城市聚集的同时,利益也能够惠及周边的城市,这样中心城市与周边城市、周边城市与周边城市之间的利益、矛盾才能够均衡,共同发展的目标才能够实现,区域的共同利益才能够形成。

(四)统筹规划原则

统筹区域内的重大建设问题,统筹各个城市的目标、利益和优势,统筹基础设施建设,实现区域内的整体运作。体现在产业整合、市场布局、资源共享、基础设施建设、政策制定等方面,区域内各城市要顾全大局,统筹兼顾,以保证规划的整体性和运作的一致性。沈阳、本溪两市为加强经济和社会事业的全面合作,协商、制定并签署了《沈本一体化建设合作框架协议》。协议包括区域发展规划、基础设施建设、产业空间布局、新区开发建设等 9 个方面的内容。其中两市城际轨道交通建设和本溪将为沈阳南部副城供水等内容尤为引人关注;沈阳正在打造装备制造业基地,而相距不过 10 公里的抚顺拥有煤、油、电、钢、铝等较为完备的基础产业,通过区域内统筹规划和相互合作,可以在大力发展装备制造业的同时,通过有效的产业链延伸,带动抚顺配套产业的发展。

(五)适度开发原则

首先,经济圈的规模应秉承适度、有限开发原则,而不是越大越好。

在沪宁杭地区城市群开发中,曾出现过南京北部 100 平方公里的化工、江阴—靖江 100 平方公里的开发区规划,在江苏海门、启东市还有过 60 平方公里,甚至 100 多平方公里的新区、开发区规划,绍兴到宁波的杭州湾南岸也有几个规模超过几百平方公里的开发区。反观世界五大经济圈中对于土地规模的控制、利用和规划,如美国东北部城市群,面积仅占美国国土总面积的 1.5%,却集中了全国近 20% 的人口和 30% 的制造业产值,城市化水平高达 90%;日本东海道城市群以 6% 的日本国土面积,容纳了 61% 的人口,创造出全国 2/3 的经济总量和 3/4 的工业产值。

其次,在建设布局上,通过圈层结构设计,"摊大饼"式扩展,可以避免过度聚集产生的交通拥挤、地价飞涨、生态环境恶化等负面效应。如英国议会制定了"绿带法",在伦敦外围规划布置了 9 座新城,在促进城市人口向外扩散的同时,推动了伦敦—伯明翰大都市经济带的形成;东京大都市经济圈在发展过程中也参照伦敦模式,在建成区周围设置宽度为 5 至 10 公里的"绿带",并在其外围布置卫星城。

　　近几年,中国发改委、区域合作的地方政府都组织专家编制珠三角、长三角、京津冀以及东北、辽宁城市经济圈发展规划,城市经济圈的发展规划已经上升到了国家战略高度。一些城市经济圈在规划中,也纷纷引入了圈层概念,如南京都市圈,包括南京及周边100公里范围内江苏的镇江、扬州,安徽的马鞍山、芜湖和滁州共6个城市,规划在空间总体结构上形成一个核心、两个圈层、三条主轴。其中一个核心是南京都市发展区,两个圈层为距核心城市中心区50公里左右范围内的核心圈层和100公里左右范围内的紧密圈层。辽宁区域经济发展中也提出了辽宁中部城市群、沿海五点一线及辽东半岛三大板块互动的发展战略布局。

(六)市场主导、政府协调原则

　　在市场经济条件下,资源配置只有充分发挥市场的基础性作用才能达到最优化,任何违背市场经济规律的行为只能事与愿违。因此,在城市经济圈建设中,应遵循市场经济规律,尊重市场主体的意愿,充分发挥市场机制的作用,避免动辄使用行政手段干预资源配置,人为制造市场封锁,破坏区域经济一体化的资源配置作用。

　　与市场主导作用相配合的是政府协调辅助职能的发挥。政府的职能和作用主要体现在:(1)公共资源的建设上,包括交通运输系统、网络通讯系统、人才培养体系、生产技术创新和高等院校和科研机构的投入;(2)政策措施的制定和实施上,包括为鼓励企业创新而提供的优惠条件,对重大技术创新的奖励,加强产学研之间的交流与合作,增加政府、研发机构以及企业之间的相互联系等;(3)进一步打破条块分割,创新资源配置网络,创新发展机制,为创新思路提供良好的机制和体制环境。

　　美国联邦政府的宏观经济调控手段就很值得我们借鉴。在联邦政府和州政府授权下成立的南海岸大气质量管理区主要负责管理区域的大气质量规划,包括交通拥挤控制规划和土地利用规划。依据联邦清洁空气法所划定的不同污染物的联邦标准,达不到这些标准的城市将受到惩罚,如联邦资助的减少。这大大地强化了南海岸大气质量管理区的权威地位,并间接促进了地方政府在环保领域内的区域合作。

(七)突出各自特色、发展产业集群的原则

产业是区域经济的支撑,是区域经济发展的核心。首先,重点培养有竞争优势和区域特色的产业集群,通过产业集群,构建价值链,开展产业增值活动,增强区域竞争力。其次,注重发挥各个城市的优势,发展地方特色产业,促进区域内经济产业布局、产业结构的合理化,避免因产业结构单一而造成恶性竞争。最终形成区域经济圈内主导产业、支柱产业与特色产业的优势互补、协调发展的格局,建立产业构架和板块经济的合理布局,构建有梯次、多层级的经济网络体系。中心城市重点培育壮大主导产业和支柱产业,扩大产业规模,提升产业结构层次、产业集中度和产业外向度,延伸产业链条,其他周边城市则按照产业链条延伸、产业相互依存和关联的要求,主动承接中心城市辐射,积极发展与区域主导产业、支柱产业协作配套、上下游配套的相关产业。

辽宁经济的发展,在时间上落后于长三角、珠三角和京津冀城市经济圈。但是,借鉴世界五大经济圈和我国三大经济圈的发展经验,有利于辽宁发挥经济发展的后发优势,在科学发展观的指导下,创新发展理念和思路,创新发展方式,以人为本,均衡、可持续地实现辽宁经济又好又快地发展是辽宁经济实现赶超的必由之路。

二、辽宁区域经济发展方式的对策和建议

科学发展观是对当代中国发展的总的看法和基本观点,是关于当代中国发展的根本理念。科学发展观就是要解决怎样发展的问题。在科学发展观的指导下,辽宁区域经济发展应体现以人为本,全面、均衡、可持续的发展,坚持统筹兼顾的原则,即统筹城乡发展、统筹区域发展、统筹经济社会发展、统筹人与自然和谐发展、统筹国内发展与对外开放,注重实现良性互动和共同发展。具体对策如下:

(一)坚持科学发展观,创新发展思路

落实科学发展观,坚持以人为本,以发展好最广大人民的根本利益作为一切工作的出发点和落脚点,解决好人民群众最关心、最直接、最现实的利益问题。沈阳今年拟投 3600 亿拉动内需,重点包括:①投向以改善民生为重点的社会建设,统筹协调教育、文化、卫生、体育等方面投资;②加大对农村基础设施建设、社会事业、生态环境建设、产业发展、村屯改造等方面的投入。这些措施是科学发展观在辽宁经济和社会发展中指导性作用的具体体现。

"视野决定思路,思路决定出路"。辽宁是中国重要的原材料工业基地和装备制造业基地,传统的经济思维和习惯是沈阳、大连与长春、哈尔滨之间紧密的经济联系。随着国家开发沿海的战略指向,随着辽宁沿海五点一线战略上升为国家战略,辽宁已经成为我国北方重要的沿海城市。转变思路,面向大海,一次华丽的转身,一个崭新的战略定位,一个创新的发展思路,一次千载难逢的发展契机,辽宁沿海五点一线、辽宁中部城市群以及沿海与腹地之间的良性经济互动,必将成为辽宁经济发展的新的思路和新的动力,辽宁经济的腾飞指日可待。

(二)抓紧编制沈阳经济区发展规划

继《京津冀都市圈区域规划》和《长江三角洲地区区域规划》之后,包括沈阳经济区在内的一批重点地区的区域规划编制工作被提到了战略高度。通过实施区域规划的编制工作,既可以发挥区域规划在突破行政区域界限,优化国土开发格局,提升区域竞争力的重要作用,又能够把有限的土地用到规模大、质量高、纳税多的重大产业项目上,为长远发展留下足够的发展空间,还可以通过统筹经济区的重大建设问题,研究和制定区域内产业布局、重大项目、基础设施、市场体系、生态保护和资源开发等战略规划,塑造良好的生态环境和文化环境。在发展中强调规划先行,走资源消耗低、环境污染少、经济效益高的集约型发展道路,就是为了实现人与自然的协调发展,避免先污染后治理的现象产生,国外都市经济圈和长三角等国内经济圈的发展经验和教训都给了我们这样的提示。

以沈阳为核心的辽宁中部城市群,又称沈阳经济区,涵盖以沈阳为中心,半径100公里内的鞍山、抚顺、本溪、辽阳、营口和铁岭6个城市,以及6城市下辖的21个县(市)。打破地域限制,从区域经济和都市圈经济发展入手,规划分为三个层次:核心区、中心区和外围区。位于核心区的沈阳,市场经济发达,工业化程度高,机械装备制造业、汽车制造业、电子信息业、医药化工业和第三产业基础雄厚,且拥有资金、人才、技术、信息和市场等优势,应在发展规划中突出其极化功能、辐射功能、服务功能和带动功能,大力推进其区域性金融中心、信息中心、商贸中心、科教中心和物流中心的建设,培育支柱产业,促进产业升级,从而辐射和带动周边经济的发展。中心区将发展冶金、石化、轻工、煤炭、旅游等主导产业,吸纳和承接核心区辐射的同时,发挥向外围区扩散的职能,成为核心区与外围区之间承接的重要纽带。统筹合理的科学规划是体现科学发展观中"建设资源节约型、环境友好型社会,实现速度和结构质量效益相统一"要求,实现"经济发展与人口资源环境相协调,使人民在良好生态环境中生产生活,实现经济社会永续发展"的重要步骤。

(三)树立全面开放的市场发展观,加强政府规制

区域经济发展的重要特征之一是区域市场一体化。区域市场一体化的建设,要求城市经济圈内各城市,从区域整体经济利益出发,转变观念,开阔思路,开阔视野,树立大开放、大市场观念,加强区域内的联合与合作,实现区域经济一体化,同时,全方位地融入全球经济的一体化,与区域性市场与国内市场、国际市场的接轨,建设面向国际国内的开放型市场。

从辽宁经济发展的整体入手,沈阳经济区应着力建设区域性的要素市场、技术市场、人才劳动力市场、产权交易市场和商品流通市场。完善的市场体系、健全的市场网络和良好规范的市场秩序,离不开政府的支持。加强政府规制,要求各地方职能部门转变思路,真正消除行政分割和地方保护;转变职能,真正以服务市场主体为己任,坚持依法行政,优质服务,合力营造有利于区域性城市圈经济发展的良好政策环境、信用环境、服务环境和执法环境。只有全面开放的市场观念,只有有效的政府规制,才能保证区域经济发展的良好、有序进行,才是质量与数量相一致、效益与速度相统一的科学发展方式,是科学发展观的基本要求。

(四)营造区域无差异的体制和政策环境

稳定、高效的合作机制是确保辽宁区域经济顺利发展的重要前提,而无差异的体制和政策环境则是科学发展观的特殊要求。加强经济圈政策和制度一体化建设,创建经济圈创业投资体制、产

业联动机制、资金融通机制、信息连通机制;完善区域资金流动机制,建立统一开放、有序竞争、规范发展的投融资体制;加强各城市在就业、户籍、市场准入、教育、医疗、社会保障制度等方面的协调和沟通,联手构建统一的制度框架和实施细则;制定统一的产业政策、财政政策、招商引资政策、土地批租政策、外贸出口政策等,并在此基础上,加强政策的协调性,注重政策的统一性,认真梳理各城市地方性政策和法规,取消各城市在税收等政策方面的差异,对各种经济主体实行国民待遇。

无差异的体制和政策环境是真正实现区域内要素自由流动的基本保障,是切实推动经济、社会全面均衡发展的制度和环境基础,是以人为本的制度设计。只有惠及全民、惠及各个地区和当地人民的经济发展,才可能是惠及全社会,乃至惠及子孙的可持续的经济发展。

(五)加快基础设施一体化建设,惠及落后城市和地区的发展

基础设施建设是发展区域经济,实现经济一体化的前提。在沈阳经济区建设中,应从以下几点入手:一是在城市规划层次,将基础设施建设纳入沈阳经济区发展的城市群规划中,全面提升基础设施现代化水平;二是加快数字化、宽带化、综合化的信息基础设施建设,形成以沈阳为轴心,辐射中心区、外围区的"信息高速公路",搭建区域信息平台;三是加快枢纽性交通基础设施建设,强化区域性交通中心功能,强化与周边地区的交通衔接,打造环形放射状区域快速公路交通网;四是推进区域内管道运输网络、输电送电网络、石油天然气网络的建设,推进配套的综合运输网络的建设。

在国家刚刚出台的拉动内需十项措施中,与农村、落后地区的基础设施建设有关的话题占据了重要的位置。"加快建设保障性安居工程,扩大农村危房改造试点;加快农村基础设施建设,加大农村沼气、饮水安全工程和农村公路建设力度,完善农村电网,加快南水北调等重大水利工程建设和病险水库除险加固,加强大型灌区节水改造;加快医疗卫生、文化教育事业发展。加强基层医疗卫生服务体系建设,加快中西部农村初中校舍改造,推进中西部地区特殊教育学校和乡镇综合文化站建设",是遵循科学发展观,推动经济和社会发展的重要举措。提高人民文化素质、提升人民生活水平、缩小城乡差异、关注民生,是真正意义的以人为本,和谐发展。

(六)鼓励企业自主创新,推动产业集群化发展

企业自主创新能力是一个企业的核心竞争优势,是企业持续发展的动力、基础和保证。我国企业在自主创新能力上与发达国家企业有很大的差距,沈阳经济区的企业与我国发达地区的企业又有很大差距。今年我国提出"在全国所有地区、所有行业全面实施增值税转型改革,鼓励企业技术改造",减轻企业负担1200亿元。沈阳也提出"加大金融对经济增长的支持力度;加大对重点工程、'三农'、中小企业和技术改造、兼并重组的信贷支持;加大重点产业投入,推动经济结构优化升级"。除了在财政政策上支持自主创新以外,还应从产学研相结合的创新源头、从建立科研、技术自由流动的市场机制、从促进科研成果向生产力转化的机制、从自主创新型人才的流动和使用机制入手,提出相应的支持和鼓励政策。

区域经济中的产业集群化发展是按照城市发展梯度的差异和在产业链中所处位置的不同,在遵循利益共享、风险共担的前提下,聚集各个城市的分散资源,充分利用各个城市之间的资源禀赋差异,实现资源的优化配置,最终实现大都市圈内各个城市功能优

化和合理定位,形成组团式的城市发展模式。实现圈内产业集群,需要相对完善的基础设施、健全的服务功能体系、配套的产业链条和具备一定素质的劳动力市场,以规模经济和范围经济效应推动区域发展。

　　培养企业自主创新能力和推动区域内产业集群发展是提高区域经济发展效率,提升区域竞争力的非常重要的途径,是全面带动区域经济均衡、共同发展的有效方法,是落实科学发展观的经济发展思路。

本溪——海风吹拂下的美丽山城

　　2007 年 8 月 6 日,《沈本一体化建设合作框架协议》和《辽宁中部城市群经济区出海产业大道建设合作框架协议》正式签署。协议包括区域发展规划、基础设施建设、产业空间布局、新区开发建设等 9 方面的内容,目的在于加强沈阳、本溪两市经济和社会事业的全面合作,推进沈本一体化建设。

　　本溪的两项举措,使其完成了全新的定位——近中心城市与近海城市。本溪市在大峪、姚家、威宁、梁家、高台子和石桥子、歪头山一带规划建设城市新区,随着本溪新区的开发,城市空间的扩大,特别是经济技术开发区和沈阳的浑南高新区逐渐接壤,本溪与沈阳的距离在拉近,本溪因而将自己定位为“近中心城市”;本溪—辽中—辽阳高速公路的建成通车,拉近了本溪这座山城与大海的距离,本溪到营口鲅鱼圈港 190 公里路程,本溪到丹东港是200 公里,行程时间都在两个小时,本溪“近海城市”定位,体现的是本溪人开放的眼光和创新的发展思路。

　　在区域发展规划方面,本溪与沈阳通过共同编制沈本一体化发展规划,将两市的合作纳入制度化和规范化轨道。通过本溪经济技术开发区工业新区的建设,本溪形成了与沈阳南部副城紧密连接的城市新区,拥有清洁水域和优美生态环境的本溪也将成为沈阳的"卫星城"。

在基础设施方面,沈本两市将加强枢纽性交通基础设施建设,全面推进城际轨道交通建设,完善沈本两市交通网络体系;在信息共享方面,加强信息基础设施建设,整合区域网络信息资源,促进政务网、商务网、专题网站的相互链接,实现信息网络的一体化;在旅游资源方面,加强旅游信息平台建设,共享旅游客源,实现信息网络的相互链接,逐步实现无障碍旅游;在文化市场方面,建立开放、统一、有序的沈本文化市场,实现沈本文化资源共享,优质职业教育资源共享;在医疗资源方面,合理配置两市医疗卫生资源,建立大型医院优质医疗资源共享制度,实行沈本两市医疗保险互认制度,共同建立沈本医疗应急体系;在要素市场方面,建立统一的人才劳务市场,实现人力、人才资源的合理配置和无障碍流动,共享人才和劳动力供求信息网络。此外,遵循"平等、互惠、自愿、双赢"的原则,有步骤、分层次地逐步推进区域内金融合作。一是建立区域内央行、监管机构负责人对话制度。二是建立区域内商业金融机构的对话制度。三是建立区域内各城市金融学会秘书长联席会议制度,共同研究区域金融合作。

在产业结构和空间布局方面,优化资源配置,以浑南高新技术开发区和本溪经济技术开发区、本溪工业加工区为基础,建设沈本工业经济带,促进沈丹高速公路和304国道沿线地区的快速发展,提高这一地区承接沈阳产业转移的能力。这个带状工业园区,一边牵着沈阳,一边连着本溪,使本溪与沈阳浑南新区形成了"零距离"接触的态势,堪称沈阳、本溪两市的"子城"。更重要的是,产业带在产业结构上具有两市的双重特征,其确立的现代中药业和装备制造业两大产业,不仅是本溪现今工业发展的重点优势产业,而且还是对沈阳工业产业的承接和配套,是本溪实施"向沈阳靠拢"战略的前沿阵地。

第五章 优化产业结构,提升辽宁大中型工业企业竞争力

大中型工业企业是辽宁经济的支柱,在辽宁经济的关键领域和重要部门中处于支配地位,对整体经济发展起着决定性的作用;大中型企业是财政收入的主要来源;大中型企业拥有雄厚的资产,具有一流的技术水平,较高的经营管理水平和良好的企业素质。所以,大中型企业为保证全省经济持续、快速、健康发展,发挥着重大作用。

第一节 大中型工业企业在辽宁经济中的地位

表5-1 工业企业规模划分标准

行业	工业企业		
指标	从业数	销售额	资产总额
单位	人	万元	万元
大型	2000 及以上	30000 及以上	4000 及以上
中型	300—2000	3000—30000	4000—40000
小型	300 以下	3000 以下	4000 以下

资料来源:《新的大中型企业划分标准》,《经济日报》2003 年 9 月 12 日。

表 5 - 2　辽宁大中型工业企业的规模数据(2006 年)

项目	企业单位数(个)	工业总产值(亿元)	工业增加值(亿元)	资产合计(亿元)
总计	14754	14167.95	4141.22	14140.89
大型企业	118	6529.85	1888.09	7402.07
中型企业	967	3172.77	931	3319.49
大中型企业所占比重	7%	69%	68.%	76%

注:作者根据 2007 年辽宁统计年数据鉴整理计算。

辽宁的大中型企业以 7% 的数量比重和 76% 的资产比重,完成了全省 69% 的工业总产值,68% 的工业增加值。由此可以看出大中型企业在辽宁经济中的地位是举足轻重的,同时也反映了大中型企业的资产占有量和所创造的价值并不匹配,所以转变经济增长方式,提高大中型企业效率和竞争力,是当务之急。

大中型企业的地位决定了其经济增长方式的转变对辽宁经济发展方式的巨大影响力。党的十六大报告中提出的"支持东北地区等老工业基地加快调整和改造"的战略方针,是辽宁经济又一次振兴的有利时机。经过几年的不懈努力,下一步按照科学发展观的指导,必须清楚辽宁老工业基地的状况,制定发展的重点,实现辽宁工业经济的高效发展。

课题组认为量化标准能真正明确说明企业发展潜质,而企业竞争力就是这样的指标。这里,在宏观层面,我们利用统计资料,对辽宁省工业产业行业竞争力进行了详细的测算和全面细致的分析,并根据其结果,分析了在振兴辽宁工业企业,转变经济增长方式时,应重点培育的产业链条;在微观层面,课题组对辽宁的 33 家上市公司 2007 年的经营数据进行了竞争力测算,揭示企业经营的成败,在此基础上预测其未来发展潜力。

第二节　企业竞争力理论

关于企业竞争力的论述和研究较多。波特认为:企业竞争力主要指企业设计生产和销售产品与劳务的能力,及其产品和劳务的价格和非价格的质量与性能在市场环境中相对竞争对手所具有的市场吸引力及谋求并保持最大收益的能力。另外一些有代表性的论述有:竞争力是某一企业或某一部门或者甚至整个一个国家在经济效益上不被其他企业、部门或者国家所击败的能力;企业竞争力是指企业综合运用各种资源,在市场上生产比竞争对手更多财富的能力,企业竞争力集中体现在其提供的商品和劳务在市场上所占有的份额上,或者说是单独企业在可持续基础上保持或提高其市场份额的能力,是企业降低成本或提供物美价廉产品的能力和来源于利润率的竞争力,是独立经营的企业在市场经济环境中相对于其竞争对手所表现出来的生存能力和持续发展能力的综合。

根据这些因素,课题组认为"竞争力"概念是由组织资源、组织能力、独到功能和竞争优势这四个部分共同组合而成的。企业的资源区分为有形与无形两类,对这两类生产资源的拥有、获取和使用权利是一切竞争能力的基础。不过,简单地凭借资源获取优势利润的时间并不长久,所以,企业越来越重视从资源中派生出的经营能力。

企业竞争力是一个非常复杂的现象,用数字来反映企业竞争力状况,是人们对竞争力分析和评价的一个普遍的期望,为达到这一目的,通常用统计学的方法对其进行量化分析。人们更希望能够以基于数据处理的竞争力指数形式把各个企业竞争力的强弱状况及其影响因素显示出来。所以,对企业竞争力监测具有实际意义。

一、竞争力测算与企业经营水平的量化监控

用数字说话,即用数字来反映企业竞争力状况。这是人们对竞争力分析和评价的一个普遍的期望,因为人们相信:数字胜于强辩,没有数字就没有说服力。由于竞争力是一个非常复杂的现象,所以,研究竞争力不仅要用经济学和管理学的方法来进行深入的分析,而且,还要用统计学的方法把它量化地表现出来。特别是进入实际运用的领域,人们更希望能够以基于数据处理的竞争力指数形式把各个企业竞争力的强弱状况及其影响因素显示出来。所以,公众和企业的期望,同研究小组力图揭示竞争力奥秘的目标,具有高度的一致性。可以说,这就是企业竞争力监测的实际意义。

以量化形式显示竞争力,首先要科学地选取指标和构造指标体系。一个可行的方法是采用理论分析、专家设计、指标体系设定,作为对企业竞争力进行长期监测的工具。就上市公司而言,信息公开程度更高一些,更加规范,从而我们可以做到:理论依据可靠,逻辑线路清晰,数据选择合理,操作方式可行,分析结论细化。

企业竞争力测评的质量取决于数据的真实性,而数据的真实性在很大程度上取决于数据的取得方式。我们对企业竞争力的监测数据是从上市公司年度报告中获得的。基于上述的理解,课题小组就开始对不同行业企业竞争力进行监测,考虑到研究时间和数据来源的限制,我们完全按照上市公司的财务年度报告的方式进行了数据的选取,而且这样基本保证了数据的规范性和标准的一致性。本次研究在对上市公司竞争力测评方面奠定了一定的

基础。

数字是宝贵的,但数字也绝非万能:数字是一种抽象,任何抽象都以一定程度的信息损失为代价;数字处理必须以一定的假设条件为前提,而任何假设条件都以一定程度上"忽视客观具体"为代价;用数字进行判断必须以一定的因果关系逻辑为基础,而对因果关系逻辑的认识和判断总是在一定程度上受主观性的影响。在影响竞争力的各种因素中有些是可以直接量化的,有的则难以直接量化,也就是说,任何有关竞争力的显示性指标都不可能百分之百地反映客观,但是,只要遵循科学的原则,运用科学的方法,数字和数字分析却可以无止境地"逼近"客观,以数字所反映的企业竞争力有可能成为企业竞争力真实状况十分逼真的影像。

数字的价值并非在于其本身,而在于对它的运用。我们要承认数字,尊重数字,但不盲目崇拜数字,在数字面前丧失自己的判断力。课题组今天所公布的是依据综合性和显示性较强的基础数据所测算出的辽宁的各类上市公司的竞争力监测的得分。这不是企业竞争力排名的榜,更不是对企业大小强弱的判决,而只是竞争力监测的一个"体检表"。每一个企业都可以当其为一面镜子,比照别人分析自己,不必据此而张扬或者为此而抱怨。如果所有的企业特别是优秀企业,都能以豁达之心听之,以借鉴之心视之,以求真之心析之,以自审之心用之,那么,我们的这项企业竞争力监测工作就能实现其很大的价值,成为对企业和研究者的一份贡献,通过我们的不断努力,构建起一个可以持续地开发出有价值的数字资源的共享库,这就是我课题小组对竞争力监测项目的社会效益目标。

二、竞争力监测与不同企业之间的比较

竞争力监测的一个重要问题是不同行业之间企业能否比较其

竞争力。课题组选取了最新的辽宁统计年鉴和中国统计年鉴,针对按行业分的大中型工业企业主要指标,从绝对数和相对数两个方面,按不同计算方法,全面测算了38个工业行业的竞争力系数。基于以下理由,课题组对不同行业企业进行了监测,并比较了他们的竞争力强弱:

第一,根据经济学原理,在高度社会分工的情况下,不同行业的投资回报率水平是接近的,如果有所差别,则主要是经营水平高低决定的,再就是企业能比较灵活地调整自己的经营方向,这也是竞争力的体现。

第二,竞争关系存在与否与竞争力是否能进行比较是两个不同的概念。例如,鞍钢股份有限公司同沈阳商业城之间在产品上并没有竞争关系,但两个企业之间竞争力都可以分别测算。因而,没有竞争关系的企业之间的相对竞争力也是可以间接地进行比较的。

第三,企业之间不仅在产品市场竞争,而且在要素市场也有竞争,不同行业的企业之间虽然在产品市场上不构成竞争关系,但在要素市场上却存在竞争。所以,企业竞争力是要素市场竞争力与产品市场竞争力的综合体现。产品市场的竞争力是企业竞争力测量的基础;而要素市场的竞争力是企业竞争力的重要源泉。要素市场的竞争力在很大程度上决定产品市场的竞争力;同时,产品市场的竞争力又会反过来影响要素市场竞争力。可以说,企业之间存在竞争是绝对的,而没有竞争却是相对的。

三、企业竞争力指标

企业竞争力是指在竞争性市场中,与同行业其他企业相比,一个企业所具有的能够更持续、更有效地向市场提供产品或服务,并获得赢利及自身发展的综合素质和条件。所以,企业竞争力的各种因素都不是分别独立存在的,它们总是作为一个整体而对企业的存在状态发生作用。

企业竞争力主要划分成五个方面:生产效率、劳动成本、公司的绩效、管理效率、公司的战略和文化。但其中最后一点是定性问题,我们在调查中主要侧重量化指标来测算竞争力系数。

四、企业竞争力评价指标体系设置原则

(一)科学性原则

企业竞争力指标体系是理论与实践相结合的产物,必须采用科学的方法,以科学理论为指导,客观真实地反映实际情况,使指标体系能够在基本要领和逻辑结构上严谨、合理,各指标概念确切、含义清楚、计算范围明确,数据尽量可靠并具有代表性,既能系统客观地反映企业竞争力的全貌,又能在某一方面对企业竞争力有重大影响的项目。

(二)可行性原则

研究建立企业竞争力评价指标体系的主要目的是提升企业竞争力,因此建立的指标体系及其评价方法应具有可行性和可操作性,设置的指标体系必须与经济发展水平相适应,计算方法科学,操作简单,资料易取得。指标必须有明确的代表性,数据的获取方便、可行,尽可能采用有数据支撑的指标,其相应的计算方法要标准化、规范化,避免产生误解和歧义。

(三)可比性原则

竞争力指标应在企业间普遍适用。所涉及的经济内容、空间范围、时间范围、计算口径、计算方法应具有可比性,所选取的指标在同类企业间有完全一致的定义和内涵,数据的统计口径统一,以

保证同一指标在企业间的可比性。同时,为方便分析竞争力的发展变化情况,其指标前后时间不宜变化太大,应具有相对稳定性。

(四)动态性原则

不同的指标反映不同侧面和内容特征,选取的指标应考虑对企业发展趋势的描绘和反映,动态指标能够代表企业在未来发展的潜力,直接反映企业竞争力水平。

(五)通用性原则

所建立的指标体系必须具有广泛的适应性,即设立的指标能反映不同类别、不同行业企业竞争力的共性。即可根据具体的行业和企业做出适当的调整,从而灵活应用。

(六)导向性原则

建立企业竞争力评价指标体系的目的在于,衡量和评价企业竞争力的状况,找出企业竞争力强弱的原因,指出改善企业竞争力的手段和方法,最终增强企业竞争力,从而对企业提高竞争力起到导向和监控作用。分析竞争力指标有助于帮助企业寻找市场潜力和生产潜力,通过自身的经济运行指标与行业及全国平均水平、先进水平的比较,指导企业挖掘自身潜力,引导企业走向良性循环的发展轨道,推动企业提高管理水平。

第三节　辽宁省大中型工业企业所在 38个行业竞争力分析

一、行业竞争力指标体系构成

对辽宁工业行业竞争力水平的测定,课题组选择了连续了3年的辽宁统计年鉴作为基础数据来源渠道,以其中2007年统计年鉴为主,动态指标对比于2005年和2004年,特别是增长因子的计算,考虑到获得稳定的客观的数值,尽可能排除偶然因素带来的数据波动,这里采纳平均增长速度来测算。表中指标体系的设定,考虑到与统计年鉴提供数据的对应关系,以保证可操作性,具体如下:

企业竞争力	规模因子	工业增加值
		资产总计
		所有者权益
		主营业务收入
		利润总额
	增长因子	三年平均工业增加值发展速度
		三年平均利润总额发展速度
	效率因子	工业增加值率(%)
		总资产贡献率(%)
		流动资产周转次数(次/年)
		工业成本费用利润率(%)
		全员劳动生产率(元/人)
		产品销售率(%)

二、行业竞争力的测算方法

首先,从辽宁统计年鉴上获得相关数据,参见附件5-1:辽宁工业行业主要指标数据。(见后)

(一)规模因子计算

对2006年的38个行业的工业增加值、资产总计、所有者权益、主营业务收入、利润总额5项规模因子直接计算结构相对数,用各个数值分别除以全省合计就得到规模子因子的5个分项系数,按行业加总后分别获得38个竞争力综合系数。

计算过程参见附件5-2:辽宁工业行业竞争力规模因子计算表。(见后)

(二)增长因子计算

针对2004年、2005年、2006年的工业增加值和利润总额,分别求出全省及各行业的环比发展速度、几何平均法计算的平均发展速度,由平均发展速度同全省平均发展速度对比,依次求出各个行业在这两项指标上的系数,将每个行业这两项系数相加,就得到增长子因子系数。以工业增加值为例:

a. 环比发展速度 = 2006年工业增加值/2005年工业增加值;

b. 环比发展速度 = 2005年工业增加值/2004年工业增加值;

c. 平均发展速度 = ab的平方根;

d. 某行业工业增加值系数 = 该行业增加值的平均发展速度/全省工业增加值的平均发展速度。

计算过程参见附件5-3:辽宁工业行业竞争力增长因子计算表。(见后)

(三)效率因子计算

有38个行业的工业增加值率、总资产贡献率、流动资产周转次数、工业成本费用利润率、全员劳动生产率、产品销售率,6项相对数分别与这6项指标的全省水平对比,直接得到各个指标的行业系数,再将6项系数相加,获得该行业的效率因子系数。

计算过程参见附件5-4:辽宁工业行业竞争力效率因子计算表。(见后)

三、计算结果及分析

表 5-3　辽宁大中型工业企业行业竞争力系数

行业	规模因子系数	增长因子系数	效率因子系数	竞争力综合系数
全省总计	5.00	2.00	6.00	13.00
石油和天然气开采业	0.65	2.38	23.78	26.82
烟草制品业	0.02	2.08	21.05	23.16
黑色金属矿采选业	0.03	3.10	12.16	15.29
家具制造业	0.04	2.62	11.68	14.35
有色金属矿采选业	0.03	2.86	11.18	14.07
废弃资源和废旧材料回收加工业	0.00	0.00	13.61	13.62
黑色金属冶炼及压延加工业	1.31	2.11	9.57	12.99
饮料制造业	0.04	2.04	9.92	11.99
农副食品加工业	0.11	3.68	7.01	10.80
木材加工及木、竹、藤、棕、草制品业	0.02	3.90	6.86	10.78
纺织服装、鞋、帽制造业	0.03	3.03	7.53	10.60
有色金属冶炼及压延加工业	0.14	4.43	5.70	10.28
食品制造业	0.03	2.96	6.97	9.96
仪器仪表及文化、办公用机械制造业	0.02	2.33	7.46	9.81
非金属矿采选业	0.01	2.67	7.00	9.67
塑料制品业	0.06	2.56	6.72	9.34
电力、热力的生产和供应业	0.52	1.97	6.32	8.81
金属制品业	0.07	2.70	5.84	8.60
通用设备制造业	0.28	2.40	5.57	8.26

行业	规模因子系数	增长因子系数	效率因子系数	竞争力综合系数
电气机械及器材制造业	0.13	2.16	5.92	8.21
非金属矿物制品业	0.13	2.26	5.81	8.20
医药制造业	0.05	2.30	5.84	8.19
纺织业	0.04	3.57	4.51	8.12
交通运输设备制造业	0.43	2.80	4.73	7.97
化学原料及化学制品制造业	0.26	2.08	5.31	7.65
通信设备、计算机及其他电子设备制造业	0.16	2.20	5.06	7.43
专用设备制造业	0.14	2.30	4.75	7.19
印刷业和记录媒介的复制	0.00	2.52	3.85	6.37
石油加工、炼焦及核燃料加工业	-0.02	1.10	5.23	6.31
皮革、毛皮、羽毛(绒)及其制品业	0.00	1.03	5.09	6.13
橡胶制品业	0.03	1.44	4.58	6.06
文教体育用品制造业	0.00	1.60	4.24	5.85
煤炭开采和洗选业	0.12	0.95	4.67	5.74
造纸及纸制品业	0.01	0.95	4.72	5.68
工艺品及其他制造业	0.01	1.46	3.36	4.84
燃气生产和供应业	0.01	0.62	2.99	3.63
水的生产和供应业	0.02	2.21	0.40	2.64
化学纤维制造业	0.02	2.44	-0.65	1.82

注:作者根据2007年辽宁统计年鉴数据整理计算。

计算结果已经按竞争力排序了,石油和天然气开采业、烟草制造业等竞争能力有明显优势;化学纤维制造业、水的生产和供应业等竞争能力较弱。通过这些系数我们还可以做出很多判断,如:

总排序前6的行业总体竞争力都超过了全省平均的竞争力水

平,其效率因子都比较高,但增长因子均略高于全省平均水平,规模因子除了石油和天然气开采业以外,都不高。揭示了这6个行业在管理水平上比较见长,三年来的发展比较稳定,但规模上可能已经在资源方面受到了制约,显然资源制约这个因素是客观的,很难突破,进一步寻找新的资源或转产就需要考虑了。同时规模上的限制也连带影响了发展速度,但非资源性行业发展速度不高可能是投资不足引起的,投资问题是人为因素,通过金融系统或政策手段都可以有效调整,烟草制品业、家具制造业、废弃资源和废旧材料回收加工业可能就是这种情况,从循环经济角度看,废品加工业加大投资是既有社会意义又有获利潜力的行业。

排名第7位的黑色金属冶炼及压延加工业的规模因子系数名列第一,决定了其在所有产业中的核心地位,其效率因子系数和增长因子系数都接近全省平均的中等水平,提高的空间是存在的。这个行业以最大的规模和比较稳定的效益及增长水平构成我们平时谈到营销时面对的金牛类产业,能够凭其规模带来巨大的效益,这个行业的增长同样可能面临着资源的限制,但是,加强管理,提高效率水平的意义十分重大。

综合竞争力排名靠后的21个行业的效率因子都在全省平均水平以下。可见效率因子和总体竞争力水平高度相关,这些行业强化管理水平的任务是很艰巨的。

资源性行业的增长放慢是不可逾越的障碍,面临转产的挑战,这可能也是必须和唯一的选择。但是,非资源性限制行业的规模问题和增长问题,就让我们不得不思考产业政策及制度层面上是否存在一些问题,如排名后10位等行业,都在增长因子方面低于全省平均水平,这些行业在自身效率方面也存在一定问题。

按照以上这样的一种思路,其实研究人员和企业家们,以及政策制定者们都可以做出自己对某一行业的具体判断,微观层面参见各个因子的因素计算结果能够发现更为细致的问题,这里就不针对每个行业一个个分析了,研究者重要的任务是提供有效的分析思路和方法。

四、行业竞争力系数测算的启示

值得注意的是我们可以通过这种研究得到这样的启示:

这种对比是在辽宁自己的工业行业之间的一种比较,是相对于辽宁的总体工业行业而言的竞争力水平,这是不能说明具有强势的行业在全国同行业中一定也是最具强势的。但是,毫无疑问,这种测算方法可以用于地区比较和全国范围内的行业内比较,可以测算某地区某行业在全国所处竞争力综合水平的位次。

这种分析不仅得到综合竞争力水平,还可以对竞争力的各个因子水平及各个因子的内部因素水平做出具体的反映,这就为企业进行改进和提升提供了决策的具体依据和方向。

由于这些行业都是大中型企业所在的行业,那么地区的产业链条应该以什么行业为中心而伸展是比较明显的,这为企业投资明确了方向,降低了投资风险,提高了投资的经济效益和社会效益。

第四节　辽宁上市公司竞争力分析

一、企业竞争力评价指标体系设置

企业竞争力评价的核心是怎样用统计学的方法把竞争力的强

弱以及影响竞争力的因素表现出来。因此,企业竞争力评价的首要任务是构建测评企业竞争力的指标体系,这是企业竞争力评价的基础工作。课题组把这次对上市公司的研究设计的指标体系列入下表:

企业竞争力	规模因子	营业收入
		所有者权益
		净利润
	增长因子	年营业收入增长率
		所有者权益增长率
		年净利润增长率
	效率因子	总资产贡献率
		全员工资效率
		加权平均净资产收益率

以上指标的基础数据一律来自上市公司的年度财务报告,再根据这些指标派生一些相对指标,各企业通过同各项均值对比得到子项系数,将一个企业的这些子项系数相加就可以得到其综合竞争力系数了。应当说明的一点是:增长子因素最好是用几年的平均值,但这次考虑到获取数据的困难,课题组决定用两年的数据计算了增长率。

中国社科院金碚等专家学者对企业竞争力测评的理论与方法对我们的研究工作有一定的启发,但课题组还是按照一个既能反映竞争力水平的指标设置体系,又能保证目前研究能够获得比较规范的统一数据的方案进行的。

二、计算方法

上市公司竞争力水平计算表

公司名	规模因子			增长因子			效率因子			竞争力系数
	营业收入	所有者权益	净利润	年营业收入增长率	所有者权益增长率	年净利润增长率	总资产贡献率	全员工资效率	加权平均净资产收益率	
公司1										
公司2										
……										

　　将以上 9 项指标分别求出平均值,然后用每个企业的指标除以均值,得到系数,负的一律得到一个负的系数,再把系数加起来就是竞争力系数。这里,当然可以对相对数采用几何平均方法,但涉及负值的剔除,本次没有采用这个方法,但我们认为此法可行,只是计算过程复杂一些。

三、计算过程和结果分析

(一)计算过程

　　——原始数据采集自辽宁33家上市公司;

　　——指标计算,附件5-5:辽宁上市公司指标计算表;

　　——系数计算,附件5-6:辽宁上市公司指标均值及竞争力因子系数表。(均见后)

(二)结果分析

　　我们将公司按照综合竞争力水平做了排序,加上3项子因素

的汇总小计,就可以从结构和原因上分析竞争力水平高低的决定性
要素,显然有的企业是偶然的或短期因素导致的结果,如年内有企
业兼并、资产重组等活动可能会导致较高的增长因子,另外,规模较
大企业竞争能力的提升可能更加困难,企业之间子因素的对比分析
往往更容易让我们抓到问题的实质。下表中前两家企业都是在增
长因子方面系数较大,企业规模一般,但沈阳合金投资股份有限公
司不仅增长因子很高,其效率因子也是名列第一的。此外,从行业
来看,新兴产业如信息产业及与之密切相关的产业、能源及与之相
关的产业综合竞争力系数比较高,特别是其增长因子普遍较高。

表5-4　竞争力水平分项系数表

公司名	规模因子系数	增长因子系数	效率因子系数	竞争力系数
沈阳合金投资股份有限公司	0.85	121.69	19.34	141.88
中国辽宁国际合作(集团)股份有限公司	0.84	85.16	0.93	86.92
荣信电力电子股份有限公司	0.44	70.84	4.81	76.09
鞍钢股份有限公司	44.25	22.97	-0.59	66.62
辽宁华锦通达化工股份有限公司	2.76	61.44	2.09	66.30
辽宁出版传媒股份有限公司	0.79	48.19	3.00	51.99
沈阳东软软件股份有限公司	24.29	6.55	3.56	34.40
营口港务股份有限公司	1.26	21.41	3.66	26.33
金城造纸股份有限公司	0.45	20.04	4.50	24.98
辽宁红阳能源投资股份有限公司	0.28	15.56	4.78	20.63
沈阳金山能源股份有限公司	0.59	13.45	4.94	18.98
莱茵达置业股份有限公司	0.54	12.22	6.03	18.79
本钢板材股份有限公司	12.32	2.60	3.52	18.43
凌源钢铁股份有限公司	2.66	4.36	5.43	12.45
辽松汽车股份有限公司	0.15	8.54	3.02	11.70

公司名	规模因子系数	增长因子系数	效率因子系数	竞争力系数
沈阳化工股份有限公司	1.33	7.19	1.83	10.35
辽宁曙光汽车集团股份有限公司	0.99	4.70	4.44	10.12
金杯汽车股份有限公司	0.77	6.10	2.78	9.65
沈阳银基发展股份有限公司	0.91	4.44	3.28	8.63
联美控股股份有限公司	0.20	6.82	1.36	8.38
东北制药集团股份有限公司	0.66	4.93	2.47	8.06
中兴—沈阳商业大厦(集团)股份有限公司	0.64	2.46	3.86	6.96
沈阳惠天热电股份有限公司	0.41	4.03	0.88	5.32
沈阳机床股份有限公司	1.02	1.49	2.30	4.80
辽宁国能集团(控股)股份有限公司	0.19	2.45	1.35	4.00
抚顺特殊钢股份有限公司	0.54	1.67	1.76	3.97
锦州港	0.75	0.98	1.19	2.92
深圳和光现代商务股份有限公司	-0.22	2.22	0.43	2.43
沈阳商业城股份有限公司	0.28	0.17	1.93	2.38
锦化化工集团氯碱股份有限公司	0.58	-1.91	2.02	0.70
葫芦岛锌业股份有限公司	0.64	-3.09	0.39	-2.06
东北电气发展股份有限公司	-0.76	-9.16	6.42	-3.50
丹东化学纤维股份有限公司	-2.41	-325.12	-10.75	-338.28

注:作者根据上市公司2007年年度财务报告指标,将各个因子计算结果汇总得到此表。

四、企业竞争力系数测算的启示

系数是一种相对数,当然能够进行不同行业间的企业竞争力水平比较,我们为此可以进一步分析企业竞争力水平强在何处,弱在哪里,从而找到具体的解决办法。

这种分析方法用于同行业分析更具有说服力,因为因子系数的各项都是通过同单项指标的均值对比得到的,同行业的均值显然更具有代表性,因此,子因素各项系数就更加能够说明问题。

　　其实,各家上市公司在年度报告的分析中,基本都不愿意披露真正提高自己竞争力水平的关键性因素是什么,这如同企业不可能把核心竞争力的细节公布于众一样。所以,绝大多数企业在报告中只是泛泛地讲些普通信息,这就更加彰显了我们所作的研究及所计算的结果是能够让企业自己去深入地衡量一些的问题,如:企业的优势何在,差距何在;发展潜力和制约瓶颈各是什么,这些方面同其他企业比较处于什么样的水平和程度。企业也可以判断自身和其他企业的业绩中哪些是偶然因素,哪些是必然因素,那么,企业家们就会找到自己的发展策略和将要采取的具体措施。

第五节　辽宁大中型工业企业主要指标与全国平均水平的对比分析

　　根据2007年全国统计年鉴的各地区大中型工业企业主要经济效益指标(2006年)计算。

一、辽宁大中型工业企业主要经济指标在全国的比重

表5-5　辽宁大中型工业企业主要经济指标在全国的比重

地区	企业单位数(个)	工业总产值(亿元)	工业增加值(亿元)	利润总额(亿元)	本年应交增值税(亿元)	从业人员年平均人数(万人)
全国	32930	207723.01	58793.71	3061.03	14363.23	4116.47
辽宁	1085	9702.62	2819.09	134.49	307.39	177.89
辽宁占全国的比重	3.29%	4.67%	4.79%	4.39%	2.14%	4.32%

注:作者根据2007年中国统计年鉴指标整理计算,2006年数据。

上表中辽宁在全国的主要经济指标都没有超过5%,在全国经济发展中的地位并不显赫,经济全面增长的任务十分艰巨。但是,辽宁的企业单位数的比重均小于工业总产值、工业增加值及利润总额的各项比重,说明辽宁的工业企业的规模仍然比较大,高于全国平均水平,具有规模优势,这有利于形成龙头企业带动整个产业链条。

二、辽宁大中型工业企业拥有资产在全国的比重

表5-6

地区	资产总计（亿元）	流动资产年平均余额（亿元）	固定资产净值年平均余额（亿元）	负债合计（亿元）	所有者权益合计（亿元）
全国	212410.43	87223.81	128497.91	77822.7	91057.93
辽宁	10721.56	4375.95	7592.23	4365.99	4610.99
辽宁占全国的比重	5.05%	5.02%	5.91%	5.61%	5.06%

注:作者根据2007年中国统计年鉴指标整理计算,2006年数据。

上表中辽宁的资产负债及权益在全国的平均水平都在5%以上,但没有超过6%,这些比重显然都大于在工业总产值、工业增加值及利润总额的各项比重,说明资产贡献水平有限,技术装备相对落后,但这些比重相差不是很大,基本上在1个百分点以内。

三、辽宁大中型工业企业的经济效益指标与全国的对比

表 5-7

地区	工业增加值率(%)	总资产贡献率(%)	流动资产周转次数(次/年)	成本费用利润率(%)	产品销售率(%)
全国	28.30	12.85	2.42	7.42	98.39
辽宁	29.05	8.08	2.22	3.32	98.77
辽宁与全国的比较系数	1.03	0.63	0.92	0.45	1.00

注:作者根据 2007 年中国统计年鉴指标整理计算,2006 年数据。

　　这个表反映出辽宁的大中型工业企业管理经营水平处于中等偏下,工业增加值和产品销售率与全国持平,流动资产周转次数接近平均水平,成本费用利润率和总资产贡献率比较低,说明辽宁大中型企业确实存在以高消耗为代价的生产方式,这也是我们在转变经济增长方式时不容忽略和必须加以考虑的问题。

四、辽宁大中型工业企业所在行业同全国行业指标的对比

　　通过计算辽宁大中型工业企业所在行业同全国行业指标的对比,我们可以获得更加详细的信息,计算结果参见附件 5-7:辽宁 38 个行业与全国同行业主要指标比较表。

　　在这个表中,我们通过将工业增加值率、总资产贡献率、资产负债率、流动资产周转次数、工业成本费用利润率、产品销售率 6 个指标在 38 个行业的对比,可以看到辽宁在所列的所有行业中,在全国所处的水平。

　　按照课题组对辽宁大中型工业企业所在行业的竞争力分析,我们认为辽宁有三个主导的工业产业链,这三个主导产业的主要效率指标与全国相比所处的水平和达到的程度,及其差距单独列入表 5-8:

表5-8　辽宁大中型企业主要行业与全国同行业主要经济指标对比表

行业 地区	工业增加值率(%)			总资产贡献率(%)			资产负债率(%)			流动资产周转次数(次/年)			工业成本费用利润率(%)			产品销售率(%)		
	全国	辽宁	辽宁与全国的比较系数	全国	辽宁	辽宁与全国的比较系数	全国	辽宁	辽宁与全国的比较系数	全国	辽宁	辽宁与全国的比较系数	全国	辽宁	辽宁与全国的比较系数	全国	辽宁	辽宁与全国的比较系数
总计	28.30	29.05	1.03	12.85	8.08	0.63	56.97	57.48	1.01	2.42	2.22	0.92	7.42	3.32	0.45	98.39	98.77	1.00
石化工业																		
石油和天然气开采业	76.43	65.51	0.86	56.78	28.65	0.50	37.57	40.02	1.07	4.27	2.87	0.67	98.07	45.76	0.47	99.59	99.89	1.00
石油加工、炼焦及核燃料加工业	13.96	17.39	1.25	4.84	-10.45	–	56.51	39.34	0.70	4.86	4.88	1.00	–	–	–	99.37	99.48	1.00
化学原料及化学制品制造业	25.59	19.73	0.77	10.59	6.44	0.61	55.66	57.48	1.03	2.51	2.28	0.91	6.41	3.51	0.55	98.06	99.44	1.01
化学纤维制造业	17.98	26.59	1.48	6.29	-2.39	–	59.51	34.46	0.58	2.78	1.19	0.43	2.16	-10.45	–	98.44	99.96	1.02
橡胶制品业	25.00	22.41	0.90	8.34	5.64	0.68	62.32	57.87	0.93	2.37	1.77	0.75	3.82	2.70	0.71	97.96	87.30	0.89

行业 / 地区	工业增加值率 (%) 全国	辽宁	辽宁与全国的比较系数	总资产贡献率 (%) 全国	辽宁	辽宁与全国的比较系数	资产负债率 (%) 全国	辽宁	辽宁与全国的比较系数	流动资产周转次数 (次/年) 全国	辽宁	辽宁与全国的比较系数	工业成本费用利润率 (%) 全国	辽宁	辽宁与全国的比较系数	产品销售率 (%) 全国	辽宁	辽宁与全国的比较系数
塑料制品业	25.99	29.39	1.13	8.64	7.69	0.89	56.90	63.06	1.11	2.05	1.20	0.59	5.00	6.78	1.36	98.02	100.72	1.03
装备制造工业																		
金属制品业	25.63	26.52	1.03	11.63	7.89	0.68	58.49	61.67	1.05	2.14	2.36	1.10	5.87	2.99	0.51	97.84	99.16	1.01
通用设备制造业	26.58	28.47	1.07	10.57	7.33	0.69	63.14	63.34	1.00	1.59	1.75	1.10	7.07	3.47	0.49	98.57	97.67	0.99
专用设备制造业	27.59	30.57	1.11	9.37	4.61	0.49	63.08	71.49	1.13	1.61	1.11	0.69	6.55	2.96	0.45	97.19	98.02	1.01
交通运输设备制造业	23.44	22.37	0.95	10.60	5.32	0.50	61.59	75.48	1.23	1.92	1.24	0.65	5.39	2.89	0.54	97.85	97.73	1.00
电气机械及器材制造业	24.91	26.58	1.07	10.47	7.93	0.76	62.86	55.64	0.89	2.05	1.87	0.91	5.24	4.92	0.94	97.96	97.17	0.99

行业 地区	工业增加值率 (%) 全国	辽宁	辽宁与全国的比较系数	总资产贡献率 (%) 全国	辽宁	辽宁与全国的比较系数	资产负债率 (%) 全国	辽宁	辽宁与全国的比较系数	流动资产周转次数(次/年) 全国	辽宁	辽宁与全国的比较系数	工业成本费用利润率(%) 全国	辽宁	辽宁与全国的比较系数	产品销售率(%) 全国	辽宁	辽宁与全国的比较系数
通信设备、计算机及其他电子设备制造业	20.84	23.90	1.15	8.33	4.78	0.57	62.07	53.47	0.86	2.66	2.04	0.77	3.49	2.73	0.78	97.93	98.17	1.00
仪器仪表及文化、办公用机械制造业	25.03	33.46	1.34	10.75	12.28	1.14	56.47	33.76	0.60	2.37	1.84	0.78	5.20	8.41	1.62	98.39	99.94	1.02
冶金工业																		
黑色金属矿采选业	45.86	36.49	0.80	16.14	28.78	1.78	46.16	61.22	1.33	1.66	2.94	1.77	18.63	15.04	0.81	97.39	94.13	0.97
有色金属矿采选业	45.18	36.87	0.82	30.01	17.24	0.57	46.71	52.13	1.12	2.29	1.69	0.74	34.63	18.81	0.54	97.81	92.34	0.94

行业\地区	工业增加值率（%）			总资产贡献率（%）			资产负债率（%）			流动资产周转次数（次/年）			工业成本费用利润率（%）			产品销售率（%）		
	全国	辽宁	辽宁与全国的比较系数	全国	辽宁	辽宁与全国的比较系数	全国	辽宁	辽宁与全国的比较系数	全国	辽宁	辽宁与全国的比较系数	全国	辽宁	辽宁与全国的比较系数	全国	辽宁	辽宁与全国的比较系数
黑色金属冶炼及压延加工业	27.86	38.45	1.38	11.65	12.52	1.07	60.69	50.90	0.84	2.72	2.85	1.05	6.25	10.14	1.62	99.11	100.10	1.01
有色金属冶炼及压延加工业	26.34	23.65	0.90	17.21	7.53	0.44	61.80	70.42	1.14	2.78	1.59	0.57	10.23	3.56	0.35	98.32	100.88	1.03

注：作者根据2007年辽宁统计年鉴数据整理计算，2006年数据。

第六节 辽宁工业产业链战略

根据课题组对辽宁大中型工业企业所在行业竞争力的计算结果,可能的产业链条及其相互带动作用的分析结果如下:

一、石化工业产业链

石化工业中有 6 个行业,它们的竞争力水平分别为:石油和天然气开采业 26.82、石油加工炼焦及核燃料加工业 6.31、化学原料及化学制品制造业 7.65、化学纤维制造业 1.82、橡胶制品业 6.06 和塑料制品业 9.34 等。

石化工业中的石油和天然气开采业生产高度集中,只有 2 个企业,分别为中国石油天然气股份有限公司辽河油田分公司和辽河石油勘探局。2006 年以前国家统计局的一个调查提供的信息显示:石化工业中石油加工及炼焦业在全国有较大的优势,产值占全国同行业产值的 15.9%,市场占有率达 15.8%。全部从业人员年平均人数占全国的 11.2%。其中原油加工及石油制品制造业占有较大份额,其产值占石油加工及炼焦业的 99.7%,占全国同行业的 17.2%。原油加工及石油制品制造业总产值排在前 5 名的企业依次为:中国石油天然气股份有限公司大连石化分公司、中国石油天然气股份有限公司抚顺石化分公司、大连西太平洋石油化工有限公司、中国石油天然气股份公司锦州石化分公司、中国石油天然气股份有限公司锦西石化分公司。此行业生产集中度很高,仅中国石油天然气股份有限公司大连石化分公司和中国石油天然气股份有限公司抚顺石化分公司两个企业即占总产值的 42.5%,前 5 个企业产值之和占 81.5%。石化工业中,原油加工量居全国第 1 位,天然原油产量居全国第 4 位,天然气产量居于全国第 7 位,乙烯产量居于全国第 8 位。辽宁在这个行业的资源优势和高度集中的企业规模是很难被超越的,以其为核心的产业链条应成为具有积聚效应的行业。

目前,这个产业链条上的竞争力差别比较大,应该努力发挥产业链优势,迅速崛起,形成产业优势和强势。这个产业链上的石油和天然气开采业规模因子 0.65;增长因子 2.38;效率因子 23.78,三项系数都在这个产业链上领先,是链上的龙头行业,应该起到主导作用,但是不能忽视的是这个行业本身仍然存在自身提高的竞争压力。根据本章的辽宁大中型企业主要行业与全国同行业主要经济指标对比表测算,石油和天然气开采业同全国效率指标相比,还有一定差距,如:工业增加值率:全国 76.43%,辽宁 65.51%;总资产贡献率:全国 56.78%,辽宁 28.65%;资产负债率:全国 37.57%,辽宁 40.02%;全国流动资产周转次数 4.27,辽宁 2.87;工业成本费用利润率:全国 98.07%,辽宁 45.76%;产品销售率几乎持平都是 99% 以上。

这样,对任何一个行业,都可以在辽宁内部进行比较,也可以与全国同行业比较,这为企业了解行情提供了一个广阔的平台。

二、装备制造工业产业链

装备制造业有 7 个行业,其行业竞争力水平分别为:通用设备制造业 8.26、专用设备制造业 7.19、交通运输设备制造业 7.97、电气机械及器材制造业 8.21、通信设备、计算机及其他电子设备制造业 7.43、仪器仪表及文化、办公用机械制造业 9.81、金属制品业 8.60。这 7 个行业在全省拥有大中型企业 337 家,占全省企业个数的三分之一以上,2006 年辽宁装备制造业工业企业 4755 个,占规模以上工业的34.7%,在辽宁工业中装备制造业也是核心产业链条之一。

在装备制造业各行业中,实现主营业务收入占比重较大的行业是:交通运输设备制造业1051.32亿元,占全省规模以上工业装备制造业的28.8%;通用设备制造业880.5亿元,占24.2%。这2个行业的合计为1931.82亿元,占装备制造业53.1%,占全省规模以上工业的14.0%。在装备制造业各行业中,集中了一批大型骨干企业,如通用设备制造业:大连冰山集团有限公司、大连机床集团有限责任公司、沈阳机床(集团)有限责任公司、大连重工、起重集团有限公司、瓦房店轴承集团有限责任公司等。交通运输设备制造业:沈阳飞机工业(集团)有限公司、渤海船舶重工有限责任公司、大连新船重工有限责任公司、大连造船重工有限责任公司、沈阳华晨金杯汽车有限公司、华晨宝马汽车有限公司、丹东曙光汽车集团股份有限公司等。通信设备、计算机及其他电子设备制造业:大连大显集团有限公司、中国华录集团有限公司、罗姆电子大连有限公司等等。

装备制造业作为辽宁的支柱产业,在全国也有着重要的地位。辽宁装备制造业基础类装备主要是以机床和轴承为代表,其中的数控机床、高精度机床、大型机床享誉全国;重大工程专用类装备主要以重型矿山设备、化工设备以及输变电设备等为代表;交通运输设备制造业类装备主要是船舶、汽车及机车;还有工业机器人等为代表的高技术装备。

部分装备制造业产品产量在全国占重要地位。在全国装备制造业主要产品产量中,辽宁部分产品产量占有一定的比例。其中,内燃机、制冷空调设备、金属轧制设备等占全国的10%以上。

辽宁装备制造业中的龙头企业地位突出,2006年中国机械工业 500 强中,辽宁的大连机床集团和沈阳机床集团分别列 57 位和 86 位。在主要产品产量金属切削机床中的数控机床,辽宁为 2. 22 万台,占全国的 25. 9% 。

从竞争力总体水平上看,装备制造业的每个行业都没有达到全省的平均水平,效率低、增长慢是这个产业链上的普遍问题,面临的挑战是比较严峻的。由于这个产业多为传统行业,转制过程中难度较大,虽然在辽宁这个产业的基础比较厚重,但与新兴行业相比困难比较多,在全国的相对地位不是特别高,技术改造和投资规模等问题都亟待解决。

三、冶金工业产业链

冶金工业有 4 个行业,其行业竞争力水平分别为:黑色金属矿采选业 15. 29、有色金属矿采选业 14. 07、黑色金属冶炼及压延加工业 12. 99、有色金属冶炼及压延加工业 10. 28。这 4 个行业的竞争力水平都比较高,具备一定的资源优势。辽宁冶金工业在全国市场占有率较高,在效率指标方面与全国平均水平接近。

冶金工业是我省国民经济的重要支柱产业。加快冶金工业发展,有利于实现全省国民经济的持续快速健康发展,增强地区综合经济实力;有利于发挥老工业基地的产业优势,调整和优化国有经济布局,实现生产要素的优化配置,拉长钢铁产业链条,形成以钢铁为中心的产业集群;有利于顺应国际产业转移,实现产业扩张,增强产业国际竞争力;有利于为基础设施、装备制造、房地产等相关产业提供原材料支撑,促进相关产业协调发展。加快发展冶金工业,对加速辽宁老工业基地振兴具有重大推动作用。

辽宁是全国重要钢铁工业基地,具备加快发展冶金工业的良好产业基础。经过建国后 50 多年的建设和发展,辽宁冶金工业已经形成包括矿山、冶炼及加工等完整的工业体系,在全国占有举足轻重的地位。改革开放以来,特别是"九五"以来,我省冶金工业通过结构调整和改革改组改造,重点企业主体技术装备达到了国际先进水平,生产总量上了一个新台阶,整体经济实力明显增强,以鞍钢、本钢为代表的老企业成功地走出一条用新思路、新体制、新机制加速调整改造的新路子,已经步入良性发展的轨道。

加快冶金工业发展的基本原则:坚持在结构调整中发展总量,重点发展精品板材,增强高附加值板带生产能力;坚持扶优扶强,提高产业集中度,改善钢铁工业布局,提高国际竞争力;坚持工艺技术装备高起点,产品质量高水平,走质量效益型道路;坚持深化改革,扩大开放,加快建立现代企业制度和产权制度;坚持科技进步,开展技术创新,加速推广应用先进生产和管理技术;坚持节能降耗,不断降低生产和管理成本,努力提高经济效益。

冶金工业发展的产业布局:围绕建设北方精品钢材生产基地,以鞍钢、本钢为依托,发展热轧薄板、冷轧薄板、涂镀层板,建设精品板材基地;以东北特钢集团为依托,发展不锈钢、轴承钢、工模具钢、汽车齿轮钢、弹簧钢、高温合金以及国防军工用特殊合金钢材料,建设优质特殊钢生产基地;以凌钢、北台、新抚钢为依托,发展热轧H型钢,铁路、电力、桥梁用钢,建筑用型钢和新Ⅲ级螺纹钢筋、预应力钢丝、钢绞线及其他钢材深加工产品,建设新型建筑用钢材基地。有色金属工业重点支持抚顺铝厂和葫芦岛锌厂,通过技术改造,重点发展电解铝及深加工产品,扩大海绵钛生产能力;重点发展电解锌及深加工产品,增大锌铜延伸产品和高附加值产品比例。

在把辽宁建设成精品钢材基地的同时,还要建设冶金新技术、新工艺的开发基地和冶金工业成套设备的研发制造基地。要整合全省冶金技术开发资源,研究开发具有自主知识产权的技术和设备。大力支持鞍钢、本钢等大型企业,利用自身工艺技术开发能力强、设备制造能力强的优势,单独组建或与省内外重型装备企业联合组建大型成套设备制造公司和工程公司,对外进行冶金设备投标和工程承包。鼓励各种所有制冶金企业从事建筑钢结构、工程焊管、涂镀层薄板、精密带钢、预应力棒线材等钢材深加工,以及煤系化工、冶金废渣利用等行业生产,拉长钢铁产业链条,从而与重点钢铁企业一起形成梯次布局、相互配套、优势互补的钢铁工业格局。

四、其他产业

(一)规模因子较大的产业

包括煤电水气工业产业链、食品烟草医药工业产业链、纺织服装产业链。这些产业链虽然没有明显的优势,产业竞争力水平比较弱,效率低下,但规模因子系数比较大,使得这个产业链相对来看也不能忽视。

煤电水气工业中4个行业竞争力水平分别为:煤炭开采和洗选业(5.74)、电力热力的生产和供应业(8.81)、煤气生产和供应业(3.63)、水的生产和供应业(2.64)。其中的电力、热力的生产和供应业的规模因子系数比较大(0.52)。

食品烟草医药工业中的5个行业竞争力分别为:农副食品加工业10.80、食品制造业9.96、饮料制造业11.99、烟草制品业23.16、医药制造业8.19。其中的烟草制品业效率很高,决定了该行业的总体竞争力水平突显的行业吸引力。另外,辽宁的农副食品加工业也是有一定规模的,作为生活消费的产业链,其市场潜力在人口密度较大的辽宁是可以得到拓展的。

纺织服装产业链,只有两个行业,竞争力系数分别为纺织服装、鞋、帽制造业 10.60、纺织业 8.12,整体上在竞争中处于一般偏下的水平。虽然行业少,但规模因子仅次于食品医药类,所以,其产业也有一定影响力。

(二)一些边缘补充性产业

包括轻型工业产业链、非金属采矿行业及其加工行业,以及废弃资源和废旧材料回收加工业等。

轻型工业中有木材加工及竹藤棕草制品业、家具制造业、造纸及纸制品业、印刷业记录媒介的复制、文教体育用品制造业、其他制造业等 6 个行业。轻型工业在辽宁工业中的规模不大,增长较慢,除了家具制造业情况稍好之外,效率普遍与全省平均水平差距较大,不会成为辽宁主导产业,只要作为辅助性行业存在即可。

非金属矿物制品业规模因子系数 0.13,在这几个行业中比较大,废物回收行业的效率相对于这里的其他产业还是相当可观的,能达到一般水平,但规模因子水平很低,这些行业难以形成产业链条,根据拥有的资源来开发和加工就可以了。

以下是工业行业按产业链排列的竞争水平,可以更好地诠释产业链的潜力和存在的问题。

表 5-9　竞争力因子系数和综合系数

行业	规模因子系数	增长因子系数	效率因子系数	竞争力综合系数
全省总计	5.00	2.00	6.00	13.00
1. 石化工业				
石油和天然气开采业	0.65	2.38	23.78	26.82
塑料制品业	0.06	2.56	6.72	9.34

行业	规模因子系数	增长因子系数	效率因子系数	竞争力综合系数
化学原料及化学制品制造业	0.26	2.08	5.31	7.65
石油加工、炼焦及核燃料加工业	-0.02	1.10	5.23	6.31
橡胶制品业	0.03	1.44	4.58	6.06
化学纤维制造业	0.02	2.44	-0.65	1.82
2. 装备制造业				
仪器仪表及文化、办公用机械制造业	0.02	2.33	7.46	9.81
通用设备制造业	0.28	2.40	5.57	8.26
电气机械及器材制造业	0.13	2.16	5.92	8.21
交通运输设备制造业	0.43	2.80	4.73	7.97
通信设备、计算机及其他电子设备制造业	0.16	2.20	5.06	7.43
专用设备制造业	0.14	2.30	4.75	7.19
金属制品业	0.07	2.70	5.84	8.60
3. 冶金工业				
黑色金属矿采选业	0.03	3.10	12.16	15.29
有色金属矿采选业	0.03	2.86	11.18	14.07
黑色金属冶炼及压延加工业	1.31	2.11	9.57	12.99
有色金属冶炼及压延加工业	0.14	4.43	5.70	10.28
4. 煤电水气工业产业链				
电力、热力的生产和供应业	0.52	1.97	6.32	8.81
煤炭开采和洗选业	0.12	0.95	4.67	5.74
燃气生产和供应业	0.01	0.62	2.99	3.63
水的生产和供应业	0.02	2.21	0.40	2.64
5. 食品烟草医药工业				
烟草制品业	0.02	2.08	21.05	23.16
饮料制造业	0.04	2.04	9.92	11.99

行业	规模因子系数	增长因子系数	效率因子系数	竞争力综合系数
农副食品加工业	0.11	3.68	7.01	10.80
食品制造业	0.03	2.96	6.97	9.96
医药制造业	0.05	2.30	5.84	8.19
6. 纺织服装业				
纺织服装、鞋、帽制造业	0.03	3.03	7.53	10.60
纺织业	0.04	3.57	4.51	8.12
7. 轻型工业				
家具制造业	0.04	2.62	11.68	14.35
木材加工及木、竹、藤、棕、草制品业	0.02	3.90	6.86	10.78
印刷业和记录媒介的复制	0.00	2.52	3.85	6.37
皮革、毛皮、羽毛(绒)及其制品业	0.00	1.03	5.09	6.13
文教体育用品制造业	0.00	1.60	4.24	5.85
造纸及纸制品业	0.01	0.95	4.72	5.68
工艺品及其他制造业	0.01	1.46	3.36	4.84
8. 其他行业				
废弃资源和废旧材料回收加工业	0.00	0.00	13.61	13.62
非金属矿采选业	0.01	2.67	7.00	9.67
非金属矿物制品业	0.13	2.26	5.81	8.20

注:作者根据 2007 年辽宁统计年鉴数据整理计算。

第七节 提升辽宁大中型工业
企业竞争力的策略

企业的外部环境正在发生着变化,这种变化在外部表现为竞争日趋复杂和激烈;监管环境不断调整和改革;合作共赢的产业价值链逐步完善;消费者消费观念日趋成熟,需求日渐深化等。市场竞争实质上不是产品对产品的竞争,而是企业整体对企业整体的竞争,人才与素质的博弈。竞争成功表现为不仅仅是一次产品开发或市场策略的结果,而是企业全面综合管理能力的体现。

一、扩大资源整合,提升企业规模竞争力

根据我们对竞争力水平测算的结果,增长因子能迅速提升企业竞争力水平,而且作用十分明显。加强相关产业资源整合,形成产业链条,形成规模效益是提升竞争力的有效途径。

推进国有大型企业调整重组,做大做强重点行业国有企业。把产业关联度高、具有优势互补和战略协调效应的国有企业实施联合重组,形成一批主业突出、具有自主知识产权、竞争能力较强的大型企业集团。鞍钢和本钢联合重组为鞍本钢集团,加快打造世界级钢铁"航母"。由大连特钢和抚顺特钢联合组建而成的辽宁特钢集团,与黑龙江北满特钢联合组建东北特钢集团,实现了资源整合、规模扩张。华锦集团与兵器集团强强联合,吸引增量资金15亿元,规划项目投资207亿元。至2007年底,全省国有企业资产规模超过百亿元的已有13户,超过50亿元的有22户。资产规模和销售收入双超百亿元的有6户,双超50亿元的有14户。本钢集团、北台集团等企业双超300亿元。国有企业的联合重组、做大做强,有力地促进了辽宁省先进的装备制造业、高加工度的原材料工业两大基地建设。

辽宁坚持因企制宜,一企一策,围绕发展推进改革,努力采用增资扩股方式,吸引增量资金参与企业改制,实现以改革促进发展,通过采取与中央企业和外埠优势企业合作,与外资合作、地方企业之间重组、企业内部整合、挂牌出售、破产重组等形式,全省工

业大型企业股份制改造取得重大进展。截至 2007 年底,全省 40 户国有大型工业企业已有 36 户完成股份制改造,改制面达 90%。另外,21 户国有非工业大型企业已有 19 户完成改制,改制面为 91%。

二、引领科技创新,奠定企业增长竞争力

在科技发展日新月异、经济全球化进程不断加快的当今时代,科技水平的高低,不仅决定着一个国家和地区在国际经济舞台上的地位,而且决定着它在世界竞争格局中的前途和命运。谁拥有科技实力和科技优势,谁就拥有竞争的主动权。企业核心竞争力的提高要靠科技创新,加大企业技术开发投入,自主创新能力增强,在重大装备研制、生产技术改造、产品科技创新等方面取得突破。

辽宁是国内的科技大省,但不是科技强省,科技水平和科技实力不仅明显落后于发达国家,与国内先进省市相比也存在一定的差距,有限的科技供给还远不能满足经济社会发展的巨大需求。科技创新能力不强,对产业改造、升级的支撑带动作用不够突出;科技创新体系尚不完善,企业还没有成为真正的技术创新主体;科技资源集成度低,难以形成整体的创新强势;分工合作机制缺位,产业集群尚未形成;科技投入不高,环境不完善,科技创新人才流失严重。这些问题严重地阻碍了辽宁科技创新的步伐,在转变经济增长方式的同时,必须强化科技投入。

世界 500 强企业研究与发展经费占产品销售收入的比重约在 5%—10%,我省大型企业仅占 1%—1.38%。增加投入,提高企业技术创新能力:一是加快现代企业制度改革,使企业成为技术创新的主体。包括企业要成为研究主体、技术创新利益分配的主体、

技术创新的投资主体。二是增加企业技术开发(R&D)投入。企业必须研究、开发具有自主知识产权的核心技术和核心产品,增加技术储备,具备5—10年的产品和技术的开发能力,使竞争对手难以模仿,从而创造竞争优势。三是进行多种形式的产学研联合。企业要与高等院校、科研院所建立开放的稳定的合作关系。有条件的大企业可以到人才集中、科技发达的国家建立自己的技术开发机构,或建立多种形式的合作关系,跟踪国际先进科技成果,加以吸收消化,形成自己的技术优势。四是不断改造现有工艺装备,提高产品档次,实现产品、技术的升级换代。

三、强化精细管理,形成企业效率竞争力

在市场经济的今天,客户、竞争和变化构成了驱动社会发展的主要力量,相应地,深化管理成为企业工作的主旋律。企业只有不断创新管理,才能在企业规模不断扩大、竞争更加激烈的情况下实现可持续发展。市场竞争实质上不是产品与产品的竞争,而是企业整体与企业整体的竞争,人才与素质的博弈。竞争成功表现为不仅仅是一次产品开发或市场策略的结果,而是企业全面综合管理能力的体现。精细管理是以目标管理为载体,以数据分析、过滤的信息为依据,以实现效益最大化和提高企业核心竞争力为目的,通过对企业运行实行有效控制,从而保证企业战略目标的最终实现。其核心是通过管理的细化和深化,明确各环节的关键控制点,最大限度地简化与删除非增值活动,维持企业的高效运作,保持企业持续发展的活力。它作用于企业的各个方面,通过对市场、资源、人力、财务等方面实施具体、明确、细致的标准,取代笼统、模糊的管理要求,改变以往的经验式管理模式,把精细标准渗透到管理的各个环节,以数据作为提出问题的依据、分析判断的基础、考察

评估的尺度,使无形的管理变成有形的管理,量化的管理。

精细管理体现在管理的全方位上,甚至是战略管理,当然它更包括资源管理、企业价值链的管理、执行力和绩效的管理、投资与财务流管理等企业运营的有机整体。最终它以企业的理念、企业的品牌、企业的核心竞争力,乃至以企业的文化反映出来。精细管理是推进企业加快向世界一流通信企业迈进的必然选择。

在企业要全方位、全过程实施精细管理,是一项巨大而复杂的系统工程。而在管理的战略、规划和执行三个层次中,执行过程是极为重要的环节,因此要把执行力发挥出来,并取得扎实成效,必须开拓创新、真抓实干。把精细管理明确到生产经营过程中的各个环节和关键控制点,在细节上区分差异,从而达到精细管理效益最大化。

竞争与市场要求我们必须与时俱进、以变应变,以变化的观念来适应变化的情况,以变化的观念采取变化的对策,从而使企业在规模扩大的情况下,通过管理的细化和深化,明确企业各环节的可控制点,最大限度地简化与删除非增值活动,维持企业的高效运作,保持企业持续发展的活力。

不断提高核心竞争力是企业长期制胜之本。企业特别是大型企业,应着眼于企业的长远发展,着眼于在国际市场上形成持续的竞争优势,研究制定以提高核心竞争力为基础的企业发展战略,获得可持续发展的动力。

四、优化产业结构,促进辽宁工业整体竞争力的提升

辽宁要提升经济发展水平和质量,必须以科学发展观为指导,实现产业结构优化升级是转变经济增长方式的重要举措。

在遵循产业发展基本规律的基础上,超前配置先导产业或将

几个发展阶段同时推进的产业升级过程,就是实现结构优化升级中的重点跨越。它可以是跳过先行国家产业发展的某个或几个阶段,也可以是在较短时间内用较少代价实现或超过先行国家产业发展目标。

辽宁工业结构优化升级实现重点跨越,主要是指先进装备制造业、高加工度原材料工业和高新技术产业(以下简称"三大战略产业")的跨越式升级问题。

"三大战略产业"都具有跨越式升级的可能性。

（一）装备制造业具有跨越式升级的实力

仅就沈阳来说,2006 年,规模以上装备制造业实现产值 1647 亿元,增长 46.7%,占全市规模以上工业的 50%。在关系国计民生与国家安全的重大技术装备和产品领域的 77 个主要产品中,沈阳市铁西区生产的 44 个产品的国内市场占有率居同行业首位,18 种产品列国际市场前 10 位。沈阳机床集团和大连机床集团已双双进入世界机床前 10 强。可见,辽宁有条件、有能力实现装备制造业的跨越式升级,用"中国装备"支撑"中国制造"。辽宁应充分发挥产业基础好、技术力量强等优势,抓住世界制造业加速转移和我国推进重大装备自产化的有利时机,加快发展重大装备产业和配套产业,实现跨越式升级。

（二）原材料工业具有跨越式升级的基础

从一定意义上说,原材料工业曾是辽宁工业的重要象征。"一五"期间,国家将 156 个重点项目的 24 项放在辽宁。其中,很多大项目是原材料工业项目。这些项目的建设与发展,使辽宁形成了以石化、冶金、建材为主的原材料工业基地。振兴东北老工业基地战略实施以来,辽宁省原材料工业稳步快速增长,对工业及其他行业的推动作用不断增强。到 2006 年末,在全省工业增加值中,原材料工业占50%;工业企业主营业务收入比2003年增长119.7%。仅就鞍钢来说,目前已有75%的产品质量达到国际先进水平;轿车面板已批量用于通用、福特、宝马等国际知名品牌;拥有自主知识产权的1700中薄板坯连铸连轧生产线(ASP)成功输出,使鞍钢实现了从制造产品到创造产品、从销售产品到外卖技术的跨越。也就是说,辽宁已经形成了原材料工业跨越升级的基础。辽宁应进一步发挥原材料工业的基础优势,围绕提高质量、降低消耗、增加效益、替代进口、改善环境,实施调整、改造、升级。原材料工业中,重点跨越的产业是石化、冶金和建材。通过重点跨越,促进原材料工业向规模化、集约化、系列化、高级化和高加工度方向发展。

(三)高新技术产业是跨越式升级的优势

辽宁科技力量雄厚,具有构建高新技术产业的集成优势和特色优势。沈阳浑南新区已经成为多种技术产业发展的基地,这里的电子信息、数字医疗、动漫等高新技术产业发展迅速。例如,东软集团从20世纪90年代中期开始,致力于国产CT机的研制,到今天已成为跻身软件与服务、医疗系统、IT教育与培训等三大领域的世界著名企业。该企业已开发生产出6大类20多种数字化医疗设备产品,获得专利140多项,拥有其全部知识产权。今天的东软已经具备了与世界级竞争对手试高低的雄厚实力。从东软集团的发展可以看出,辽宁应充分发挥科技力量雄厚的优势,大力发展高新技术产业,用高新技术和先进适用技术改造传统产业,努力实现高新技术产业的跨越式升级。应将电子信息产业、新材料产业、生物与医药产业和先进能源产业作为跨越式升级的重点。

"三大战略产业"如何实现跨越式升级呢?实现跨越式升级的核心因素是科技创新。根据辽宁的实际情况,课题组认为:

第一,从区域分布上看,必须形成产业集群。产业集群是指在某个特定的区域内集中着相互关联的大量企业,从而形成的产业群落。产业集群具有两个显著特点:企业间的关联性和地域上的集中性。由此,使产业集群形成四种效应:规模效应、成本效应、创新效应、文化效应。这四种效应的形成必然会推动企业提高经济效益、社会效益和生态效益,从而实现产业跨越式升级。沈阳工业走廊就是实行产业集群的成功案例。这里已成为辽宁装备制造业的聚集区、核心区,到 2006 年,规模以上企业达到 334 户,装备制造业产值 506 亿元,占沈阳市装备制造业产值的 50%,占全省装备制造业产值的 22%,其主要产品发展到 90 大类 1000 多个系列近万个品种。预计到 2010 年,聚集区规模以上装备制造业企业将达到 1200 户,可实现产值 2400 亿元。装备制造业的产业集群优势已经显现出来,它将推动辽宁装备制造业实现跨越式升级。

第二,从组织行为上看,必须进行产业再造。产业再造与产业集群不同,它是产权重组与产业结构调整的过程。由于产业再造,一些产业可能获得发展,另一些产业可能因此萎缩。产业再造,发挥战略产业优势的重大举措,是建立现代企业制度,增强优势企业核心竞争力,实现跨越式升级的组织保证。辽宁在"十五"期间积极推进产业再造,打破了地区、部门、所有制界限,通过地方企业之间、地方企业与中直企业、国有企业与非公有制企业、省内企业与省外和国外企业的联合,大力推进了战略性重组与再造。

第三,从结构关联上看,必须进行产业链接。产业链接既包括一、二、三次产业之间的链接,也包括每个产业内部的链接。辽宁"三大战略产业"具有较强的关联性。"三大战略产业"与其他产业的关联可以是直接的,也可以是间接的。关联愈广泛、愈深刻,则"三大战略产业"的发展就愈能通过集聚效应的作用带动辽宁经济的振兴与发展。"三大战略产业"的链条长短、质量高低、各环节能否协调发展,直接影响其实现跨越式升级的进度和水平。研究和规划产业链接,对于优化产业流程,延长产业链,建立一套与市场竞争相适应的、数字化的管理模式,弥补"三大战略产业"各自内部与外部以及链接中的不足,推动其协调发展具有重要意义,对此应引起高度重视。

为了保证上述战略步骤得以实施,从宏观调控上,必须优选产业政策。选择和实施良好的产业政策,对于抑制市场垄断、引导产业集群、促进产业再造、延长产业链等均具有十分重要的作用。选择产业政策,推动"三大战略产业"优化升级必须按照产业政策的客观性、区域性、导向性、民主性、公平性、规范性、先进性和可操作性等标准,同时,设计和制定产业政策,应该特别强调严格遵守科学的程序。只有遵循科学的程序,才能保证上述标准的落实。良好的制度可以产生高效率的经济运行体制。

附件5-1　辽宁工业主要指标数据——按行业分的大中型工业企业主要指标　　（单位：亿元）

行业	企业单位数（个）	工业增加值	资产总计	负债合计	所有者权益	主营业务收入	利润总额	工业增加值率（%）	总资产贡献率（%）	资产负债率（%）	流动资产周转次数（次/年）	工业成本费用利润率（%）	全员劳动生产率（元/人）	产品销售率（%）
全省总计	1085	2819.1	10722	6163	4395	9733	307.4	29.05	8.08	57.48	2.22	3.32	158475	98.77
煤炭开采和洗选业	13	74.88	331.8	182	150	170.6	2.76	43.15	6.19	54.84	1.35	1.73	46041	98.44
石油和天然气开采业	2	272.66	580.3	232.2	348	395.6	117.5	65.51	28.65	40.02	2.87	45.76	299495	99.89
黑色金属矿采选业	19	15.03	30.36	18.59	11.8	40.29	5.13	36.49	28.78	61.22	2.94	15.04	85307	94.13
有色金属矿采选业	15	10.13	33.68	17.56	16.1	24.37	3.93	36.87	17.24	52.13	1.69	18.81	66444	92.34
非金属矿采选业	7	4.73	17.24	9.96	7.28	10.73	0.79	38.31	11.67	57.78	1.27	7.99	48769	93.63
农副食品加工业	75	85.19	157	96.38	60.6	283.1	8.02	27.92	9.64	61.4	4.14	2.93	178918	97.03
食品制造业	23	21.02	50.52	27.18	23.3	65.9	2.98	31.02	9.57	53.81	3.03	4.96	138773	97.05

附件5-2　辽宁大中型工业企业行业竞争力规模因子计算表

（单位:亿元）

行业	工业增加值	资产总计	所有者权益	主营业务收入	利润总额	工业增加值比重	资产总计比重	所有者权益比重	主营业务收入比重	利润总额比重	规模因子系数
全省总计	2819.09	10721.56	4394.64	9733.03	307.39	100.00%	100.00%	100.00%	100.00%	100.00%	5.00
煤炭开采和洗选业	74.88	331.78	149.84	170.61	2.76	2.66%	3.09%	3.41%	1.75%	0.90%	0.12
石油和天然气开采业	272.66	580.30	348.07	395.63	117.51	9.67%	5.41%	7.92%	4.06%	38.23%	0.65
黑色金属矿采选业	15.03	30.36	11.77	40.29	5.13	0.53%	0.28%	0.27%	0.41%	1.67%	0.03
有色金属矿采选业	10.13	33.68	16.12	24.37	3.93	0.36%	0.31%	0.37%	0.25%	1.28%	0.03
非金属矿采选业	4.73	17.24	7.28	10.73	0.79	0.17%	0.16%	0.17%	0.11%	0.26%	0.01
农副食品加工业	85.19	156.98	60.60	283.14	8.02	3.02%	1.46%	1.38%	2.91%	2.61%	0.11
食品制造业	21.02	50.52	23.33	65.90	2.98	0.75%	0.47%	0.53%	0.68%	0.97%	0.03
饮料制造业	23.94	56.60	28.93	46.74	3.45	0.85%	0.53%	0.66%	0.48%	1.12%	0.04

行业	工业增加值	资产总计	所有者权益	主营业务收入	利润总额	工业增加值比重	资产总计比重	所有者权益比重	主营业务收入比重	利润总额比重	规模因子系数
烟草制品业	21.61	29.33	11.56	29.95	1.59	0.77%	0.27%	0.26%	0.31%	0.52%	0.02
纺织业	22.70	93.99	36.94	75.39	1.90	0.81%	0.88%	0.84%	0.77%	0.62%	0.04
纺织服装、鞋、帽制造业	22.50	34.82	18.36	60.73	3.20	0.80%	0.32%	0.42%	0.62%	1.04%	0.03
皮革、毛皮、羽毛（绒）及其制品业	2.16	5.62	1.68	8.86	0.18	0.08%	0.05%	0.04%	0.09%	0.06%	0.00
木材加工及木、竹、藤、棕、草制品业	9.92	26.42	11.81	28.10	1.78	0.35%	0.25%	0.27%	0.29%	0.58%	0.02
家具制造业	19.61	40.53	24.10	40.65	6.30	0.70%	0.38%	0.55%	0.42%	2.05%	0.04
造纸及纸制品业	6.52	29.00	10.01	15.37	0.40	0.23%	0.27%	0.23%	0.16%	0.13%	0.01
印刷业和记录媒介的复制	2.23	14.28	5.45	7.97	0.05	0.08%	0.13%	0.12%	0.08%	0.02%	0.00

行业	工业增加值	资产总计	所有者权益	主营业务收入	利润总额	工业增加值比重	资产总计比重	所有者权益比重	主营业务收入比重	利润总额比重	规模因子系数
文教体育用品制造业	1.62	4.23	1.36	5.99	0.02	0.06%	0.04%	0.03%	0.06%	0.01%	0.00
石油加工、炼焦及核燃料加工业	338.55	704.10	427.08	1931.65	-153.06	12.01%	6.57%	9.72%	19.85%	-49.79%	-0.02
化学原料及化学制品制造业	94.50	679.98	269.59	491.92	16.41	3.35%	6.34%	6.13%	5.05%	5.34%	0.26
医药制造业	29.32	123.19	41.37	79.07	3.47	1.04%	1.15%	0.94%	0.81%	1.13%	0.05
化学纤维制造业	15.27	116.82	76.56	60.27	-6.59	0.54%	1.09%	1.74%	0.62%	-2.14%	0.02
橡胶制品业	17.71	82.98	34.96	68.99	1.79	0.63%	0.77%	0.80%	0.71%	0.58%	0.03
塑料制品业	26.56	138.34	51.10	98.09	6.16	0.94%	1.29%	1.16%	1.01%	2.00%	0.06
非金属矿物制品业	77.03	302.54	121.00	221.14	8.58	2.73%	2.82%	2.75%	2.27%	2.79%	0.13

行业	工业增加值	资产总计	所有者权益	主营业务收入	利润总额	工业增加值比重	资产总计比重	所有者权益比重	主营业务收入比重	利润总额比重	规模因子系数
黑色金属冶炼及压延加工业	605.37	2187.02	930.46	1707.87	156.41	21.47%	20.40%	21.17%	17.55%	50.88%	1.31
有色金属冶炼及压延加工业	68.39	327.89	96.99	290.13	9.78	2.43%	3.06%	2.21%	2.98%	3.18%	0.14
金属制品业	45.24	109.65	42.03	164.29	4.77	1.60%	1.02%	0.96%	1.69%	1.55%	0.07
通用设备制造业	167.55	576.55	211.35	580.03	19.31	5.94%	5.38%	4.81%	5.96%	6.28%	0.28

（单位:亿元）

附件5-3　辽宁大中型工业企业行业竞争力增长因子计算表

行业	2006年工业增加值	2006年利润总额	2005年工业增加值	2005年利润总额	2004年工业增加值	2004年利润总额	2006年工业增加值环比速度	2005年工业增加值环比速度	2004~2006年工业增加值平均发展速度	2006年利润总额环比速度	2005年利润总额环比速度	2004~2006年利润总额平均发展速度	2004~2006年工业增加值平均发展速度系数	2004~2006年利润总额平均发展速度系数	增长因子系数
全省合计	2819.1	307.39	2284.95	268.27	1801.28	367.20	123.38%	126.85%	125.10%	114.58%	73.06%	91.49%	1.00	1.00	2.00
煤炭开采和洗选业	74.88	2.76	75.36	2.06	52.53	-1.74	99.36%	143.46%	119.39%	133.98%	-118.39%	—	0.95	—	0.95
石油和天然气开采业	272.66	117.51	243.05	112.15	181.59	71.07	112.18%	133.85%	122.54%	104.78%	157.80%	128.59%	0.98	1.41	2.38
黑色金属矿采选业	15.03	5.13	8.37	3.91	4.93	2.12	179.57%	169.78%	174.60%	131.20%	184.43%	155.56%	1.40	1.70	3.10
有色金属矿采选业	10.13	3.93	7.01	4.48	6.05	1.41	144.51%	115.87%	129.40%	87.72%	317.73%	166.95%	1.03	1.82	2.86
非金属矿采选业	4.73	0.79	3.10	1.17	2.29	0.41	152.58%	135.37%	143.72%	67.52%	285.37%	138.81%	1.15	1.52	2.67
农副食品加工业	85.19	8.02	79.80	9.76	36.97	1.58	106.75%	215.85%	151.80%	82.17%	617.72%	225.30%	1.21	2.46	3.68
食品制造业	21.02	2.98	16.01	2.51	7.65	1.34	131.29%	209.28%	165.76%	118.73%	187.31%	149.13%	1.33	1.63	2.96

行业	2006年工业增加值	2006年利润总额	2005年工业增加值	2005年利润总额	2004年工业增加值	2004年利润总额	2006年工业增加值环比速度	2005年工业增加值环比速度	2004—2006年工业增加值平均发展速度	2006年利润总额环比速度	2005年利润总额环比速度	2004—2006年利润总额平均发展速度	2004—2006年工业增加值平均发展速度系数	2004—2006年利润总额平均发展速度系数	增长因子系数
饮料制造业	23.94	3.45	23.71	3.16	19.22	3.15	100.97%	123.36%	111.61%	109.18%	100.32%	104.65%	0.89	1.14	2.04
烟草制品业	21.61	1.59	18.62	1.32	17.88	1.31	116.06%	104.14%	109.94%	120.45%	100.76%	110.17%	0.88	1.20	2.08
纺织业	22.7	1.9	20.13	1.89	12.10	0.37	112.77%	166.36%	136.97%	100.53%	510.81%	226.61%	1.09	2.48	3.57
纺织服装、鞋、帽制造业	22.5	3.2	15.26	2.02	9.57	1.17	147.44%	159.46%	153.33%	158.42%	172.65%	165.38%	1.23	1.81	3.03
皮革、毛皮、羽毛（绒）及其制品业	2.16	0.18	15.62	0.81	10.36	0.48	13.83%	150.77%	45.66%	22.22%	168.75%	61.24%	0.36	0.67	1.03
木材加工及木、竹、藤、棕、草制品业	9.92	1.78	8.23	2.69	3.09	0.35	120.53%	266.34%	179.17%	66.17%	768.57%	225.52%	1.43	2.46	3.90

行业	2006年工业增加值	2005年工业增加值	2006年利润总额	2005年利润总额	2004年工业增加值	2004年利润总额	2006年工业增加值环比速度	2005年工业增加值环比速度	2004—2006年工业增加值平均发展速度	2006年利润总额环比速度	2005年利润总额环比速度	2004—2006年利润总额平均发展速度	2004—2006年工业增加值平均发展速度系数	2004—2006年利润总额平均发展速度系数	增长因子系数
家具制造业	19.61	12.95	6.3	3.16	11.39	3.03	151.43%	113.70%	131.21%	199.37%	104.29%	144.19%	1.05	1.58	2.62
造纸及纸制品业	6.52	2.83	0.4	0.10	4.63	-0.39	230.39%	61.12%	118.67%	400.00%	-25.64%	—	0.95	—	0.95
印刷业和记录媒介的复制	2.23	1.93	0.05	0.11	0.70	0.05	115.54%	275.71%	178.49%	45.45%	220.00%	100.00%	1.43	1.09	2.52
文教体育用品制造业	1.62	0.60	0.02	0.07	0.75	0.13	270.00%	80.00%	146.97%	28.57%	53.85%	39.22%	1.17	0.43	1.60
石油加工、炼焦及核燃料加工业	338.55	240.25	-153.1	-109.70	180.35	34.88	140.92%	133.21%	137.01%	139.53%	-314.51%	—	1.10	—	1.10
化学原料及化学制品制造业	94.5	88.29	16.41	23.51	72.80	14.38	107.03%	121.28%	113.93%	69.80%	163.49%	106.83%	0.91	1.17	2.08

行业	2006年工业增加值	2006年利润总额	2005年工业增加值	2005年利润总额	2004年工业增加值	2004年利润总额	2006年工业增加值环比速度	2005年工业增加值环比速度	2004—2006年工业增加值平均发展速度	2006年利润总额环比速度	2005年利润总额环比速度	2004—2006年利润总额平均发展速度	2004—2006年工业增加值平均发展速度系数	2004—2006年利润总额平均发展速度系数	增长因子系数
医药制造业	29.32	3.47	33.84	3.89	15.66	2.84	86.64%	216.09%	136.83%	89.20%	136.97%	110.54%	1.09	1.21	2.30
化学纤维制造业	15.27	-6.59	7.64	-3.30	8.08	-4.35	199.87%	94.55%	137.47%	199.70%	75.86%	123.08%	1.10	1.35	2.44
橡胶制品业	17.71	1.79	21.33	5.14	17.42	5.36	83.03%	122.45%	100.83%	34.82%	95.90%	57.79%	0.81	0.63	1.44
塑料制品业	26.56	6.16	19.80	5.08	13.94	3.45	134.14%	142.04%	138.03%	121.26%	147.25%	133.62%	1.10	1.46	2.56
非金属矿物制品业	77.03	8.58	50.62	5.63	40.07	7.77	152.17%	126.33%	138.65%	152.40%	72.46%	105.08%	1.11	1.15	2.26
黑色金属冶炼及延加工业	605.37	156.41	498.83	131.82	434.92	137.62	121.36%	114.69%	117.98%	118.65%	95.79%	106.61%	0.94	1.17	2.11
有色金属冶炼及延加工业	68.39	9.78	34.42	4.13	18.08	1.41	198.69%	190.38%	194.49%	236.80%	292.91%	263.37%	1.55	2.88	4.43

行业	2006年工业增加值	2006年利润总额	2005年工业增加值	2005年利润总额	2004年工业增加值	2004年利润总额	2006年工业增加值环比速度	2005年工业增加值环比速度	2004—2006年工业增加值增加平均发展速度	2006年利润总额环比速度	2005年利润总额环比速度	2004—2006年利润总额平均发展速度	2004—2006年工业增加值加平均发展速度系数	2004—2006年利润总额平均发展速度系数	增长因子系数
金属制品业	45.24	4.77	35.04	3.70	15.46	3.23	129.11%	226.65%	171.06%	128.92%	114.55%	121.52%	1.37	1.33	2.70
通用设备制造业	167.55	19.31	125.02	16.02	77.71	15.28	134.02%	160.88%	146.84%	120.54%	104.84%	112.42%	1.17	1.23	2.40
专用设备制造业	81.69	7.2	47.00	5.80	37.71	6.78	173.81%	124.64%	147.18%	124.14%	85.55%	103.05%	1.18	1.13	2.30
交通运输设备制造业	206.34	24.87	157.48	3.34	136.55	8.95	131.03%	115.33%	122.93%	744.61%	37.32%	166.70%	0.98	1.82	2.80
电气机械及器材制造业	69.04	11.69	55.77	11.88	42.06	10.90	123.79%	132.60%	128.12%	98.40%	108.99%	103.56%	1.02	1.13	2.16
通信设备,计算机及其他电子设备制造业	87.22	9.43	67.37	2.70	69.96	6.57	129.46%	96.30%	111.66%	349.26%	41.10%	119.80%	0.89	1.31	2.20

行业	2006年工业增加值	2006年利润总额	2005年工业增加值	2005年利润总额	2004年工业增加值	2004年利润总额	2006年工业增加值环比速度	2005年工业增加值环比速度	2004—2006年工业增加值环比平均发展速度	2006年利润总额环比速度	2005年利润总额环比速度	2004—2006年利润总额平均发展速度	2004—2006年工业增加值平均发展速度发展系数	2004—2006年利润总额平均发展速度发展系数	增长因子系数
仪器仪表及文化、办公用机械制造业	7.64	1.7	7.07	1.21	4.94	1.14	108.06%	143.12%	124.36%	140.50%	106.14%	122.12%	0.99	1.33	2.33
工艺品及其他制造业	6.45	0.14	4.48	-0.03	3.72	0.99	143.97%	120.43%	131.68%	-466.67%	-3.03%	37.61%	1.05	0.41	1.46
废弃资源和废旧材料回收加工业	1.84	-0.01	0.29	0.02	0.00	0.00	634.48%	—	—	-50.00%	—	—	—	—	0.00
电力、热力的生产和供应业	246.96	27.12	228.38	8.72	218.65	25.68	108.14%	104.45%	106.28%	311.01%	33.96%	102.77%	0.85	1.12	1.97
燃气生产和供应业	1.95	0.13	1.95	-0.41	3.19	-0.41	100.00%	61.13%	78.18%	-31.71%	100.00%	—	0.62	—	0.62
水的生产和供应业	8.03	-1.92	7.53	-2.27	8.32	-1.13	106.64%	90.50%	98.24%	84.58%	200.88%	130.35%	0.79	1.42	2.21

附件5-4　辽宁大中型工业企业行业竞争力效率因子计算表

行业	工业增加率(%)	总资产贡献率(%)	流动资产周转次数(次/年)	工业成本费用利润率(%)	全员劳动生产率(元/人)	产品销售率(%)	工业增加率系数	总资产贡献率系数	流动资产周转次数系数	工业成本费用利润率系数	全员劳动生产率系数	产品销售率系数	效率因子系数
全省总计	29.05	8.08	2.22	3.32	158475	98.77	1.00	1.00	1.00	1.00	1.00	1.00	6.00
煤炭开采和洗选业	43.15	6.19	1.35	1.73	46041	98.44	1.49	0.77	0.61	0.52	0.29	1.00	4.67
石油和天然气开采业	65.51	28.65	2.87	45.76	299495	99.89	2.26	3.55	1.29	13.78	1.89	1.01	23.78
黑色金属矿采选业	36.49	28.78	2.94	15.04	85307	94.13	1.26	3.56	1.32	4.53	0.54	0.95	12.16
有色金属矿采选业	36.87	17.24	1.69	18.81	66444	92.34	1.27	2.13	0.76	5.67	0.42	0.93	11.18
非金属矿采选业	38.31	11.67	1.27	7.99	48769	93.63	1.32	1.44	0.57	2.41	0.31	0.95	7.00
农副食品加工业	27.92	9.64	4.14	2.93	178918	97.03	0.96	1.19	1.86	0.88	1.13	0.98	7.01
食品制造业	31.02	9.57	3.03	4.96	138773	97.05	1.07	1.18	1.36	1.49	0.88	0.98	6.97

行业	工业增加值率(%)	总资产贡献率(%)	流动资产周转次数(次/年)	工业成本费用利润率(%)	全员劳动生产率(元/人)	产品销售率(%)	工业增加值率系数	总资产贡献率系数	流动资产周转次数系数	工业成本费用利润率系数	全员劳动生产率系数	产品销售率系数	效率因子系数
饮料制造业	48.25	21.31	2.01	9.17	150627	98.67	1.66	2.64	0.91	2.76	0.95	1.00	9.92
烟草制品业	67.15	59.97	1.49	10.1	1046527	99.16	2.31	7.42	0.67	3.04	6.60	1.00	21.05
纺织业	28.34	5.05	1.88	2.59	50187	95.74	0.98	0.63	0.85	0.78	0.32	0.97	4.51
纺织服装、鞋、帽制造业	30.13	14.19	3.58	5.68	70388	95.94	1.04	1.76	1.61	1.71	0.44	0.97	7.53
皮革、毛皮、羽毛(绒)及其制品业	24.16	9.71	2.81	2.11	24336	98.99	0.83	1.20	1.27	0.64	0.15	1.00	5.09
木材加工及木、竹、藤、棕、草制品业	33.07	8.95	2.28	6.75	100439	91.06	1.14	1.11	1.03	2.03	0.63	0.92	6.86

行业	工业增加值率(%)	总资产贡献率(%)	流动资产周转次数(次/年)	工业成本费用利润率(%)	全员劳动生产率(元/人)	产品销售率(%)	工业增加值率系数	总资产贡献率系数	流动资产周转次数系数	工业成本费用利润率系数	全员劳动生产率系数	产品销售率系数	效率因子系数
家具制造业	42.85	16.99	2.2	18.2	110802	92.12	1.48	2.10	0.99	5.48	0.70	0.93	11.68
造纸及纸制品业	37.41	4.89	1.27	2.69	81878	91.84	1.29	0.61	0.57	0.81	0.52	0.93	4.72
印刷业和记录媒介的复制	27.94	4.77	1.42	0.66	69349	100.87	0.96	0.59	0.64	0.20	0.44	1.02	3.85
文教体育用品制造业	25.24	5.82	2.67	0.34	62037	94.56	0.87	0.72	1.20	0.10	0.39	0.96	4.24
石油加工、炼焦及核燃料加工业	17.39	-10.45	4.88	-7.58	793479	99.48	0.60	-1.29	2.20	-2.28	5.01	1.01	5.23
化学原料及化学制品制造业	19.73	6.44	2.28	3.51	117111	99.44	0.68	0.80	1.03	1.06	0.74	1.01	5.31

行业	工业增加值率(%)	总资产贡献率(%)	流动资产周转次数(次/年)	工业成本费用利润率(%)	全员劳动生产率(元/人)	产品销售率(%)	工业增加值率系数	总资产贡献率系数	流动资产周转次数系数	工业成本费用利润率系数	全员劳动生产率系数	产品销售率系数	效率因子系数
医药制造业	35.78	5.8	1.25	4.85	136216	99.19	1.23	0.72	0.56	1.46	0.86	1.00	5.84
化学纤维制造业	26.59	-2.39	1.19	-10.45	52885	99.96	0.92	-0.30	0.54	-3.15	0.33	1.01	-0.65
橡胶制品业	22.41	5.64	1.77	2.7	98353	87.3	0.77	0.70	0.80	0.81	0.62	0.88	4.58
塑料制品业	29.39	7.69	1.2	6.78	182302	100.72	1.01	0.95	0.54	2.04	1.15	1.02	6.72
非金属矿物制品业	34.78	7.77	1.74	4.05	107115	95.54	1.20	0.96	0.78	1.22	0.68	0.97	5.81
黑色金属冶炼及延加工业	38.45	12.52	2.85	10.14	212722	100.1	1.32	1.55	1.28	3.05	1.34	1.01	9.57
有色金属冶炼及延加工业	23.65	7.53	1.59	3.56	182041	100.88	0.81	0.93	0.72	1.07	1.15	1.02	5.70

行业	工业增加率(%)	总资产贡献率(%)	流动资产周转数（次/年）	工业成本费用利润率(%)	全员劳动生产率(元/人)	产品销售率(%)	工业增加率系数	总资产贡献率系数	流动资产周转次数系数	工业成本费用利润率系数	全员劳动生产率系数	产品销售率系数	效率因子系数
金属制品业	26.52	7.89	2.36	2.99	155055	99.16	0.91	0.98	1.06	0.90	0.98	1.00	5.84
通用设备制造业	28.47	7.33	1.75	3.47	136553	97.67	0.98	0.91	0.79	1.05	0.86	0.99	5.57
专用设备制造业	30.57	4.61	1.11	2.96	117120	98.02	1.05	0.57	0.50	0.89	0.74	0.99	4.75
交通运输设备制造业	22.37	5.32	1.24	2.89	140439	97.73	0.77	0.66	0.56	0.87	0.89	0.99	4.73
电气机械及器材制造业	26.58	7.93	1.87	4.92	113501	97.17	0.91	0.98	0.84	1.48	0.72	0.98	5.92
通信设备、计算机及其他电子设备制造业	23.9	4.78	2.04	2.73	144545	98.17	0.82	0.59	0.92	0.82	0.91	0.99	5.06

行业	工业增加率（%）	总资产贡献率（%）	流动资产周转次数（次/年）	工业成本费用利润率（%）	全员劳动生产率（元/人）	产品销售率（%）	工业增加率系数	总资产贡献率系数	流动资产周转次数系数	工业成本费用利润率系数	全员劳动生产率系数	产品销售率系数	效率因子系数
仪器仪表及文化、办公用机械制造业	33.46	12.28	1.84	8.41	65868	99.94	1.15	1.52	0.83	2.53	0.42	1.01	7.46
工艺品及其他制造业	25.84	2.79	1.53	0.57	38912	100.58	0.89	0.35	0.69	0.17	0.25	1.02	3.36
废弃资源和废旧材料回收加工业	43.8	-1.84	20.7	-0.34	340402	95.29	1.51	-0.23	9.32	-0.10	2.15	0.96	13.61
电力、热力生产和供应业	29.85	7.31	2.56	3.15	201167	99.99	1.03	0.90	1.15	0.95	1.27	1.01	6.32
燃气生产和供应业	17.18	4.34	1.19	0.72	18590	98.33	0.59	0.54	0.54	0.22	0.12	1.00	2.99
水的生产和供应业	36.28	-0.25	0.69	-7.8	35818	98.68	1.25	-0.03	0.31	-2.35	0.23	1.00	0.40

附件 5 − 5　辽宁上市公司指标计算表

公司名称	营业收入（期末）	所有者权益（期末）	净利润（期末）	年营业收入增长率	所有者权益增长率	年净利润的平均增长率	总资产贡献率	全员工资效率（人/百万元）	加权平均净资产收益率
东北制药集团股份有限公司	3,706,074,485.90	889,221,798.79	46,993,239.21	76.99%	−7.50%	93.3%	5.19%	33.31	4.84%
莱茵达置业股份有限公司	922,354,495.04	404,215,551.31	117,995,207.74	−9.63%	47.01%	27.26%	8.06%	13.54	34.16%
营口港务股份有限公司	1,081,615,364.64	1,969,588,699.12	184,623,242.09	20.56%	73.93%	14%	7.49%	30.76	10.77%
金杯汽车股份有限公司	3,726,880,956.51	684,825,319.45	105,589,394.57	37.98%	11.82%	12.19%	3.33%	74.14	5.20%
鞍钢股份有限公司	65,499,000,000.00	54,255,000,000.00	7,525,000,000.00	20.56%	80.11%	7.45%	−10.17%	−15.91	21.32%
本钢板材股份有限公司	31,351,596,494.80	16,740,762,529.80	1,651,359,285.62	17.37%	4.74%	4.49%	8.09%	18.42	10.16%
丹东化学纤维股份有限公司	55,353,204.11	−668,397,922.85	−727,070,623.60	91.71%	−1239.20%	−97.62%	0.08%	417.83	−169.89%
东北电气发展股份有限公司	639,700,849.31	513,191,910.61	−318,906,062.93	14.19%	−38.24%	−	0.39%	618.15	−46.41%

公司名称	营业收入（期末）	所有者权益（期末）	净利润（期末）	年营业收入增长率	所有者权益增长率	年净利润的平均增长率	总资产贡献率	全员工资效率（人/百万元）	加权平均净资产产收益率
抚顺特殊钢股份有限公司	4,838,184,288.38	520,000,000.00	23,730,113.31	12.88%	0.00%	51.99%	4.13%	28.95	1.52%
葫芦岛锌业股份有限公司	9,388,076,019.04	2,890,852,267.38	-287,674,386.25	34.16%	-4.36%	-315.47%	3.01%	38.41	-10.06%
金城造纸股份有限公司	781,501,136.36	401,854,249.27	90,363,224.15	23.96%	28.69%	759.10%	3.12%	51.27	25.33%
锦州港	526,325,602.86	1,392,784,593.50	90,363,224.15	4.67%	4.61%	-42.10%	1.73%	13.76	4.50%
锦化化工集团氯碱股份有限公司	2,145,490,469.00	1,204,611,331.61	19,687,643.95	-22.52%	1.72%	-51.54%	2.75%	61.63	1.71%
联美控股股份有限公司	157,656,293.84	455,906,649.14	15,437,304.98	12.70%	3.41%	355.54%	2.68%	16.17	3.44%
辽宁出版传媒股份有限公司	1,022,645,412.00	1,272,896,531.66	104,632,388.76	1.28%	179.57%	15.31%	2.98%	13.90	18.26%
辽宁国能集团（控股）股份有限公司	548,423,229.30	335,256,815.75	17,373,820.17	8.88%	5.47%	24.79%	0.30%	38.02	5.32%

公司名称	营业收入（期末）	所有者权益（期末）	净利润（期末）	年营业收入增长率	所有者权益增长率	年净利润的平均增长率	总资产贡献率	全员工资效率（人/百万元）	加权平均净资产收益率
辽宁红阳能源投资股份有限公司	154,026,306.39	212,243,054.90	66,978,578.58	-74.91%	46.11%	623.70%	1.71%	14.97	37.47%
辽宁华锦通达化工股份有限公司	3,352,139,948.23	5,674,148,539.18	240,099,775.15	33.28%	213.99%	139.16%	1.46%	18.03	12.75%
辽宁曙光汽车集团股份有限公司	4,111,457,752.71	1,237,682,483.80	111,111,959.97	14.04%	13.72%	0.76%	11.88%	20.62	9.26%
凌源钢铁股份有限公司	7,253,533,085.64	2,953,789,347.42	418,999,924.72	17.71%	10.77%	13.53%	13.80%	18.45	14.19%
荣信电力电子股份有限公司	367,156,976.76	518,084,626.95	83,321,753.39	52.11%	247.99%	64.20%	7.46%	36.01	20.58%
深圳和光现代商务股份有限公司	276,226,954.26	-1,043,136,425.25	31,557,092.70	20.53%	-2.79%	104.31%	1.29%	5.46	-
沈阳东软软件股份有限公司	372,895,556,680.00	1,801,057,789.00	225,792,459.00	5.2%	13.74%	178.9%	7.28%	11.80	13.52%

公司名称	营业收入（期末）	所有者权益（期末）	净利润（期末）	年营业收入增长率	所有者权益增长率	年净利润的平均增长率	总资产贡献率	全员工资效率（人/百万元）	加权平均净资产收益率
沈阳机床股份有限公司	5,883,383,810.89	1,349,789,633.97	73,330,880.37	10.63%	4.24%	-30.11%	5.24%	16.09	6.02%
沈阳惠天热电股份有限公司	964,063,874.03	983,890,579.84	11,887,520.76	22.95%	1.19%	145.47%	0.82%	29.15	1.22%
沈阳化工股份有限公司	5,486,790,289.85	1,624,480,559.83	154,435,561.85	31.82%	15.55%	51.37%	1.45%	20.26	9.98%
沈阳合金投资股份有限公司	222,921,194.97	103,751,935.95	265,461,858.51	4.73%	441.92%	249.42%	0.99%	28.69	170.92%
辽松汽车股份有限公司	205,411,120.44	175,212,055.34	25,409,610.16	54.10%	16.96%	4.37%	1.80%	46.84	15.64%
中兴—沈阳商业大厦（集团）股份有限公司	2,257,946,681.81	834,754,021.34	76,942,709.60	5.99%	7.12%	8.82%	9.39%	22.23	9.53%
中国辽宁国际合作（集团）股份有限公司	211,705,086.83	-76,697,973.93	281,691,369.12	41.30%	-78.51%	7,356.80%	3.01%	8.17	-

公司名称	营业收入（期末）	所有者权益（期末）	净利润（期末）	年营业收入增长率	所有者权益增长率	年净利润的平均增长率	总资产贡献率	全员工资效率（人/百万元）	加权平均净资产收益率
沈阳金山能源股份有限公司	1,518,630,413.32	978,340,021.81	60,900,614.40	128%	12.10%	62.27%	4.48%	11.17	33%
沈阳银基发展股份有限公司	973,951,601.79	1,296,664,470.01	141,682,728.45	12.77%	9.08%	77.88%	7.41%	7.13	11.45%
沈阳商业城股份有限公司	1,837,111,581.79	472,909,559.45	5,245,963.74	11.01%	-1.14%	-23.45%	5.62%	28.32	-0.32%

附件 5－6　辽宁上市公司指标均值及竞争力因子系数表

项目	平均值
营业收入（期末）	16,192,814,898.81
所有者权益（期末）	3,101,804,078.91
净利润（期末）	331,343,859.89
年营业收入增长率	13.69%
所有者权益增长率	3.75%
年净利润的平均增长率	71.37%

项目	平均值
总资产贡献率	3.89%
全员工资效率（人／百万元）	54.42
加权平均净资产收益率	9.21%

竞争力因子系数表

公司名	规模因子			增长因子			效率因子			竞争力系数
	营业收入	所有者权益	净利润	规模因子系数	年营业收入增长率	所有者权益增长率	年净利润增长率	增长因子系数	总资产贡献率	全员工资效率	加权平均净资产收益率	效率因子系数

公司名	营业收入	所有者权益	净利润	规模因子系数	年营业收入增长率	所有者权益增长率	年净利润增长率	增长因子系数	总资产贡献率	全员工资效率	加权平均净资产收益率	效率因子系数	竞争力系数
沈阳合金投资股份有限公司	0.01	0.03	0.80	0.85	0.35	117.85	3.49	121.69	0.26	0.53	18.56	19.34	141.88
中国辽宁国际合作（集团）股份有限公司	0.01	-0.02	0.85	0.84	3.02	-20.94	103.08	85.16	0.78	0.15	-	0.93	86.92
荣信电力电子股份有限公司	0.02	0.17	0.25	0.44	3.81	66.13	0.90	70.84	1.92	0.66	2.23	4.81	76.09
鞍钢股份有限公司	4.04	17.49	22.71	44.25	1.50	21.36	0.10	22.97	-2.62	-0.29	2.31	-0.59	66.62

公司名	规模因子				增长因子				效率因子				竞争力系数
	营业收入	所有者权益	净利润	规模因子系数	年营业收入增长率	所有者权益增长率	年净利润增长率	增长因子系数	总资产贡献率	全员工资效率	加权平均净资产收益率	效率因子系数	
辽宁华锦通达化工股份有限公司	0.21	1.83	0.72	2.76	2.43	57.06	1.95	61.44	0.38	0.33	1.38	2.09	66.30
辽宁出版传媒股份有限公司	0.06	0.41	0.32	0.79	0.09	47.88	0.21	48.19	0.77	0.26	1.98	3.00	51.99
沈阳东软软件股份有限公司	23.03	0.58	0.68	24.29	0.38	3.67	2.51	6.55	1.87	0.22	1.47	3.56	34.40
营口港务股份有限公司	0.07	0.63	0.56	1.26	1.50	19.71	0.20	21.41	1.93	0.57	1.17	3.66	26.33
金城造纸股份有限公司	0.05	0.13	0.27	0.45	1.75	7.65	10.64	20.04	0.80	0.94	2.75	4.50	24.98
辽宁红阳能源投资股份有限公司	0.01	0.07	0.20	0.28	-5.47	12.30	8.74	15.56	0.44	0.28	4.07	4.78	20.63
沈阳金山能源股份有限公司	0.09	0.32	0.18	0.59	9.35	3.23	0.87	13.45	1.15	0.21	3.58	4.94	18.98
莱茵达置业股份有限公司	0.06	0.13	0.36	0.54	-0.70	12.54	0.38	12.22	2.07	0.25	3.71	6.03	18.79

公司名	规模因子				增长因子				效率因子				竞争力系数
	营业收入	所有者权益	净利润	规模因子系数	年营业收入增长率	所有者权益增长率	年净利润增长率	增长因子系数	总资产贡献率	全员工资效率	加权平均净资产收益率	效率因子系数	
本钢板材股份有限公司	1.94	5.40	4.98	12.32	1.27	1.26	0.06	2.60	2.08	0.34	1.10	3.52	18.43
凌源钢铁股份有限公司	0.45	0.95	1.26	2.66	1.29	2.87	0.19	4.36	3.55	0.34	1.54	5.43	12.45
辽松汽车股份有限公司	0.01	0.06	0.08	0.15	3.95	4.52	0.06	8.54	0.46	0.86	1.70	3.02	11.70
沈阳化工股份有限公司	0.34	0.52	0.47	1.33	2.32	4.15	0.72	7.19	0.37	0.37	1.08	1.83	10.35
辽宁曙光汽车集团股份有限公司	0.25	0.40	0.34	0.99	1.03	3.66	0.01	4.70	3.05	0.38	1.01	4.44	10.12
金杯汽车股份有限公司	0.23	0.22	0.32	0.77	2.77	3.15	0.17	6.10	0.86	1.36	0.56	2.78	9.65
沈阳银基发展股份有限公司	0.06	0.42	0.43	0.91	0.93	2.42	1.09	4.44	1.91	0.13	1.24	3.28	8.63
联美控股股份有限公司	0.01	0.15	0.05	0.20	0.93	0.91	4.98	6.82	0.69	0.30	0.37	1.36	8.38

公司名	规模因子				增长因子				效率因子				竞争力系数
	营业收入	所有者权益	净利润	规模因子系数	年营业收入增长率	所有者权益增长率	年净利润增长率	增长因子系数	总资产贡献率	全员工资效率	加权平均净资产收益率	效率因子系数	
东北制药集团股份有限公司	0.23	0.29	0.14	0.66	5.62	-2.00	1.31	4.93	1.33	0.61	0.53	2.47	8.06
中兴—沈阳商业大厦(集团)股份有限公司	0.14	0.27	0.23	0.64	0.44	1.90	0.12	2.46	2.41	0.41	1.03	3.86	6.96
沈阳惠天热电股份有限公司	0.06	0.32	0.04	0.41	1.68	0.32	2.04	4.03	0.21	0.54	0.13	0.88	5.32
沈阳机床股份有限公司	0.36	0.44	0.22	1.02	0.78	1.13	-0.42	1.49	1.35	0.30	0.65	2.30	4.80
辽宁国能集团(控股)股份有限公司	0.03	0.11	0.05	0.19	0.65	1.46	0.35	2.45	0.08	0.70	0.58	1.35	4.00
抚顺特殊钢股份有限公司	0.30	0.17	0.07	0.54	0.94	0.00	0.73	1.67	1.06	0.53	0.17	1.76	3.97
锦州港	0.03	0.45	0.27	0.75	0.34	1.23	-0.59	0.98	0.44	0.25	0.49	1.19	2.92
深圳和光现代商务股份有限公司	0.02	-0.34	0.10	-0.22	1.50	-0.74	1.46	2.22	0.33	0.10	-	0.43	2.43

公司名	规模因子				增长因子				效率因子				竞争力系数
	营业收入	所有者权益	净利润	规模因子系数	年营业收入增长率	所有者权益增长率	年净利润增长率	增长因子系数	总资产贡献率	全员工资效率	加权平均净资产收益率	效率因子系数	
沈阳商业城股份有限公司	0.11	0.15	0.02	0.28	0.80	-0.31	-0.33	0.17	1.45	0.52	-0.03	1.93	2.38
锦化化工集团氯碱股份有限公司	0.13	0.39	0.06	0.58	-1.64	0.46	-0.72	-1.91	0.71	1.13	0.19	2.02	0.70
葫芦岛锌业股份有限公司	0.58	0.93	-0.87	0.64	2.50	-1.16	-4.42	-3.09	0.77	0.71	-1.09	0.39	-2.06
东北电气发展股份有限公司	0.04	0.17	-0.96	-0.76	1.04	-10.20	—	-9.16	0.10	11.36	-5.04	6.42	-3.50
丹东化学纤维股份有限公司	0.00	-0.22	-2.19	-2.41	6.70	-330.45	-1.37	-325.12	0.02	7.68	-18.45	-10.75	-338.28

附件5-7　辽宁38个行业同全国同行业主要经济指标比较表

行业\地区	工业增加值率(%)			总资产贡献率(%)			资产负债率(%)			流动资产周转次数(次/年)			工业成本费用利润率(%)			产品销售率(%)		
	全国	辽宁	辽宁与全国的比较系数	全国	辽宁	辽宁与全国的比较系数	全国	辽宁	辽宁与全国的比较系数	全国	辽宁	辽宁与全国的比较系数	全国	辽宁	辽宁与全国的比较系数	全国	辽宁	辽宁与全国的比较系数
总计	28.30	29.05	1.03	12.85	8.08	0.63	56.97	57.48	1.01	2.42	2.22	0.92	7.42	3.32	0.45	98.39	98.77	1.00
煤炭开采和洗选业	52.35	43.15	0.82	11.32	6.19	0.55	61.43	54.84	0.89	1.61	1.35	0.84	10.34	1.73	0.17	98.38	98.44	1.00
石油和天然气开采业	76.43	65.51	0.86	56.78	28.65	0.50	37.57	40.02	1.07	4.27	2.87	0.67	98.07	45.76	0.47	99.59	99.89	1.00
黑色金属矿采选业	45.86	36.49	0.80	16.14	28.78	1.78	46.16	61.22	1.33	1.66	2.94	1.77	18.63	15.04	0.81	97.39	94.13	0.97
有色金属矿采选业	45.18	36.87	0.82	30.01	17.24	0.57	46.71	52.13	1.12	2.29	1.69	0.74	34.63	18.81	0.54	97.81	92.34	0.94
非金属矿采选业	43.00	38.31	0.89	13.24	11.67	0.88	58.94	57.78	0.98	1.86	1.27	0.68	10.44	7.99	0.77	97.73	93.63	0.96
农副食品加工业	26.77	27.92	1.04	13.12	9.64	0.73	59.62	61.40	1.03	3.13	4.14	1.32	5.44	2.93	0.54	97.97	97.03	0.99

行业	工业增加值率(%)			总资产贡献率(%)			资产负债率(%)			流动资产周转次数(次/年)			工业成本费用利润率(%)			产品销售率(%)		
地区	全国	辽宁	辽宁与全国的比较系数	全国	辽宁	辽宁与全国的比较系数	全国	辽宁	辽宁与全国的比较系数	全国	辽宁	辽宁与全国的比较系数	全国	辽宁	辽宁与全国的比较系数	全国	辽宁	辽宁与全国的比较系数
食品制造业	31.75	31.02	0.98	14.64	9.57	0.65	54.93	53.81	0.98	2.70	3.03	1.12	7.23	4.96	0.69	97.90	97.05	0.99
饮料制造业	38.27	48.25	1.26	19.60	21.31	1.09	51.25	48.90	0.95	2.08	2.01	0.97	9.71	9.17	0.94	98.61	98.67	1.00
烟草制品业	71.82	67.15	0.93	62.00	59.97	0.97	30.79	60.59	1.97	1.42	1.49	1.05	32.86	10.10	0.31	100.06	99.16	0.99
纺织业	25.63	28.34	1.11	9.13	5.05	0.55	60.52	60.70	1.00	2.28	1.88	0.82	4.12	2.59	0.63	98.18	95.74	0.98
纺织服装、鞋、帽制造业	30.07	30.13	1.00	12.11	14.19	1.17	52.47	47.28	0.90	2.26	3.58	1.58	6.61	5.68	0.86	96.49	95.94	0.99
皮革、毛皮、羽毛（绒）及其制品业	27.67	24.16	0.87	12.35	9.71	0.79	57.74	70.02	1.21	2.49	2.81	1.13	5.04	2.11	0.42	97.78	98.99	1.01
木材加工及木、竹、藤、棕、草制品业	27.83	33.07	1.19	10.91	8.95	0.82	56.62	55.31	0.98	2.27	2.28	1.00	5.95	6.75	1.13	96.74	91.06	0.94
家具制造业	25.67	42.85	1.67	10.37	16.99	1.64	56.16	40.54	0.72	2.31	2.20	0.95	5.77	18.20	3.15	96.80	92.12	0.95

行业 地区	工业增加值率(%)			总资产贡献率(%)			资产负债率(%)			流动资产周转次数(次/年)			工业成本费用利润率(%)			产品销售率(%)		
	全国	辽宁	辽宁与全国的比较系数	全国	辽宁	辽宁与全国的比较系数	全国	辽宁	辽宁与全国的比较系数	全国	辽宁	辽宁与全国的比较系数	全国	辽宁	辽宁与全国的比较系数	全国	辽宁	辽宁与全国的比较系数
造纸及纸制品业	27.74	37.41	1.35	9.10	4.89	0.54	60.72	65.49	1.08	2.12	1.27	0.60	6.14	2.69	0.44	98.79	91.84	0.93
印刷业和记录媒介的复制	34.20	27.94	0.82	11.76	4.77	0.41	48.09	61.84	1.29	1.69	1.42	0.84	10.14	0.66	0.07	97.22	100.87	1.04
文教体育用品制造业	26.03	25.24	0.97	8.03	5.82	0.72	53.49	67.88	1.27	2.20	2.67	1.21	3.49	0.34	0.10	97.97	94.56	0.97
石油加工、炼焦及核燃料加工工业	13.96	17.39	1.25	4.84	−10.45	—	56.51	39.34	0.70	4.86	4.88	1.00	—	—	—	99.37	99.48	1.00
化学原料及化学制品制造业	25.59	19.73	0.77	10.59	6.44	0.61	55.66	57.48	1.03	2.51	2.28	0.91	6.41	3.51	0.55	98.06	99.44	1.01
医药制造业	36.22	35.78	0.99	12.76	5.80	0.45	50.13	66.42	1.32	1.57	1.25	0.80	9.93	4.85	0.49	95.40	99.19	1.04

行业	工业增加率（%）			总资产贡献率（%）			资产负债率（%）			流动资产周转次数（次/年）			工业成本费用利润率（%）			产品销售率（%）		
地区	全国	辽宁	辽宁与全国的比较系数	全国	辽宁	辽宁与全国的比较系数	全国	辽宁	辽宁与全国的比较系数	全国	辽宁	辽宁与全国的比较系数	全国	辽宁	辽宁与全国的比较系数	全国	辽宁	辽宁与全国的比较系数
化学纤维制造业	17.98	26.59	1.48	6.29	-2.39	—	59.51	34.46	0.58	2.78	1.19	0.43	2.16	-10.45	—	98.44	99.96	1.02
橡胶制品业	25.00	22.41	0.90	8.34	5.64	0.68	62.32	57.87	0.93	2.37	1.77	0.75	3.82	2.70	0.71	97.96	87.30	0.89
塑料制品业	25.99	29.39	1.13	8.64	7.69	0.89	56.90	63.06	1.11	2.05	1.20	0.59	5.00	6.78	1.36	98.02	100.72	1.03
非金属矿物制品业	32.03	34.78	1.09	9.35	7.77	0.83	56.33	60.00	1.07	1.93	1.74	0.90	6.33	4.05	0.64	97.54	95.54	0.98
黑色金属冶炼及压延加工业	27.86	38.45	1.38	11.65	12.52	1.07	60.69	50.90	0.84	2.72	2.85	1.05	6.25	10.14	1.62	99.11	100.10	1.01
有色金属冶炼及压延加工业	26.34	23.65	0.90	17.21	7.53	0.44	61.80	70.42	1.14	2.78	1.59	0.57	10.23	3.56	0.35	98.32	100.88	1.03
金属制品业	25.63	26.52	1.03	11.63	7.89	0.68	58.49	61.67	1.05	2.14	2.36	1.10	5.87	2.99	0.51	97.84	99.16	1.01

行业	工业增加值率 (%)			总资产贡献率 (%)			资产负债率 (%)			流动资产周转次数 (次/年)			工业成本费用利润率 (%)			产品销售率 (%)		
地区	全国	辽宁	辽宁与全国的比较系数	全国	辽宁	辽宁与全国的比较系数	全国	辽宁	辽宁与全国的比较系数	全国	辽宁	辽宁与全国的比较系数	全国	辽宁	辽宁与全国的比较系数	全国	辽宁	辽宁与全国的比较系数
通用设备制造业	26.58	28.47	1.07	10.57	7.33	0.69	63.14	63.34	1.00	1.59	1.75	1.10	7.07	3.47	0.49	98.57	97.67	0.99
专用设备制造业	27.59	30.57	1.11	9.37	4.61	0.49	63.08	71.49	1.13	1.61	1.11	0.69	6.55	2.96	0.45	97.19	98.02	1.01
交通运输设备制造业	23.44	22.37	0.95	10.60	5.32	0.50	61.59	75.48	1.23	1.92	1.24	0.65	5.39	2.89	0.54	97.85	97.73	1.00
电气机械及器材制造业	24.91	26.58	1.07	10.47	7.93	0.76	62.86	55.64	0.89	2.05	1.87	0.91	5.24	4.92	0.94	97.96	97.17	0.99
通信设备、计算机及其他电子设备制造业	20.84	23.90	1.15	8.33	4.78	0.57	62.07	53.47	0.86	2.66	2.04	0.77	3.49	2.73	0.78	97.93	98.17	1.00
仪器仪表及文化、办公用机械制造业	25.03	33.46	1.34	10.75	12.28	1.14	56.47	33.76	0.60	2.37	1.84	0.78	5.20	8.41	1.62	98.39	99.94	1.02

行业 地区	工业增加值率(%) 全国	辽宁	辽宁与全国的比较系数	总资产贡献率(%) 全国	辽宁	辽宁与全国的比较系数	资产负债率(%) 全国	辽宁	辽宁与全国的比较系数	流动资产周转次数(次/年) 全国	辽宁	辽宁与全国的比较系数	工业成本费用利润率(%) 全国	辽宁	辽宁与全国的比较系数	产品销售率(%) 全国	辽宁	辽宁与全国的比较系数
工艺品及其他制造业	27.16	25.84	0.95	11.08	2.79	0.25	54.68	49.67	0.91	2.16	1.53	0.71	5.98	0.57	0.10	98.85	100.58	1.02
废弃资源和废旧材料回收加工业	19.75	43.80	2.22	7.78	-1.84	—	74.90	13.27	0.18	3.29	20.70	6.29	2.85	-0.34	—	98.14	95.29	0.97
电力、热力的生产和供应业	27.09	29.85	1.10	8.79	7.31	0.83	53.53	63.20	1.18	3.55	2.56	0.72	7.99	3.15	0.39	99.89	99.99	1.00
燃气生产和供应业	27.82	17.18	0.62	3.70	4.34	1.17	48.43	48.34	1.00	1.65	1.19	0.72	2.80	0.72	0.26	100.18	98.33	0.98
水的生产和供应业	46.51	36.28	0.78	2.67	-0.25	—	48.29	33.96	0.70	0.69	0.69	1.00	4.08	-7.80	—	97.83	98.68	1.01

第六章 大力发展文化产业,促进
辽宁经济发展方式转变

当前中国文化产业呈现出蓬勃发展的新局面,文化产业增加值的同比增长速度加快,远高于我国同期 GDP 增长速度。文化产业对国民经济增长的促进作用得以凸显,这已成为调整我国经济发展结构、促进经济发展方式转变的一个新的增长点。在许多发达国家,文化产业发展规模巨大,而且越来越成为强大的经济实体,创造出了可观的经济效益,成为经济发展的支柱性产业。

美国学者沃尔夫斯认为文化、娱乐,而不是那些看上去更实在的汽车制造、钢铁、金融服务业,正在迅速成为新的全球经济增长的驱动轮。

关于发展文化产业,早在党的十五大报告中就指出社会主义现代化应该有繁荣的经济,也应该有繁荣的文化。有中国特色社会主义的文化,是凝聚和激励全国各族人民的重要力量,是综合国力的重要标志。文化产业发展的程度是一个国家发展到一定阶段,经济发展水平的重要标志。

在党的十六大报告中,关于文化产业的发展也有明确部署:"全面建设小康社会,必须大力发展社会主义文化,建设社会主义精神文明。当今世界,文化与经济和政治交融,在综合国力中的地位和作用越来越突出。发展各类文化事业和文化产业都要贯彻发展先进文化的要求。始终把社会效益放在首位。"这是在党的文献中第一次把文化产业作为概念提出来,明确将积极发展文化产业作为新时期建设中国特色社会主义文化的重要战略任务,把发展文化产业从部门行为上升成为国家发展经济的重要行为,给予文化产业前所未有的关注和重视,使我国文化产业进入发展的一个新阶段。

党的十七大报告明确提出:"覆盖全社会的公共文化服务体系基本建立,文化产业占国民经济比重明显提高、国际竞争力显著增强,适应人民需要的文化产品更加丰富。"表明我国将把大力发展文化产业作为一项重要工作来抓,而且,文化产业在整个国民经济中的日益重要地位得到了更加普遍的认可。如何使文化产业在经济发展方式转变过程中发挥作用是一个亟待研究的重要问题。

文化产业在辽宁经济中发展的现状如何,为辽宁经济发展方式的转变做出了哪些贡献,在辽宁文化产业发展过程中,政府的角色发生了那些改变,以及如何增进文化产业在辽宁省经济发展方式转变的作用都是本章重点研究所在。

第一节　现代经济增长与文化产业

一、解析现代经济发展

(一)从传统经济发展观到科学发展观

中国传统经济增长模式的特点主要是由要素投入和出口需求来推动,这种增长方式曾经有效地促进了中国经济的高速增长。但是,伴随我国经济高速增长过程中,一些突出问题与矛盾逐步显现出来。主要表现在由于投入大量的土地等自然资源,造成我国资源的短缺,自然环境遭到严重破坏;由于资本要素的大量投入,导致投资和消费的严重失衡;超高速的增长是靠大量的劳动投入实现的。在早期阶段,大量廉价、低成本的劳动投入表现绩效良好,为经济增长和经济发展做出了重大贡献。但随着人们生活水平提高,我国劳动力的低成本优势很难保持下去。而西方市场经济发达国家在19世纪末到20世纪中期,已经实现了经济增长模式的转型,主要的途径是:一、劳动力从低效部门向高效部门的转移;二、科学的技术广泛运用;三、服务业向各个行业渗透和它的独立发展;四、信息化。这些研究成果逐步成为中国未来经济增长政策制定重要的参考经验。①

传统经济的发展模式导致环境遭到了严重的破坏,能源问题越来越受到全世界国家政府与人民的高度重视。于是,如何改变传统的经济发展模式的问题被越来越多的专家学者们所关注。

在党的十六届三中全会中提出了科学发展观,"坚持以人为本,树立全面、协调、可持续的发展观,促进经济社会和人的全面发展",科学发展观是按照"统筹城乡发展、统筹经济社会发展、统筹人与自然和谐发展、统筹国内发展和对外开放"的要求推进各项事业的改革和发展的一种方法论。

在21世纪,中国的发展进程将要面临如下的6大基本挑战:人口三大高峰相继来临的压力;能源和自然资源的超常规利用;加速整体生态环境"倒U型曲线"的右侧逆转;实施城市化战略的巨大压力;缩小区域间发展差距并逐步解决"三农"问题;国家可持续发展的能力建设和国际竞争力的培育(牛文元,2005)。上述这些成为严重制约中国未来发展的挑战,也只能在实现国家"全面、协调、可持续发展"科学发展观的前提下,才能得到真正有效的克

---

① 吴敬琏:《传统经济发展模式应向何处转型》,《解放日报》2008年6月21日。

服。有效实施科学发展观包括：

1. 始终保持经济的理性增长

特别强调一种"健康状态"下的经济增长。它既不同意限制财富积累的"零增长"，也反对不顾一切条件提倡过分增长。所谓健康的增长一般指在相应的发展阶段内，以"财富"扩大的方式和经济规模增长的度量，去满足人们在自控、自律等理性约束下的需求。

2. 全力提高经济增长的质量

它意味着新增财富的内在质量，应当不断地、连续地加以改善和提高。除了在结构上要不断合理与优化外，新增财富在资源消耗和能源消耗上要越来越低；在对生态环境的干扰强度上要越来越小；在知识的含量上和非物质化方面要越来越高；在总体效益的获取上要越来越好。

3. 满足"以人为本"的基本生存需求

科学发展观的核心以围绕人的全面发展而制定，其中人的基本生存需求和生存空间的不断被满足，是一切发展的基石。因此一定要把全球、国家、区域的生存支持系统维持在规定水平的范围之内。通过基本资源的开发提供充分的生存保障空间；通过就业的比例和调配，达到收入、分配、储蓄等在结构上的合理性，进而共同维护全社会成员的身心健康。

4. 调控人口的数量增长，提高人口的素质

人口数量的年平均增长率首先应稳定地低于 GDP 的年平均增长率，而后逐渐实现人口自然增长率的"零增长"。此前与此后，都要把人口素质的提高纳入到首要考虑的政策之中。该战略目标的实质是把人口自身再生产同物质的再生产"同等地"保持在可持续发展的水平上。根据联合国开发计划署（UNDP）在其年

度报告《人类发展报告》中的研究,人口资源向人力资源的转变,首先要把人的"体能、技能、智能"三者的合理调配,置于可以接受的状态之下,达到人口与发展之间的理想均衡。

5. 维持、扩大和保护自然的资源基础

地球的资源基础在可以预期的将来,仍然是供养世界人口生存与发展的唯一来源。科学发展观既然规定了必须保持财富的增长并满足人类的理性需求,它的实物基础主要地依赖于地球资源的维持、地球资源的深度发现、地球资源的合理利用乃至于废弃物的资源化。

6. 集中关注科技进步对于发展瓶颈的突破

科学发展观始终强调"人口、资源、生态环境与经济发展"的强力协调,科技进步在可持续发展战略实施中,能够迅速把研究成果积极地转化为经济增长的推动力,并克服发展过程中的瓶颈,以此去达到可持续发展的总体要求。科学技术的发展,经济社会的发展,管理体制的发展,这三个主要方面将作为一个互为联系的大系统,通过宏观的调适和寻优,达到突破发展瓶颈的目标要求。

7. 始终调控环境与发展的平衡

科学发展观不赞成单纯为了经济增长而牺牲环境的容量和能力,也不赞成单纯为了保持环境而不敢能动地开发自然资源。二者之间的关系可以通过不同类型的调节和控制,达到在经济发展水平不断提高的同时,也能相应地将环境能力保持在较高的水平上。为此,一些地区在构造"循环经济"、"生态补偿制度"、"工业生态园"、"全过程无害化控制"、"绿色化学体系"等,其根本目的都在维系人与自然之间的协调发展。

(二)现代经济发展与产业结构优化:从重化产业到第三产业

传统的经济增长方式是一种粗放型的经济增长方式,在这种经济增长方式之下,经济的高增长速度过度依赖资源的消耗,环境遭到了严重的损害。由此引起的人口、资源、环境的矛盾越来越突出,使我国面临严峻的挑战。环境的逐步恶化必然导致农村和城市生活条件的恶化和生产条件的恶化,而资源的不足进一步加重了城乡居民的生存困难。在环境被破坏严重的地区,居民的收入难以增长,甚至还出现绝对下降的情况(厉以宁,2005)。现代经济的发展呼吁产业结构的优化,经济发展中心逐步由重化产业投向第三产业。

美国经济学家库兹涅茨在其名著《各国的经济增长》中,深入阐释了经济增长与结构变动之间的关系。库兹涅茨运用经过改善的研究方法,对 57 个国家的原始资料分别作了截面分析和历史分析,从中得出的结论是:19 世纪至 20 世纪里,发达国家的经济增长与结构变动密切相关,现代经济增长已不仅仅是一个总量问题。他认为,如果不去理解和衡量生产结构中的变化,经济增长是难以理解的。也就是说,如果离开了结构分析,将无法解释增长为什么会发生和怎么发生的,因而现代经济增长本质上是一个结构问题。按照库兹涅茨的分析,现代经济增长具有 6 个特征:

第一个最明显的特征是发达国家的人均产值和人口增长率很高。1750 年以来的 200 多年中,发达国家人均产量的增长速度平均每年大致为 2%,人口每年平均增长 1%,因此总产量大约年平均增长 3%。这意味着,人均产量每 35 年翻一番,人口每 70 年翻一番,实际国民生产总值每 24 年翻一番,增长速度远远快于 18 世纪末工业革命开始前的整个时期。

第二是生产率的快速增长。按库兹涅茨的估算,人均产量增长的 50%—75% 来自于生产率的增长。也就是说,技术进步对于现代经济增长起了很大作用。

　　第三,经济结构迅速转变。库兹涅茨从国民收入和劳动力在产业间的分布这两个方面对产业结构的变化做了详细的分析。他指出,农业部门实现的国民收入在整个国民收入中的比重,以及农业劳动力在全部劳动力中的比重,随着时间的推移,处于不断下降之中。工业部门的国民收入的相对比重,大体上是上升的,而工业部门劳动力的相对比重,大体不变或略有上升。服务部门劳动力的相对比重几乎在所有国家都呈上升趋势,但其国民收入的相对比重大体不变或略有上升。在美国,1870 年全部劳动力的 53% 在农业部门,到 1960 年降到不足 7%。在一个世纪中,发达国家农业劳动力占全部劳动力的百分比减少了 30 到 40 个百分点。此外,生产单位的规模、企业组织形式、消费结构、国内国外供应的相对份额也都发生了变化。

　　第四,与经济结构密切相关的社会结构和意识形态也发生了迅速变化。例如城市化、家庭规模的变化、现代观念的传播等等。

　　第五,由于技术进步,特别是交通运输技术的发展,发达国家在 19 世纪走向世界,瓜分世界。

　　第六,现代经济增长的扩散,尽管有扩散到世界范围的倾向,但实际的扩散却是有限的,只局限于不到全世界 1/3 人口的范围内。

　　上述 6 个特征是互相联系的。在这些相互联系的增长特征中有一个共同纽带,即对技术创新的大规模应用,它构成现代经济增长的许多特殊内容。[1]

　　现代经济增长与传统经济增长体现出很大不同,表现在现代

---

　　①　马春文、张东辉:《发展经济学》,高等教育出版社 2007 年版。

经济增长是一种结构主导型的增长方式。① 首先,现代经济增长中高增长率总是与结构高变动率相伴随的。其次,推动现代经济增长的主要动力之一——技术创新,总是首先在个别部门出现,继而通过产业关联扩散产生波及效应的。再次,现代经济增长中的世界经济一体化趋势,是以国别之间的产业分工与协作为基础的,并且通过国与国之间产业梯度转移来实现的。因此,从结构效应角度来分析,更有利于揭示现代经济增长的新的重大增长源泉。

随着我国经济水平的不断提高,产业结构优化调整势在必行,尤其要重视第三产业的发展。

第三产业,又称第三次产业,是英国经济学家费希尔 1935 年在《安全与进步的冲突》一书中首先提出来的。第三产业是指除第一、二产业以外的其他行业(又称第三次产业)。根据国务院办公厅转发的国家统计局关于建立第三产业统计报告上对我国三次产业划分的意见,我国第三产业包括流通和服务两大部门。具体分为 4 个层次:一是流通部门:交通运输业、邮电通讯业、商业饮食业、物资供销和仓储业;二是为生产和生活服务的部门:金融业、保险业、地质普查业、房地产管理业、公用事业、居民服务业、旅游业、信息咨询服务业和各类技术服务业;三是为提高科学文化水平和居民素质服务的部门:教育、文化、广播、电视、科学研究、卫生、体育和社会福利事业;四是国家机关、政党机关、社会团体、警察、军队等,但在国内不计入第三产业产值和国民生产总值。由此可见,这种第三产业基本是一种服务性产业。

当前加快发展第三产业具有极为重要的现实意义:有利于我国建立和加快健全社会主义市场经济体制;有利于提高和改善人

---

① 　周振华:《现代经济增长中的结构效应》,上海人民出版社 2005 年版。

民生活水平;有利于扩大就业,缓解我国人口众多所面临的严重就业压力;有利于加快经济发展,提高国民经济素质和综合国力。

文化产业作为一门新兴产业,被公认为21世纪全球经济一体化时代的朝阳产业,具有巨大发展潜力和利润空间,适应世界经济发展所要求的高技术、高附加值和低消耗、低污染的特点,因而必然成为快速增长的行业。

辽宁作为振兴东北老工业基地战略的重要省份,面临着同样的粗放型经济发展所带来的问题。因此,如何转变辽宁经济发展方式成为一个具有重大的现实意义并迫切待以研究的命题。辽宁省汽车、钢铁、建材等重工业因受结构影响,造成装备制造业等自主名牌缺少,影响产业竞争力等问题。因而,在振兴东北老工业基地的同时,大力发展文化产业是顺应时代的需要,同时也是响应将大力发展文化产业作为国家重要发展战略的要求。

二、现代经济发展进程中的文化产业力量

文化的概念是英国人类学家爱德华·泰勒在1871年提出的。他将文化定义为"包括知识、信仰、艺术、法律、道德、风俗以及作为一个社会成员所获得的能力与习惯的复杂整体"。[1] 广义文化指人类在社会历史实践中所创造的物质财富和精神财富的总和。狭义文化指社会的意识形态以及与之相适应的制度和组织机构。作为意识形态的文化,是一定社会的政治和经济的反映,又反作用于一定社会的政治和经济。随着民族的产生和发展,文化具有民族性。每一种社会形态都有与其相适应的文化,每一种文化都随着社会物质生产的发展而发展。社会物质生产发展的连续性,决

---

① 于童蒙:《中国人一定要知道的文化常识》,中国城市出版社2008年版。

定文化的发展也具有连续性和历史继承性。①

　　所谓文化产业,是指以生产和经营文化商品和文化服务为主要业务,以文化企业为骨干,以文化价值转化为商业价值的协作关系为纽带,所组成的社会生产的基本组织结构②。

　　目前,国际上还没有统一的文化产业定义和文化产业行业界定标准与分类,世界各国以及国际组织对于文化产业的定义认识与界定标准与分类存在着明显的差异。

　　2004 年,国家统计局在与中宣部及国务院有关部门共同研究的基础上,制定了《文化及相关产业分类》,从国家有关政策方针和课题组的研究宗旨出发,结合我国的实际情况,将文化及相关产业概念界定为:为社会公众提供文化、娱乐产品和服务的活动,以及与这些活动有关联的活动的集合。《文化及相关产业分类》中将文化产业分为三个层面。一是文化产业核心层,包括新闻服务;出版发行和版权服务;广播、电视、电影服务;文化艺术服务。二是文化产业外围层,包括网络文化服务;文化休闲娱乐服务;其他文化服务。三是相关文化产业层,包括文化用品、设备及相关文化产品的生产;文化用品、设备及相关文化产品的销售。

　　将以下 8 类列为“文化产业”的范围:新闻服务;出版发行和版权服务;广播、电视、电影服务;文化艺术服务;网络文化服务;文化休闲娱乐服务;其他文化服务;文化用品、设备及相关文化产品的服务。

　　根据这一概念,文化产业的范围为:

---

　　①　王超逸:《软实力与文化力管理》,中国经济出版社 2009 年版。
　　②　叶朗:《中国文化产业年度发展报告(2003)》,湖南人民出版社 2003 年版。

第一,为社会公众提供的实物形态文化产品和娱乐产品的活动,如书籍、报纸的出版、制作、发行等。

第二,为社会公众提供可参与和选择的文化服务和娱乐服务,如广播电视服务、电影服务、文艺表演服务等。

第三,提供文化管理和研究等服务,如文物和文化遗产保护、图书馆服务、文化社会团体活动等。

第四,提供文化、娱乐产品所必需的设备、材料的生产和销售活动,如印刷设备、文具等生产经营活动。

第五,与文化、娱乐相关的其他活动,如工艺美术、设计等活动。

综上所述,文化产业主要应包括以下方面:书报刊出版、印刷和发行业;文化艺术业;文物保护业;广播电影、电视业;文化娱乐业;体育;摄影及扩印业;园林业(包括公园、动植物园和自然保护区);广告业。

随着高新技术向文化领域的广泛渗透,文化产业作为新的经济增长点迅速崛起,占据经济总量的比重越来越大。文化产业在现代经济中从诸多方面推动着经济发展。随着近年来国家逐年加大对文化产业的投入,我国文化产业进入了一个高速的发展阶段,成为经济发展的重要构成要素。文化发展对我国经济发展的推动作用正在逐步凸显。据国家财政部统计,2006年全国在文体广播事业总投入为841.98亿元,中央财政支出83.72亿元,地方支出758.26亿元,这笔资金有一部分将用来进行相关基础设施建设。国家对促进文化产业发展投入的资金,将在一定程度上拉动相关经济行业的增长。随着政府对文化产业投入的不断增加,文化产业的发展对我国经济发展的拉动作用越来越明显。

第二节　国际视野比较

一、软实力与文化产业发展

美国哈佛大学教授约瑟夫·奈(Joseph S. Nye, Jr.)在其1990年出版《美国定能领导世界吗》一书中最早提出"软实力"(soft power)。奈指出,有很多种影响他人行为的方式,既可以通过威胁和奖励他人,也可以通过吸引他人来达到自己的目的。前者是运用"硬实力",后者是施展"软实力"。"硬实力"指的是通常同诸如军事和经济力量那样的具体资源相关的"硬性命令式权力"(hard command power),"软实力"指的是与诸如文化、意识形态和制度等抽象资源相关的、决定他人偏好的"软性同化式权力"(soft cooperative power)。好莱坞电影被看做是美国"软实力"的重要代表。冷战是借硬、软实力的结合取胜的。硬实力制造了军事遏制的对峙,但软实力从内部侵蚀了苏联体制。苏联在宣传和文化项目上无法跟美国流行文化的影响并驾齐驱,柏林墙早在倒塌之前就被美国的电视和电影凿得千疮百孔(奈,2005)。

奈指出,世界力量的性质正在发生变化,无形的权力资源即价值观的力量越来越重要,霸权越来越靠"硬力量"和"软力量"的共同支撑才能维持。一个国家可以在国际政治中得到所希望的结果,因为他国想追随它,欣赏其价值观,效仿其模式,渴望达到其繁荣水平和开放程度。从这个意义上说,在国际政治中通过制定议程来吸引他人,与通过威胁或使用军事或经济手段来强迫他人改变立场同等重要。软实力在很大程度通过文化表现出来。

"文化软实力"是国家软实力最重要的组成部分。詹姆斯·彼得拉斯在《20世纪末的文化帝国主义》中提到,"美国的文化产业有两个目标:一个是经济的,一个是政治的。经济上是要为其文化商品攫取市场,政治上则是要通过改造大众意识来建立霸权"。20世纪90年代以来,发达国家对文化产业政策进行重点扶持和积极的调整,将文化产业发展作为国家重要战略。美国、欧盟、日本、韩国等经济发达国家和地区都在经济措施和文化政策等方面推动文化软实力的提升与竞争。

当今的世界文化已经不能脱离文化产业这样具体的文化形态而存在,因此,各国加大发展文化产业的步伐,将文化产业的发展作为表现一国软实力竞争的重要内容。

党的十七大报告中提出"文化软实力"这一概念,明确把"激发全民族文化创造活力,提高国家文化软实力"作为重要的文化发展战略。正是以此为标志,提高我国文化软实力被国家提到重要战略地位。有关专家指出,在以市场为手段提供主要文化产品和服务的社会主义市场经济条件下,发展文化产业是提升文化软实力的基本途径。

二、当代文化产业发展模式比较:日韩形态与欧美模式

1. 日韩形态

在日本,1998年版《日本现代用语基础知识》中对文化产业的概念进行了如下描述:随着以工业化为核心的经济高速发展,国民的收入与其他发达国家相比,其水平也有了迅速提高,在此背景下,日本政府强调要使休闲的消费和就业的内容更加丰富,提出了建立生活大国的构想。日本在物质产业的高度发展基础上,出现了超工业化、服务经济化或者说第三产业化的阶段,人们需要一种能在精神上得到满足的文化性产业,如教育培训、旅行、音乐、时尚、演艺和传统工艺等以多种形式来提供休闲的商品和服务的产

业,这就是文化产业。日本政府原是将文化厅作为文化产业的管理机构。日本经产省和文部省具有文化产业管理职能,经产省从经济的角度管理文化产业,文部省原来只管理文化事业。21世纪来临后,日本将"文化立国"和"知识产权立国"作为国家发展重要战略。其中,日本文化产业所包含的游戏业、动画制作、娱乐演出业等迅速发展,使日本文化产业发展迅速,利润快速增长,成长为亚洲第一文化产业国家。甚至日本在20世纪90年代的经济持续低迷的10年中,只有文化产业,尤其是以动漫和游戏为代表的文化产业高速发展,取得了在全球市场中的领先地位(陈锋,2008)。

在韩国,1999年2月政府发布《文化产业振兴基本法》,其中明确文化产业包含与文化商品的生产、流通、消费有关的产业,具体行业门类包括影视、广播、音像、游戏、动画、卡通形象、演出、文物、美术、广告、出版印刷、创意性设计、传统工艺品、传统服装、传统食品、多媒体影像软件、网络以及与其相关的产业。韩国统计厅的文化产业统计指标包括出版产业、唱片产业、游戏产业、电影产业、广播产业、演出产业、其他文化产业(建筑、摄影、创意性设计、广告、新闻、图书馆、博物馆、工艺品及民族服装、艺术文化教育等)。重点有影视、动漫、游戏、音乐、出版6大产业。① 韩国政府于1998年成立了文化产业专门管理部门文化产业振兴院,将"文化立国"作为国家文化产业发展战略,详细制定了发展文化产业的规划。2000年成立"韩国文化产业振兴委员会",2001年将"文化产业支援中心"扩建为"文化产业振兴院",2002年组建"文化产业支援机构协议会"。韩国政府先后制定了有关文化产业的一

① 陈锋:《扫描:世界各国文化产业的内涵和政策取向》,中国发展门户网,2008年。

系列综合性法规,包括《文化产业振兴基本法》、《文化产业发展5年计划》、《文化产业前景21世纪》和《文化产业发展推进计划》等,从而从法律为"文化立国"的国家发展战略建立了完善的法制环境。

在世界经济全球化时代,韩国政府高度注重本国文化产业的发展,其所获得的成功是有目共睹的。以"韩剧"为主要文化品牌的"韩流"在中国的年轻人中刮起了流行的旋风,还影响到日本、新加坡、泰国、菲律宾、中国香港等国家和地区。韩剧是韩国文化产业的重要组成部分,当韩剧走出国门进入中国市场时,立即吸引了我国众多社会不同阶层、不同年龄的观众。[①] 据统计,近几年从CCTV到各省市电视台先后引进播放的韩剧有几百部之多,很多韩剧播出时占据了各播放电视台的黄金档时段,收视率居高不下,令国产电视剧艳羡。韩剧和韩国明星造就一大批粉丝,形成了"哈韩族",其中不但包括青少年,也包括众多中老年影迷。在韩剧进入中国的同时,韩国电影、流行音乐、书刊等也越来越受到年轻人的喜爱,韩国的文化产业贸易规模逐年加大,进而政府也加大对该领域投资。韩剧的繁荣已逐步形成了以电视剧为主,同时包括旅游、出版、动漫等在内的文化产业链条。

"韩剧"的受欢迎不但体现了韩国电视剧的成功,而且也显示了韩国文化产业的发达与繁荣。韩国把文化产业作为21世纪发展国家经济的战略性支柱产业,积极对其进行培育。政府专门拨出大量资金,对文化产业进行扶持。同时,通过减免关税税收等手段,增加影视、音乐、网络游戏等文化产品的出口等等。这些都为

---

① 海角:《韩国文化产业及盘点韩剧的审美商品属性》,天涯学术网,2006年。

"韩剧"的繁荣创造了非常好的成长环境,并提高了韩国文化产业在世界文化贸易中的总量。同时,韩国注重发展以文化产业园区为中心的文化产业集群,实现文化产业的规模化、集约化发展。对于在发展文化产业中人才培养问题,韩国政府大力培养复合型人才,注重将产、学、研一体化,成立"CT产业人才培养委员会",文化产业振兴院建立文化产业专门人才数据库,采取多元化方式培养文化产业人才。通过几年的时间,韩国文化产业实现了巨大发展,跻身于世界文化产业强国的行列。韩国文化产业使韩国获得了巨大的文化地位和经济效益,为我国尚处起步阶段的文化产业发展提供了很好的启示和借鉴。①

2. 欧美模式

在美国,文化产业成为国民经济中的支柱型产业,并且在诸多领域均处于世界领先地位。体育、电影、音乐、游戏、动画、主题公园等诸多文化产品的开发与销售使得美国文化产业影响到了整个世界民众,为美国带来巨大的经济利润,同时也彰显了美国强大的文化软实力。尽管美国是当今世界文化产业强国,但是美国并没有一个关于文化产业的界定或分类标准,也没有对应的政府管理职能部门。② 在美国,"版权产业"可以理解为"文化产业"的指称。根据美国国际知识产权联盟(IIIPA)的定义,美国版权产业系指所有以版权为基础的产业部分。第一是核心版权产业(core copyright industries),以创造有版权的作品或者受版权保护的物质产品为特征,指的是对享有版权的作品的再创作、复制、生产和传

① 温朝霞:《从文化资源大国到文化产业大国》,南方日报网络版,2006年5月23日。

② 牛维麟:《国际文化创意产业园区发展研究报告》,中国人民大学出版社2007年版。

播。这类包括报刊图书出版业、影视业、戏剧创作演出业、广告业、计算机软件开发业等。第二是外围产业,包括(1)部分版权产业(partial copyright industries),系指生产的部分物质产品具有版权的产业;(2)发行类版权产业(copyright distribution industries),系指对有版权的作品进行批发和零售的产业,书店等;(3)与版权有关的产业(copyright related industries),指在生产销售过程中,要使用或部分使用与版权有关的产品,如计算机、电视机等产业。

　　美国著名学者库恩指出,美国联邦政府没有设立文化部,美国文化坚持的一个基本原则是,在市场竞争机制下,依靠商业运作,让最好的文化产品流行于市场,为媒体等社会潮流的引领者认知和接受,继而影响大多数民众。① 但是,美国政府对这种市场竞争模式不是放任,而是加以限制和约束。例如,要求文化观念的自由表述不能侵害种族、宗教等社会结构,或引发社会动乱。美国文化体制以市场为主导,这样一种模式可以为民众提供更多样的选择,同时减轻政府的财政负担。但美国政府同时采取一些举措来避免市场失灵的出现。例如,公共广播电视的创办是为了避免民众被迫收看纯商业节目。但是,私营资本在美国的公共广播媒体中占有相当大的比重,美国公共广播的资金主要来自当地的私人捐赠或企业赞助。

　　目前,美国文化产业的经营总额高达几千亿美元。其中,好莱坞的影片、ABC 等三大电视网的娱乐节目、时代华纳的流行音乐占据其营业额的大部分的份额。在每年美国商品的出口项目当中,影视产品的出口额仅排在航空业和食品业之后,名列前茅。在

---

　　① 李文云:《国外文化产业面面观:美国文化扎根市场》,《人民日报》2006年6月5日。

美国,文化产业在资本的投入和产出都在全世界独居榜首。

以好莱坞电影产业为代表的美国文化产业投资主体呈多样性。一是政府投资,这种投入面向所有符合政策导向的团体;二是吸收非文化部门和外来投资,来自于各大公司、基金会和个人捐助的数额远远高于各级政府的资助;三是形成了比较完善的融资体制。世界闻名的传媒集团如美国广播公司、哥伦比亚公司等,背后都有金融大财团的支持。

好莱坞和其他美国文化产业树立面向全球市场的发展理念,充分吸收世界优秀文化资源和各国专业人才,建立庞大的全球销售网络,控制了许多国家的销售网络和众多电影院、出版机构及连锁店。它们在经济全球化的发展进程中,占据了国际竞争中牢不可撼的有力地位。①

在英国,文化产业的职能管理部门原本是"文化、新闻和体育部",其主旨是在于大力发展"创意产业",所以又成立了创意产业特别工作组。1998年,英国创意产业特别工作组首次对创意产业进行了定义:"源自于个人创意、技能及才华,通过知识产权的开发和运用,具有创造财富和就业潜力的行业。""文化创意产业"的概念后来被许多国家和地区所接受。英国文化创意产业包括广告、建筑、艺术品和文物交易、工艺品、设计、时装设计、电影和音像、互动休闲软件、音乐、表演艺术、出版、软件与计算机游戏、广播和电视等13个行业。"创意产业"与传统产业二者最大的区别在于创意活动为产品或者服务提供了文化附加值,进而提升了产品的经济价值。创意产业更强调创新和人的创造力,更加注重文化

---

① 欧焙:《星战前传3:以好莱坞的名义征服全球》,《全球财经观察》2005年第6期。

艺术对经济的渗透和贡献。英国文化产业强调其创意内涵,而不强调产品或服务的文化属性,因此传统文化领域中的"图书馆、档案室、博物院、游乐园等"被拒之类外,而建筑、设计业等因其创意性丰富而被列入其中(陈锋,2008)。

第三节　文化产业与辽宁经济
发展方式转变分析

一、辽宁省文化产业发展现状

随着改革开放事业的进一步深化,我国整体经济实力和经济总量都有了大幅度的提高,人民生活水平也得到了大幅度的改善。同时,人民的消费结构呈现出明显的变化,即除日常物质消费以外,人民在文化精神产品方面的消费正在逐步提升,物质消费所占生活开支比重正在逐步下降。据统计,2006 年我国城镇居民人均文化娱乐用品及服务支出为 591 元,农村居民人均文教娱乐用品及服务支出为 305 元,与 2005 年相比,分别增加 65 元和 10 元。[①]据此估计,国内城乡居民对文化消费的需求总量为 5700 亿元,比上年增加大约 800 亿元,增长 18%。同时,文化产业增加值占 GDP 的比重逐年提高,2006 年文化产业增加值占 GDP 的比重为 2.45%,比 2004 年提高 0.3 个百分点。据初步测算,2006 年我国文化产业实现增加值 5123 亿元,按可比价值计算,比 2005 年增长 17.1%。在 2005 年比 2004 年增长 18.7% 的基础上,继续保持高速增长的势头。2006 年文化产业的年增加速度高出同期 GDP 增

---

① 相卫刚:《文化大发展大繁荣在推动我国经济持续发展中的作用》,文化部党建在线网,2008 年。

长速度6.4个百分点,高出同期第三产业增长速度6.8个百分点。2006年,文化产业对GDP增长的贡献率为3.41%,拉动GDP增长0.36个百分点。上述所列数字表明了文化产业的发展对整个国民经济的发展产生重大的推动作用。

自2003年到2007年,辽宁经济年均增长13%。这几年也是辽宁省自改革开放以来经济发展最快的时期。到2007年,辽宁经济总量是2002年的2.02倍;2003年到2007年,地方财政收入年均增长22%,2007年地方财政收入是2002年的2.71倍。这是改革开放以来辽宁财政收入增长最快、增收最多的时期,是辽宁改革开放以来投资需求最旺盛、持续时间最长的时期。①

文化产业的发展为辽宁经济的增长注入了新的活力,开拓了新的增长点,辽宁省政府将大力发展文化产业作为实现经济发展方式转变的重要工作。从2003年开始,辽宁省人民政府为认真贯彻落实党的十六大精神,适应全面建设小康社会对文化工作的要求,开创辽宁文化工作的新局面,颁布了《辽宁省文化厅关于深化文化体制改革、加快文化产业发展、全面推进文化建设的意见》等一系列相关政策及指导性文件。

（一）辽宁文化产业的发展具有较好的基础

多年以来,辽宁省文化产业取得了初步发展,文化产业市场的管理逐步实行法制化管理,取得了一些成就。其中,辽宁省社会文化及艺术团体的表演水平等在全国处于领先地位。2006年辽宁省国有和民营文化产业共创造增加值50.3亿元,比上年增长18%。其中国有文化系统创造文化产业增加值9.41亿元,比上年

① 高慧斌:《辽宁老工业基地振兴五年变局》,《辽宁日报》2008年10月6日。

增长16.7%,辽宁省民营文化产业创造增加值40.89亿元,比上年增长16%。

(二)辽宁省文化产业已经初步构建成文化产业发展体系

辽宁省文化产业已经初步构建成文化产业发展体系,包括文艺演出、文化娱乐、电影、文博旅游、信息音像、艺术培训、文化服务等在内。其中,文艺演出、艺术培训居全国各省之首,文化娱乐、信息音像、文博旅游等居全国各省前列。

辽宁省文化产业协会于2007年5月成立,该协会是由辽宁省内具有一定规模和影响力的文化企事业单位和个人组成的行业性、非营利性社团组织,接受辽宁省文化厅和辽宁省民政厅等业务主管单位的指导和监督管理。辽宁省文化产业协会现有辽宁省博物馆、辽宁大剧院等团体会员单位及个人会员,涵盖了艺术、图书、文博、广播电视、书画等领域。协会工作范围包括开拓国内外文化市场,推动文化企业之间的沟通与协作,举办文化产业发展论坛,加强文化产业行业内的自律,协助政府从事行业管理等。辽宁省文化产业协会的成立,将有利于辽宁整合优势文化资源,进而推动辽宁文化产业的发展。

(三)辽宁省产生了一批具有较强实力与自主创新能力的文化企业和大型文化企业集团

近年来,经过辽宁省政府扶持引导,辽宁省内成长起一批大型的文化企业。辽宁大剧院、辽宁民间艺术团、大连普利股份集团、锦州古玩商城、大连大青集团发展成为国家文化产业基地。盘锦辽河文化产业园区被批准为国家文化产业示范基地。其中,大连大青集团、大连普利文化产业基地主要从事文化创意产业。辽河文化产业园重点建设集书画、雕塑、文化用品、图书、工艺美术品经销展览为一体的文化产业区。

（四）民营文化演出团体发展迅速

辽宁省文化产业的发展过程中，民营资本扮演了日益重要的角色。民营文化演出团体的加入，增加了辽宁省文化市场的竞争与活力，是必不可少的重要组成部分。沈阳市专门制定了《促进民营文化演出产业加快发展的若干政策措施》，并从地方财政中拿出专项资金，制定了一系列优惠政策和措施，全力扶持民营文化产业，下大气力发展城乡民营演出产业，取得了很好的效果。

例如，韩国东南投资有限公司投入 700 万美元，与沈阳杂技团合作，将南湖剧场改造成"天幻秀宫"，引进法国、西班牙、巴西和白俄罗斯等高水平舞蹈演员，表演充满异域风情的"威尼斯狂欢"、"巴西狂欢"等热舞节目。"天幻秀宫"已成为沈阳文化的一个品牌。本山传媒等民营演出团体为辽宁 GDP 的增长做出了贡献，发展规模不容忽视。

（五）开拓新的文化产业项目，积极探索新的发展战略

沈阳市政府在新的经济发展条件下，为实现老工业基地全面振兴的目标，提出在引导高新技术改造传统产业的同时，大力发展文化产业。动漫产业作为文化产业的重要组成部分，被沈阳市政府确定为重点发展的新兴产业，确定依托浑南新区——国家高新技术产业开发区的技术、人才和环境优势，建设沈阳动漫产业基地。沈阳市政府于 2006 年提出打造中国"动漫之都"的发展目标，沈阳的动漫产业进入更加快速的发展时期。2007 年，国家新闻出版总署经过全面审核，正式批准沈阳动漫产业基地为"国家动漫产业发展基地"。由国家新闻出版总署授予的"国家动漫产业发展基地"在沈阳市浑南新区正式揭牌，沈阳动漫创意产业的发展迎来新的发展时期。这标志着沈阳动漫产业基地迈进国家级水准，发展成为国家重要的动漫产业基地。浑南新区动漫产业基

地现有来自韩国和国内从事动画制作、网络游戏、手机游戏、虚拟仿真、游戏运营以及技术培训企业,力争到2010年实现动漫产业年销售收入60亿元,拉动衍生产品等相关产业年销售收入600亿元的规划目标,将沈阳建成全国的"动漫之都"(常思哲,2007)。

沈北新区是继上海浦东、天津滨海、郑州郑东新区之后,经国务院批准成立的第四个国家级新区。沈阳市政府提出"沈北大开发"战略,打造"文化沈北"成为沈北新区发展目标之一。

辽宁现代文化传媒产业园坐落于沈北新区,主要发展出版印刷、影视传媒两大主导产业,成为东北地区规划规模最大的综合性文化产业园区,努力将其建设为国家级文化产业示范区,引导东北经济区、环渤海经济圈及辽宁中部城市群文化产业的发展,坚持科学布局的产业集群发展模式,突出"文化"因素,借助盛京古都等历史积淀和文化资源,实现产业发展与优秀文化的相结合、社会效益与经济效益的相统一的和谐发展。发展目标是三年大发展:到2009年年底,引入企业达到100家,投产70家,固定资产投入达到50亿元,年产值100亿元;园区内基础配套完成,各产业科学衔接,形成文化传媒产业链,成为东北地区最大的现代文化传媒产业园区。5年树品牌:到2011年,入驻企业达到200家,投产150家,固投达到100亿元,年产值300亿元;园区成为全国一流的文化传媒产业基地,成为继珠三角、长三角、环渤海之后,中国文化传媒产业的第四增长极。

2008年,辽宁省文化厅文化产业处表示要在省内建立文化产业示范市、试验示范园区和示范基地。文化产业试验示范园区是指将辽宁省内有竞争优势和活力的园区作为文化创意产业的发展示范园区和政策试验园区,享受省级开发区与高科技园区的政策。同时可以申请承担国家级政策试验与发展示范项目,争取发展为国家级园区。辽宁省还将选择具有良好的文化产业发展基础的城市作为文化产业示范市给予政策扶持,选择具备条件的文化集团、骨干企业作为文化产业示范基地,给予重点支持,促进其快速发展,凸显其示范作用。

辽宁省文化产业试验示范项目包括文化、新闻出版、广播电视、文化旅游等部门的演出业、影视业、音像业、娱乐业、文化旅游业、动漫业、古玩艺术品业、艺术教育与培训业、文化产品生产和制造业等。

二、制约辽宁文化产业发展的因素及其影响

辽宁省文化产业蓬勃发展,其在产业结构中所占比重不断上升,但与国内一些文化产业发展先进的地区如北京、上海等地相比,辽宁省文化产业在宏观规划、制度创新、支柱产业培育、产业集团组建等方面也存在明显差距。

(一)文化产业体制矛盾突出①

多年来,多数辽宁省文化单位仍旧具有明显计划经济特点,省内所拥有的各种文化资源和市场范围处于行政分割状态。在文化资源整合方面,缺乏统一协调和总体规划,资本资源、信息资源、人才资源、品牌资源不能充分有效地配置,普遍存在政企不分的现象。政府管得全而多且细,文化单位缺乏市场主体意识,决策与实践效率低下。政府对文化事业单位的管理还没有摆脱旧有体制的束缚,符合市场经济要求的规范化的管理模式还没有形成,文化产业发展缺乏良好的法制环境。文化单位中有相当一部分尚处于由

① 杨旭涛:《辽宁文化产业的发展现状和前景》,《党政干部学刊》2003年第3期。

"事业"向"企业"的转制过程中,适合企业化运作的文化事业单位的市场主体地位还没有确立起来。

(二)文化产业人才短缺

文化产业人才短缺是辽宁省文化产业发展面临的比较突出的问题。文化产业的社会效益和经济效益是通过开发利用各种文化资源、增加产品中的文化附加值来体现的。因而,文化产业的发展需要大量的具有创新能力的人才,同时需要既懂文化又有经营头脑的管理人才。文化产业经营管理人才不足且流失严重,这也是辽宁省文化产业发展相对缓慢的一个关键性因素。

(三)具有较大竞争力的文化企业不多

尽管文化产业发展迅猛,涌现出一批文化企业,为辽宁省GDP的增长做出了贡献,但是同世界上大型跨国传媒集团相比较,以及同北京、上海等文化产业发达的地区相比,辽宁省目前缺乏具有较大竞争力的知名文化企业,具有较大竞争力的文化企业不多。

(四)文化产品结构不合理

辽宁省文化资源丰富,历史悠久,文化底蕴深厚,但是文化资源的商品转化率较低。辽宁省目前文化产品结构比较单一,应当充分考虑市场受众的需求,开发转化市场中消费者喜闻乐见的文化产品,充分利用辽宁省丰富优质的文化资源,注重创新,面向市场,提供多样的文化产品。

(五)政府投入及相关文化产业政策尚需完善

辽宁省目前文化产业发展政策需要进一步完善。在从计划经济向市场经济转化的过程中,文化产业的发展会遇到一系列的问题,例如产权改革、社会保障的完善、政府扶持政策、公益性事业发展等方面所面临的改革问题比较突出,问题也比较普遍,而辽宁省相关的产业性配套政策还不够完善。

三、文化产业发展与辽宁经济增长方式转变互动机理分析

(一)文化产业推动东北老工业基地产业结构转型

发达工业化国家的历史经验表明,随着经济社会发展与进步,三大产业结构水平会发生改变。传统社会是以第一产业为主导,工业社会以第二产业为主导,后工业社会以第三产业为主导。当人均收入达到 2500 美元之后,由于居民对物质产品消费需求已经得到了基本满足,消费重点逐步转向服务行业,教育科研等文化事业获得了大力发展,这时社会步入以服务产业为主导的后工业社会阶段。[①] 在后工业社会中,信息科技产业与文化产业的发展尤其引人注意。美国在大力发展信息网络技术产业的 10 年,GDP 增长率从 1992 年的占世界总量的 24.6% 上升到 2001 年的 31.5%。发达国家的文化产业在国民经济中所占的比重也越来越大。世界上主要发达国家的文化产业均约达到 GDP 的 10% 以上。发达国家的实践经验表明,在现代化建设过程中,产业结构由低到高的发展与改变,同时,将提升一个国家、一个地区或一个城市竞争力。

当今世界正在经历一场广泛而深刻的产业结构转型升级运动,掀起了知识经济与创意经济的浪潮。经济结构的优化调整为辽宁省文化产业发展创造了广阔空间。同时,社会主义市场经济体制的确立和现代科学技术的进步为辽宁省文化产业的发展准备了充分条件,世界范围内文化产业的崛起和日趋激烈的国际文化

---

① 陶伯华:《创建长三角太湖科技—文化产业高地的构想》,无锡市委网站,2007 年。

竞争也对辽宁省文化产业发展提出了迫切要求。东北老工业基地的发展战略之一是加快产业结构调整,在发展装备制造业的同时,加大文化产业的发展建设速度,增加产品附加值的含量。

(二)自主创新与品牌建设中的文化角色分析

《国家"十一五"时期文化发展规划纲要》提到,培育和发展一批实力雄厚的国有或国有控股大型文化企业和企业集团,鼓励和支持国有文化企业开发市场占有率高的原创性产品,打造具有核心竞争力的知名文化品牌。规划还提出,要推进重点新闻网站建设。要加快建设一批综合实力强、在国内外有广泛影响的新闻网站。形成若干个与我国地位相称的、具有较强国际竞争力和影响力的综合型网络媒体集团,争取其中一到两家重点新闻网站进入世界前列。形成若干个与我国地位相称的、具有较强国际竞争力和影响力的知名的综合型网络媒体集团。

在一定意义上来说,"韩剧"的成功是韩国在大力发展文化产业的过程中,打造文化品牌的成功,同时也是其文化产业营销策略的成功。

在辽宁省,正在涌现一批有影响力的文化产品品牌,应当继续充分挖掘和利用辽宁省丰富的文化资源,打造一批体现辽宁地域特色,对全省文化产业发展具有带动作用的文化品牌。现已推出一批具有思想性、艺术性和观赏性,社会效益和经济效益兼顾的文艺精品,重点打造以红山文化等为代表的"辽西历史文化走廊"品牌,以"一宫三陵"为依托的清文化品牌,以抗日战争、解放战争、抗美援朝战争等重大事件为背景的红色旅游文化品牌等。

沈阳杂技团、大连大青集团、大连普利股份集团以及辽宁芭蕾舞团舞剧《末代皇帝》被国家商务部、文化部、广电总局、新闻出版总署评为2007年至2008年度国家重点出口企业和产品项目。辽宁民间艺术团、辽宁大剧院、辽宁歌舞团、辽宁芭蕾舞团等10个文化产业典型案例入选《中国文化产业典型案例》。众多企业品牌当中越来越多涌现出文化产业的身影,企业产品被赋予了越来越多的文化元素。锦州的"辽西古玩商城"吸纳了近2000多个商户,经过近几年的发展,如今已成为全国知名的古玩藏品交易市场。

第四节　辽宁文化产业发展中的政府行为

一、文化产业规制动因分析

在我国,文化产业与其他市场化程度较高的产业相比,改革较为滞后。我国政府一直以来高度重视对文化产业规制与管理。为什么政府要对文化产业进行规制? 在现代规制理论(modern regulation theory)中,政府规制总是与市场失灵(market failure)分不开的。

(一)市场失灵与政府规制

市场失灵构成了政府规制的前提,没有市场失灵,就没有政府规制的必要。市场失灵是1958年由美国经济学家弗朗西斯·M.巴托(Francis. M. Bator)在《市场失灵的剖析》(*The Anatomy of Market Failure*)一文中首次提出来的。根据经济学基本理论,特别是微观经济学的基本理论,市场失灵主要表现在公共物品(public goods)、外部性(externality)、垄断(monopoly)(包括自然垄断和非自然垄断)和信息不对称(information asymmetry)等方面,由于上述诸方面的存在,自由竞争的市场机制在其自身的运行过程中产生了缺陷或弊端,市场自身不能完善地发挥配置资源的基础作用,政府规制则正当其时(于立,2006)。

市场经济条件下,政府干预大致分成宏观调控和微观规制两个方面。宏观调控通常是指中央政府利用财政政策、货币政策等手段来平抑经济周期,促进宏观经济平稳运行,间接干预特征比较明显。微观规制通常是指各级政府或其附属机构对微观经济和非经济活动主体,在价格、数量、质量、时间等方面的更为直接的干预。

(二)规制研究的基本框架

从实践来看,规制理论由反垄断规制、经济性规制和社会性规制三大部分构成,分别主要针对非自然垄断、自然垄断、信息不对称及外部性等市场失灵问题。

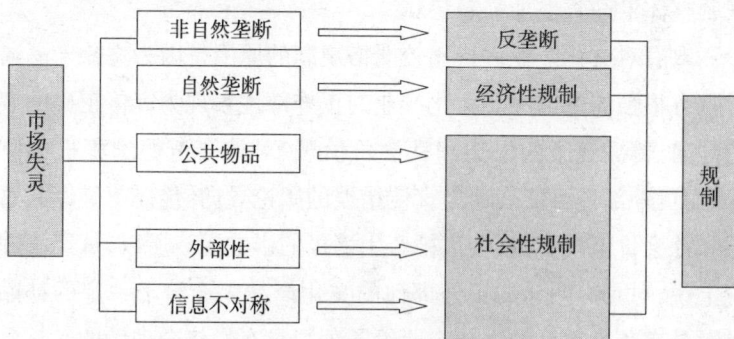

图6-1　市场失灵与政府规制

1. 反垄断(anti monopoly)

反垄断对于维持市场经济的正常运行至关重要,甚至说反垄断法(竞争政策的主要内容)是市场经济条件下的"经济宪法"也不为过(于立,2004),反垄断反对的是人为的市场垄断,如滥用市场势力、不当的企业购并、严重影响竞争的串谋行为等等,而对自然垄断则通常予以豁免。

2. 经济性规制(economic regulation)

经济性规制是规制理论的核心内容,经济性规制并非针对所有涉及市场失灵的领域,而主要是针对自然垄断的。对于非自然垄断,主要交给反垄断机构去处理,对于自然垄断,则允许它存在,但要规制垄断者行为。这样,就有可能大体解决现代经济学著名的"两难困境",即规模经济与垄断弊端并存的问题。

3. 社会性规制(social regulation)

社会性规制是以保障劳动者和消费者的安全、健康、卫生、环境保护和防止灾害为目的,对产品和服务的质量以及伴随着提供它们而产生的各种活动制定一定的标准,并禁止、限制特定行为的规制。随着技术进步和社会发展,经济性规制呈放松趋势,社会性规制整体上一直呈加强趋势。

政府对文化产业进行比较严格规制的原因是因为文化产品通常具有很强的外部性。文化产业的正外部性表现为宣传正确的舆论导向、传播健康的思想和社会价值观、对社会道德的积极影响等,而负外部性可能表现为宣传错误的舆论导向、传播不健康的思想和社会价值观、对社会道德产生消极的影响等。所以,从经济理论上说,对具有明显的正外部性的文化产品生产给予一定的补贴和对具有负外部性的文化企业给予惩罚是有经济合理性的。

二、辽宁省政府文化产业政策的市场增进作用

辽宁省政府在文化产业的发展过程中,制定了一系列文化产业政策,注重文化产业的市场培育与行政上的指导和支持,以推进其发展步入快速发展的轨道。

(一)辽宁省政府注重发展文化产业的必要性和紧迫性

在世界经济全球化的形势下,许多国家都将大力发展文化产业作为提高整个国民经济实力的重要任务来做,党的十七大明确指出大力发展文化产业是我国日后的一项重大工作任务,2009 年国务院通过了《文化产业振兴规划》,文化产业上升为国家战略性

产业。我国文化产业面临着巨大机遇,同时也面临着比较严峻的挑战。辽宁省政府应当注重发展文化产业的必要性和紧迫性,要通过新闻舆论等加以引导,使全省意识到发展文化产业的重要性,进而将文化产业作为重点工作来开展。

(二)制定必要的经济政策大力支持发展辽宁省文化产业

文化产业的发展离不开政府在经济政策方面的支持。辽宁省政府应进一步制定并逐步完善必要的经济政策来指导文化产业的发展,建立科学的、规范的、高效的经济政策体系,如资金投入政策、税收政策等,从制度上保障省文化产业的健康发展。

(三)政府的宏观调控是发展辽宁省文化产业的必然要求

文化产业市场化过程的自发性,会产生市场失灵的现象。辽宁省政府依据文化产业发展的现实情况,已经先后出台《关于经营性文化事业单位转企改制的若干政策的通知》、《辽宁省加快发展文化产业的若干优惠政策》等一系列政策措施。辽宁省政府应逐步制定科学有效的发展战略规划,实施宏观调控,加大必要的人力物力的投入与支持,使文化产业各项内容能够协调发展。①

第五节　增进文化产业在辽宁省经济发展方式转变的作用的对策

一、辽宁省文化企业产权改革

(一)产权理论述评

产权(Property rights)最初是罗马法关于规范人们财产占有行

---

① 周志高:《发展大文化产业需要政府行政支持》,《宜春日报》2006 年 12 月 1 日。

为的范畴,作为经济学的概念,它有着悠久的历史。在亚当·斯密和马克思的经济学中,它被用以定义生产资料的所有制关系,马克思在政治经济学中就是使用这一概念来解释劳动与资本的关系,解释经济行为和经济制度演变的。在新古典经济学的理论范畴中,在很长一段历史里,"产权"概念不为主流经济学家们关注和讨论。到了20世纪70年代以后,随着科斯、阿尔钦、威廉姆森、诺思等人对企业制度、交换行为、交易成本、契约关系等问题研究的不断深入,产权理论得以建立。

伴随着伟大而艰难的计划经济向市场经济的转轨进程,产权理论对转轨国家有着强大的影响,以交易成本为核心的现代产权理论对转轨国家有着难以名状的吸引。与此同时,新制度经济学特有的市场原教旨主义导向同长期计划经济影响的现实产生了猛烈的撞冲,由此引发的巨大争议贯穿并推动着20世纪90年代以来整个转轨研究进程。

尽管对于产权的内涵众说纷纭,但追根溯源都派生于两种最基本的理论范式:马克思主义经济学的所有制理论与西方现代产权理论。大体说来,在20世纪90年代以前,转轨国家对于产权问题的研究主要是按所有制理论展开的;从90年代开始,这种研究则更多的是按现代产权理论思想进行的。

科斯的产权理论提出之后,特别是自20世纪70年代以后,围绕企业产权理论方面取得了一系列显著的成果。产权理论在交易成本、企业理论、委托代理理论、制度变迁等理论方面取得了迅速进展。

根据现代产权理论,产权是一种权利,是一种社会关系,是规定人们相互行为关系的一种规则,并且是社会的基础性规则。产权实质上是一套激励与约束机制。影响或激励个人和组织的行为,是产权的一个基本功能。新制度经济学认为,产权安排直接影响资源配置效率,一个社会的经济绩效如何,最终取决于产权安排对个人行为所提供的激励。产权经济学大师阿尔钦认为:"产权是一个社会所强制实施的选择一种经济物品来使用的权利。这揭示了产权的本质是社会关系。在鲁宾逊一个人的世界里,产权是不起作用的。只有在相互交往的人类社会中,人们才必须相互尊重产权。"

在辽宁省,文化类事业单位大部分为国有公营,缺乏市场机制的竞争,产权关系不明确,效率低下。因而如何引入有效的竞争机制,增加效益,明晰产权,是亟待解决的问题。

(二)要提高国有文化企业竞争力,形成以公有制为主体、多种所有制共同发展的文化产业格局

国家"十一五"期间提出要规范国有文化事业单位的转制,努力形成一批坚持社会主义先进文化前进方向、有较强自主创新能力和市场竞争能力的文化企业与企业集团。

对于国有文化企业公司,《国家"十一五"时期文化发展规划纲要》指出要推进产权制度改革,实行投资主体多元化,2010年前国有独资文化企业基本完成规范的公司制改造,推出一批主业突出、核心竞争力强的上市文化公司。

《纲要》说,要加大政府对文化事业投入力度,扩大公共财政覆盖范围,中央和地方财政对文化的投入增幅不低于同级财政经常性收入的增长幅度;加强基层文化设施建设,保证一定数量的中央财政转移支付资金和新增文化经费主要用于农村文化建设;加大对国家社会科学基金的投入,进一步完善管理,提高质量,发挥效益;推行公共文化活动项目公开招标和政府采购,引入市场竞争机制;制定相应税收政策,吸引和鼓励社会力量兴办公益性文化事业。

中共中央宣传部于 2006 年 11 月下发《关于同意辽宁出版传媒股份有限公司变更上市地点的函》,新闻出版总署于 2006 年 12月 13 日下发新出图[2006]1305 号《关于同意辽宁出版传媒股份有限公司在境内(A 股)上市的批复》,辽宁省人民政府于 2006 年12 月 5 日下发辽政[2006]286 号《辽宁省人民政府关于变更辽宁出版集团有限公司重组改制上市有关文件的批复》,同意出版传媒由原批准的赴香港联交所主板(H 股)上市变更为在境内申请首次公开发行 A 股并上市。

出版行业是文化产业的重要组成部分,因而受到国家和各级政府的高度重视,属于国家政策重点扶持的行业之一。《国家"十一五"时期文化发展规划纲要》对出版行业提出了明确的发展规划,并在财政、税收等方面给予了大量的扶持和优惠政策。辽宁出版传媒股份有限公司是中央文化体制改革试点单位,是中宣部、新闻出版总署确定的全国首家上市出版企业,获得国家和辽宁省所给予的改革和发展一系列扶持政策,某些政策在全国出版业具有突破性和极强的示范效应。

2007 年 12 月 21 日,辽宁出版传媒(601999)A 股上市,成为国内第一家整体上市的新闻出版企业,上市当日市值暴涨329.5%,达到 109.8 亿元。

辽宁出版传媒 A 股上市,打破了只有经营性资产没有核心采编业务参与的文化企业融资模式,在投融资体制上为其他文化产业部门开辟了新的渠道。丰富了股票市场的文化板块,同时也为股票市场的炒作注入了新的题材和概念。

辽宁出版传媒 A 股上市,为推进辽宁省文化产业进一步发展与繁荣,在所有制方面进行了积极有益的探索,是执行贯彻党的十七大报告中"大力发展文化产业,实施重大文化产业项目带动战略,加快文化产业基地和区域性特色文化产业群建设,培育文化产业骨干企业和战略投资者,繁荣文化市场,增强国际竞争力"的重要精神,是一项文化产业改革的有意义的探索。

(三)鼓励民营和外资投入文化产业

民间资本进入文化产业领域的发展,主要可以通过两种方式:一是民间资本直接设立文化产业公司,通过对市场消费者需求的调研,开发创新出具有竞争力的文化产品,企业注重市场游戏规则,从而建立市场化的运作机制;二是民间资本参与现有文化产业企业的转企改制过程,直接影响企业的生产与销售等环节。无论是哪种方式,都是让文化产业感受到资本的冲击,成为适应市场规则的"产业"。[①] 同时逐步放开外资在辽宁省一部分文化产业领域的进入限制,扩大投入资金来源,尝试多种合作方式。

二、辽宁省政府文化产业发展的政策创新

辽宁是中国文化大省之一,辽海文化具有悠久的历史气息。从查海文化、红山文化到"一宫三陵"等世界遗产,从工业文化到新兴的动漫产业,辽宁文化产业伴随老工业基地一道走向振兴。在辽宁文化产业蓬勃发展的今天,政府的文化治理政策也要随之体现出创新性和时代性。

(一)深化辽宁省文化产业体制改革,增强文化产业活力

加快文化体制创新对于促进辽宁省文化产业发展至关重要,这也是辽宁省文化产业发展目前所遭遇的最大瓶颈。当前辽宁省

---

① 卢山林:《文化产业的市场、产权之辨》,江苏文化市场信息网,2006 年 5 月 16 日。

许多国有文化单位缺乏生机活力,这是多年的计划经济条件下文化体制深层次矛盾的反映,必须深化文化体制改革进而逐步解决目前已经出现的诸多问题。要积极推动国有经营性文化单位的产业化市场化的进程,使这些文化单位能够表现出较强的活力和竞争力。同时要推动国有文化企业实行公司制改造,尽快建立现代企业制度,形成科学合理、灵活高效的管理体制和文化产品生产经营机制。辽宁省文化系统改革的重点和难点是艺术院团的改革。2007年辽宁省通过资源整合,组建了辽宁演艺集团,进行转企改制积极的探索。目前,演艺集团的改革工作正在稳步推进,沈阳市的院团改革取得了较大进展。文化体制的改革是一个复杂的系统工程,各地区、各单位的情况都有差异。因此,文化体制改革的过程中必须坚持指导理论与具体改制单位实际相结合的原则,进一步推进全省院团和其他文化单位的改革。

大连市电影发行放映公司经改制为国有参股的有限责任公司后,积极调研市场的需求,先后在大连市投资兴建了新城市电影院和大连影城,使大连城市影院的布局更加合理,明显提高了市场占有率。改制后的第一年实现收入2935万元,第二年增加到3500万元。

(二)将民营经济资金更多地投入文化产业领域,为民营文化企业的发展壮大创造良好的政策环境

辽宁省政府应当积极支持和引导非公有制经济发展文化产业,逐步形成投资主体多元化、资金来源多渠道、投资方式多样化、项目建设市场化的文化产业发展新格局,为民营文化企业的发展壮大创造良好的政策环境。

2005年8月8日,《国务院关于非公有资本进入文化产业的若干决定》(以下简称《决定》)正式发布,原则上明确了国家鼓励、允许、限制和禁止投资的产业,对于非公有资本进入文化产业有很强的导向性。《决定》指出,我国加入世贸组织承诺对外资放开的产业门类,明确鼓励和支持民营资本进入,并在股权比例和相关领域等方面对民营企业进一步放宽。同时,鼓励和支持民营资本参与一些领域的国有文化单位的股份制改造,对于民营资本所占股份作了限制。而对于不允许民营资本进入的新闻媒体和新闻宣传业务等领域,也做出了明确规定。这是充分调动全社会参与文化建设,大力发展社会主义先进文化的重要举措,必将有利于进一步引导和规范非公有资本进入文化产业,逐步形成以公有制为主体、多种所有制共同发展的文化产业格局,提高我国文化产业的整体实力和竞争力。

将鼓励和支持非公有资本举办书报刊分销、音像制品分销;出版物印刷、可录类光盘生产;动漫和网络游戏;文化表演团体、艺术教育与培训等文化企业。同时,也将支持他们投资参股从事出版物印刷、发行,新闻出版单位的广告和发行;电影制作、发行、放映等文化经营活动的国有文化企业,其股权比例按照国家有关规定执行。

辽宁省民营演出单位发展迅猛,全省共有文艺表演团体约400家,从业人员共有1万多人,其中民营演出团体约320家,从业人员5000余人。全省2006年演出2.4万余场,其中民营团体演出1.5万余场。正是这些民营演出单位的活跃,繁荣了辽宁省的文化产业市场,丰富了民众的业余文化生活。① 全省民营文化产业创造增加值40.89亿元,比上年增长16%,上缴财政收入

---

① 高欣:《全面繁荣辽宁省文化产业　保持快速发展势头》,《辽宁日报》2007年2月26日。

5.44亿元,比上年增长21%;就业人员25.9万人,比上年增长3.23%。统计表明:2006年辽宁省文化产业共创造增加值50.3亿元,其中民营文化产业创造的增加值占到40.9亿元。辽宁省民营演出团体2006年共演出1.5万场,在给城乡群众带来了欢乐的同时,也创造了可观的经济效益。

(三)辽宁省政府投入专项资金扶持重大文化产业项目

使用财政性资金对文化企业、文化项目给予扶持,是辽宁省政府一直以来支持文化产业的重要手段之一。突出对文化产业项目、文化产业品牌类别给予重点资助,强化扶持效果。重点扶持发动漫游戏等新兴文化产业以及文化企业的成果转化、产品出口及重大文化项目。

(四)重点扶持具有知识产权的文化企业发展

辽宁省政府应当继续扶持文化产业园区和基地的建设,鼓励和支持建立以企业为主导、市场化运作的文化产业园区和基地。政府应当制定相应的优惠政策,并提供优质服务,引导从事数码动画、创意设计、动漫游戏等文化企业进入文化产业园区和基地。创造鼓励创新的制度环境,对具有知识产权的文化企业在财政政策和相关制度的确定上都要体现给予重点扶持的政策,如产业政策和财政资金使用上的明确规定对具有知识产权的文化企业给予重点扶持的政策,加强知识产权保护制度的建设,积极提供知识产权公共服务等。

(五)加大辽宁省政府政策扶持力度

推动辽宁省文化产业大发展需要政府制定必要的扶持政策。要认真落实国家有关文化产业发展重要战略和辽宁省制定的相关配套政策,确保各项政策执行并且落实到实处。要保证增加政府资金投入,完善投资模式,形成稳定的经费保障机制。近几年,辽宁省政府对省直文化单位的投入呈逐年上升势头。各市政府也要加大对文化产业的投入,保证艺术创作、文化共享工程等各项文化事业的经费需求,特别是要保证对一些重点文化项目的扶持。从2008年开始,辽宁省设立了文化产业发展专项资金,采取贴息、奖励、资助等形式,支持文化产业发展。

(六)培养优秀文化产业专业人才

2007年9月,辽宁省首家动漫人才实训基地——东北大学浑南动漫人才实训基地正式成立,每年至少培养200名动漫人才。

辽宁省文化产业发展离不开专业人才的储备与培养,相关部门要制定人才培养规划,可以在学科结构成熟的院校开设文化产业相关专业,培养专业人才。同时加强对在职人员的业务水平的提高。注重优秀文化产业管理人才、优秀文化专业人才的培养与提高,实行收入水平和专业能力相对接,使优秀文化产品创作和生产具有持续稳定的人才支持。

总之,在中国政府将文化产业发展提升为国家重要发展战略的大背景下,辽宁省应当意识到文化产业振兴的重要性、紧迫性,文化产业发展迎来了一个新的历史契机。文化产业的发展要求文化单位转换经营机制,建立市场主体地位,优化辽宁省产业结构,促进辽宁经济发展方式转变,推进辽宁省东北老工业基地全面振兴。

第七章 加快发展高新技术产业,促进 辽宁经济发展方式转变

当前科学技术迅猛发展并空前广泛深入地渗透到人类社会的各个角落,成为促进经济增长、加速社会进步、保障国家安全和提高国家综合竞争力的决定性因素。具有高科学技术背景的高新技术产业已成为现代国际经济和科技竞争的焦点。高新技术产业的发展模式研究是现代经济发展的先导,是现代高新技术产业发展的源泉。同时加快对高新技术产业发展的研究,不仅能推动辽宁省科技、产业、环境、教育与社会和谐发展、促进产业结构优化升级与增强区域经济竞争力,而且有利于抓住发展机遇、促进国家经济社会的稳定发展。现代经济发展方式本质上是结构主导型发展方式,辽宁省要实现经济的持续性快速发展,就必须注重以产业结构变动为核心的经济发展方式,注重高新技术产业的快速发展。在当今时代,促进辽宁省高新技术产业快速发展的意义显得尤为重大。

第一节 高新技术产业对经济发展的作用

一、利于优化产业结构,促进全省经济发展方式的转变

发展高新技术产业,注重提高市场经济体制下的创新能力与研发能力,并有效地促进高新技术产业化和传统优势产业的改造

升级,有利于调整全省的经济产业结构和转变经济发展方式。"十一五"计划时期以来,随着全省高新技术产业的发展,产业结构优化升级得到逐步体现,其中第三产业所占比重明显上升,第二产业中矿产资源初加工产业比重下降,原材料精深加工业和信息化装备制造业比重上升,成为引领经济发展的主导产业。高新技术产业的发展,促进着辽宁省经济发展方式由"生产要素推动阶段"向"投资推动阶段"和"创新推动阶段"的转化。经济发展的动力正从大规模资源投入转向产业结构调整与投入产出效率的提高。

二、推动科技、产业、教育、就业的持续发展和资源的优化配置

具有高技术含量、高附加值、高成长与高风险背景的新型产品或服务通过科技成果的转化,促进具有经济效益和社会效益的产品或服务产业化,直接或间接地推动社会就业领域的持续稳定,进而促进全省教育体制改革的深入化与市场化,将经济发展所需人才与教育培育人才供给紧密结合起来,形成双向互动良好、循环推进的发展方式。此外,高新技术产业是一个技术、知识和资本高度密集的产业,它与传统产业有着很大的不同,在资源的高效利用和环境保护方面具有自身的独特优势。因此,在促进全省可持续发展的进程中,高新技术产业对于推动经济、社会和环境的持续和谐发展的意义非常重大。

三、利于提高全省技术创新与制度创新能力,促进技术进步

高新技术产业的发展能够极大地促进技术创新、制度创新,并与之相辅相成,相互促进。高新技术产业的发展为技术创新与进步提供基础。技术创新是实现经济增长由粗放型向集约型转变的基本手段，是高新技术产业乃至整个经济发展的不竭源泉。技术创新使产品附加值提升并增强企业的竞争力，高新技术产业的发展能够通过深度研发和改进生产来提高资源转化率，通过发掘新的产品与服务来增加产品的市场价值，通过改善管理来提高产品质量与企业形象。同时，高新技术产业的发展直接推动着制度创新。制度创新是实现高新技术产业发展的前提和关键，是推动技术进步和实现经济发展的最强大动力，是解决长期以来科研成果转化效率低、企业缺乏技术创新积极性等问题的制度保障。此外，高新技术产业的发展能从根本上促进技术的转移与进步，根据"后发优势"理论，辽宁省可以通过发展高新技术产业，通过自主创新或学习、模仿并消化吸收，迅速进入规模经济阶段，发展新的优势产业，进而促进全省技术进步。

四、利于培育产业集群和名牌产品，增强经济发展竞争力

高新技术产业发展比较好的区域往往具有良好的人才和资金资源要素，以及良好的制度环境因素。由于这些因素的存在，或大或小的以科技为主导的产业集群应运而生。在产业集群中，形成了一系列的以大、中、小企业和产业园区组成的完善的产业链。在这些产业链中，大型企业是产业集群的核心，中小企业是产业集群的主体，工业园区是产业集群的载体，政府推动与市场运作相结合是发展产业集群的主要方式。而高新技术的拥有、资源的共享、管理的协同和交易成本的降低往往成为这些企业和工业园区的主要竞争优势。一旦在这些具有创新能力强、拥有自主知识产权和其他种种竞争优势的大中小型企业和工业园区之间形成有机结合，就比较容易形成技术孵化能力强、辐射带动能力大的产业集群，并

相应地创造众多的具有竞争力的名牌产品。

五、利于抓住老工业基地振兴和沿海开放的双重机遇

当前国家实施东北地区等老工业基地振兴战略,对于辽宁省发展高新技术产业而言是一个良好的机遇,不仅能够享受国家较多的政策鼓励与税收优惠等有力支持,而且在技术、资金与人才等方面享有因国家振兴东北老工业基地带来的经济外部效应。而发展高新技术产业,又能极大地支持辽宁老工业基地的重点企业技术改造、重大基础设施建设和改善生态环境等,必将有力地促进老工业基地的发展与振兴;辽宁是东北地区唯一的沿海省份,拥有丰富的海岸线和良好的港口资源,发展高新技术产业,对于承接国际产业转移、参与国际竞争,利用国内外两种资源、两个市场加快发展,具有得天独厚的条件。这些良好机遇的存在,对于促进辽宁省"十一五"战略规划的实现,具有良好的保障与促进作用。

六、利于辽宁老工业基地全面振兴,符合国家经济发展战略需要

东北地区与沿海等经济发达地区的差距仍然存在,尤其是高新技术产业发展相对缓慢的问题仍未得到根本改观。这不仅制约了东北地区的经济增长,同时也影响了东北地区经济、社会与环境的可持续发展。发展高新技术产业,振兴辽宁老工业基地,促进区域经济发展平衡,维护国家和社会稳定,符合国家经济社会发展战略的需要。

第二节　国内外高新技术产业发展状况概述

一、国外高新技术产业的理论与实践

(一)国外高新技术产业发展的相关理论

国外理论界普遍认为高新技术产业是知识经济的第一支柱产业。主要的观点有:首先,在知识经济发展比较成熟的国家,如美国、日本和欧盟国家,科学和技术研究开发以及不断创新的知识构成知识经济的重要基础;其次,高新技术产业中的信息和通信技术在知识经济的发展过程中处于中心地位;再次,在知识经济的作用下,当代经济竞争正在从有形竞争向无形竞争转变,在发达国家,一些先进企业有形资产与无形资产的比例达到1∶2—1∶3;第四,高科技企业成为知识经济活动中最具有活力的经济组织形态,高新技术工业园区正成为区域经济的新增长点;最后,投资理念发生重要变化,风险投资成为培植高科技产业的重要手段之一,如知识经济的典型代表微软公司就是在风险投资支持下发展成为当今世界经济的巨人,成为举世瞩目的企业明星。

(二)国外高新技术产业发展的战略模式

1. 美国——里根政府的竞争淘汰、长远规划模式;克林顿政府的政府参与扶持、军民结合和重点规划模式

其一,政府减少对技术商品化和技术革新的直接卷入,充分发挥市场的作用,尊重市场竞争规律,实行优胜劣汰的战略。

美国目前的高新技术企业,几乎都属私人所有,政府只是通过制定各种政策、法规,签订科研合同和采购合同等外部方式对高新技术产业进行间接扶持。具体措施主要有:制定和完善各项政府政策和法规,以期促使高新技术产业沿着既定目标健康快速发展,

如《反垄断法》和《国家合作研究法》的颁布;积极促进企业、大学和科技基金协会的有效结合,加速高新技术成果的商品化和产业化进程,此举是美国发展高新技术产业的核心战略;积极扶持小型高新技术企业,在美国每年所新建的企业中,大约有 10% 的企业为中小企业,而在美国每年所批准的专利总数中,小企业所获专利约占 60%。

其二,政府将主要力量集中于大型及长远的项目上,实行长远规划的牵动政策。

早在 20 世纪末,美国就在白宫内设立国家科技委员会,与国家安全委员会和国家经济委员会三足鼎立,由克林顿总统直接挂帅。与此同时,国家还制定了促进科技发展的一系列政策,如实施向高新技术产业倾斜的优惠政策、增强民用技术的投入、设立"国家技术银行"、为中小企业技术计划投资和大力吸引国外人才等举措,极大地促进了美国高新技术产业的发展,使其高新技术产业始终保持世界领先地位。

2. 日本——先期发挥技术贸易及开发机制的政府参与模式,后期发挥自主创新机制的政府参与模式

二战以后,日本发挥技术贸易及开发机制的政府参与模式,采取"吸收型"加工贸易立国的战略,即主要以政府引进和改良外国(主要是欧美)现成科技成果的发展战略,通过技术贸易和原有技术的巧妙利用和精心改进的方式,来不断提高工业产品的技术附加值。自 20 世纪 50 年代初至 70 年代中期,日本共引进了外国技术 25700 项,支付技术转让费 57300 万美元。据估计,其与依靠日本自己研究相比,节省了 95% 以上的技术研发费用,且发展差距已极大地缩小;70 年代中后期开始,日本不甘于过去"吸收型"加工贸易立国的战略,逐步明确了"科学技术立国"的新思路,开始

发挥自主创新机制的政府参与模式,加强基础领域的研究。同时,伴随着有关法律及条例的实施和健全,日本积极投入研发经费,将高技术应用于民用领域,极大地提高了整个工业的技术水平,使科技进步对日本经济增长的贡献率由50~60年代的30%左右提高到20世纪末的60%。

3. 韩国——前期的引进消化模式,后期政府扶持式的自主发展模式

20世纪60—70年代,韩国高技术政策的主要目标是引进和消化国外的先进技术。在当时缺少资金、技术和人才的情况下,又针对性地集中引进技术并消化吸收,重点发展轻工业、原材料工业和生产设备。1967年成立了内阁级的科学技术部,颁布了《科学技术促进法》。几十年以来,不管政权如何更迭,政府在以高新技术为手段促进经济发展,调整产业结构,制定远景规划方面是始终如一、坚持不懈的。进入80年代,韩国首次提出"以技术为主导"的战略口号,90年代以后制订雄心勃勃的政府和工业界合作的G—7计划(高级先进国家计划),积极推选政府扶持下的自主发展模式。主要的策略是:以市场为导向,集中力量重点攻关;确立及强化企业技术研究和开发的主体地位;大力培养高新技术研发人才和管理人才;积极加强科研的国际化合作等。如今韩国在许多高新技术产业领域取得了举世瞩目的成就,在计算机、通信、材料、电子等方面已具有一定的国际竞争力。

4. 欧洲——后期关注传统产业高技术化模式

20世纪90年代以前,欧洲国家仍陶醉于资源经济所带来的恩泽之中,随着美国、日本等国家经济发展的超前,欧洲相对落后了,其实质是资源经济相对于知识经济的落后。1993年10月欧共体科技首脑会议的召开,是欧洲国家开始重视高新技术产业发

展的标志。为了贯彻"科技领先,发展生产"的方针,1994 年 4 月通过了《第四个科技发展和研究框架计划》,要求集中力量攻克有重大经济和社会效益的关键项目,优先发展信息技术、遥感、能源等易于产业化的技术领域。此外欧洲各国还特别注重结合本国的实际,加快传统产业高技术化的步伐。随着科技的进步,对欧洲国家的工业化本身进行技术改造是必要的。事实上,用高技术产业改造传统产业,实现传统产业的高技术化,是欧洲国家发展高技术产业最佳的路径选择。目前,为了缩小"新技术"与"旧技术"之间的差距,欧洲国家已制定了一系列支持科技发展和规划,将发展的重点放在信息技术、新材料、新能源和生物工程等新兴产业上,同时积极采用电子信息技术改造传统产业,促进产业的不断升级。

(三)国外发展高新技术产业的主要政策措施

综观国外高新技术产业发展的态势,均无一例外地在以下各方面采取了相关政策措施,如在产权制度、金融制度、法律制度、社会组织制度、科技制度、教育制度以及政府在高新技术产业化中的角色等方面,都做出了积极调整,促进了本国乃至世界高新技术产业的发展。具体表现在:强化政府在高新技术产业中的积极作用;调整科学技术政策,完善科技法律体系;积极推行员工持股计划和股票期权计划;建立多元化的高新技术产业投融资机制;兴办高新技术产业园区,并促进科技成果的转化;重视培养和吸纳优秀人才等。

二、国内高新技术产业发展概况及存在的主要问题

(一)高新技术产业发展的主要成果

新中国成立以来,我国高新技术产业的发展经历了两个阶段。第一阶段是在 20 世纪 60—70 年代,当时为了国防安全的需要,我

国的高新技术发展倾向于军事工业,即在高能物理、化学物理、近地空间海洋科学等方面进行了不懈努力,其中以"两弹一星"的研制成功为标志,这不仅促进了我国高新技术的建立和发展,而且大大提高了我国的国际威望。改革开放以后,我国高新技术产业的发展进入了第二阶段。1986年根据邓小平同志关于发展高新技术建议的批示,中共中央、国务院组织研究制订了我国第一个国家高技术研究发展计划——《高技术发展纲要》(即"863"计划)。1988年8月中共中央、国务院又批准实施高技术产业化发展计划(即"火炬计划")。这两个计划相互关联,相互衔接,揭开了新时期有组织、有计划地发展我国高新技术产业的序幕。

目前我国高新技术产业整体发展态势良好,主要表现在:产业规模总量急剧扩大,已成为国民经济中增长最快的产业部门;高技术产品进出口快速增长,推动外贸结构优化升级,且国际竞争力不断增强;形成了珠三角、长三角和环渤海三大高新技术产业发展密集区域;新增就业大幅增加,缓解了就业压力,促进了经济与社会的和谐发展。

(二)高新技术产业发展的问题和矛盾

在我国高新技术产业取得长远发展的同时,也存在一些亟待解决的问题,如:核心竞争力弱、缺乏自主创新能力;处于产业价值链中低端、收益率偏低;投资体制落后、融资瓶颈凸显;以及高新技术产业对推动我国经济增长方式转变的作用有限等。因此,要取得我国高新技术产业持续快速健康发展、提高国际竞争力,就必须多管齐下,采取措施切实地解决好这些现实问题。

(三)高新技术产业发展的模式选择

1. 以国家级科研院所为核心组建的高新技术企业集团

以若干相关国家级科研院所为骨干,联合有关企业、设计单位,组建高新技术企业集团。以国家级科研院所为骨干组建的高新技术企业集团,具有较强的科研基础和实力,较高的人才智力结构,有较多的科研成果。这些集团应当是多专业、多层次、多功能、综合性的企业集团,成为发展高新技术产业的核心,在跟踪世界高新技术先进水平中起着带头、先锋作用,成为推动我国经济发展的重要支柱。

2. 以高新技术企业为核心组建的高新技术企业集团

以高新技术企业为主组建的高新技术企业集团,具有管理企业的经验,对市场比较了解,有开发新产品条件和能力。这样组成的企业集团,是包括制造业、流通业、服务业、金融证券业、信息业等在内的跨行业、跨地区的集团企业,如目前的联想集团。这些集团在各地建立了一批包括科技、商品、包装和材料等行业的工厂,并与中外企业合资创办分公司,开发、生产高技术产品。

3. 以高等院校为核心组建高新技术企业集团

高等院校在发展新兴学科、开发高新技术方面,有独特的优势。这些都为建立以高校为核心的高新技术企业集团创造了条件。现在,已经有不少高等学校独自或者与国内外企业合作创办了各种开发高新技术产品的企业,如清华同方和北大方正等企业集团。以高等学校为主组建的高新技术企业集团也将大大发展。

4. 以民营高新技术企业为核心组建高新技术企业集团

民办高新技术企业摆脱了旧体制的束缚,运行机制灵活,有灵活的运营机制和较新的管理经验,能根据市场的需求,开发高新技术产品,并学习和运用外国企业搞科技集团的管理经验。虽然民办高新技术企业原有基础差、底子薄,但是,由于他们能够充分依靠国家政策,研究、掌握社会主义市场经济规律,开发、研究新产品,所以,发展很快,效率很高,具有强大的生命力。

5. 以国家级大企业为核心组建跨地区、跨行业和跨所有制的高新技术企业集团

国家为了加速高新技术产业的发展,加快产业结构的调整,选择了海尔、宝钢、江南造船、华北制药等大企业集团进行技术创新的扶持。利用大企业集团的雄厚资金、人才实力,发挥大企业的信息、资源优势,利用它的产业关联紧密,开发实用、新型技术,加速国有大型企业的技术进步,提高老企业的经济效益,实现国民经济的战略性调整。

6. 以金融企业为依托,建立高新技术企业集团

利用各大公司的雄厚资金实力,充分发挥金融企业的融资功能,通过参股、控股、收购、联营、合资、合作等形式组建高新技术企业集团。由金融企业建立高新技术企业发展的风险基金;通过金融企业可以从资本市场上直接融资,来降低高新技术企业集团的投资风险和资金成本。

第三节　辽宁高新技术产业发展存在的问题和制约因素

一、辽宁高新技术产业的发展现状分析

(一)总体情况与优势分析

"十一五"规划实施以来,辽宁省高新技术产业发展迅速,在全省国民经济增长和产业结构调整中,发挥了重要作用。总体上来说,全省高新技术产业发展呈现出以下一些特点:

首先是总量规模迅速扩大,成为全省经济增长的亮点。"十五"末期,辽宁省高新技术产业总产值为 649.53 亿元,2007 年底总产值达到 906.33 亿元。2008 年上半年,全省高新技术产业增

长较快,总产值达到 583.7 亿元,同比增长 33.05%。按照此增长速度预测,2008 年高新技术产业总产值全年将达到 1070 亿元左右,年平均增长率为 18.55%,为"十五"规划末的 1.65 倍。2006—2008 年辽宁省高新技术产业总产值增长情况如图 7-1 所示。

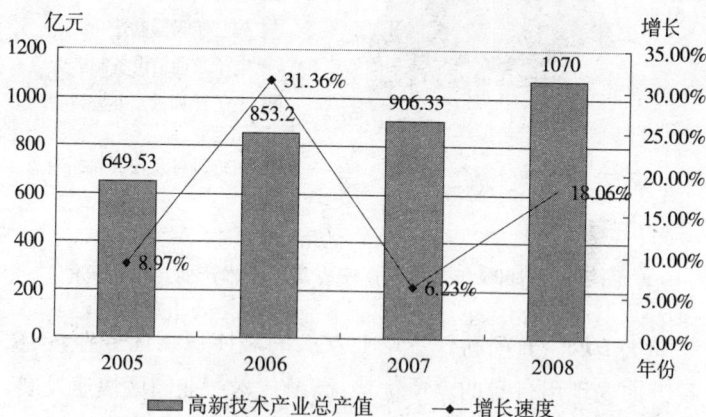

图 7-1 2006—2008 年辽宁省高新技术产业总产值增长情况图

在高新技术产业结构方面,主要有信息化学品制造、医药制造业、航空航天器制造、电子及通信设备制造业、电子计算机及办公设备制造业及医疗设备及仪器仪表制造业等行业。在辽宁省高新技术产业发展的过程中,已逐渐呈现产业领域趋向集中、部分领域优势凸显的喜人局面。如图 7-2 所示,全省高新技术产业已形成以电子及通信设备制造业、医药制造业、医疗设备及仪器仪表制造业、电子计算机及办公设备制造业、航空航天器制造等为主的结构,2008 年上半年,这些行业所占全省高新技术产业产值分别为:45.09%、21.11%、11.50%、10.60% 和 10.50%。另外,全省在部分高新技术领域已形成了优势,具有一批国内领先的技术,如机器

人制造技术、流程工艺自动化技术、基因重组多肽药物技术、燃料
电池制造技术、数控技术、部分催化技术、纳米材料技术与处理技
术等居全国领先地位。

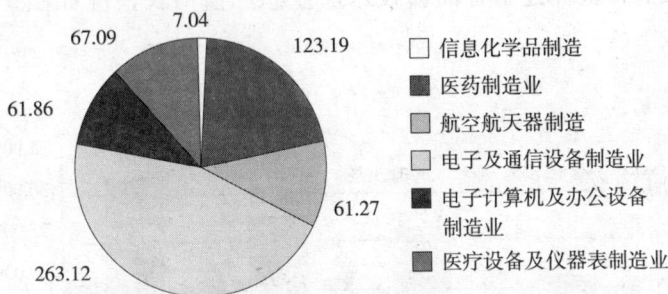

图7-2　2008年上半年辽宁省高新技术产业结构状况

（单位:亿元）

　　除了上述全省高新技术产业发展的总体现状优势外,还在以
下各方面表现出自身的竞争优势:高新技术产业园区快速发展,载
体作用日渐突出;用高新技术改造与提升传统产业成效显著;中小
型民营企业及股份制企业迅速成长,推动作用日益增强;科研投入
逐年增加,促进了高新技术的研发活动;区域创新能力位居全国前
列,保障与促进着经济增长;科技体制改革稳步推进,科研机构的
自主发展能力不断增强等。

（二）高新技术产业集聚程度

　　近年来辽宁省随着经济实力的不断上升和政府相关政策的出
台,高新技术产业的发展势头良好。高新技术产业的发展以辽宁
省"沈大高新技术产业带"和"五点一线"为轴线,以区内各国家级
和省级高新区为依托,全省高新技术产业的集聚现象日趋明显。
主要表现有:区内产业集群逐渐增多,产生了一大批重点和名牌企
业,整体竞争实力日益增强;国家级和省级开发区、产业园区和产

业化基地越来越多,进一步促进了产业集聚,其中制造业集聚现象尤其明显;高新技术产值和出口值大幅提升,并在部分高新技术领域形成自己的优势,具备了一批在国内领先的技术、产品和排头兵企业等。

目前,全省虽然取得了一系列成就,但是也应该清醒地认识到,市场竞争日趋激烈,发展的任务还很艰巨。从产业集群的发展阶段看,辽宁省产业集群发展还处于雏形阶段,有着辉煌的发展前景,而从全省的优势产业来看,多集中在资源的开采、加工以及机械设备制造业,尚未形成整个区域内产业集群的竞争优势。造成目前这种局面的原因,主要还在于经济体制和科技体制改革不够完全的深入,不合理的产业结构制约着产业集群的形成;另外,中小型企业和非公有制企业发展的滞后也制约产业集群的发展,从而制约着全省产业集聚的进一步增强。

(三)高新技术企业创新能力和研发能力

高新技术产业的发展,将企业技术创新的主体地位推动到更加突出的位置,企业和区域竞争力显著增强。2007 年辽宁省省级以上各类企业研发中心已增加到 310 个,产学研技术联盟已发展到 410 余家。重大关键技术攻关取得新突破,重点领域和重点行业技术水平显著提升。据初步统计,2007 年以来已有 235 项关键核心技术攻关取得突破性进展,共开发新产品 9200 项,同比增长 12%;实现新产品产值 1500 亿元,同比增长 23%。

在高新技术产业的发展过程中,全省逐渐呈现出"四个进一步"的良好格局:一是科技投入进一步增加,2006 年全省财政科技投入、全社会研发经费投入均为 2005 年的 1 倍;二是企业技术创新主体地位进一步增强,全省工业企业出现"五个 60% 以上的态势",即 60% 以上的研发机构设在企业,60% 以上的科技研发人员集中在企业,60%以上的研发经费源于企业,60%以上的科技计划项目由企业承担,60%以上的科技成果出自企业;三是科技促进产业发展能力进一步提升,2006年以来,全省工业企业实施技术开发项目年均增长30%以上,新产品开发数量大幅提升;四是科技创新环境进一步改善,据全国科技进步水平监测评价,辽宁省科技综合实力由2000年的第9位上升到2006年的第6位。

(四)高新区发展势头和辐射拉动作用

随着总体经济实力的上升和"十一五"规划的进一步推进,辽宁省高新区发展势头强劲,截至2007年4月,全省14个市已全部建立了省级高新区,其中包括沈阳、大连和鞍山三个国家级高新区。以全省原有7个省级以上的高新区发展统计数据来看,2006年,这7个高新区的各项主要经济指标增长幅度均超过了30%。预计全年实现营业总收入2564亿元,同比增长30.2%;实现高新技术产品产值1325亿元,同比增长33.4%,占全省规模以上高新技术产品产值的33.1%;实现工业增加值520亿元,同比增长31.2%,高出全省规模以上工业增加值增长的11.5%;新增固定资产投资308.7亿元,增长54.4%。同年底,全省拥有高新技术企业1520家,其中高新区内860家,占全省高新技术企业总数的56.6%。其中尤以沈阳在建的41平方公里高新技术产业带和大连的高新区最为引人注目。沈阳高新技术产业带内聚集了4个国家级开发区、11个省级开发区、70多个各具特色的产业园区和一批产业化基地,带内高新技术企业达到748家,占全市的89.6%;2007年实现高新技术产值1901亿元,占全市的90.5%;高新技术产品出口额6.56亿美元,占全市的77.2%。产业带内年产值超百亿元的企业2家,超10亿元的企业17家,超亿元的高新技术企业达到120家。在2006年,大连高新区每平方公里的产出达到

77.6亿元,每平方公里实现财税收入3.25亿元,单位面积的产出效益远远高于全省的平均水平,居全国高新区前列。

省内高新区的迅猛发展,对于区域经济的发展作用不言而喻:促进了传统产业、特色和优势产业的快速提升,优化了产业结构,提高了全省的综合经济实力;完善了市场机制,健全了发展机制,增强了创新集群效应,带动了产业集群发展和以点带线地辐射了经济增长带区域外的周边经济增长;能够进一步完善创业创新环境,形成新的经济增长极,赢得区域经济竞争实力等。

(五)信息产业发展加快与优势凸显

作为辽宁省高新技术产业结构内长期具有比较优势的信息产业,近年发展实力进一步增强,对经济的发展、全局的带动作用日趋明显。半导体、通信电子、光电子等一批新兴产业快速成长;大显集团、东软集团等一批骨干企业持续快速增强;英特尔、富士康等一批新增企业进一步优化和提高了全省的信息产业结构。加上较为完善的产业促进政策,辽宁省新型信息化产业基地开始逐渐形成。以2007年为例,辽宁省信息产业实现增加值559.1亿元,占全省GDP的5%;实现产业销售收入1157.7亿元,比上年增长30.8%,高出全国平均水平12.8%,全国排名第九;实现利税99.1亿元,比上年增长43%,高出全国平均水平33%。2007年全省信息产业中,信息产品制造业实现销售收入802亿元,比上年增长29%,全国排名第九;软件业实现销售收入355.7亿元,比上年增长34.8%,位居全国第六位。在其他业务方面,全省邮电业务总量实现703.1亿元,比上年增长24.5%;移动电话用户数2097.2万户,比上年增长25.1%;国际互联网用户395.7万户,比上年增长21.3%。

（六）高新技术产业对于推动经济增长方式转变的作用

优化经济产业结构是促进经济增长方式转变的主要途径,当今产业结构调整对于一个省份、地区乃至一个国家的经济增长潜力提升的贡献是显著的。而结合辽宁省省情以及机遇与挑战并存、机遇多于挑战的全球时代背景,近年来对于发展高新技术产业的重视与支持力度持续加大,高新技术产业中的相关产业如信息产业、民用航空产业、电子及通信设备制造业、医药制造业、医疗设备及仪器仪表制造业、电子计算机及办公设备制造业等发展速度较快,并成为带动辽宁省高新技术产业高速增长的引擎。从全省产业结构来看,辽宁省高新技术产业总产值对全省 GDP 产值的贡献率较为稳定,且高新技术产业总产值呈逐年上升态势,见表7-1。"十一五"战略规划期以来,全省高新技术产业持续稳定发展,对于增加全省经济总量和优化产业结构、带动相关产业的快速增长意义重大。

表7-1　2005—2007 年辽宁省高新技术产业对经济增长贡献

(单位:亿元)

年份	GDP 产值	高新技术产业总产值	占比
2005	8005.00	649.53	8.11%
2006	9257.05	853.20	9.22%
2007	11021.70	906.33	8.22%

二、存在的问题

近年来,全省高新技术产业的发展规模由小到大,技术水平由低到高,增长速度由慢到快,取得了长足的进展。但是,在发展过程中还存在许多问题与制约因素,特别是与其他先进省市相比,还有较大差距。下面就辽宁省发展高新技术产业所存在的问题与制约因素做出分析。

(一)对推动辽宁省经济增长方式转变的力度不够

进入 21 世纪,辽宁省高新技术产业发展速度较快,对于推动经济总量增长、优化产业结构等做出了较大贡献。但是与其他经济强省相比,由于各种原因,高新技术产业增长较为缓慢,对推动辽宁省经济增长方式转变的力度还不够。如下图 7 - 3,2003 至 2005 年间,辽宁省高新技术产业增加值增长位居广东、江苏、上海、山东和北京等省市之后,且增长幅度较慢,平均年增长速度为 18.17%,分别落后于山东的 44.86%、上海的 42.50%、江苏的

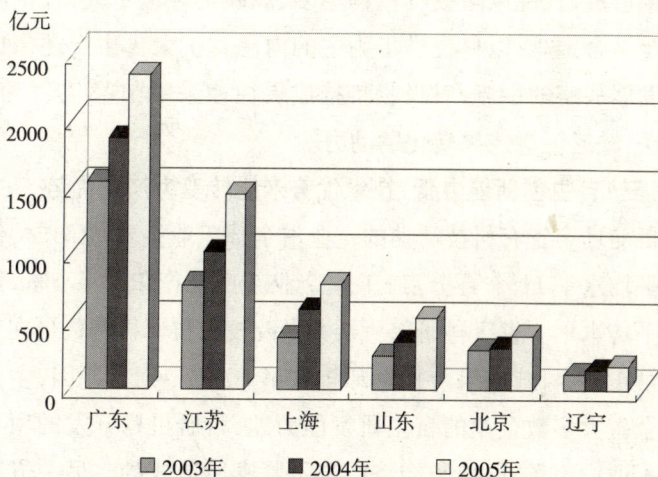

图 7 - 3　2003—2005 年全国部分省份高新技术产业增加值增长情况

36.83%、广东的 23.14% 和北京的 18.29%。同时见上表 7 - 1 可知,辽宁省高新技术产业对全省 GDP 产值的贡献率增长缓慢,对优化全省经济产业结构、节约资源能源和生态环保方面的促进作用成效不及国内其他发达省市,全省有必要持续突出高新技术产业的战略地位,重点发展符合省情、符合战略需要的高新技术领

域,构建好沈大高新技术产业带,整合各方面优势资源,加快发展辽宁省高新技术产业,加大高新技术产业推动经济增长方式改变的力度,促进经济持续、快速、健康发展。

(二)体制性障碍仍然存在,机制不够健全

由于条块分割,科研院所、企业研发机构、高校研究中心以及产业孵化园等科技力量有效协调不够,组织研发、风险共担和成果共享等机制不够健全,没有达到有效集成;风险投资进入机制不健全,很多具有明显增长势头的项目由于缺乏资金而搁置。风险投资是促进高新技术产业化的推进器,而辽宁省风险投资体系和机制尚未形成,致使风险投资机构不多,风险资金量不大,技术和风险资金结合困难;以科技进步为主的内涵式扩大再生产还未成为企业发展战略的主流,对吸收科技成果往往采用"现实"、"功利"的做法,缺乏促进成果转化的动力。

(三)自主创新能力低,技术优势未能转变为产业优势

目前辽宁省有科技活动的企业占全部工业企业的33%,低于全国平均水平11个百分点;工业企业新产品产值率5.5%,低于全国平均水平。省级科研院所及大专院校的科研机构数量在全国排在第4位,科技成果转化率却排在第10位。究其原因,主要是因为全省大多数企业的自主研发能力差,科研机构开发的项目又往往不适应市场,科技与经济结合不紧密所造成的。另一方面是由于科技成果转化的经费支持不足,目前全省的各个计划项目一般只有科研经费,而没有中试费和推广费。即使有中试费和推广费,数额也相对较少,而现实中大部分项目只有经过中试阶段才能进入实际应用。同时,科研院所对仪器、原材料的投入比较困难,而且人员、厂房有限,制约了高新技术成果的转化。目前辽宁省科技成果推广应用率仅为30%左右,转化为产品的只有10%左右,真正形成产业化的却不足 5%,许多高技术束之高阁,技术优势未能转变成产业优势。

(四)产业规模与先进省市相比差距较大

根据《中国高新产业统计年鉴》提供的可比口径数据显示,"十五"计划期间辽宁省的高新技术产值在全国排第 9 位,尽管从位次上看比较靠前,但与居前 5 位的省市相比,差距还是相当大的。以 2003 年为例,辽宁省高新技术产业产值仅为广东的 9%,江苏的 17%,上海的 24%,北京的 48%,天津的 54%。而且从近年的变化趋势来看,这种差距呈逐渐拉大的趋势,这说明从全国范围来看,辽宁省的高新技术产业发展还不够快,产业规模也不够大。

(五)重引进,轻消化吸收再创新

高新技术产业的技术结构大体分为自主研发型、技术跟进型和技术依附型三类,从总体上看,全省高新技术产业的技术结构属于技术依附型,具有知识产权的产品少,且配套能力差,综合竞争力弱。特别是一些重点产品本地配套程度低,且关键件、材料件甚少。比如作为全省规模最大整机产品的彩电产品,省内配套率仅为 20% 左右,且大多数是包装箱、机壳和钣金件等辅助件;PC 机的省内配套率仅在 11% 左右;打印机的配套件甚至基本上依靠进口。消化吸收再创新能力低,如果说引进技术经费为 100 美元,目前辽宁省工业企业用于消化吸收仅为 2 美元,而全国平均水平为8.32 美元,列全国第 28 位,加上外商独资化倾向严重,对核心技术实施垄断,通过技术转让方式得到国外先进技术的难度进一步增大。

(六)人才问题比较突出

人才是高新技术产业发展的第一资本,发展高新技术产业,既需要掌握高、精、尖的技术的人才,在技术源头上提供产业化技术,更需要领袖型的科技企业家作为企业和产业的领航人。但是目前全省发展高新技术产业,人才问题比较突出。主要表现在:

首先,辽宁人力资源的稀缺严重制约着高新技术产业的发展。相对于辽宁省高新技术产业发展而言,人才供给严重不足。2006年,辽宁省大中型工业企业科技活动人员为98239人,其中科学家和工程师58824人;参加科技项目的人员71419人,科技管理和服务人员19207人,分别占全国比重的5.19%、5.00%、5.34%和4.60%,所占比重较小。

其次,人才结构矛盾比较突出。主要表现在人才结构和产业创新结构不匹配。从产业技术进步的过程来看,技术进步大体可分为基础研究、应用研究和技术开发以及开发成果商品化,最终到技术扩散5个阶段。目前全省的人才储备,基本集中在第一、二个开发环节,高等院校、科研院所成为全省技术创新人才的主要场所。而技术开发,尤其是科技成果转化和技术扩散环节的人才却相对薄弱,这也是全省科技成果转化或者新产品产值较低的重要原因之一。更为重要的是,辽宁省缺少能够整体把握高新技术产业发展特点、适应市场环境变化的高级管理人才和企业家群体。

再次,高新技术人才流失严重。"十五"计划以来,辽宁省乃至东北地区的高新技术人才的流失程度仍然较为严重,这对全省科技成果的转化和企业竞争力的提高造成了严重影响。

三、制约因素

(一)经济体制和科技体制改革不够深化

从国际国内高新技术发展比较先进的国家和地区来看,辽宁省经济体制和科技体制改革的深度和广度还是远远不够的,主要表现在促进全省高新技术产业发展的良好体制与机制尚未形成。首先,基于不同归属的纵向管理体制,同时存在着不经济的重复建设和低效率使用科技资源,在课题研究中也存在重复设置和重复分散研究的状况。其次,产学研之间联系不够紧密,企业和科研机构之间还没有建立科学的现代管理制度,自主权没有落实到位;生产和科研还不能通过市场得到优化组合,资源配置没有达到最优化;科技力量还不能在基础研究、应用研究、中试和试销等阶段上得到合理的配置,制约了高新技术产业的发展。另外,产学研在科技发展链上的定位和上中下游的组织配合,缺乏合理分工。

(二)科技成果转化机制还未形成,大中型工业企业对技术创新和成果转化的支持力度不够,高新技术产业化程度低

由于全省的高新技术成果转化的市场机制尚未形成,科研成果的有效需求不足。与国内高新技术产业发达地区相比,目前全省的科技创新成果转化率较低。如在 2006 年,辽宁省发明专利申请授权数为 1063 项,为北京和上海的 27.51% 和 40.2%,同时辽宁省技术市场成交合同金额为 80.65 亿元,仅为北京和上海的 11.57% 和 26.06%。可见,全省在科技成果转化方面还存在一定差距。

大中型工业企业对外界技术创新和成果转化的支持力度不够,且用于科技成果转化方面的资金不足。目前辽宁省偏重型的大中型企业,占全省企业相当大的比例,这些企业的创新能力是全省高新技术产业化和高新技术产业持续发展的重要环节和突破口,但是普遍存在的问题是大中型工业企业普遍对企业自身的技术创新重视不够,产业化程度较低。如在 2006 年辽宁省各市科技指标中,科技活动经费为 137.9 亿元,仅占主营业务收入比重的 1.4%,略低于东部地区比重和全国比重;新产品产值占工业总产

值比重为 12.8%,低于全国水平 15.7% 和东部地区水平 16.8%;
新产品销售收入占主营业务收入比重为 12.4%,低于全国水平
14.8% 和东部地区水平 16.3%。因此,基于科研成果转化的高新
技术产业化发展程度,在辽宁省还比较低。

(三)风险资本投资不足成为高新技术产业发展的制约瓶颈

辽宁省在许多方面都存在制约风险资本投资的问题,主要表
现在:第一,缺乏法律和政策的保障。其次,风险资金的来源渠道
过窄。目前全省的高新技术产业科技活动的资金来源主体主要是
企业和政府,占全部资金的绝大部分。受全省财政收入的制约,风
险资本投资的规模偏小,不能为高新技术产业的发展提供稳定的
资金支持。第三,没有有效的风险资本退出机制。由于全省的资
本市场和产权交易市场不够成熟,这势必会影响到风险资本的投
入规模。根据《中国 2006 年各地区高技术产业科技活动经费筹集
统计》,2006 年辽宁省科技活动经费筹集总额为 145490 万元,其
中政府资金 29952 万元,企业资金 81898 万元,金融机构贷款 1371
万元,分别占总额的 26%、73% 和 1%。其经费筹集来源构成如图

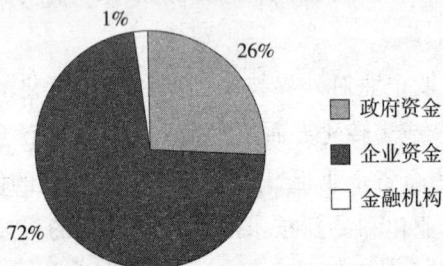

图 7-4　2006 年辽宁省高技术产业科技活动经费筹集来源结构图

7-4 所示。根据图 7-4 可以了解到,2006 年辽宁省高技术产业
科技活动经费来源主要为企业资金和政府资金。金融机构贷款非

常少,没有国外资金来源。由此可见,在辽宁省高新技术产业发展中,风险资本的投入非常之少,风险资本投入的不足已成为制约全省高新技术产业发展的瓶颈。

(四)产业化投资能力弱

高投资是高新技术产业得以迅速发展的关键因素之一。每一个高新技术产业的形成与发展直至形成产业优势,都必须有雄厚的资金实力做后盾。由于高新技术产业具有高技术背景,面临的风险大、所需资金数额大、投资回报难以测算等特点,因而通过银行贷款等融资渠道十分困难。根据科技型企业的成长规律,在其发展的初创期,一般宜采用权益性融资。而在其发展的中后期,由于融资环境的相对改善,可以采取债权性融资。目前辽宁省的金融市场发育不完善,加之融资渠道不畅,进行产业化融资相对比较困难。全省及各地级市虽然都已建立了风险投资公司,但是实力太弱,规模过小,所提供的资金仅能对少数企业予以资助,远不足以支撑全省高新技术产业的快速发展。甚至有专家断言,基本没有发挥作用。

(五)高技术产业集聚化发展的资源约束逐步显现

在全省高新技术产业的发展中,由于发展起步相对较晚,在制度、政策、资金、机遇等有效资源方面相对缺乏,且各区域发展不平衡,高新技术产业集聚化发展受到阻碍。同时由于资源禀赋的不同,高新技术产业园区发展各异,产值相差较大。甚至在一些区域,用于各类高新技术产业园区的土地资源逐步呈现供应紧张的局面,不利于高技术产业的发展和创造吸引外资的投资环境。不少外资企业将会受此影响将投资和生产能力转移到其他国家或地区。如何在全省高新技术产业园区规划协调利用资源,促进区域高新技术产业的集聚化进而形成地区竞争优势,非常有必要加以考虑。

第四节　加快高新技术产业发展,促进辽宁转变经济发展方式的对策建议

　　转变经济增长方式,主要是指经济的增长方式由粗放型向集约型、外延式向内涵式增长的转变。"十一五"时期的辽宁老工业基地的振兴将主要依靠转变经济发展方式,优化经济结构,走可持续发展的新型工业化道路来实现。这势必要求辽宁站在长远而稳健的发展角度审时度势,加大市场经济制度和机制改革与建设的力度,加大高新技术对经济发展的支撑力度,加大经济产业结构调整的力度和加强全省"两大基地与三大产业"的建设力度。转变经济发展方式,不仅要注重微观领域人的能动性和强化企业管理,而且更要注重在加快体制创新的同时,优化经济结构与推动科技进步。

　　目前辽宁省已进入工业化发展的中后期阶段,过去十几年超高速发展的数量扩张已经结束,经济增长正从生产要素推动阶段向以大规模投资、改善技术装备为主的"投资推动阶段"和以创新能力及技术水平为主动力的"创新推动发展阶段"转变,经济增长的动力正从大规模的资源投入转向产业结构转换和产出效率的提高。产业结构变迁的加速是辽宁新阶段发展的重要特征之一,结合全省的发展实际,辽宁省经济产业结构要适应小康型和大规模固定资产更新的要求、高新技术主导作用日趋凸显的要求和产业竞争进一步加剧的要求。因而,当前乃至未来相当长一段时期内,加快辽宁省产业结构优化升级,突出高新技术产业的战略地位,努力营造发展环境和积极采取各项措施促进高新技术产业的快速发

展,具有十分重要的经济社会意义。对于促进辽宁省高新技术产业发展而言,结合当前国内外发展大环境和全省实际,需要重点关注以下各方面的问题。

一、产业结构调整与高新技术产业发展

(一)产业结构调整的理论依据

产业结构调整,对于转变经济发展方式而言实乃题中之义,产业结构的调整能够极大地推动经济的发展方式的改变。近代各国的经验表明,经济总量增长与产业结构调整、变迁紧密相连,产业结构的演变往往成为推动经济总量持续扩张的基础启动因素。目前乃至未来的几年中,适逢国家振兴东北老工业基地和全面建设社会主义小康社会的关键时期,辽宁省更需要以结构变迁来支撑经济总量的增长。

关于政府调整产业结构的理论,传统经济学理论认为主要有两条依据,即一方面政府具有参与经济活动的基本职能;另一方面是政府对于市场价格调节资源配置不足的补充。然而不管是传统经济学理论抑或后来的新古典经济学理论关于消费者"理性人"的假设,都存在一定的局限性。行为经济学理论认为,人是"理性之外人",即包括个人和企业在内的微观主体其行为选择处于偏离于完全理性的"理性之外"的状态。所以即使在竞争领域,如果完全放任价格波动,也不能实现资源的最佳配置,因而经济活动需要政府的参与。

然而政府调节经济结构的理由"应该是政府能够从组织角度对经济活动施加影响,通过组织创新进行经济结构调整"(国家"十一五"规划战略研究相关课题组)。该理论创新观点认为,政府应尝试从组织角度进行经济结构调整,而且认为政府从组织角

度进行经济结构调整可以把培育中间性组织作为一项具体措施。政府从组织角度对经济活动施加影响,就把经济体系视为一个组织体系,把市场和经济活动视为一种组织形式和一种组织过程。此时政府从组织角度对经济活动进行调整,就是维护并发挥经济组织有机体的"自组织"功能。

政府把培育中间性组织作为一项具体措施进行经济结构调整,一方面是中间性组织对经济结构调整有着积极作用,主要表现在:中间性组织是一种节省交易费用的制度安排;能够反映市场的组织性要求;能够积极地影响价格形成等。另一方面,培育中间性组织是基于对促进落后地区经济发展的现实意义。

(二)调整产业结构,发展高新技术产业

要加快转变辽宁省经济增长方式,就必须转变增长观念,调整经济产业结构;而调整经济产业结构,就必须重视加快发展高新技术产业。如今高新技术产业已成为产业结构优化升级的重要推动因素。发展高新技术产业,一方面要使产业发展适应当今和未来需求,优化结构,扩大规模,提高在 GDP 中所占比重,从整体上提高国民经济的增长质量和素质;另一方面,要充分发挥高新技术产业的渗透和扩散作用,促进形成门类齐全、竞争力强的产业部门,提升传统产业的技术水平和经济效益,以信息化带动工业化,提高全省国民经济的整体素质。

在发展高新技术产业的同时,要积极利用高新技术对辽宁省经济结构进行战略性调整。主要有两个方面:一是推动传统产业优化升级,全面提高产业竞争力;二是推进国民经济和社会信息化。优化产业结构升级,须以大幅度提升产业综合竞争力为目标,突出发挥高新技术和信息化对产业结构升级的推动作用,突破一批制约产业发展的共性和关键技术,逐步缓解能源、资源和环境约束。辽宁省具有浓厚的东北老工业基地背景,有着高投入、高消耗、高污染的历史,因而亟须改变传统产业的生产方式,大力发展循环经济,走出一条科技含量高、经济效益好、资源消耗低、环境污染少、人力资源优势得到充分发挥的新型工业化道路。在未来几年中,辽宁省需要重点改造、提升的传统产业及其要点主要有:重点推进重大装备的研制,以及信息技术与农业、制造业、金融业、能源、现代物流和旅游业等产业的发展相互融合,努力实现传统产业研发与设计的协同化,生产设备的数字化,生产过程的自动化和供应链管理的网络化等,以提高传统产业的生产效率和管理水平。

在加快全省国民经济和社会信息化方面,在"十一五"战略规划期中需要继续大力推进。要进一步充分发挥信息资源的渗透和辐射作用,以信息化带动工业化,实现产业升级和经济结构的战略性调整,在辽宁省过去的良好发展基础上,发挥后发优势和区域优势,实现社会生产力的跨越式发展。在此过程中,需要全省继续广泛而深入地推进城市网络化进程,深度开发和综合运用各种信息资源,进一步推进政务领域、社会公共领域以及国民经济和企业的信息化,充分发挥各类信息资源的积极作用,为经济和社会发展提供有力的信息支持。

二、科技创新与高新技术产业发展的理论思考
(一)两者有机结合的必要性

注重科技创新、发展高新技术产业,既是顺应未来世界高技术发展的趋势,又符合我国国情及全省省情,是确保新时期全省战略目标实现的重要基础。发展经济学的研究成果表明,现代一个国家或地区经济的发展,不仅体现为经济总量的增长,而更重要的是体现为经济结构的不断优化和升级。科技创新对于高新技术产业

发展乃至经济发展的意义,亦不仅仅是技术进步已成为现代经济增长的主要推动力,而且科技创新是推动经济结构转变、促进全省高新技术产业发展的根本推动力。高新技术产业本身作为科技创新活动的过程和结果,对全省经济增长和产业结构升级均有非常重要的意义。

(二)全省科技创新重点领域与布局

辽宁省发展高新技术产业,在"十一五"计划时期乃至今后相当长一段时间,都应当依托现有优势,立足自主创新,把信息技术产业、先进制造技术产业和新材料产业继续做大做强,加大对生物工程与制药产业的扶持,力争实现突破性发展,形成新的经济增长点;同时构建沈阳—大连高新技术产业带,大力提升全省经济竞争力。"十一五"时期在全省将重点发展与实施产业化的高新技术领域中,信息技术领域主要有软件产业、电子信息产品制造业、国民经济和社会信息化产业;先进装备制造技术领域主要有船舶工业、机床工业、汽车工业、航空航天产业、电子及通讯设备制造业、机器人及自动化成套装备业等;生物工程与制药领域主要有医药生物技术、海洋生物技术和其他生物技术;新材料领域主要有新型钢铁材料、精细化工材料、半导体照明材料和镁质材料等。

根据经济发展的区位经济理论和比较优势理论,生产要素的拥有程度、使用的密集以及要素的供给和价格等因素,对区域分工和比较优势能够产生重大影响。国内外的经济发展经验证明,通过高新技术产业带和产业集群相结合的布局方式,可以充分利用已凸显的优势,通过技术、经济、管理和产业转移来加快和带动区域经济的发展。辽宁省高新技术产业的发展,目前以沈阳、大连两个城市较为集中,发展的水平也相对较高,"十一五"时期应重点推进这一地区的发展,形成高新技术产业带。沈大高新技术产业

带上包括沈阳、辽阳、鞍山、营口和大连 5 个高新技术开发区。在
高新技术产业带的各市产业布局上,可以规划为产业集群的模式:
以沈阳地区为核心的先进装备制造业、软件和数字化设备三大产
业集群;以辽阳为核心的精细化工产业集群;以鞍山为核心的精品
钢材、环保设备和金融设备三大产业集群;以营口为核心的镁质材
料产业集群;以大连为核心的软件、先进装备制造业、生物与医药、
光通信和发光材料五大产业集群。

(三)科技创新活动是促进高新技术产业发展的主导因素

在高新技术产业发展的过程中,科技创新不仅是科技产业的
主要推动力量,而且也是促进高新技术产业发展的主导因素。具
体表现在以下几个方面。

首先,原始性创新对促进全省高新技术产业发展的作用日益
增强。科学与技术的结合更趋紧密,科学基础研究和高新技术的
发展几乎同步,原始性创新成果直接推动了高新技术产业的发展。
例如人类基因组、纳米材料的成果,在中间成果的过程中迅速申请
专利,有些就实现了产业化。

其次,随着科学技术的交叉与融合,高新技术产业的发展更加
依靠创新,前沿技术的重大突破呈现出群体突破的特征,具体表现
为学科之间的交叉融合,新的技术群及相应产业群的竞相崛起,因
此在单项技术基础上的集成创新已经成为高新技术产业发展的重
要趋势。例如,生物信息技术,就是 IT 和生物技术的交叉和融合
产生的新技术。据专家估计,它的应用可以降低药物开发成本
30% ,并使开发进程加快两年,同时生物信息技术将会对食品、卫
生、农林牧业以及信息产业产生巨大的影响。

再次,高新技术向传统产业不断渗透,成为提升和引领高新技
术产业发展的关键性因素。高新技术及产业发展有利于提升传统

产业的发展水平,加速了传统产业的高技术化。一是主要体现在促进传统产业的高附加值化,二是高新技术从传统产业发展出新品种和新兴产业,三是促进传统产业装备的现代化。据分析,近年来 IT 产业对美国经济的贡献率超过 35% ,1999 年 IT 使全美制造业劳动生产力增长了 6.4% 。

最后,知识产权和技术标准成为高新技术产业发展的战略制高点。高新技术产业相对于传统产业来说,经济效益更多地取决于技术的创新和知识产权。技术标准逐渐成为专利技术追求的最高体现形式,并往往领先于产品的生产。例如,在互联网应用前就先有了 IP 协议,在高清晰度彩色电视和第三代移动通讯尚未商业化之前,有关标准之战就已经如火如荼。

(四)推动科技创新与高新技术产业化紧密结合

为确保辽宁省科技创新与高新技术产业的快速健康发展,应突出高新技术产业的战略地位,加大政府的支持力度,并长抓不衰;开辟多渠道融资方式,为高新技术产业发展提供资金保证;积极推进形成"官、产、学、研"相结合的科研开发及其产业化的联动机制,加快科技成果的转化;搞好高新技术产业项目的开发和储备;建立和完善以企业为核心的技术创新体系;加强科研基础设施建设,构建信息、技术两大平台;培养与引进相结合,加强高层次科技人才队伍建设;推进制度与机制创新,着力改善投资环境;围绕发展重点整合科技资源,集中力量搞突破;扩大对外开放,拓展国际合作与交流。

三、提升辽宁高新技术产业竞争力的思路

(一)高新技术产业发展总体思路

转变辽宁经济增长方式,需要大力推动高新技术产业的发展,

提升产业竞争力。其前提是调整与确定正确的高新技术产业发展的总体思路。党的十六届三中全会以来,就倡导树立坚持以人为本,树立全面、协调、可持续的发展观,促进经济社会和人的全面发展。这也是辽宁省研究高新技术产业发展所必须遵循的指导方针。确定辽宁省发展高新技术产业发展的思路,就必须将全省置于本国经济和世界经济发展的大环境中,根据自身发展的比较优势,做出正确的关于支持高新技术产业发展的战略和政策措施。因此,辽宁省发展高新技术产业,就有必要遵照国家关于发展高新技术产业发展的思路,即全面贯彻落实党的十六大精神,遵循科学发展观的要求,坚持"三化一创新"(产业化、信息化、国际化、自主创新)和"继续做大、加快做强"的总体思路。

结合全省发展高新技术产业所具备的比较优势和辽宁省"十一五"发展规划,全省应该遵循以下这条思路,即围绕辽宁"十一五"期间经济社会发展的总体目标,通过将壮大高新技术产业的老优势与培育新优势相结合、高新技术产业的自身发展与改造提升传统产业相结合,努力走出一条服务和服从于振兴老工业基地、符合辽宁实际的新型工业化道路。其核心是要抓住关键,重点突破,发挥优势,突出特色,强化创新,协同推进。

辽宁省发展高新技术的关键,一要营造良好的发展环境,建立健康的运行机制,二要结合经济发展实际,选准产业与项目。一个地区若有优越的发展环境与运行机制,就可以吸引人才和资金;选择产业要以产品市场容量大、竞争力强、前景广阔、产业关联性强和能够形成支柱产业为标准,选择项目要以能够重点支持传统产业改造、对整个行业技术水平提升有重大影响的项目。

(二)完善高新技术产业发展的政策体系与制度环境

高新技术产业的发展水平与规模是决定全省未来经济发展和

辽宁老工业基地振兴的关键性因素,没有高新技术产业的健康快速发展,就不可能有其他产业技术水平与结构水平的提升。因此,政府部门应该予以高度重视,把发展辽宁高新技术产业的重要性突出到战略地位,加大支持力度,并通过制定完善的政策支持体系与发展环境将支持落到实处。要根据辽宁省高新技术产业发展的现状、特点及未来发展趋势,重点围绕加强政府引导和支持、提高企业自主创新能力和投融资能力、促进高新技术成果转化、提高高新技术科研人员工作积极性等方面,制定新的高新技术产业政策。同时,要促进相关政策法规的协调衔接,落实部门责任。通过加强政策法规体系的建设,不断制定和完善有利于促进技术创新、促进高新技术产业发展的政策环境,一方面加强对技术创新如知识产权、技术成果等的保护,另一方面对国家予以扶持的产业领域实施税收优惠、行政性收费减免等措施,营造规范、高效的市场环境。在这过程中,政府要完善促进高新技术产业发展的制度环境,转变职能,提高行政效率,努力建设好优质高效、公平透明的行政服务环境,用改革的思路和办法,提供社会化服务的工作方式和方法。

(三)健全高新技术产业投融资机制

由于高新技术产业的高成长、高风险等特征,因此要促进高新技术产业的快速发展,必须要加大投资力度,而在高新技术产业内企业发展的初创期,由于成长的高风险而造成融资困难是当今各国该领域发展的最大制约因素。高新技术产业发展急需大量资金的投入,而良好的资本市场正是高新技术产业规模化发展的温床。两者的有机结合,不仅是促进高新技术产业发展的重要条件,而且也是资本市场可持续发展的内在要求。因此通过资本市场化运作,形成以社会投入为基础、政府投入为引导、企业投入为主体、金融投入为支撑的高新技术产业投融资体系,可以有效解决制约高新技术产业发展的资金瓶颈问题。

加大对高新技术产业的投资,政府不仅要增加总量投入,保证财政经费对科技投入的不断提高,而且要有方向、有重点地投入;不仅要引导全社会资金的有效流入,更要充分利用资本市场为高新技术企业创造投融资条件,结合投融资体制改革,加速建立和完善风险投资机制。处于成长中后期的高新技术企业由于融资条件的相对改善,融资比较顺利,而对于处于初创期的高新技术企业而言,由于融资环境较差,此时的风险投资对其就显得极为重要。而风险投资的进入,不仅要考虑投资的收益性,而且更要考虑到风险资金的顺利退出。因此,良好的风险投融资机制有利于做大风险投资规模,保障高新技术企业资金的有效供给。

(四)建立科学高效的人才培养和吸收机制

高新技术产业是人才的产业。发展高新技术产业,要建立科学有效的人才培养和吸收机制,创造有利于优秀人才脱颖而出的体制和环境,通过建立灵活高效的留人、用人机制,培养和稳定本地人才,有针对性地引进学术水平高、产业意识强的国内外优秀人才;建立并完善人才激励制度的内在利益驱动机制;营造良好的技术创新环境,保护技术创新人才的合法利益等。从辽宁省的实际出发,需要实施积极的人才战略,采取各种措施调动各方面的积极性,大力吸引科研开发、经营管理、专业技工等各类型人才,进一步完善人才结构,满足全省发展高新技术产业对多层次人才的需求。

关于发展高新技术产业,从制度上讲,全省需要进一步改革人事和教育制度,坚持以人为本,营造公平、公开、择优的用人环境,建立一套积极高效的用人环境;从政策上讲,要建立具有高吸引力的人才聚集机制,健全高层次人才引用方面的政策法规,围绕全省重点产业和学科领域,采取特殊政策吸引一批海内外的高新技术人才来省创业和就业,推动全省在信息、管理等方面与国际接轨；在教育模式上,需要加快全省高等教育的人才培养模式和学科设置的改革,使具有教育背景的人才结构融合当今乃至未来全省自然科学和社会科学的最新成就,培养出有创新能力和较强管理能力的复合型人才,提高教育对全省高新技术产业的贡献率；在分配模式上,要树立科学高效的分配方式,积极营造尊重劳动、尊重知识、尊重人才、尊重创造的社会氛围,确立劳动、资本、技术和管理等生产要素按贡献参与分配的原则,积极探索和推行按照科技创新和经济管理业绩以及其他知识资本参与分配的制度,通过股权、期权以及无薪激励等多种形式的激励机制,做到一流的人才、一流的业绩、一流的待遇。

(五)大力发展优势产业、项目

良好的产业项目是发展高新技术产业的重要支撑,因此应针对全省的重点领域和重点任务开展重大项目的前期研究和分析预测,做好大型和特大型项目的组织与储备工作。目前,辽宁省要从延伸装备制造产业链入手,引导和促进国内外技术、项目、资金、人才等各类生产要素向这些优势产业流动,促进产业集聚,同时要大力推动装备制造产业的自主创新。通过发展特色产业集群,将辽宁省具有比较优势的装备制造产业发展成为具有竞争优势的装备制造产业集群。全省发展高新技术产业,一方面要做好项目的开发,另一方面也要做好项目的储备工作。要从当前省内外的发展情况出发,精选一批市场容量大、技术含量高、产业链条长、对经济发展具有重大推动作用、经济和社会效益好的项目,真正做到储备一批、开发一批和发展一批的良性循环,有力地促进辽宁省高新技术产业的发展。

(六)加强国际科技合作与交流

充分利用辽宁省处于东北亚经济圈核心位置的地域优势,抓住当前国际产业梯度转移和技术扩散加快这一有利时机,不断提高科技开放的层次,拓展科技合作渠道,以国际化带动产业高级化,实现辽宁省高新技术产业壮大及传统产业的优化升级。辽宁省发展高新技术产业要进一步扩大对外开放,加强国际科技合作与交流。具体可以通过双边、多边、官方和民间等多种方式,多渠道、分层次和全方位开展国际交流与合作。由于辽宁省的区位优势,需从全球科技经济一体化的战略高度来参与国际分工与竞争,在合作与竞争中趋利避害,积极引进全省急需的国外先进技术与装备,注重引进与消化吸收的有机结合,注重对高端适用技术的二次创新。当然,政府需要对重大国际合作、引进技术消化吸收和再创新的项目予以重大支持,包括资金投入、政策支持和制度建设等方面。同时政府要进一步鼓励国外研究机构和外资企业等在本省设立研发中心,开展本土化的研究创新活动。

(七)推进科技成果转化,促进高新技术产业化

目前辽宁省的创新研发能力较强,而相应地具有经济社会效益的、具备条件完成科技成果转化的项目却相对较低,如2006年全省发明专利申请授权量为1063项,而技术市场成交合同金额为80.65亿元,按相同比例计算,远低于北京、上海以及沿海其他城市等发达城市。因此,辽宁要形成"官、产、学、研"有机结合的科研开发及产业化的联动机制,推进科技成果的转化。目前,辽宁省要重点发展信息技术、新材料和新能源技术、生物技术、海洋工程和先进制造技术等产业部门,通过促进科技成果的转化扩大增量,努力把辽宁建设成为全国的高新技术产业基地。在这一过程中,要充分发挥大学及科研机构在知识原创性和核心技术研发的重要

作用,要依托有创新能力的企业、产业园区和"产、学、研"合作的企业联盟来实施计划项目,推动产业化。这一过程也可以通过政府政策的引导,促进各方之间的科研战略联盟,促进全省高新技术产业化的发展。

四、高新技术产业园区的发展思路及功能提升

(一)发展思路

高新技术产业园区作为高新技术产业发展的载体与产业化基地,为加快高新技术产业的发展、促进经济增长方式的转变做出了积极的贡献。迅速发展中的高新技术园区是我国当今适应知识经济时代要求、推进高新技术产业化的最适宜的社会组织安排,它融人才、技术、资金、信息和知识为一体,是一种集约化和高效化的社会组织形式,具有人才中心、技术中心、金融中心、信息中心和知识中心等多种功能,形成一个"极点",从而产生吸引或辐射效应,能够促进自身乃至周边区域经济的快速发展。纵观辽宁省高新区的发展历程以及结合全省经济社会发展要求,促进全省高新技术产业园区的发展思路可以从以下三个方面做出调整。

1. 优化产业增长结构

优化产业增长结构的思路,主要为引导园区从工业集聚地走向服务业集聚地转变。目前全省高新区乃至全国的高新技术产业园区在发展过程中,批租面积过大已经成为高新技术产业园区发展的主要问题之一。而园区聚焦于工业集聚地,是导致园区进行土地扩张的重要原因。因此,结合全省实际,在发展先进工业的同时,园区应从工业集聚主战场加快向服务业集聚地转型,以提升对城市乃至周边区域的产业发展带动作用和支撑作用。原因显而易见:首先,园区定位于工业集聚地容易加剧园区扩张土地的本能冲

动,不利于国家对土地的宏观调控,相应地造成国家土地资源利用的不经济;其次,服务业集聚导向让园区拥有更为广阔的发展空间,不仅仅通过服务业集聚能够实现园区发展,更能够发挥对周边区域经济发展的带动作用。如果高新技术园区成为服务周边产业的技术、知识、信息、资金、物流和专业外包等的集聚地,不仅园区本身可以得到更大提升,而且园区可以成为一个经济"新增长极",对周边区域经济增长的辐射带动效应将更为可观。

2. 园区发展定位的全球化视角

园区发展定位的全球化视角思路,主要体现在园区发展要基于产业链的价值要求,从国内定位走向国际定位。从产业链发展的视角来看,产业链在全球范围内各个环节的增值所带来的竞争力是巨大的。近年来我国沿海地区的江浙一带的发展就是明显的例证。浙江省义乌市的小商品批发,能够带着极强的竞争力从地区的专业市场走向世界各地,可以说就是瞄准了园区在产业链的全球化视角下的精确分工与定位所得来的。因此,用全球化视角来调整园区的发展思路、优化产业结构和明确发展定位,是保障园区在区域乃至世界经济竞争中保持优势地位的前提。

在全省高新区的发展定位中,首先,园区要在世界范围内进行充分的国际产业链扫描,同内部资源和能力优势进行对比分析,充分利用国际分工的比较优势,有重点地发展那些具有竞争优势的产业。其次,园区应制订现有国际化视野的招商计划,根据自身综合实力和比较优势,抢占一个或某几个产业的高技术和高附加值研发或生产环节,占领某些产业技术原创性的制高点。

3. 园区管理机构的角色转换

园区管理机构的角色转换思路,主要要求各高新园区的管理委员会要从粗放型管理走向精细化服务管理。随着全省产业发展形态和区域发展使命的日趋多元化,各高新区管委会的角色需要进一步的进行深刻转变。各管委会应将更多孵化、投融资等服务交给市场中介机构来运营,充分利用比较优势和专业分工,管委会的职能进一步向"着眼于引导产业集聚和优化产业结构的产业引导者"转变。管委会只有对驻园企业的信息进行翔实的了解,彼此的信息沟通才会有效、高效,信息不对称才会最大限度的减小,因而管委会为驻园企业所提供的管理与服务才会尽大可能地满足企业的实际需求。同时,由于园区管理模式转型所带来的流程优化,园区内的服务平台将趋向服务流程的集成,进而带动园区信息化的发展。

(二)功能提升

1. 重视企业群体要素聚集的高效率及其极化效应

首先,大力提升高新区的高新技术产品产出规模、企业集群效率和产业要素集聚效率。

要求高新技术产业园区在发展过程中,需要有关方面做到:第一,贯彻科学发展观,坚持走可持续发展道路,坚持在战略目标下的分阶段、有重点和经济社会效益的原则,彻底转变全省高新区的经济增长方式,从低集群度、管理粗放型和要素分散型向较高集群度、管理集约型、高产出营利型转变。第二,要坚持高效投入产出原则。经济规模大而投入产出效率不高的高新区,在国际市场上没有支配地位,没有竞争优势可言;而只有高效投入产出,没有大规模产出的高新区,在国际市场上没有足够持续发展的市场份额,没有足够大的赢利空间。因此,全省高新区的发展,既要做到"以大求高",也要做到"以高求大",实现既高额盈利又能持续盈利。第三,制定相关支持政策。要结合国内外高新区高新化、高效化、规模化和生态化的新趋势,制定提升高新区企业集群效率和投入产出效率的促进政策。根据经济社会效益最大化或最大满意程度,应适当地收缩战线并减少园区占地面积,以提高企业高新技术产业的区域比较优势、投入产出规模和高新技术产业的要素聚集效率。一方面,通过收缩战线、凝聚核心竞争优势的政策导向,降低园区公共基础设施的无效、低效投资,提升园区资源的利用效率和投入产出效益。另一方面,在实际中政府要从税收优惠政策上促进高新区投入产出效率的提高,具体可结合优胜劣汰规律,结合全省实际采用弹性的奖惩政策。如设置高新区投入产出效率的底线,对低集群效率的园区,实施高征税政策,对聚集高效的园区实行低征税;对于需要占用园区土地面积较大的企业,可以实施土地占用累进税,迫使园区全方位提升投入产出效率。通过这些政策的出台,驻园企业可以以超高的赢利率和资本积累率,增加自主研发和自主创新的投入,进而提升高新区的国际竞争力。第四,建立高新区绩效评价体系。这个体系的导向,一要引导高新区企业的生产经营符合国家的经济社会发展战略需要,二要符合提升企业集群投入产出效率。其中,国家级高新区要以国家意志为主线,可以通过高新化、国际化和 GDP 贡献率等指标来考核和评价。对于省级高新区等园区,则主要通过考核园区内企业的投入产出效率,主要指标有 GDP 总额、总销售收入、利润总额、出口总额以及以上相应的人均指标、单位面积利润、单位面积出口额等。

其次,全面提升高新区要素集聚,提高企业集群质量。结合辽宁省高新区的发展实际,可以模仿北京中关村、上海高新区、苏州高新区和深圳高新区等地,在原有的基础上,一方面,建立新一轮的高新区准入退出机制,提高高新区有效利用面积和投入产出效率;另一方面,制订新的高新区投入产出价值自律评估标准及其相适应的高新技术要素聚集机制,严格享受高新技术企业优惠待遇的标准。

再次,加快国家级高新区的产业信息化和企业现代化建设。在全省高新区的建设过程中,可以充分利用现代管理信息系统与工具,加快高新区的产业信息化和企业现代化建设。如有计划、有针对性地选用 ERP 系统;建立良好的现代企业制度,构建园区内产业集群企业的有效沟通和良性竞合机制等。

最后,构建沈大高新技术产业带。

目前我国已建成了珠三角、长三角和京津地区三大国家级高新技术产业带。这些区域有着极高的二次企业集群、要素聚集的经济规模和投入产出效率。进入"十一五"计划以来,随着全省经济的快速发展和综合实力的提高,沈大高速公路带已具备发展成为高新技术产业带的优越条件,如沿线已拥有较高的城市化水平;智力资源密集;交通和通讯设施完善;高新技术产业已具有一定基础等。因此,全省在"十一五"时期,应该大力推进沈大高新技术产业带的建设发展。可以充分利用沈阳和大连的知识、技术和金融的优势,将沈阳和大连首先建设成沈大线上经济增长势头强劲的两极,通过辐射效应和极化效应,进一步融合辽阳、鞍山和营口等地高新技术产业园区的发展,形成以三个国家级和两个省级高新区为主导、聚集起高新技术产业发展的整体实力、各个产业特色不同的高新技术产业集群优势互补的高新技术产业带,推动全省经济乃至东北地区、全国经济的发展。

2. 重视高新区差异化发展

首先,根据比较优势对现有高新区进行产业整合与结构调整。第一,结合辽宁省"十一五"发展规划和经济社会发展重点战略目标,把握差异发展的契入点。找准自身在全球要素市场资源配置价值链中的最佳位置,把握自身差异发展价值的定位,进而形成具有自身差异竞争优势的产业整合与结构调整，实现由省内高新区的差异化竞合向国内外高新区差异化竞合的战略性转变。第二，发展产业相关多元化。要发展省内各高新区之间的相关多元化及其适度差异化产出，需要大力调整各高新区自身的无相关性多元化产出结构，遏止盲目扩张和重复多元化，引导向相关多元化及其适度差异化、专业化转变。第三，优化省内各高新区自身的产出结构，注重产出的差异化竞争。高新区内企业要远离低价格差异竞争，不断提高自身产品性能差异价格比、服务差异价格比的差异化竞争优势。

其次，根据自身竞争优势突出集群要素创新差异化。

主要通过以下两方面进行：一方面，在跟踪竞争中进行差异化创新。目前以网络技术和电子商务为基础，第四代差异化创新活动在国际高新区蓬勃发展。辽宁省要抓住发展的时机，注意走出省内各高新区之间以及省内高新区与兄弟省份高新区之间雷同发展的误区，大力进行省内外的差异化创新，突出自身要素聚集的特色，在新一轮高新区全球化竞争中争得竞争优势。另一方面，实施省内外营销差异化竞争策略，高新区自身的省内外营销差异化竞争策略主要产品差异化、形象差异化和市场差异化等。

再次，紧跟世界潮流，积极推进第三代生态高新区的差异化改造。

当今世界各发达国家已大部分进入第三代生态型高新区大发展的新阶段。第三代生态高新区，是指按照自然生态系统的物质循环、技术平衡和能量流动规律，通过园区高新技术企业的"产出代谢生态链"、"环境价值链"及"产业共循环链"，实现园区内外的污染排放最小化、区域废弃互换和投入产出过程中后期的物质与能量循环，从而形成"高新技术物质资源——高新技术产品产出——再生高新技术资源"的闭路生态系统,使之成为具有可持续竞争优势的第三代生态高新区。辽宁省可针对自身园区及周边环境资源的现实,逐步进行差异化的自然生态系统技术改造升级。

最后,建立省级高新区管理机构,协助推进高新区的差异化发展。

在园区的建设过程中,政府的适当干预、政策的优惠导向是各级高新区形成各自差异化竞争优势的关键力量。将政府的导向推动力与行业性的市场调节组织如行业协会结合起来,可以发挥行业协会的桥梁和纽带作用,通过行业协会的协调并建立相应的行业性自律机制,就可形成具有区域竞争优势的政府扶持力、市场机制拉动力和差异化创新推动力,推进高新区的差异化发展。

3. 重视高新区核心技术创新

首先,对高新区核心竞争力进行准确的战略定位。

可主要通过如下措施:(1)增强高新区企业高技术的原创性,坚持自主研发为主导与提高研发要素聚集能力相结合的原则。影响高新区核心技术聚集强度的因素,主要就是高新技术的原创程度。因此,高新区要获得技术方面的核心竞争优势,需要正确处理技术引进与自主创新的关系,以增强自主核心技术的聚集强度和创新能力,特别是要注意技术引进后的消化吸收和再创新过程。比较鲜明的个案是国内最著名的贴牌生产厂家格兰仕,其在做精做专做大微波炉的过程中,逐步积累和提高自主设计、自主进行核心技术创新的能力,最终产品与服务赢得了广大市场,获得了在世界市场上的成功。(2)设置园区内企业科学考核核心竞争力的指标。在这方面可以借鉴发达国家的管理经验,确定高新区内企业核心竞争力最简要的量化指标值,如总营业额、出口依存度等。政府部门可以根据企业的达标要求,确定其核心竞争力及其在省内和全国的排位,也可以根据现行科技税收优惠政策,配合投资抵免、技术开发基金、加速折旧等税收优惠手段的运用,从政策上分别进行不同档次的优惠,鼓励高新区加大研发投入和引进技术创新。

其次,构筑高新区多元化核心技术聚集创新平台。

主要可以通过以下方式进行:第一,构建高新区自身管理的核心技术研发中心。这个研发中心要有能力根据高新区自身提升核心竞争力的需要,提出新理论和新标准等,成为高新区企业第三方技术供给主体,并进行技术专利的输出、输入,增加研发的创新收入,以创新养创新。第二,营造环境大力吸纳国内外产学研机构入驻,为提升高新区的技术、管理方面的核心竞争力做出贡献。第三,产业链的全球化。可以发动园内企业与国内外各园区内外的制造商和供应商联手创建产出价值链,利用网络技术和电子商务的力量,提升省内各高新区的整体核心竞争力量。

再次,与时俱进,开拓各高新区制度创新。

制度创新主要包括在管理制度、投融资体制、市场环境等方面的创新与维护。如,第一,深化园区管理制度改革。可以进一步完善和健全在全省由政府牵头、国内外企业集群兴办高新区的基本制度,同时需要加大政府对高新区提升核心竞争力的扶持力度和政策体制性的辅助支持措施,以充分发挥外资和民营资本参与高新区提升核心竞争力的积极性。第二,建立高新区吸引外资投资环境和人才环境评价体系,促进园区投资环境和人才发展环境的改善,努力创建投资软硬环境兼优的现代高新区。同时,为促进高新区企业的健康快速发展,需要提升高新区进入资本市场的竞争力。要积极创造条件提高园区企业集群的偿债能力,优化高新区企业的债权结构,推进高新技术企业尽早公开上市,赢得更多创新创业资本。第三,园区内要建立诚信、高效的市场环境。包括健全高新区吸引外资的信用体系和市场规则;开放的高技术人才市场;整顿、优化高新区的行业协会、投资银行、管理咨询机构以及律师、会计师事务所等中介机构。这些市场环境的稳定运行,是企业乃至高新区提升核心竞争力不可或缺的重要组成部分。

五、大力发展信息产业,推动高新技术产业发展

在全球经济发展中,信息产业是发展速度最快的产业之一,同时信息产业作为高新技术产业的主要组成部分,带动了其他高新技术产业的发展,促进了传统产业的结构调整和升级换代。目前信息产业已成为辽宁省经济增长的主导产业之一。随着信息化产业的快速增长,必将推动全省其他产业的信息化进程并促进提高产业效率,极大地减少能源消耗与环境污染,对实现全省经济增长方式转变、促进可持续发展,具有非常重要的意义和推动作用。对于发展辽宁省信息产业、推动高新技术产业发展、促进经济增长方式转变而言,具体可以从以下各方面进行考虑:

(一)制定产业发展的促进政策

政府制定的相关政策、法规,对于产业部门的发展具有极强的导向作用。结合辽宁省经济发展的目标与机遇,对于信息技术领域内的软件产业、电子信息产品制造业、国民经济和社会信息化而言,全省需要采取相应的政策与措施,制定与落实好倾斜的发展政策,为辽宁省信息产业的发展营造一个充满活力的制度环境。依据信息产业的发展要求,辽宁省需要在诸如知识产权保护、投融资政策、税收政策、人力资源政策以及市场竞争政策等方面做出进一步的努力。

(二)积极实施技术创新战略

信息产业属于典型的技术密集和资金密集型产业,技术创新

能力的高低是制约信息产业向更高层次发展的极其关键因素。发展辽宁省信息产业,需要根据全省发展实际和国际信息产业发展趋势,制定信息技术创新战略和相关政策,引导产业技术发展。一方面,需要进一步推广建立信息产业风险投资基金,引导企业加大对技术研发的投入;另一方面,需要加快建立以企业为主体,官、产、学、研、用五位一体的技术创新机制,政府要组织财力、物力和人力,加强组织协调,重点资助产业共性技术平台和对国计民生影响重大的核心关键技术,支持有广阔市场前景的科研成果的产业化,增强企业知识产权保护意识和加快技术中介市场的建设,加强设计业、软件业、制造业和运营业之间的联合,建立利益共享机制等。

(三)加快信息产业基地和产业园建设

根据产业发展围绕产业链延伸集聚的规律,"十一五"时期,辽宁省应加快信息产业基地和产业园的建设力度,在省内建设若干个产业规模大、布局相对集中、辐射带动作用和出口能力较强的信息产业基地和产业园。如在软件产业方面,需要重点扶持省内三个国家级软件示范园区和嵌入式软件产业链,把沈阳、大连和鞍山的软件产业园建设成为全国一流的集软件研发、生产、人才培养、出口基地和国家级示范园区为一体的信息化产业基地;在电子信息产业方面,可以以沈阳和大连为中心,以优化产业结构和技术结构为主线,以计算机、数字电视和3G通信集网络产品为主导产品,进一步扩大规模、提升水平,把辽宁省建设成为全国电子信息产品具有竞争优势的重要制造业基地之一。

(四)积极开拓国际国内两个市场

随着改革开放政策的施行,我们国家的经济建设和社会发展取得了前所未有的硕果。辽宁省信息产业的发展,在自身积极努力的同时,同样需要积极地利用国外市场。在技术研发方面,全省需要在坚持自主创新的基础上,适当引入国外先进技术和设备,加以消化吸收再创新;在营销方面,全省需要立足国内市场,积极拓展国际市场。政府应该引导全省信息产业对于外资的利用,扩大引资规模,提高引资质量;同时要促进省内企业之间以及省内企业与国内外企业间在技术研发、人才培养、供应链和营销管理等方面的协调与合作,提高省内企业在区域内、国内产业链中的分工地位。政府要积极创造条件,鼓励并支持省内现有骨干企业和未来具有发展潜质的企业发展,注重提高企业的国内外竞争能力,为这类企业的快速发展提供制度保障和政策支持。

(五)施行积极的人才战略

人是生产力诸要素中最为核心和关键的要素。对于高新技术产业中的信息产业而言,高层次的技术型人才和复合型人才更是决定企业乃至一个产业兴衰的关键。因此,辽宁省必须施行积极的人才战略,注重引进足够的技术管理人才,建立吸引人、留住人和培养人、激励人的良好运行机制,改善全省信息产业人才缺乏的现状。全省要根据信息产业的发展要求,积极吸纳和培养各类高级技术、管理人才和信息技术领域所需的其他所需高技能人才,重点引进既懂技术、又懂市场营销和经营管理的复合型人才,努力培养既懂电子信息通用技术、又懂行业专业技术的多元化人才。对于产业内高级人才的激励机制,要注重资本、技术和管理等多要素参与分配,对高级技术、管理人才实行年薪制、股权和期权等办法,形成良好的用人环境,增强产业竞争力。

六、提升辽宁高新技术产业人力资本对策

(一)制定人才战略和规划

战略是依据使命和所面临的环境,对完成目标进行谋划、实施

具体过程并进行控制的过程。科学合理的战略是完成使命和目标的先决条件。在高新技术产业的发展过程中,人才是最重要的战略资源之一,人力资本对高新技术产业的发展起决定性作用。因此,发展全省高新技术产业就必须制定科学合理的人才战略和规划,保障发展的人才所需。与生产资料市场、货币资本市场不同,人力资本市场的发育相对滞后已成为影响全省高新技术产业化发展和技术创新的关键性制约因素。因此,制定国民经济发展规划,就应大力发展高新技术产业;制定高新技术产业发展规划,更要突出高级技术和管理人才开发这个重点。要把发展高新技术产业与开发相关方面的科技人才资源紧密结合在一起,进行战略规划和部署。在发展高新技术产业上,全省应当确定若干个高新技术产业的发展重点或者主导产业,通过对科技人才资源的开发,带动相关产业及整个区域经济的发展。全省要以全球化的视角,结合实际省情,面向未来制定开放式的高科技人才开发战略。在这一方面,既要高度重视自身的人才培养,又要重视对优秀人才的吸纳。目前辽宁省进行“两手抓”的成效不是很显著,因此,全省应当认真研究发达国家吸纳科技人才的经验,抓紧制定科学高效的高新技术产业人才发展战略规划,大力开发、吸纳和留住高技术产业发展所需的科研开发、经营管理、专业技工等人才,注重完善人才合理结构,持续满足高新技术产业发展对全方位多层次人才的需求。

(二)建立人才培养机制

人力资本是对促进高新技术企业发展起决定性作用的要素,因此人力资源的培养对于高新技术企业而言意义重大。人力资本的本身价值与不断增值,在于产业发展促进主体对人力资源的培养,人才培养是人力资源增值的必要途径。人才培养包含一个自身的学习过程,即随着工作时间的累积,人力资本所有者将通过一种学习机制来逐渐地积累人力资本,并且在这一积累过程中人力资本自身和其他人力资本所有者之间能够相互交流促进,共同提高。这种干中学和共赢的现象不仅形成了人力资本的专用性、生产的报酬递增特征,而且促进了组织内的相互学习,提高了素质与才智。在一个更广泛的企业集群或区域经济中,通过集群效应和规模经济效应,将会促进整个企业集群和区域经济的发展。高新技术产业的发展需要的是高素质人才,而由于全省当前相关领域内的高素质人才缺乏,致使高新科技产业人力资本的专用性和缺口仍然比较突出。随着区域经济和世界经济竞争的加剧,高新技术产业的发展对各类相关人才的素质和能力都有着越来越高的要求,所以全省发展高新技术产业要不断培养与优化人才素质。

人力资本的培养是一个全面的、系统的整体工程,需要从多方面入手进行遴选、开发和激励。在高新技术产业的人才培养上,在政府引导和充分尊重市场规律的前提下,需要社会各界包括企业、行业协会和个人做出积极的努力。高级人才是经济发展的重要资源,因而政府和企业、个人对高新技术产业人才的培养是一种投资,应当是谁投资谁受益。目前,在有关人力资本的培养中,应该非常重视高等院校和职业学校的作用。应该增设与当前全省发展高新技术产业相关的专业和学科,培养出企业目前乃至未来所需的各类实用人才。结合全省实际来看,目前应该重点发展以下领域内的高级人才:信息技术领域内的软件产业、电子信息产品制造业、国民经济和社会信息化产业;先进装备制造技术领域内的船舶工业、机床工业、汽车工业、航空航天产业、电子及通信设备制造、机器人及自动化成套装备业;生物工程与制药领域的农业生物技术、医药生物技术、海洋生物技术和其他生物技术;以及新材料领域内的新型钢铁材料、精细化工材料、半导体照明材料和镁质材料等。

在人才培养方面,政府部门应该出台措施大力鼓励高新技术企业委托培养高科技人才,鼓励高新技术企业与高校联合培养办学,同时鼓励高校设置与高新技术产业发展相关的新型实用专业,加强官产学研的结合。政府在宏观的引导方面,要在加强高新技术产业人才梯队建设的同时从全局出发,从未来出发,改善人才队伍结构,努力形成合理的人才布局。为了适应高新技术产业对人才产学研结构的需求,需要不断更新人才培养模式,注重对人才综合素质的培养,并结合全省高校教育体制改革,致力于为教育不断注入产业发展最前沿的需求拉动力量。

（三）建立人力资本出资制度

人力资本出资制度,是指将高新技术企业所需的人力资源直接资本化,也就是将人力资本量化折股并纳入被投资高新技术企业的资本金总额,形成企业人力资产或无形资产。这是知识经济时代一种比较新的观点,它突破了传统企业在注册时的出资制度观念。当前人力资本已取代物力资本成为社会发展的主导性因素,因此勇于突破传统,与时俱进地确立人力资本财产权的法律地位,允许以人力资本出资并赋予人力资本出资者相应的股权收益,具有相当重要的意义。全省要快速发展高新技术产业,就要大胆尝试新的路径,改革现行分配制度,积极营造尊重人才、尊重创造、尊重知识、尊重劳动的社会氛围,切实落实技术、知识和管理作为生产要素参与分配的政策,积极推行按照科技创新和经济管理业绩及知识资本参与分配的制度,通过采用年薪、股权、期权或其他无薪激励等方式进行激励,充分调动企业家和科技人员的积极性,加快高新技术企业产权制度建设,使高新技术企业的发展与人才的贡献有机结合。

人力资本出资制度的基本内涵应包括人力资本出资许可、价值评估、责任制度、信用管理、退出处置制度等方面。人力资本出资制度是对高新技术企业产权改革的制度安排,把人力资本设计到产权结构中去,科学合理地推行人力资本出资制度,防范人力资本运行风险,能够极大地促进全省高新技术企业的成长。

(四)建立人才流动运行机制

和其他行业一样,在高新技术产业的发展过程中,正常的人才流动既是客观要求,也是有效调节人才需求与供给、优化人力资源配置的重要机制。人才通过流动实现结构的优化组合,取得最佳经济效益。生产要素的不断组合和流动,能够极大地促进经济的发展。人才是生产要素中最活跃、最重要的要素,在高新技术产业中又是起着决定作用的因素,因此有必要通过市场实现优化配置。从微观上讲,人才流动表现为人力资源在企业或岗位之间流动;从宏观上讲,人才流动则表现为人力资源在产业部门、区域国别之间流动。高新技术产业发展的实践证明人才流动有益于企业、产业和区域经济的发展。

基于人力资源对于发展高新技术产业的重要性,从长远来讲,就必须制定有效的人才流动运行机制,持续保障发展所需的高级人才,从制度、法规上保证人才的良性流动,减少流动风险。高新技术产业创新是一个动态迅速发展的过程,人才流动在其中作用巨大,一方面能够优化配置人才,平衡产业间发展,提升区域整体经济实力;另一方面,能够实现商界的优胜劣汰规律,提高整个社会的经济社会效益。因此辽宁省要积极创建机制、营造环境,加强这类高级人才的良性流动。在实际运行过程中,人员流动应解决科研、住房、医疗、退休保险等方面的后顾之忧,在不同地区和所有制部门之间实行人员身份的无差异性流动,因此有必要建立一个统一的全省范围内的社会保障制度,建立与发展高新技术产业有关的统一的人才市场。

(五)推动企业内人才开发

企业既是高新技术产业发展创新的基本细胞,也是高新技术产业化的主体。全省高新技术企业的经营、管理好坏,直接影响到高新技术产业的发展进程。高科技企业是一种知识、技术和人才密集型企业,并以追求创新为其核心,由于高新技术依靠具有创造性的高智力研究人员来进行研究与开发,因此高科技企业的特点决定了高科技企业要有一个能创新和开拓的高新技术人员所组成的高素质群体。在21世纪,世界经济的竞争主要是知识经济的竞争,既是高新技术的竞争,更是高新知识人才的竞争,因此全省企业尤其是高新技术企业要适应知识经济的发展并成为知识经济行为主体,在世界知识经济竞争中赢得优势。可见,企业中唯有高素质的创造型人才,才是企业赢得市场竞争的根本力量,才是全省发展知识经济的希望所在。企业应该把建设高新技术产业的人才发展工程,放到求生存、求发展的地位上。高科技企业的人才资源是一种稀缺性的资源,它既有量的属性,也有质的规定性,与企业的核心竞争优势类似,这类人才资源具有极大的创造性、高度专用性、主动性、不完全替代特征、难以监督性和产出的不确定性的特征等。选拔适合高科技企业的人才资源,对其进行开发和培养、激励,是高科技企业人才资源管理最重要的目标。提高人力资本的使用效率是人力资源开发的关键,这就要求在科技型人才和管理型人才的开发上,充分发挥政府引导和市场机制的作用,坚持培养基础科学人才和应用科学人才并重,培养科技专业人才和科技管理人才并重,科研成果与经营效果并重的原则,提高科研成果转化的效率,达到科技、经济和社会效益的高效有机平衡。

（六）更加注重企业智力资本

高新技术企业的智力资本包括人才资本、知识产权资本、市场资本和结构性资本。其中人才资本是高新技术企业智力资本的核心，它决定高新技术企业的智力资本乃至全部资本的投入产出效率。与知识产权资本、市场资本和结构性资本所有权归企业不同，人才资本这种归员工个人所拥有的特质，就决定了企业对该资本的经营管理与传统企业应该采用不同的方式。因此，辽宁省发展高新技术产业，就应该意识到企业内智力资本的重要性，因而加强智力资本的管理力度，提高企业的投入产出效率，是提升全省高新技术企业整体实力的根本途径。

七、风险投资业与高新技术产业的互动发展分析

资金不仅是企业生存与发展的血液，更是高新技术产业健康快速发展的必要保障。国外高新技术产业发展的成功经验表明，高新技术产业的发展离不开风险投资的支撑，风险投资是高新技术产业的"孵化器"。目前，资金短缺已成为辽宁省发展高新技术产业的主要瓶颈之一，因而大力发展全省风险投资业对于有效解决高新技术产业发展的融资困境可以起到重大作用。

高新技术产业的发展离不开资金的支持，而具有高投入、高风险和高收益特征的高新技术产业融资与商业银行在资源配置上存在的"逆向选择"现象却不甚相符。在实际中，高新技术产业最需要资金、资金生产率最高的项目往往由于风险较高而不易得到信贷资金，而发展成熟、收入趋于稳定的企业因风险较小而成为银行追逐贷款的对象。因此，高新技术产业的融资特点决定了其仅仅依靠传统融资手段和渠道是不可能满足资金需求的，必须开拓全新的融资途径，此时风险投资便应运而生。对于一个省份、区域而

言,风险投资对高新技术产业的推动,不仅仅在于塑造一两个比较成功的高新技术企业,而更在于营造一种在强烈竞争环境下的先锋示范作用,"一马当先,万马奔腾",进而促进整个省份和区域高新技术产业的增长。

风险投资业和高新技术产业两者之间是相互促进的有机统一关系,在经济上主要表现为一种投资和被投资的关系,也可以表现为一种相互依赖的关系,以及直接经济意义上的风险投资对高新技术的促进作用。从以上分析可以看出,一方面,风险投资业对高新技术企业提供资本支持,并通过资本经营服务对所投资企业加以扶持,待企业发育成长到相对成熟阶段后再退出投资,以实现资本增值和进行新一轮风险投资。在对高新技术产业的支持中,对高新技术企业的风险投资可以包括投入的资本、市场经验、管理经验和时间等。风险投资业促进了高新技术企业的迅速崛起,对经济增长的牵动作用日益增强。另一方面,高新技术产业的发展又促进了整个区域经济的增长,从而进一步促进了风险投资业的发展。

八、政府职能与政府规制

在高新技术产业的发展过程中,政府是一支十分重要的力量,政府的角色定位对市场主体和科技创新主体的行为具有重要影响。政府提供制度供给的能力与政府在高新技术产业中的角色直接相关,如果政府在高新技术产业中的定位适当,则政府就可以为高新技术产业的发展提供合适的制度;反之,则不能提供合适的制度。因此,要大力促进辽宁省高新技术产业的快速健康发展,就必须科学合理地明确政府职能,在微观领域减少对高新技术产业发展的干预,变积极规制为消极规制;而在宏观领域则加大政府的调控力度,充分发挥政府在高新技术产业发展中的主导和引导作用。下面就政府职能与政府规制谈谈主要的几点建议。

(一)政府职能

1. 营造支持科技创新的政策和制度环境

加快发展辽宁省高新技术产业,政府必须首先营造好制度环境,大力支持科技创新活动。政府的作用更多的是为科技创新和产业发展营造良好的环境和培育有效的机制,包括制度环境、法律环境、官产学研协调机制、发展教育和基础设施建设等。各级政府要转变职能,提高行政效率,努力建设优质、高效、廉政的服务环境。政府一方面要科学安排好高新技术产业发展制度,制定各项法律法规和优惠政策,对发展高新技术产业加以宏观指导;另一方面,政府要高度重视发展所带来的战略意义,认真研究解决好发展所带来的各项问题,并给予有力支持。如制定高新技术产业发展的相关政策,加强对技术成果、知识产权和科技产业的保护,对扶持领域实施税收、行政性收费减免等措施,制定良好的政策环境,活跃、规范市场环境,促进高新技术企业的健康发展。

2. 加快科技投入体系建设,加大高新技术产业支持力度

政府应加快科技投入体系建设,继续保持并适当增加高新技术产业的研发投入力度,增加高新技术产业发展所需的基础技术、共性技术和专业技术的供给。2006 年,辽宁省科技活动经费筹集总额为 14.549 亿元,其中政府资金 2.9952 亿元,占 20.59%,略高于东部地区的平均水平。同时,政府也可以对其加以引导,引导金融机构、企业和个人的资金甚至外资进入高新技术产业,进一步充实和完善科技投入体系。由于基础技术、共性技术和专业技术对整个行业或省内的技术水平、产品/服务质量和生产效率的提高有着巨大的带动作用,而投资于这些具有相当程度外部性的技术,可

以带来较大的经济社会效益。因此,政府通过加快科技投入体系的建设,加大高新技术产业的支持力度,具有关键性的意义。

3. 构建高新技术企业发展的金融支持体系

基于高新技术产业的高成长、高风险和高收益特性,政府可以也有必要引导构建高新技术企业发展的金融支持体系,以保障产业发展的资金供给。政府除了加大资金投入以作引导外,更重要的是结合投融资体制改革,加快建立和完善风险投资机制,并充分利用现有的资本市场为高新技术企业创造融资条件。一方面,政府要鼓励、引导建立高新技术产业发展的风险投资基金,逐步做大风投规模;另一方面,要结合本省实际,逐步开展创业投资试点,培育创业投资机制,并探索建立区域性的资本市场,为今后建立符合高新技术产业发展规律和市场竞争需要的全方位、多层次的资本市场体系打下基础。

4. 完善吸引科技人才创业的支持系统

当今正处于一个快速变革和发展的时代,对于高新技术产业的发展而言,其产品和服务的升级换代更是日新月异。因此,要把握高新技术产业发展的步伐,就必须创建和完善吸引科技人才创业的支持系统,具体可以包括人才开发机制、人才市场建设、人才价值的激励机制、高层人才的选拔评价机制以及创建学习型社会等方面。创新人才开发机制,需要大胆改革旧的体制性障碍,建立与市场经济相配套的现代人才开发制度,充分调动产业部门内各级人才的积极性和创造性;加快人才市场建立,明确用人单位和各级人才的市场主体地位,充分发挥市场配置资源的作用,优化人才配置,可以为全省的人才开发和利用创造更为有利的用人机制和市场环境;人才价值的激励机制可以涵盖薪资激励、股权激励等分配与绩效挂钩的多种形式;高层人才的选拔评价机制的创建,有利于激励和培养大批高层次的人才队伍,充分发挥其辐射和带动作用,进而推动整个专业技术和管理人才队伍的发展;而创建学习型社会,更是创造一种全民学习、终身学习和竞争学习的良好社会氛围,促进整个社会人力资源素质的提高。

5. 规划高新技术产业发展的重点,加强高新技术基础设施建设

根据辽宁省发展高新技术产业的比较优势,可以了解到,辽宁省本身已具有比较雄厚的科研力量,并开发储备了一批具有全国领先和国际水平的科研成果,同时具有传统对高新技术产业需求的广阔市场空间。因此辽宁省应该依托现有优势,规划高新技术产业发展的重点,把信息产业、先进制造业和新材料产业继续做大做强,加大对生物工程与制药产业的扶持力度,力争使其形成新的经济增长点,加快全省高新技术产业化的进程。为了积极支持辽宁省高新技术产业的发展,必须对高新技术产业的基础设施建设给予重大关注,始终将其摆在非常重要的地位。

6. 加强发展合作与交流

整体来讲,辽宁省乃至我国的高新技术产业发展相对落后。因而为了跟上时代发展的节奏,节约科研费用和时间,尽快与世界经济接轨,就必须牢牢抓住机遇,积极开展高新科技领域内多种形式的省内外、国内外的交流与合作,力争实现后发赶超。如政府部门可以通过组织省内外的高新技术研讨会,增进相互了解与合作;积极引进全省急需的先进技术和装备,重视对技术的二次创新等。省内外和国内外的交流与合作,形式可以多样,如双边、多边、官方、民间等多种方式,做到全方位、分层次、多渠道的深入交流与合作。

(二)政府规制

在现代市场经济中,政府与市场是两种互为补充的配置资源

的制度安排。和其他产业的发展类似,高新技术产业的健康发展,也要求市场在充分发挥资源配置的前提下,有效地发挥政府干预机制,减少政府对微观领域的规制,加大政府的宏观调控力度。在促进高新技术产业的发展中,政府作用的范围应该限制在以下方面,即弥补市场的缺陷与不足;作用的方式和力度随经济形式变化;作用的结果比不作用前的情况有所改善。根据政府作用在经济发达区域的情况来看,政府在宏观方面可以加大调控力度,充分发挥在高新技术产业领域内的引导作用;而在微观方面,应该减少干预,变积极规制为消极规制。

　　因此,对于全省而言,政府对发展高新技术产业的微观规制主要包括以下几个方面,即价格规制、竞争规制、环境规制和信用规制等。首先,政府的价格规制。对一些关系国计民生的高新技术产品,其价格应该由政府依据一定法规来确定;而对于一般高新技术产品或服务而言,政府就应当限制规制,以充分发挥市场配置资源的作用,根据市场规律确定价格。其次,政府的竞争规制。此举的目的是保护和促进良性竞争,规范市场秩序,促进市场的健康积极发展。在垄断竞争市场条件下,政府就应该分行业分类别地采取措施建立一个公平、透明的竞争环境,坚决打击恶性竞争,保护市场竞争主体的合法权益。再次,政府的环境规制。主要指保护自然环境和生态。一方面,政府应该制定一系列保护环境和生态的法规,并采取奖惩措施;另一方面,政府也可以引入一些市场机制,如通过排污许可证的出台等间接地保护环境。最后,政府的信用规制。主要指规制市场上流通的产品和服务的规制,坚决打击假冒伪劣行为。总之,只有政府规制恰到好处地对市场机制予以补充和引导,政府作用才会最大限度地促进全省高新技术产业的发展。

九、网络经济条件下高新技术产业创新的战略性思考

自 20 世纪 90 年代以来,以互联网技术和信息技术的广泛应用为特征的网络经济逐渐成为推动高新技术产业发展的最重要力量。当前,计算机和网络技术的发展使全球经济增长格局正在逐渐发生革命性变化。在这种网络经济条件下,产品或服务从用户需求到概念设计、中试、批量生产到销售、售后服务等整个过程都和网络化密切相关。通过网络经济条件发展高新技术产业,可构建良好的经济信息化环境,降低市场主体之间的沟通成本,提高高新技术企业的创新能力和区域经济的成长能力,为区域经济的持续发展创造条件。关于在网络经济条件下发展高新技术产业,可以从宏观和微观两个方面着手进行考虑。

(一)宏观方面的对策建议

1. 促进高新技术产业发展的产业结构调整

目前,虽然政府出台了一系列促进高新技术产业发展和结构调整的政策措施,并在"十一五"高新技术产业发展到战略研究中,已明确了辽宁发展高新技术产业的总体思路、战略目标以及需要重点发展与实施产业化的高新技术领域和构建沈大高新技术产业带等,取得了一系列的良好成就。但是总体上讲,科技产业结构改革和调整的步伐并不快,力度也不大,仍然不能适应快速发展的市场需求的变化和社会消费的步伐。另外,这些政策措施缺少衔接和配套的环节,没有完全贯彻落实,影响了科技产业结构的调整,也成为制约高新技术产业进一步发展的瓶颈。因此,各级政府部门应该予以足够的重视,突出高新技术产业的战略地位,加大政府的支持力度。

2. 促进高新技术产业发展的政策创新

纵观国外发展得较为成功的高新技术产业,政府政策在高新技术产业的发展中均起着决定性的作用。优先扶持和发展高新技术产业已经成为许多发达国家的政府行为,并且已经形成了制度化、法制化的政府职能和行为,如国外的美国、日本、欧盟等。目前,国内高新技术产业发展得较为成熟的有长江三角洲、珠江三角洲、环渤海等区域,其各具特色的高新技术产业开发区域值得借鉴,现正在进行的辽宁沈大高新技术产业带已取得初步成效。

在政策创新的途径上,可以借鉴国内外高新技术发展政策的成功经验,为了更加有力地推动全省高新技术产业的进一步发展,笔者认为主要需在以下几个方面进行政策创新,为高新技术产业的发展提供政策支持,主要有:促进高新技术产业发展的思路创新;促进高新技术产业发展的人才机制创新;税收、行政收费减免及金融支持政策创新等。

(二)微观方面的对策建议

1. 促进高新技术产业发展的技术创新

提高自身自主技术创新能力,直接关系着高新技术产业的命运和未来,关系着国家的国防安全和经济安全。通过自主创新,不仅可以培育核心技术,加速高新技术产业化的突破,而且能够促进全省科技成果的顺利转换。要充当高新技术产业发展的弄潮儿,就必须通过各种途径努力提高自身的技术创新能力,如构建好官产学研的协调机制,以营造良好的政策制度环境、增强区域科研实力和提高科技成果转化效率,最大限度地实现高新技术的经济社会效益;坚持先进技术、设备的引进与二次自主创新,对国外高新技术进行消化吸收,使之成为自己的核心技术优势。

2. 促进高新技术产业发展的文化创新

与高新技术产业较为发达的地区相比,目前全省的高新技术企业在创新文化方面还存在差距,如新理论、新思想的掌握较少,先进的管理技术和方法掌握不到位,严重制约了企业创新能力的提高。因此,全省高新技术产业的发展,要努力营造氛围,大力发展企业的创新文化,增强企业的创新意识。这种创新的企业文化,必须是古今结合、中西结合的文化,必须是尊重技术、尊重知识、尊重人才、以人为本的文化,同时这种文化也必须是勇于开拓、不断创新的企业文化。在高新技术产业迅速发展的今天,对于辽宁省而言,也是一个振兴自我、超越自我和引领区域知识经济发展潮流的契机。因此,与之相对应,就有必要重塑这种企业文化。

3. 促进高新技术产业发展的制度创新

目前发展全省高新技术产业,还没有完全建立起与市场经济相匹配的制度体系,这不仅包括宏观层面的法律制度、社会组织制度、科技制度、教育制度和文化制度,而且也包括微观层面的产权制度、组织制度和人事制度等方面。在宏观方面来说,知识产权保护法律制度存在安排上的缺陷、社会组织制度中的高新技术园区发展存在的诸多问题以及官产学研的协调机制不健全等,在科技、教育和文化制度等方面安排普遍存在着缺陷,这对于高新技术产业的发展而言,制度环境的改善已经刻不容缓。更主要地表现在微观方面,高新技术企业存在的诸多问题,如产权制度上,产权界定模糊、产权变更难等;组织制度上,组织结构不尽合理,企业流程不科学、不健全;人事制度上,人才选聘、开发和激励等机制不科学、不规范,难以科学有效地利用好各级人力资源。上述制度方面这些问题的存在,就使得社会和企业的资源优化配置难以实现,容易导致企业的经营效率和效益不高,束缚了高新技术产业的快速发展和竞争优势的集聚。

4. 促进高新技术产业发展的人才对策

现代知识经济的发展主要依靠高新技术的运用,而高新技术的发展则与拥有高素质的人才是分不开的。因此,科学合理地制定好人才对策,促进全省高新技术产业的健康快速发展,不仅可以极大地增强全省的区域经济竞争实力,而且也能够紧紧把握知识经济浪潮和经济全球化发展所带来的种种机遇,勇当经济发展先锋。结合高新技术产业发展和全省发展实际,人才政策的制定要体现"放眼未来,以人为本,人文关怀"的理念,鼓励更多的高新技术人才进入高新技术产业领域,通过创业实现自己的人生价值。因此,从长远出发,全省要制定科学的人才战略,壮大高新技术产业人才队伍,充分调动其积极性,满足高新技术产业快速发展的多层次人才需求。首先,要进一步改革人事和教育制度,坚持以人为本,积极营造公平高效的用人环境,建立起灵活的用人机制,同时改革高校的学科设置,努力培养出能够胜任和引领全省高新技术产业发展的高级专门人才。其次,要建立起人才聚集和合理配置的机制,如围绕全省的重点产业和学科领域,健全和完善人才引进的政策法规,并给予其创业和就业的政策支持环境。再次,建立起科学高效的激励机制。如给予从事高新技术产业的高级人才以良好的生活福利待遇、职业晋升空间,依法保护其知识、技术产权,建立多渠道、多形式的收入分配激励机制,加快产权制度改革,实行多种激励形式,如实行年薪制、创业股,以及知识、技术和管理入股等无薪激励,通过企业激励机制的改进,探索建立适应于以人力资本为主的新型激励机制。最后,应该积极采取措施留住对于发展全省高新技术产业能够带来积极贡献的各级专门人才,保障全省高新技术产业的持续快速健康发展。

如今高新技术产业总量快速增长,已成为经济增长中最为迅速的产业部门,且高新技术产业对经济发展的带动作用日趋明显。

因此,辽宁省大力发展高新技术产业,对于优化升级产业结构、转变经济增长方式与增强经济增长活力具有非常重要的战略意义。而发展辽宁高新技术产业,需要全省人民认真分析省情,抓住发展机遇,从各个方面积极采取措施,努力营造环境,力促高新技术产业的快速发展。

第八章 发展现代农业,促进辽宁农业经济发展方式转变

党的十七大报告提出,要"加快转变经济发展方式,推动产业结构优化升级"。这种用"转变经济发展方式"代替过去的"转变经济增长方式",内涵发生了重大变化。就农业经济领域而言,积极发展和建设现代农业,统筹城乡经济社会发展,是实现农业经济发展方式转变的最根本和最有效的途径。因为建设现代农业可以保障农产品供给的数量、保证农产品供给的质量、促进农民收入的增加、促进生态环境保护和可持续发展。这些目标无疑都是农业经济发展方式转变的内在要求。同时,加快推进现代农业建设还可以保障粮食安全、保障工业原料需求、保护消费者健康、促进农民增收以及提高农业的国际竞争力。因此,把大力发展现代农业作为促进辽宁农业经济发展方式转变的手段具有重大的理论和现实意义。

自20世纪90年代以来,辽宁农业经济一直保持较快的发展,其发展速度基本与全国相一致,经济总量也处于全国的前列。但是在发展的潜力和方式上仍然存在着一些问题。在此背景下,如何适应国家的宏观经济政策,加速辽宁农业经济发展方式转变,以提高辽宁农业的竞争力,成为当前迫切需要解决的首要问题。本章通过对辽宁农业经济发展的现状以及存在的主要问题进行分析,并试图测算辽宁省农业经济的全要素生产率,在分析辽宁省农

业经济发展的主要动力、影响因素及源泉的基础上,最后就如何转变辽宁农业经济发展方式提出建设性意见。

第一节　辽宁农业经济发展现状

一、辽宁农业自然资源状况①

辽宁省地处东北地区南部,面积14.8万平方公里,辖14个地级市。截至2006年末,全省有17个县级市、27个县(其中8个自治县)、56个市辖区、595个镇、295个乡、77个民族乡。全省聚居着汉、满、蒙古、朝鲜等41个民族,总人口4210.4万人,其中非农业人口2056.8万人,占人口总数的48.9%;农业人口2153.6万人,占总人口的51.1%。辽宁地形地貌大体可分为辽东、辽西山地丘陵和辽河平原三个区域,总体上是"六山一水三分田"。辽宁农业自然资源条件是全国较好的省份之一,农业生产条件得天独厚,适宜农林牧渔各业的发展。

(一)气候资源

辽宁位于北半球的中纬度地带,属温带大陆性季风气候。全省光能资源丰富,日照充足,温度适中,冬季寒冷期长,春秋季短,雨热同季,雨量分布不均,东湿西干,平原风大。全省年平均气温9.4℃,平均降水量597.4毫米,平均无霜期185天,平均日照时数2380小时,适宜多种农作物生长。

(二)土壤资源

全省陆地面积中,拥有山地8.8万平方公里,平地4.8万平方

---

① 本部分有关辽宁农业自然资源的状况,除特殊说明之外,均来自2006年的数据。

公里,其他土地1.2万平方公里。按利用现状分,现有耕地408.5万公顷,占土地总面积的28%左右。多数地区农耕土壤条件好,土壤结构合理,有机质含量较高,适合作物生长。从土壤分类看,以棕壤分布最广,占土壤总面积的36%以上;其次是粗骨土和草甸土,分别占24%和12%;其他如滨海盐土、褐土、潮土、水稻土、风沙土等分别占土壤总面积的1%—10%不等。此外黑土、火山灰土、红黏土、沼泽土、泥炭土、盐土、碱土等均有少量分布。

(三)淡水资源

辽宁是我国北方重要的缺水省份之一,人均水资源占有量只及全国的1/3。地表河川径流量233.94亿立方米,地下水资源量91.56亿立方米,占全国的2%以下。总体看全省水资源匮乏,工农业、城市生活用水缺口大,供需矛盾突出。地区分布不均,部分地区超采严重,水质重度污染,年内和年际变化大,损失浪费严重。

(四)海洋水产资源

辽宁海域辽阔,海岸线总长度2920公里,其中大陆岸线2292.4公里,岛屿岸线627.6公里。拥有鱼、虾、蟹、贝、藻类等海产品1200多种。海水养殖面积48.58万公顷,其中滩涂、海上和陆基面积分别为9.95万公顷、33.4万公顷和5.23万公顷,内陆水域养殖面积19.47万公顷,其中水库面积11.17万公顷,具有极为优越的水产养殖条件。

(五)人力资源

全省乡村劳动力1132.9万人,占全省从业人员总数的53.2%(2006年末全省就业人员总数为2128.1万人),其中农林牧渔业劳动力680.9万人,占乡村劳动力总数的60.1%,工业、建筑业、交通运输业、仓储及邮电通信业劳动力238.4万人,批发零售贸易业、餐饮业及其他非农行业213.5万人,分别占乡村劳动力总数的 21% 和 18.9%。①

二、辽宁农业发展状况评述

(一)农业综合生产能力全面提高

20 世纪 90 年代以来,辽宁省的农业和农村经济发展迅速。农林牧渔总产值以年均 12% 的速度增长,种植业产值年增长速度高达 9% ,远高于同期辽宁省人口的增长速度。农林牧渔业总产值的发展速度基本与全国的总水平持平(如图 8-1 所示)。

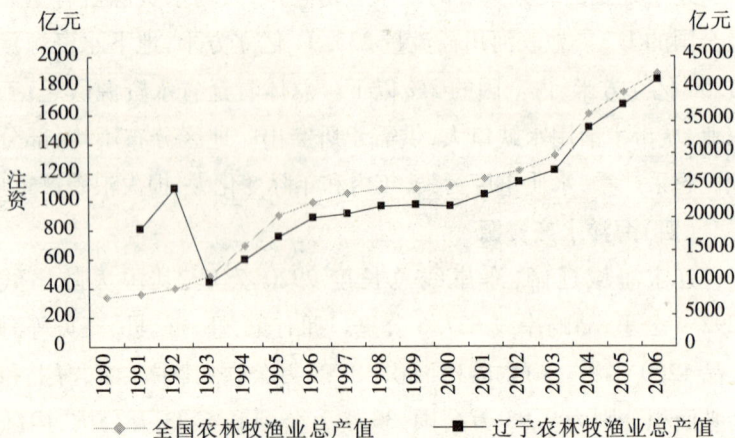

图 8-1 辽宁与全国农业经济发展速度比较(1991—2006)

注:2003 年执行新国民经济行业分类标准,总产值包括农林牧渔服务业产值。
资料来源:根据《中国统计年鉴 2007》数据整理所得。

全省农业实现了农产品供给平衡,粮食自给率进一步提高,少数农产品出现结构性过剩现象。1998 年,全省粮食产量达到了历

---

① 本书分行业劳动力是按从事的主行业划分的,如以农业为主、兼营商业的,仍作为农林牧渔业劳动力。

史最高的 1828.9 万吨。随后连续两年出现历史罕见大旱,粮食产量有所回落,但是到了 2006 年,全省的粮食产量仍保持在 1725 万吨的水平,玉米、油料、水果和蔬菜的产量分别达到了 1300 万吨、38 万吨、344 万吨和 2130 万吨(如表 8-1 所示)。

表 8-1 辽宁主要农产品产量   (单位:万吨)

年份	粮食	玉米	油料	蔬菜	水果
1990	1494.7	812.3	17.4537	861.3	111.2886
1995	1423.5	804.5	19.7717	1268.1	219.9889
1996	1660.1	1047.3	17.0003	1438.6	248.0339
1997	1313.5	674.7	16.0745	1492.2	264.1058
1998	1828.9	1205.3	23.3611	1588.1	298.5505
1999	1653.5	988.3	19.7797	1650.8	256.6685
2000	1137.8	547.9	29.5527	1757	249.966
2001	1419.9	833.7	46.2553	1826.6	241.6697
2002	1493.4	889.4	56.4529	2098.6	234.4015
2003	1498.3	930.5	61.4049	2148.2	267.8104
2004	1720.0	1352.1	45.9299	2034.6	307.6521
2005	1745.8	1340.3	36.8411	1954.8	329.2674
2006	1725.0	1300.4	38.1245	2129.8	343.7027

资料来源:辽宁省统计局:《辽宁统计年鉴2007》,中国统计出版社2007年版。

与此同时,农业总产值的总量在不断增加,从 1978 年的 32.4 亿元上升到 2006 年的 976.4 亿元,增加了 30 倍左右。但同期辽宁农业在国民经济中的比重则不断下降。农业生产总值占生产总值的比重从 1983 年的 19.8% 最高点下降到了 2006 年的 10.6%(如图 8-2 所示)。换句话说,相对于整个国民经济的发展而言,辽宁农业的发展速度明显滞后,当然这在全国范围来说也是一个比较普遍的现象。

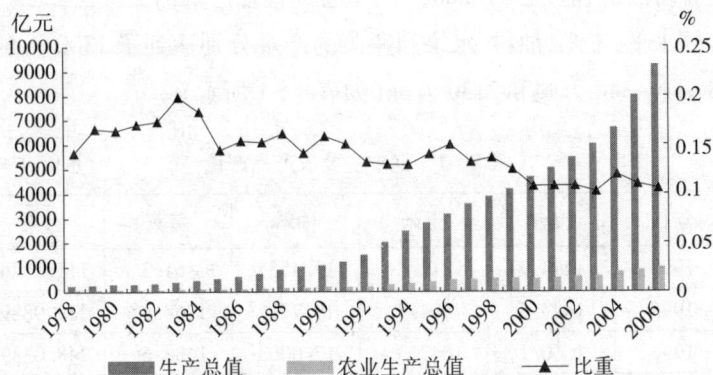

图 8-2 辽宁农业经济在国民经济中的地位

资料来源:辽宁省统计局:《辽宁统计年鉴2007》,中国统计出版社2007年版。

(二)农林牧渔业间及其内部的结构变化

进入"十一五"以来,随着辽宁省农业和农村结构调整政策效应的显现,大农业内部结构发生了很大的变化,种植业的比重进一步下降,由60%迅速下降到了38%。同时,受到多种因素的影响,农业发展的速度有所减缓。

辽宁农、林、牧、渔业的结构变动可以从4个产业产值比重的变动情况看出。农林牧渔业之间的结构变化近年来呈现出如下变化趋势:种植业比重逐年下降,牧业和渔业的比重不断上升,林业的比重基本保持稳定,近几年略有上升(如图8-3所示)。

2006年种植业、林业、牧业和渔业的产值分别为715.1亿元、52.3亿元、654.6亿元和366.3亿元,分别是1990年相应产值的4.37、7.92、8.67和12.99倍,其中种植业增长最慢,渔业增长最快。从产值比重上看,种植业比重从1990年的59.70%下降到2006年的38.84%;牧业和渔业的比重同期分别从27.60%、

10.30%增加到35.56%、19.90%;而林业的比重多数年份一直在2%—3%之间变动。

从种植业内部来看,农作物总播种面积结构也发生了重大的变化(如表8-2所示)。从1990年到2006年,农作物总播种面积由362万公顷增加到386万公顷。但是2004年之前的多数年份里,农作物总播种面积特别是以粮食作物为主的播种面积呈现出不断下降的趋势,从2004年开始才不断增加。与此相反,经济作物和其他作物的播种面积在同期基本上是逐年增加,最近几年开始有所下降,2006年两者之和占总播种面积的比重为15.8%。可见,产生这一现象的主要原因在于,当前以棉花、油料类为主的经济作物缺乏竞争力,难以大规模种植。今后如果农业生产结构政策调整得当,扩大具有竞争优势的经济作物的生产空间和潜力还是非常大的。

表8-2　辽宁农作物播种面积　　　　（单位:千公顷）

年份	农作物总播种面积	粮食作物	经济作物	其他作物	占总播种面积比重（%）		
					粮食作物	经济作物	其他作物
1990	3618.9	3121.6	204.9	292.4	86.3	5.7	8.1
1995	3623.7	3030.9	210.4	382.4	83.6	5.8	10.6
1996	3627.8	3073.1	165.8	388.9	84.7	4.6	10.7
1997	3627.0	3037.1	181.1	408.8	83.7	5	11.3
1998	3630.2	3039.2	178.4	412.6	83.7	4.9	11.4
1999	3643.1	3055.3	163.3	424.5	83.9	4.5	11.7
2000	3622.0	2858.6	248.0	515.4	78.9	6.8	14.2
2001	3559.9	2758.1	179.8	522.0	77.5	7.9	14.7
2002	3577.0	2658.6	327.8	590.6	74.3	9.2	16.5
2003	3476.6	2563.6	344.6	568.4	73.7	9.9	16.3

年份	农作物总播种面积	粮食作物	经济作物	其他作物	占总播种面积比重(%) 粮食作物	经济作物	其他作物
2004	3666.5	2965.8	242.2	458.5	80.9	6.6	12.5
2005	3801.0	3197.7	199.4	421.9	83.7	5.2	11.1
2006	3860.1	3249.7	187.5	422.9	84.2	4.9	10.9

资料来源:辽宁省统计局:《辽宁统计年鉴2007》,中国统计出版社2007年版。

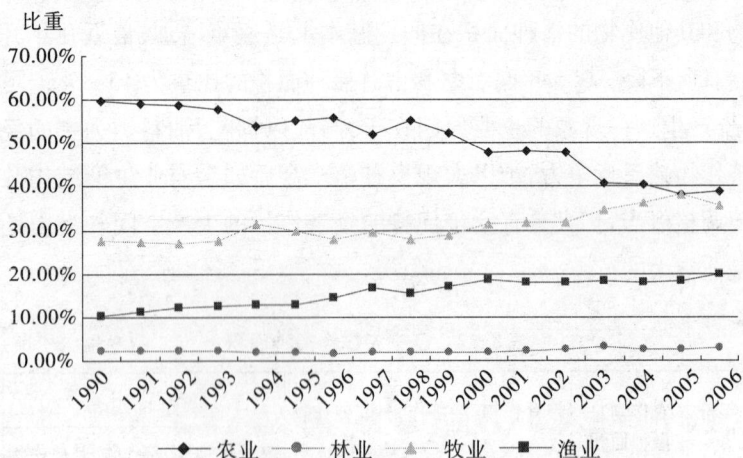

图8-3 20世纪90年代以来辽宁农林牧渔业结构变化趋势

资料来源:辽宁省统计局:《辽宁统计年鉴2007》,中国统计出版社2007年版。

(三)农业生产区域布局逐步形成

在市场需求和政策引导的双重作用下,全省农业的地域格局逐步清晰,主要农产品生产逐渐向优势产区集中,区域资源优势进一步得到发挥,农业产业带初步显现。东部沿海地区和大中城市郊区,经过适当调整种植结构,重点发展了资金和技术密集、附加值高的经济作物和特色出口农产品生产,建设优质农产品出口基地,并要率先实现农业现代化;中部地区则以改造中低产田为重点,增强农业综合生产能力,发挥粮食和经济作物的生产优势,建立优质高产高效的大型商品粮、加工专用粮、饲料粮和经济作物基地,发展粮食和饲料加工业;西部地区则以农业生态环境建设为中心,紧紧抓住资源枯竭型城市经济转型的战略机遇,有计划、有步骤地退耕还林、还草还湖,利用气候、品种多样性的优势,大力发展生态农业、旱作节水农业和特色农业、畜牧产业等。

第二节　辽宁农业经济发展方式转变的难点

一、自然资源因素的制约

(一)水资源匮乏

如前所述,辽宁是我国北方重要的缺水省份之一,2006年全省水资源总量仅有261.36亿立方米,人均水资源占有量为620.7立方米,只及全国的1/3(同期全国人均水资源占有量约为1933.6立方米),仅为世界人均水量的1/12。由于近几年干旱少雨,地下水过量开采,使得地下水位急剧下降,每公顷地表水量仅为全国每公顷水量的1/3。在全省的408.5万公顷耕地面积中,有效灌溉面积仅有150万公顷,占总耕地面积的比重仅为36.7%。

(二)土地资源紧缺

全省水土流失、土地沙化及盐渍化严重。有关部门提供的资料显示:到2006年年底,辽宁省的水土流失面积为423万公顷。与此同时,每年受风沙侵害以及盐碱化的土地面积都在不断上升。长期以来,由于对耕地面积减少和人口增长带来的严重后果认识不足,导致缺乏严格的土地管理制度。1996年以来,辽宁的耕地面积由416.3万公顷减少到2006年的408.5万公顷,全省人均耕地面积已经下降到1.46亩,低于全国人均耕地面积的平均水平。

（三）农村环境污染严重

在农业发展过程中，面临的污染问题日益突出，过量使用农药、化肥、农膜、地膜等造成了土地板结，导致土地质量退化，污染河流和水域。目前，辽宁对农业资源污染的研究刚刚起步，只是在局部区域做过一些工作，缺乏系统、可靠的基础资料，对污染源的状况缺乏全面了解。农业资源污染对河流、湖泊等水体污染情况的研究基本上还处于空白状态。

二、社会经济因素的制约

（一）农村社会经济制度亟须完善

第一，长期以来城乡二元结构体制的分割，导致农村剩余劳动力转移困难。

农业的发展除了科技的支撑外，还需要相应的制度保障。国际经验表明，农业的发展必须要依赖农业以外的力量来拉动。农村城镇化、农民非农化是促进辽宁农业发展的必由之路。但受制于长期形成的"重工轻农"观念以及严重分割的城乡二元体制，辽宁农村城市化发展比较缓慢，农村劳动力非农化流动速度比较迟缓。

第二，农村财政金融制度存在制度上的缺陷。制约了农业和农村经济的发展。

农业财政支农资金数量和比例较低，难以适应当前农村经济和社会发展的要求。农业和农村的发展以及农民生活水平的提高，离不开金融机构的支持。但目前农村金融机构匮乏，现有的金融机构非但没有起到支持农业生产的作用，反而成为把农村资金抽向城市的抽水泵。

第三，农产品市场流通体制发育不完善。

以市场机制为基础的农村市场流通体系尚未建立起来,农村物流发展缓慢。

第四,农村土地制度和农村基本经营制度不完善。

农民拥有土地的产权残缺,其利益受到多方的侵蚀。如何在家庭承包经营的基础上实现规模经营和产业化经营还是个难题。

(二)农民受教育水平低下,组织化程度不高

众所周知,农民是发展现代农业的主体,只有培养造就出亿万有文化、懂技术、会经营的新型农民,资源、装备、科技等方面的潜力才会得到发挥和实现,现代的农业经营组织方式才会得到很好的利用。当前,农村劳动力素质低下成为制约辽宁农业经济发展方式转变的重要障碍。辽宁农村文盲、半文盲劳动力总体规模还很大,且农村劳动力文化程度存在着较大的地区差异,这与全面建设农村小康社会、建设社会主义新农村、加快实现农村现代化以及促进农村经济发展方式转变的要求不相适应。农民文化程度低,直接影响着他们接受新知识和各种信息的能力,制约着他们的思维水平和农村经济社会的发展。面对21世纪农业高新科技的快速发展,农业对农民的科技水平要求越来越高,如果不及时提高农民的科技素质,将会严重制约农业和农村经济发展。

因此,发挥农民的主体作用,既要"授人以鱼",更要"授人以渔"。在通过各种扶持政策调动农民生产积极性的同时,更要加强农民培训,提高农民的科学文化管理素质,提高农民发展现代农业的理念,提高农民自我组织能力,最终表现为提高农民增产增收的能力。

(三)农民组织化程度不高

2006年辽宁省农村人口总数为2153.6万人,其中农业从业人员为680.9万人。而截止到2006年末,辽宁已发展的规范的农

民专业合作社仅为 542 个,有社员 6 万多人,占农村人口数和农业从业人员的比重极低。尽管近年来已经意识到提高农民组织化程度对农业和农村经济发展具有重要意义,但农民组织化发展还是非常缓慢,跟不上农业和农村经济发展的步伐。

(四)农业投入机制不健全

第一,财政对农业的投入不足,支持力度不够。

1990 年,辽宁省财政用于农业的支出为 10 亿元,占财政总支出的比重为 8.3% 。而 2006 年财政用于农业的支出为 96.6 亿元,尽管总量上有了较大的提高,但是占财政总支出的比重却在不断下降,仅为 6.8% 。这说明,尽管辽宁在农业支出的总额上有很大提高,但相对于财政总收入以及财政用于其他领域支出的发展速度而言,对农业的支持力度还是远远不够,并且离 WTO 规定的支持空间也有很大的差距。

第二,多元化的投入机制尚未形成,投入重点不够明确。

辽宁农业投资主要来自于自筹投资,即来自于农户自身的积累。缺乏多元化的资金来源渠道,特别是适合于辽宁农业和农村特点的商业贷款,已经成为农业和农村发展的一个关键问题。不仅如此,在现有的农业投资中,很多的资金被用于发展龙头企业,兴建政绩工程、形象工程。这些财政投入很多都没有从辽宁当前农业和农村的现实出发,把有限的资金重点用于农业基础设施建设、实用农业技术研究和推广,以及农业经济信息的整理和发布等方面。

三、农业技术因素的制约

(一)农业科技创新能力弱,科技成果转化率低

农业科技创新能力较弱表现在农业技术进步缓慢。目前辽宁

农业科技贡献率水平还比较低,科技在农民增收方面还有很大的潜力。有关研究表明,一方面辽宁农业科技成果的有效供给不能很好地满足农业发展对科技的需要,另一方面又同时存在科技成果转化率较低的情况。

(二)农业科研体制不合理,成果供给结构失衡

基于目前的科研管理体制,农业科研单位缺乏开发农业科研成果的应用价值和满足农业生产实际需求的动机,仅重视科研项目的立项实施、成果鉴定与评奖,从而造成了农业科研成果的无效供给。农业发展进入新阶段以后,要求农业科研成果应向农业生产的产前、产中、产后系列化方向发展。目前,辽宁农业科研过分集中于农业产中环节,从而使得产前、产后环节尤其是农产品加工技术显得薄弱;农业科研的基础研究、应用研究和开发性研究的比例不合理,因而形成了不合理的农业科研成果的供给结构。

(三)缺乏有效的农业推广和产前产后服务体系

统计数据显示,1990 年辽宁有 1332 个农业技术推广站,人数为 8323 人;有种子站、种子公司 49 个,从业人数为 3041 人。到了 1999 年,农业技术推广站为 1337 个,人数为 8400 人;1997 年辽宁种子站、种子公司为 88 个,从业人数为 5930 人。[①] 以上数据表明,辽宁的农业技术推广和产前产后服务体系发展基本上是停滞不前的。在 WTO 框架下,世界农产品市场竞争日趋激烈,当前这种残缺的服务体系无疑束缚了辽宁农业的发展和农产品竞争力的提升。

---

① 受资料获取的限制,本书中有关辽宁农业技术推广站的数据仅更新到 1999 年;有关种子站和种子公司的数据仅更新到 1997 年。但这些数据基本上反映出了辽宁农业事业机构和人员数的变化趋势。也就是说,最近几年的实际情况和这些数据相比,应该不会有太大的变化。

第三节 辽宁农业全要素生产率测度

全要素生产率是分析经济增长源泉的重要工具,最常用的测定方法包括索洛余值法、随机前沿生产函数法和非参数 Malmquist 生产率指数法。本部分的全要素生产率是指各要素(如资本和劳动等)投入之外的技术进步和能力实现等导致的产出增加,是剔除要素投入贡献后所得到的残差,最早由索洛(Solow,1957)提出,故也称为索洛残差(郭庆旺等,2005)。他第一次将技术进步因素纳入经济增长模型,把经济增长的因素分为三项:劳动力数量的增长、固定资本存量的增长和广义的技术进步(即索洛意义上的技术进步)。

一、模型和数据说明

为了便于分析和数据的可获性,本研究拟采用柯布-道格拉斯生产函数来测度辽宁农业的全要素生产率。

假设辽宁农业经济的生产函数为

$$Y = F(K, L, t) \tag{1}$$

其中,Y 代表产出量;K、L 分别代表资本投入和劳动投入;t 为时间变量,表示技术进步。假设技术进步是"中性"的,采用希克斯中性技术进步,生产函数(1)就可以采用如下特殊形式:

$$Y = A(t)F(K, L, t) \tag{2}$$

式中,$A(t)$ 为技术进步系数。取生产函数(2)为 C－D(柯布-道格拉斯)生产函数,则有:

$$Y = A(t)K^{\alpha}L^{\beta} \tag{3}$$

式中,α、β 分别表示资本产出弹性和劳动产出弹性,取

$$A(t) = A_0 e^{\lambda t} \tag{4}$$

将(4)式代入(3)式,得

$$Y = A_0 e^{\lambda t} K^\alpha L^\beta \tag{5}$$

取对数,有 $\ln Y = \ln A_0 + \lambda t + \alpha \ln K + \beta \ln L$ (6)

当 $\alpha + \beta = 1$ 时,即规模报酬不变时,有

$$\ln (Y/L) = \ln A_0 + \lambda t + \alpha \ln (K/L) \tag{7}$$

通过对(6)式的回归,将得到资本和劳动产出弹性 α 和 β,对其进行正规化处理,得

$$\beta_l = \frac{\beta}{\alpha + \beta} \quad \alpha_k = \frac{\alpha}{\alpha + \beta}$$

显然,此时的资本和劳动的产出弹性之和为1,将其代入索洛余值的计算公式就可以求出 TFP 的增长率。

索洛余值的计算公式模型是:

$$GY = \alpha_k GK + \beta_l GL + TFPG \tag{8}$$

其中:GY 为经济增长率,GK 为资本增长率,GL 为劳动增长率,$TFPG$ 为全要素生产率增长率。

索洛经济增长模型的假定是,在希克斯中性进步的条件下规模报酬不变,但在现实生活中,技术进步是广泛存在的。因为有技术进步,经济增长率一般要大于劳动力增长率和资本存量增长率的加权平均数。经济增长率减去劳动力增长率和资本存量增长率的加权平均数后的余值,就是全要素生产率的增长率,即索洛余值。

从模型可以看出,在进行全要素生产率及其指数的测算时,所需要的数据包括:各年的产出值、劳动力投入量和资本投入量的时间序列数据。有关的基础数据均来源于《中国统计年鉴》和《辽宁经济年鉴》。下面对文中所涉数据进行简要的说明:

1. 总产出(Y)

采用农林牧渔业总产值作为衡量总产出的基本指标,并按1990

年农林牧渔总产值价格指数进行平减,剔除掉物价上涨因素。

2. 劳动力投入数据(L)

劳动力投入严格意义上应该是一定时期内要素提供的"服务流量",不仅取决于要素投入量,还与要素的利用效率以及要素的质量有关,单纯考虑劳动力的投入数量会导致劳动力投入对经济增长的贡献比真实情况偏小。但由于国内数据的局限性,我们只能采用年末乡村从业人员中农林牧渔业人数作为衡量指标。

3. 资本投入数据(K)

资本投入数据最理想的指标是每年的资本使用流量,但由于条件的限制只能采用农村居民家庭生产性固定资产原值来代替,为使数据具有可比性,本书以1990年作为不变价格的全国农业生产资料价格指数进行平减。

二、回归结果及说明

由表8-3结果可见,时间变量 t 的系数为负,表明随着时间的推移,生产技术水平下降。但考虑到时间系数非常小,我们在后面的研究中可以将其剔除(王艳丽、刘传哲,2006)。

表8-3　最小二乘法回归结果

自变量	非标准化系数	标准误差	T检验值	P概率
常数项	-33.76494**	13.62175	-2.478753	0.0290
劳动力	6.182521**	2.263949	2.730857	0.0182
资本	0.102546*	0.574708	0.178431	0.0614
时间	-0.066371**	0.030103	-2.204824	0.0477
R^2	0.922677			
调整后 R^2	0.978346			

注:***表示显著水平为1%;**表示显著水平为5%;*表示显著水平为10%。

另外回归结果显示 D. W. =2. 29 接近于 2,假定 2.5% 的显著水平,按照 3 个自变量,n = 16,查 D - W 检验上下界表得 d_L = 0. 75 , d_U = 1. 59 ,显然 $d_U < d < 4 - d_U$ 。我们接受零假设,即认为不存在序列自相关。辽宁省在 1991—2006 年间的资本投入的产出弹性 α = 0. 1025 ,劳动产出弹性 β = 6. 1825 ,显然 $\alpha + \beta > 1$ 。需要对其正规化, α_k = 0. 02 , β_l = 0. 98 ,并以此对辽宁省经济增长因素进行分析和全要素生产率的测算(具体结果如表 8 - 4 所示)。

表 8 - 4　辽宁省农业投入要素及全要素生产率的增长率

年份	经济增长率	劳动增长率	资本增长率	TFP 增长率
1991	—	—	—	—
1992	0. 265	− 0. 02	− 0. 01	0. 285
1993	− 0. 624	− 0. 03	0. 09	− 0. 332
1994	0. 252	− 0. 01	0. 02	0. 261
1995	0. 141	0. 01	− 0. 17	0. 135
1996	0. 072	0. 02	0. 13	0. 050
1997	− 0. 034	0. 03	0. 07	− 0. 065
1998	− 0. 006	0. 01	0. 07	− 0. 017
1999	− 0. 038	0. 02	0. 09	− 0. 060
2000	− 0. 044	0. 01	− 0. 07	− 0. 052
2001	0. 038	− 0. 003	0. 15	0. 038
2002	0. 032	0. 02	0. 04	0. 012
2003	0. 033	0. 01	0. 09	0. 021
2004	0. 157	0. 03	− 0. 07	0. 129
2005	0. 047	0	0. 25	0. 042
2006	0. 045	0	0. 15	0. 042

从表 8 - 4 中的数据可以看出,阶段上的特征已经表明经济增长下降存在一种长期趋势的原因是在于技术进步因素一直未能持

续提高。而全要素生产率之所以没有上升主要原因是由于劳动力投入率较高,进而使得经济运行出现劳动收益率不断下降。另外还有一个因素需要考虑,即以年末乡村从业人员中农林牧渔业的人数作为劳动力投入,其实在一定程度上有放大作用。这是因为这些人员中很多以农业为主、兼营商业,还有外出打工的劳动力也包含在其中,所以才会导致劳动力的产出弹性如此之大。并且在劳动投入增长的同时,资本的利用效率没有获得相应的增长,反而出现下降,这样就进一步恶化了全要素生产率的增长。

表 8 - 5 辽宁省农业经济产出、要素投入与全要素生产率:
增长率及贡献(1991—2006 年)

指标	年均增长率(%)	弹性系数	贡献率(%)
总产出	2.24	–	100
劳动力	0.65	0.98	28.29
资本	5.53	0.02	4.94
全要素生产率	3.26	–	66.77

通过对样本区间 1991—2006 年辽宁农业经济增长的数据计算,得出每年的产出、要素投入、全要素生产率及其对经济增长的贡献计算结果(如表 8 - 5 所示)。可以明显看出,劳动力和技术进步率对辽宁经济发展的贡献较大,而资本的贡献则很小,仅占到4.94%。这说明辽宁农业经济发展仍然是劳动力推动型的粗放式的发展方式;同时,资本的使用效率非常低。一个最为合理的解释就是当前辽宁农业资本投入和农业生产不完全匹配,投入资本的专用性不强,导致资本过分闲置,尤其是大中型农机具的使用效率过低,从而造成了资源的浪费。

三、有关研究方法的几点说明

有关全要素生产率的测度方法有很多,最常用的有索洛余值法、随机前沿生产函数法、非参数 Malmquist 生产率指数法等,各有利弊,本书所采用的就是目前最常用的索洛余值法。这种方法最大的优点就是简单易行,对于时间序列数据较为适用。但存在非常明显的缺陷,表现在假设技术进步是中性的,技术进步只随时间 t 变动,是非体现的、外生的,但现实经济生活表明技术进步也与其他因素如政策、制度等有关(周方,1999)。假设规模报酬不变,实际上是假设生产单位在固定技术下运行,这本身排除了技术进步。在具体测算中不能剔除测算误差的影响,将残差部分都归结成 TFP 的增长,与事实不符(徐建军等,2007)。

总的来说,任何一种研究方法都有利有弊,即便将来也很难出现一种没有任何缺陷的 TFP 测量方法,关键是看在对某些类型问题的研究时,哪种方法更合适。正因为如此,本书的研究方法在一定程度上可能不尽完美,甚至还有很大缺陷。不过这毕竟也算是一次尝试,在后续的研究中,还会试图用不同的研究方法来进行比较,从而能够为辽宁农业经济发展方式的加速转变提供更好的政策建议。

四、主要结论

本部分运用索洛的生产函数模型,测算了 1991—2006 年间辽宁省农业经济的全要素增长率,旨在剖析各种生产要素对经济发展的影响程度,观察技术进步在经济发展过程中的贡献率及其变化。通过研究得出以下结论:

第一,辽宁省农业经济发展总体上呈上升趋势,但发展速度基本与全国平均速度持平,并且有个别年份呈下降趋势。

第二,劳动力在辽宁省农业经济发展中的产出弹性很大,劳动力的贡献率也达到了 28.29%,辽宁农业经济发展仍然是劳动力推动型的粗放式的发展方式。与此同时,资本的贡献率较低,说明资本的贡献率及其使用效率非常低。即当前辽宁农业资本投入和农业生产不完全匹配,投入资本的专用性不强,导致资本过分闲置,尤其是大中型农机具的使用效率过低,从而造成了资源的浪费。因此,必须提高资本的使用效率,同时要增加适宜农业发展的中小型农业机械等资本的投入。

第三,技术进步率对农业经济发展的贡献率最大,达到了 66.77%。

第四节　发展现代农业是转变辽宁农业经济发展方式的根本途径

积极发展现代农业,扎实推进社会主义新农村建设,是全面落实科学发展观、构建社会主义和谐社会的必然要求,是加快社会主义现代化建设的重大任务。辽宁是全国粮食主产省和国家主要农产品供给省,肩负着国家粮食安全的重任,需要生产更多更优的农产品,满足辽宁及全国对主要农产品的需求。同时,又要不断提高农民的收入,改善农村的面貌,创造一个更加和谐的社会主义新农村。因此,辽宁率先发展好现代农业,具有重要意义。

从总体上来看,目前辽宁省农业基础仍然薄弱,粮食稳定增产和农民持续增收难度加大,农业装备落后的基本状况还没有根本改变,辽宁农业正处于由传统向现代转变的关键时期,受到资源、环境的双重制约和国际、国内市场的双重挑战。只有加快发展现代农业,促进农业生产手段、生产方式和生产理念的现代化,才能转变农业发展方式;只有加快发展现代农业,才能保障粮食安全,应对国际竞争,持续推进工业化和城镇化,进而解决农业的深层次问题;只有加快发展现代农业,才能集约节约使用自然资源,保护生态环境,把农业和农村发展真正纳入科学发展的轨道。

一、现代农业是继传统农业之后的农业发展新阶段

农业发展是在社会生产力不断发展的推动下,从刀耕火种的原始农业向精耕细作的传统农业,再向以现代科技为主的现代农业转变的历史演进过程。所谓现代农业是由现代科技、现代装备、现代管理、现代农民等要素构成的,以提高农业劳动生产率、资源产出率和农产品商品率为主要目标的现代产业。具体地说,就是以保障农产品供给、提供劳动力就业、增加农民收入、实现农业可持续发展为主要目标,以现代科学技术、现代工业装备、现代管理手段、现代经营理念为支撑,以政府对农业的宏观调控和支持保护为保障,充分发挥市场在资源配置方面的基础性作用,产供销一条龙和贸工农一体化等农业再生产的各环节相衔接,由现代知识型农民和现代企业家共同经营,具有较强市场竞争力的一体化、多功能的农业产业体系。

从当前农业发达国家和地区的发展上看,现代农业具有以下几个方面的基本特征:

(一)现代农业是从田间到餐桌全环节组成的一体化产业

从发达国家看,加拿大把农业定义为"农业及农产食物产业",该产业包括初级产品生产、生产资料供应、食品加工和零售以及消费等各个环节。美国将农业定义为"食物和纤维体系",将该体系划分为农业产前、产中和产后三个环节。日本将农业定义

为"农业、食物关联产业",该产业包括农林渔业、相关产业、相关投资部门、饮食业、相关流通产业等五大产业部门。这说明,现代农业大大拓展了农业的发展空间和产业链条,成为产前、产中、产后密切关联的、从田间到餐桌一体化产业。

(二)现代农业是以合作制为基础的高度组织化产业

从产业管理与产业组织角度看,现代农业是以政府宏观调控为导向和以市场调节为基础,在家庭经营制度基础上发育形成的以合作制为基础的现代合作经济制度。这种制度的显著特征是以合作制为基础,将分散的农户经济与社会化的服务组织、先进的工业化组织有机地结合起来,从而将农业改造为高度组织化的现代产业。这种制度的主要功能推进了农业运行过程市场化、产业组织方式规模经济化、产业关联关系效应化、产业布局区域专业化进程,进而大大降低了农业交易成本和提高了农业产业运行的总体效率。

(三)现代农业是以生产、生态、生息为目标的可持续产业

随着经济的快速发展和社会的不断进步,农业在承担保障农产品有效供给功能的同时,在保护生态环境、提高生产者收入水平和生活质量方面发挥着越来越重要的作用。如,我国台湾从20世纪70年代开始就一直把"生产、生态、生息"作为农业发展的基本理念;欧盟国家近年来出台了一系列政策,把保护环境和改善农村生活条件同发展农业生产提高到同等重要的位置。可见,现代农业已经从传统农业的保障食物供给的单一目标向多元目标转变,农业日益已经成为自然、经济、社会协调发展的可持续产业。

(四)现代农业是以现代科技为支撑的技术和资本密集型产业

现代农业区别于传统农业的一个显著特征就是,现代农业的发展不仅需要建立在科学技术不断突破和广泛应用的基础上,而且还要以强大的资本投入作保障,通过现代工业设备、现代生产资料和现代科学技术的集约化使用,使现代农业的技术和资本密集程度显著高于传统农业。特别是现代科技提高了农业生产要素的质量,优化了农业生产结构和资源配置方式,提高了农业生产的经营管理水平,成为现代农业发展的主要推动力。

(五)现代农业是以高素质农民和企业家为经营主体的集约型产业

传统农业是一种在技术基本不变条件下人们实现生存与温饱的手段,而现代农业已经成为农民致富和发展的一个平台。也就是说,现代农业要求经营农业的农民和企业家拥有较高的科学文化素质和具备相当的经营管理技能,以便能随时根据市场的变化和技术的发展选择适合自身特点和优势的生产与经营项目,大幅度地提高农业劳动生产率、土地生产率、农产品质量和农业综合生产能力,并使之成为一种资源和要素集约型的新型产业。

二、发展现代农业是转变农业经济发展方式的必由之路

(一)发展现代农业有利于农业发展方式的转变,促进农业综合效益的提高

现代农业是以科技为主要推动力的产业,科技已经渗透到农业生产等各个环节。农业科技成果的密集使用可以提高农业资源开发利用的广度、深度和精度,并从根本上转变农业资源配置的机制、结构和效率。因此,建设现代农业有利于加速对稀缺资源的替代,彻底改变传统农业对耕地、淡水等不可再生资源的过度消耗与使用,从而推进我国农业由资源依赖型向技术驱动型转变,由粗放型向集约型转变。

（二）发展现代农业有利于农业产业结构调整，促进农业产业升级换代

现代农业要求现代科技成果和产业组织、管理方式向种植业及其相关产业推广与应用，可以促进种植业、林果业、畜牧业和水产养殖业等产业不断分化、延伸和集中，有助于建立起规模化、区域化、标准化的分工精细与协作密切的新兴农业产业结构体系，进而推进农业产业升级；现代技术及工业化成果向农业及其相关产业领域推广和应用，可以推进农产品加工、包装、贮藏、运销、贸易、中介服务等产业的分化与延伸，并按照现代分工与协作原则，建立起一体化的农业工业经济结构体系，提升农业产业化水平和效率。

（三）发展现代农业有利于人口、资源和环境协调发展，促进农业可持续增长

现代农业是遵循可持续发展原则，以现代科学技术为支撑，按照人口、资源和环境协调管理机制建立起来的农业产业体系。针对我国人口众多、资源严重短缺、环境矛盾突出的状况，建立具有中国特色的现代农业体系，运用现代管理理念和管理方法对资源进行综合开发和合理利用，能够有效地缓解对农业资源的过度利用与减轻环境破坏，建立起人口、资源和环境良性互动机制，确保我国农业及整个社会的可持续发展。

（四）发展现代农业有利于城乡经济社会统筹发展，加快小康社会建设步伐

现代农业是按照城乡经济一体化、城乡社会均等化的制度安排建立起来的农业产业体系，这种体系打破了城乡二元经济结构和二元管理体制，有利于要素在城乡之间合理流动和有效配置，有利于农业和非农产业之间的系统整合和协调发展，有利于城乡社会均衡发展。因此，按照城乡经济统筹发展的模式建设我国现代

农业,有助于解决我国十分突出的城乡社会、经济二元结构的矛盾,增加农民收入,改善农村社会保障状况,加快全面建设小康社会战略目标的实现。

三、发展现代农业是走出二元经济社会结构的战略举措

二元经济结构已经成为制约我国农业经济发展、全面建设小康社会的瓶颈。党的十六届三中全会明确提出要统筹城乡经济社会发展,逐步改变城乡经济二元结构。新中国成立60年来,农业一直向城市净输出发展要素和资源,城乡二元经济社会发展的状况没有根本扭转,导致了农业投入长期偏低、农业产业链条短、农村劳动力转移滞后,以及城乡居民收入差距持续拉大。发展现代农业,有利于统筹城乡发展,破除二元经济社会结构。

(一)**发展现代农业能够实现工业对农业的"反哺"**

现代农业是技术、知识与资金集约的农业产业体系,发展现代农业,必然要求突破传统农业的局限性,彻底改变农业投入低、资金等资源净流出的现状,促进城乡资金等社会资源进入农业领域。

(二)**发展现代农业能够实现产业拓展与城乡融合**

现代农业发展要求产业链条不断延伸,要求在农业中引进先进要素和城市要素,建设现代农业,能够突破传统农业主要从事初级农产品原料生产的局限性,不断拓宽和延伸农业的内涵和外延,使农业产业链条更加完整,农工商、贸工农结合更加紧密,这必然促进城乡融合,逐步实现城乡经济社会一体化。

(三)**发展现代农业能够实现城乡人力资源优化配置**

现代农业要求人力资源在城乡之间合理流动和一体化配置。发展现代农业,能够突破传统农业对劳动力低效率使用的状况,实现农村劳动力的充分就业,能够突破农村劳动力就业的地域限制,

最终实现城乡人力资源配置的一体化、合理化、高效化。

第五节　辽宁发展现代农业,转变农业
经济发展方式的对策建议

现代农业是社会主义新农村建设的基础,只有现代农业得到飞跃性的发展,才能为新农村建设提供坚实的基础。建设现代农业的过程,就是改造传统农业、不断发展农村生产力的过程,就是转变农业增长方式、促进农业又好又快发展的过程。2007 年中央 1 号文件明确指出,要把发展现代农业、繁荣农村经济作为建设社会主义新农村的重要任务。中央确定的发展现代农业的基本思路是:用现代物质条件装备农业,用现代科学技术改造农业,用现代产业体系提升农业,用现代经营形式推进农业,用现代发展理念引领农业,用培养新型农民发展农业,提高农业水利化、机械化和信息化水平,提高土地产出率、资源利用率和农业劳动生产率,提高农业素质、效益和竞争力。根据中央的部署和要求,当前和今后一个时期,辽宁省发展现代农业,实现农业经济发展方式转变主要着力抓好 8 个方面工作:一是坚持用现代物质条件装备农业,着力改善农业生产条件和农村基础设施;二是坚持用现代科学技术改造农业,着力加强农业科技创新和推广;三是坚持用现代产业体系提升农业,着力拓展农业的功能和效用;四是坚持用现代经营方式推进农业,着力注重农业产业化发展和农民组织化程度提高;五是坚持用现代发展理念引领农业,着力健全农业社会化服务体系;六是坚持用培养新型农民发展农业,着力加强农村劳动力素质培训工程;七是加快发展资源节约型农业,不断提高农业经营集约化水平;八是深化农村综合改革,创新推动现代农业发展的体制机制。

一、用现代物质条件装备农业,改善农业生产条件和农村基础设施

(一)加大财政投入力度,进一步推动农业基础设施建设

发达国家的做法是,凭借强大的工业经济后盾,由政府给予农业大量的投资支持和各种形式的补贴。我国由于多种原因,长期以来形成的依靠农业积累发展工业的体制政策的惯性还在影响着对农业的投入,国家财政对农业的投入增长率低于财政本身增长率的态势还没有改变。近几年,虽然政府实施了工业反哺农业、城市支持农村的一系列政策,但政府对农业基础设施的投入远远不能满足农业生产和农村经济发展的需要。目前,农民收入水平虽然逐年提高但尚不稳定,还难以承担巨大的基本建设投资,同时农村的道路、水利、农田等基础设施历史欠账较多,维修任务十分繁重,特别是辽西贫困地区农业和农村基础设施薄弱、自然条件差,需要政府不断加大对农业基础设施建设的投入力度,大中型以上的项目还是应该以政府投入为主,给农民更多的休养生息、发展生产、增加收入的时间,为加速农业现代化的进程奠定物质基础。建议上级部门在抓好河流治理的同时,加大对内部治理和农田水利基本建设投资,进一步调高乡村公路设计标准和补助标准,相应减少地方配套;建议省级财政预算对农业基本建设投资要高于本级基本建设总额的30%。

(二)摸索出一条适应税费改革要求的农业和农村基础设施建设新路子

受地理条件和经济条件的制约和影响,辽宁西部、东部和中部地区在农业和农村基础设施建设内容、群众对农建的认识程度以及农建的投入方面均存在很大差异,这就决定了农民投工投劳数量和施工组织形式有差别,所以十分有必要在不同的地区开展试点。在试点过程中,应因地制宜、逐步地取消"两工",允许部分农民以资代劳,并逐步建立以村为基本组织建设单位的农建专业队伍,有条件的地方应积极推进农建机械化、半机械化施工。农田水利基本建设是农业和农村经济发展的重要基础,其投入主体是农民,受益主体也是农民。积极推进试点工作,逐步摸索出一条适应税费改革要求的农业基础设施建设新路子。

(三)充分发挥地方政府在农村公路建设中的主体作用

根据辽宁"十一五"农村公路建设规划,实现100%的行政村通油路建设目标,还需安排黑色路面建设里程约2万公里,桥梁14万米,建设总投资50.8亿元。为此,应充分发挥地方政府在农村公路建设中的主体作用;加强政府对职能部门间的协调,变"行业行为、部门行为"为"政府行为、社会行为",坚持"政府牵头、交通部门指导、其他部门配合、群众参与"的组织原则,真正形成有效的社会合力;采取积极有效的措施,完善相关机制,为农村公路建设创造良好的外部环境;积极拓宽地方自筹资金的来源渠道,鼓励企业和个人资助等方式筹集农村公路建设资金,制定各项优惠政策,减免各项行政收费,分担征地拆迁费用,严格控制材料价格,努力降低工程投资成本,将高速公路和普通公路建设在地方交纳的各种税费全部返还,专项用于加快当地的农村公路建设中,各级地方财政应给予农村公路建设以必要的支持。

(四)整合各类支持农村建设资金

建议今后农业和农村基础设施项目由计划部门统一上报审批、统一下达投资计划、统一管理、监督与验收。业务主管部门具体制定规划,并组织实施与养护。计划部门与财政部门负责资金的管理与使用,避免项目分散、重复建设等问题。建立农业和农村公益事业基础设施养护机构,定编定员,养管经费纳入财政预算。

(五)加速发展农村信息网进村入户工程

通过制作千村互联网网页和乡(镇)互联网网页,收集和发布涉农信息来提升农村信息化整体应用水平。因此建议现已启动的"百万农民上网工程"应尽快落实,让广大农户能够及时了解农业科技和商品流通信息,以促进农业科技成果的推广与应用和农产品的销售。

(六)为退耕还林地区后续产业的发展创造宽松的政策环境

为提高植树造林的效率,应坚持把逐级拨付林木种苗补助费的办法改为由省直接拨付到县退耕还林专用账户,保障退耕还林的顺利推进。退耕还林作为辽宁省规模最大的生态建设工程,初步改善了沙区的生态环境。退耕还林工程历经 6 年的发展,已进入巩固成果、提质增效的新阶段。今后应为退耕还林地区后续产业的发展创造宽松的政策环境,确保实现退耕还林户"稳得住、能致富、不反弹"的目标,促进全省的生态建设,尤其是辽宁省西北风沙干旱地区的生态建设。

(七)加快推进农业机械化

加强农机化试验示范基地建设,扎实开展农机化示范乡(场)、村活动。扩大保护性耕作实施范围和规模,实施面积达到400 万亩。建立和完善农机作业质量标准体系,启动新型农机服务组织示范项目,积极培育和发展农机大户和农机专业合作社,加强农机跨区作业的组织和服务,推进农机服务市场化、产业化。加强农机安全监理体系和装备建设,积极开展农机安全使用的宣传教育,实施"平安农机"示范工程,强化农机安全生产。到 2007 年末,全省农机总动力已经达到 1900 万千瓦以上,综合机械化作业水平达到50% 以上。

(八)狠抓小型农田水利建设

大幅度增加省级小型农田水利工程建设补助专项资金,重点用于灌溉水源工程和设施农业配水工程建设。抓紧编制县级农田水利规划,并将大中型灌区末级渠系改造和小型农田排涝设施建设纳入补助范围。采取贴息和以奖代补等方式,支持农民开展小型农田水利基础设施建设,调动农民建设小型农田水利工程的积极性。支持农民用水合作组织发展,提高服务能力。继续开展农田基本建设"大禹杯"竞赛活动,提高农业综合生产能力。

二、用现代科学技术改造农业,加强农业科技创新和推广

科学技术在农业领域的推广和普及程度,既是衡量现代农业发展水平的重要依据,也是推动实现农业经济发展方式根本转变的主要动力。在现代农业发展中,科学技术已经成为实现农业现代化的关键性因素。科学技术运用于农业,使得生产工具、设备更加先进;由科技进步带来的各种新工艺、新流程及其被广泛应用于农业生产,扩大了农业劳动对象的来源和范围;由于科技进步,带来了农业劳动者科学文化水平和素质的不断提高。科技进步还极大地改善了资源的配置效率,扩大了资源的利用范围和生产领域等。可见,现代科学技术已经渗透到农业生产力的基本要素之中,转化为推动现代农业发展的直接动力。通过在全省范围内实施"农业科技入户示范工程"、"农村科技特派行动"、"科技富民强县计划"、"科普惠农兴村计划"、"丰收计划"、"农业综合开发科技项目"、"农业园区建设"、"作物新品种转让"等项目和专项计划,一批重大科技成果如杂交玉米、超级稻、北方农村能源模式等,为带动农村经济发展起到了重要的牵动作用。2007 年,全省良种播种面积占粮食播种面积的 97.8%,品种更新更换面积占粮食播种

面积91.5%，测土配方施肥面积达到1083.5千公顷。化肥施用量（折纯）为127.5万吨，比上年增长5.2%。蔬菜保护地面积为243.3千公顷，比上年增长5.1%。

根据辽宁省实际，大力发展节水高效农业、设施农业、抗旱农业、特色农业、循环农业、生态农业等新型农业以及动植物良种繁殖、疫病控制、农作物栽培、畜禽规范化养殖、无公害生产、农产品深加工等重大关键技术的攻关、示范、推广和应用。通过科技手段不断提升农业的现代化水平，改造传统农业，发展现代实验室的农业，为辽宁省农业经济发展方式的根本转变提供有力的技术支撑。

（一）健全农业生产科技服务体系

建立长期稳定的财政机制，确保农业科技投入依法、稳定增长。建立以政府投入为主导、多元化的农业科技投入体系，农业科技三项费用应占全省科技三项费用类支出的35%以上。在保证其增长幅度不低于财政经常性收入增长幅度的基础上，逐年增加农业生产和各项事业资金支出的比例。县乡两级农业科技服务体系建设，直接关系农业科技进步，对引进和推广农业新技术，指导、服务农业生产发挥重要作用。建议省级财政在安排支援农业生产支出和各项农业事业费用时，加大对农业科技服务组织扶持力度，支持农业科技信息网络建设，降低农业科技信息网络使用成本，使农民能够在网络上读农业技校，接受农业技术培训；支持农业大县建立良种繁育、试验示范基地，促进农业增产、增效和农民增收。

（二）加快建立农业科技创新体系

从辽宁省情和农业科技基础出发，借鉴国内成功经验，以全省农业知识平台、农业技术创新平台、农业科技成果转化平台建设为核心，整合优化农业科技资源。进一步加强农业重点实验室、工程技术中心、博士后科研工作站、品种改良中心和良种繁育基地、农业科研试验站等科研基地建设,重点解决制约农业发展的关键性科技问题。积极开展动植物新品种选育、农业生物技术产品研制、农业生物与气象灾害防控、农产品精深加工、农业资源保护与利用等领域关键技术的攻关。深化农业科研院所改革,开展支持农业科研院所的试点工作,逐步提高农业科研院所的人均事业费水平。建立鼓励科研人员科技创新的激励机制,积极促进农科教协作,推进农业产学研结合。通过建立全省农业科技创新体系,全面提升辽宁省农业科技创新能力。

(三)完善农业科技推广体系,加大科学普及和宣传力度

完善农业科技推广体系,建立农业技术推广网络,是农科教结合的关键。各级农业技术推广机构通过广播电视讲座、现场讲授示范、科技宣传栏、技术咨询点、科技大集等活动,把科学技术送到千家万户,提高科技成果向现实生产力的转化效率。要利用各种渠道加大科技宣传力度,编写重大农业技术推广系列丛书,深入农村对农民进行科普宣传。

(四)大力建设农科教结合示范区

通过示范区,继续探索农科教结合的最佳途径,不断拓宽农科教结合的领域,丰富农科教结合的形式和内容,为农村经济的持续发展注入新的生机和活力。

总之,我国农业科技成果产业化尚处于起步阶段,政府要加大对科技的投入力度,有关部门要进一步制定相应的科技产业化发展政策,建立农业高新技术园区、农业技术市场等载体,不断提高农业科技成果的转化效率,扩大转化规模,确保农民家庭经营农业能够通过科技进步而增产增收,实现农民收入的稳定持续增长。

三、用现代产业体系提升农业,拓展农业的功能和效用

(一)促进优势产业规模化经营,培育现代农业产业体系

要不断优化农业产业结构,努力形成"一乡一业、一村一品"的现代农业发展格局。发展壮大特色主导产业是发展现代农业的成功之道。

本部分主要以盘锦市建设优势农产品生产基地为例,着重从精品大米、河蟹、棚菜、畜牧四大产业集群建设的角度探讨农业经济发展方式转变的途径。

1. 实施水稻基地工程,打造精品大米产业集群

盘锦大米是中国名牌和驰名商标,今后应完善大米集团管理体制和运营机制,整合大米加工企业和各级粮库,形成利益共同体,统一品牌,统一标准,统一包装,使"盘锦大米"形成规模效应和集聚效应,以整体的合力,增强市场竞争力,提高经济效益。形成大品牌、大企业、大市场、大流通格局,以高品质、高价格进入国内外大型超市和高端市场。要整合营销,按照产加销一体化的要求,以订单生产、土地流转、土地入股等形式,建设水稻生产基地,实现加工企业与农户的对接,实现水稻订单生产,既增加农民收入,又保护企业利益。大力推广优质高产品种,积极发展无公害、绿色、有机水稻生产,实行集中连片种植,规模生产。

2. 实施水产品精养工程,打造河蟹产业集群

力争到 2012 年,渔业总产值达到 80 亿元,年均增长 15.9%,人均收入达到 3400 元。要向海上进军,紧紧抓住辽宁"五点一线"开发和沿海大通道建设的有利契机,使盘锦得天独厚的沿海滩涂资源成为全市水产业乃至农业崛起的新的增长极。充分开发利用好全市 65 万亩滩涂,大力发展滩涂养殖业。抓紧制定滩涂开

发利用规划,形成养殖、加工、储运成龙配套的产业集群。要突出
优势,优化结构,重点发展河蟹产业。要适应消费需求,不断增强
市场竞争力,在扩大河蟹养殖规模和单体规格上下工夫。研究推
广大规格河蟹养殖新技术,全面推广以"大垄双行、早放精养、种
养结合、稻蟹双赢"为核心的"盘山模式",推动河蟹产业实现突破
性发展。要加大扶持和引导力度,促进海参养殖业快速发展壮大。
充分利用池塘、水库、稻田、苇田等资源,大力发展淡水养殖业。要
着力推进水产品深加工业发展,建设水产品深加工园区,主攻精深
加工,开发多样化、功能化、高附加值水产品。

3. 实施设施农业工程,打造棚菜产业集群

要切实完善和实施设施蔬菜总体发展规划和标准化蔬菜小区
建设规划。要大力调整产品结构,积极引进国内外优良特色品种,
不断增强产品的市场竞争力。要坚持标准化生产,扩大无公害、绿
色、有机蔬菜生产面积。要积极扶持加工型、流通型蔬菜深加工项
目建设。要加强产地市场和经纪人队伍建设,要围绕设施蔬菜产
业大力发展运输业、包装业等配套产业。

4. 实施畜牧业倍增工程,全力打造畜牧产业集群

盘锦作为全省最大的养鸭基地和种鹅基地,优势凸显,市场
看好,必须把鸭、鹅等水禽作为畜牧业发展的重点,突出加以推
进。要迅速壮大奶牛养殖规模,把石山种畜场建设成为奶牛养殖
专业示范区和专供蒙牛集团等大型乳制品企业的奶源供应基地。
积极筹建北方毛皮批发市场,形成养殖、加工、销售产业化链
条。要加快建设良种繁育体系,鼓励养殖大户、龙头企业兴办良
种繁育场,提高良种供应能力。要建立长期稳定的支持政策,扶
持畜牧业发展,力争把盘锦建设成为全省重要的畜产品生产、加工
基地。

（二）积极引导优势农产品生产区域合理布局

在调整农产品生产区域布局方面，必须注意发挥区域比较优势，合理配置资源，发展多项专业生产，形成较大规模，增加特色品种生产，提高农业和农村经济的整体素质和综合效益。

1. 辽西地区

具体来说，辽西地区应按照可持续发展的要求，以防治土壤沙化、退化、兴修水利、改善生态环境为重点，积极推进退耕还草、退耕还林工作；把保护和建设生态环境与增加农民收入结合起来，发展牛、羊和禽类产品的生产。以生态型特色高效农业和节水旱作农业为重点，发展优质水果、小麦、优质专用玉米、小杂粮以及油菜、甜菜等经济作物，逐步形成专业化、规模化的特色经济作物和高附加值的作物产业带。例如，阜新市在发展现代农业方面，突出注重特色农业的发展，先后建成14个农产品生产基地和生猪、奶牛、肉羊、獭兔、肉兔、牧草花卉等12个农业产业化链条。

2. 辽北地区

辽北地区应以建设大型优质专用粮和畜牧业生产基地为重点，推进专用玉米、高油大豆、肉牛和生猪等产业的发展。

3. 辽中地区

辽宁中部地区应以优质水稻、优质专用玉米等精品农业为重点，发挥粮、菜主产区的生产优势，扩大优质农产品、设施蔬菜专业化生产规模，加快发展优质农产品的精、深加工业。盘锦市按照"围绕龙头建基地，连片开发扩基地，突出特色强基地"的原则，围绕"水稻、水产、畜牧、蔬菜、林苇"五大主导产业，现已初步建成了十大优势生产基地，打造形成知名品牌20余个，如"利是"、"东牌"、"全球"、"金球"、"粳冠"等等。

4. 辽东地区

辽东地区应充分利用山区野生资源丰富、无污染的特点,建立稳定的榛子、食用菌、山野菜、柞蚕、中草药、林蛙等特色种植业和养殖业的生产基地,以优化资源合理配置为核心,大力发展红松等经济林木、山区特产储藏、加工等林果与林木产业。提高深加工能力,发展绿色食品,并力争多出口创汇,推进"山上辽宁"的建设。

5. 辽南地区

辽南滨海和中部城市郊区,应面向国外市场,以标准化、优质化、规模化为重点,发展外向型、城郊型现代农业;以加快农业高新技术成果转化为重点,大力发展现代生物技术产业;以提高附加值为重点,大力发展农产品加工业。发展禽肉、禽蛋和奶类生产,加强精品农业、特色农业和创汇农业基地建设,提高农业设施水平,重点发展名特优新蔬菜、苹果、梨、葡萄、北方花卉生产。沿海地区还应充分利用水产资源和旅游资源,以开发旅游资源和优质海水、淡水产品及贮运保鲜加工为重点,发展水产养殖和加工业。大、中城市的郊区应面向城市,大力发展无公害农产品。以美化环境为重点,发展生态农业与休闲观光旅游农业,着力发展城郊型农业产业群。

(三)大力推进设施农业小区建设

设施农业推动辽宁农业科技进步,是辽宁现代农业的重要组成部分。由辽宁自主创新的日光温室等设施农业,打破了南北生产常规,实现了规模化经营、集约化生产,既发挥了抗旱、节水和避灾等功能,又促进了农业增产、农民增收。要加大投入、技术指导等方面的服务,促进设施农业的发展。

设施农业小区建设总体目标是:以土地整理项目为依托,以日光温室小区建设为重点,以培育和壮大龙头企业为核心,优化区域布局和品种结构,大力推行规模化和专业化生产,加强市场体系和服务体系建设,积极发展储藏、加工和包装业,实施无公害和绿色食品发展战略，千方百计提高设施农产品的市场竞争能力，积极开拓国内国际市场，把辽宁建设成为全国重要的设施农业生产加工基地，推动全省农业综合生产能力快速提升，促进农民人均纯收入提高，促进全省农村经济健康、持续、快速发展。

设施农业小区建设的具体目标是：2008 年至 2010 年，全省新增设施农业面积 240 万亩，每年新增 80 万亩，使全省设施农业总面积达到 800 万亩，新增设施农业小区 4.2 万个。其中，新建温室小区 3.6 万个，冷棚小区 0.6 万个；建设棚室总栋数 1844357 栋，其中温室 1333645 栋，冷棚 510712 栋；建设育苗中心 19 个。

设施农业建设要突出四个发展重点：一是坚持以日光温室为主、大中小冷棚生产为辅；二是围绕大城市、城郊、公路、铁路、水电资源丰富的地区和大型市场，实施非均衡发展战略，逐步向优势区域集中发展，重点建设国家设施农业优势区，重点发展名特优品种和建立出口创汇生产基地；三是与西部地区扶贫开发相结合，重点扶持辽西地区加快发展；四是与辽宁优质特色农产品生产加工两大基地建设相结合，把辽宁建设成为全国重要的设施农业生产和加工基地。

设施农业小区规划建设要遵循以下四项原则：一是优化区域布局，规模化发展。重点支持辽西北地区以摆脱雨养农业为目标的设施农业，沈阳等中部地区规模化发展的设施农业，大连等南部地区出口创汇型设施农业和辽东地区特色型设施农业。二是规划先行，水、电、路配套。各地要坚持科学规划，根据自身特点和优势，因地制宜制定发展规划，将设施农业小区规划落实到乡（镇）、村、组的具体地块。同时，要对设施农业小区配水、配电和道路建设等配套工程进行综合规划，采取有针对性措施，突出特色，注重实效，保证质量。三是个人和企业投入为主，政府补贴为辅。要积极引进和扶持工商企业或集团从事设施农业开发,通过以奖代补、贷款贴息、评选省级现代农业示范基地等方式,吸引龙头企业参与设施农业建设。要鼓励设施农业大户进行规模开发,支持农民专业合作社发展设施农业。四是政府按小区补助,指标动态管理,上不封顶,以奖代补,突出重点,兼顾公平。

(四)大力发展县域经济

县城和农村集镇,是农村工业化和城镇化的主要基地,也是中小企业最集中的地方。目前我国县域经济的薄弱同农村工业化和城镇化的滞后直接相关、互为因果,制约全国农村经济发展和城镇化进程。广东、江苏、浙江等部分发达地区,他们的经济崛起首先从乡镇、县域经济的工业化起步,是从乡镇到县到中等城市最后到大城市的自下而上推进工业化并带动产业升级的道路,县域经济实力强劲,从而推动劳动力、生产要素不断集聚和产业的扩张,构建了一个协调有序并具有升级能力的城市发展体系。在农村普遍工业化的基础上,又加快了产业升级的步伐,传统产业的不断升级进一步巩固和扩大了经济优势,也带动了城镇化的进一步扩张。浙江县域经济的发展模式已经从"农村工业化—专业市场—小城镇"向"特色工业园区—现代物流业—中心城市"转变。这是一条从农村工业化开始、通过不断地产业升级、推进城镇化不断加速发展的道路,值得各地认真研究、借鉴。

(五)发展劳动密集型的农村工业

如粮食主产区农村都具有自己的农产品优势资源,可以大力发展以农副产品为主要原料的劳动密集型加工业,如食品加工、轻工、服装等行业。发展农产品加工业特别是深加工,可以成倍地增加粮食产品的附加值,拉长粮食生产的产业链条,提高粮食产业的创收能力。随着人们收入和生活水平的提高,加工食品的需求越来越多,市场空间越来越大,不仅提高了农村工业效益,构建独具特色农产品加工业,而且吸纳更多的农村剩余劳动力,同时还加快了城镇化进程,提高劳动生产率,达到农民增收的目的。

(六)积极拓展农业多种功能

要积极拓展农业多种功能,大力发展休闲观光农业、健康养殖业、农产品深加工等,特别是要发挥农村自然生态、田园景观、民俗文化的优势,按照做大规模、做精质量、做全配套、做强产业的要求,加快"农家乐"、"渔家乐"等项目的开发,形成一批休闲观光农业特色村、示范点。对这些农业新兴产业,各地要因地制宜,突出特色,采取有效措施,促进其持续发展。

四、用现代经营形式推进农业,注重农业产业化和农民组织化程度

农业产业化经营不仅是发展现代农业的重要环节,也是实现农业经济发展方式转变的有效手段。近年来,辽宁在做大做强龙头企业、建立农产品基地方面加大力度,初步探索出了一种以"政府扶持、企业带动、农民参与、多方合力推进"为核心的促进农民增收的新模式。到 2007 年底,全省规模以上农业产业化龙头企业有 2824 个,实现销售收入达 1921.2 亿元,其中,省级以上农业产业化重点龙头企业 269 个,年销售收入亿元以上的龙头企业 319个,共带动全省 360 万农户发家致富,平均每名农民从农业产业化链条中获得 1630 元,占全年农民人均纯收入的 34.2%。与此同时,各地区在充分发挥地缘优势的基础上形成了五大特色产业基地,即以特产农业和生态农业为主的辽东产业区,以草食畜牧、干果、经济作物为主的辽西产业区,以精品农业、设施农业、城郊农业为主的中部产业区,及以"两水一牧"农业、出口创汇农业、现代园

区农业为主的南部沿海产业区。

(一)继续大力培育农业产业化龙头企业

加快整合规模以上龙头企业资源,要着力发展那些市场前景好,技术起点高,出口潜力大,带动能力强的龙头企业,使其通过采取租赁、收购、兼并、股份制、股份合作制等多种有效形式,推动企业资产重组,达到优化资产配置,不断壮大优势骨干企业。改扩建现有农产品加工企业。抓住振兴东北老工业基地的发展机遇,积极争取国家支持,大力发展农产品加工业。鼓励和引导工商企业和社会资本投资兴办龙头企业,吸引省外和境外资本来辽宁省从事农产品深度开发。重点招商引进大企业、大集团和上市公司来辽宁省落户,通过构筑和发挥群体优势,提高产业集中度,促其尽快成为农产品抢占国内外市场的"航空母舰",以具备大、高、外、新的超强攻势,向市场的深度和广度进军,逐步培育一批带动能力强的龙头企业和一批在全省乃至全国具有较强的市场占有率和美誉度的知名品牌。

(二)加强农产品生产基地建设

农产品生产基地是产业化的基础环节,是龙头企业发展的依托和条件。要本着因地制宜、合理布局、发挥优势、相对集中、突出特色、高产高效的原则,把农产品生产基地建设与主导产业的形成和龙头企业的发展紧密结合起来,积极做好农产品加工品种的选育、栽培和推广工作,重点推广优良品种,扩大优势产品和特色产品的生产,以满足加工企业的发展需要。根据市场需求,按照区域化布局、专业化生产、标准化管理、产业化经营和社会化服务的发展方向,大力发展专业大户、专业村、专业乡,提高基地的专业化生产水平,进而实现营造一个重点行业形成优势,重点产业形成规模,重点区域形成特色,重点产品创出名牌的基地建设新格局。

(三)处理好企业与农民的利益关系

以经济利益为纽带,建立旨在提高经济效益和加速发展的经营机制,形成互利互惠、共兴共荣的关系,是加快农业产业化进程的内在动力。因此,必须妥善处理龙头企业与农民的利益关系,促进产业化经营实现良性循环。

1. 抓好利益分配机制创新

龙头企业与农户要通过签订合同、契约等形式,确定农产品的最低保护价。实力雄厚的龙头企业还可以通过发放生产资金、赊销生产资料、提供生产服务等形式,把加工、销售的利润给农民返还一块,以改变过去的单纯买卖关系,调动农民参与生产的积极性。

2. 抓好风险补偿机制创新

为了抗御市场波动和自然灾害带来的双重风险,龙头企业要从维护农民利益出发,建立基地风险保障基金制度。在创利多的市场波峰阶段,从利润中提取一定比例的风险基金,专款专储,以备农民遭受自然灾害、产品滞销、市场价格下跌时,为其提供一定的经济补偿,以避免农民收入下降。

3. 抓好经营管理机制创新

要建立统分结合的经营管理机制,既要充分发挥集体经济组织和龙头企业的带动作用,解决好一家一户难以解决的问题,又要充分发挥农民作为生产主体和投入主体的作用,调动千家万户的积极性,做到宜统则统、宜分则分,把统和分有机结合起来。要进一步完善社会化服务体系,不断拓展服务领域,最大限度地解决好产前、产中、产后的服务问题,为农民排除后顾之忧。

(四)提高农民组织化程度

目前,从我国农村的实践情况看,提高农民组织化程度的方式主要有:一是要以产权为纽带,采用"股份合作"模式,构建农民合作经济组织。这种产权为纽带的农民合作经济组织,实现了龙头企业、农户紧密结合,形成了互惠互利配套联动的利益共同体。二是要以市场为引导,采用"契约"相联结的方式,构建把农民组织起来的平台。这种模式有利于减少农民生产经营的盲目性,有效地规避市场价格波动对农民经营和收入增加的不利影响。三是要以产业化经营为链条,以提供产前、产中、产后等服务为基础,构建农民专业协会,这种模式有利于实现农业生产、农产品加工、销售的有机结合,获得农业生产的规模效益。四是要以农村社会联动网建设为载体,以信息引导,构建服务农民平台,这种模式能够有效解决农村分散经营的小生产如何适应大市场要求的问题。

五、用现代发展理念引领农业,健全农业社会化服务体系
(一)加强农业信息化服务建设

在科学技术和网络信息日益发达和完善的今天,农业信息化建设对于建设现代农业、统筹城乡经济发展、实现农民增收以及调整农业和农村经济结构具有重要的意义。发展现代农业,健全农业社会化服务体系,农业信息化服务的建设务必要首当其冲。

具体来说,可以根据辽宁省的实际情况,采取各级政府投入和农民自主建设相结合,根据不同信息需求确定相应的建设水平,尽快完成省内信息网络基础硬件建设。同时坚持"统一规划、统一开发、统一提供空间、统一技术维护、自主信息管理、共享资源成果"的原则,开展农业信息应用软件建设,进一步完善全省网络联动、资源共享的信息应用模式。其次,要加快农产品市场信息化改造。以信息化改造传统农产品批发市场,统一开发大型计算机管理系统,将市场运营全过程统一纳入到计算机网络管理,建立农产

品流通动态信息数据库,实现农产品流通信息的采集、加工、传输、反馈、发布的现代化运作,实现电子交易和网上实时发布。最后,积极开辟多媒体信息资源。农业多媒体数据资源大量存在于各种媒体、介质中的非结构化数据,如图形、图像和声音等。通过开发多媒体数据资源,经过转换加工制作,以多媒体教学课件、视频、光盘等形式,为农户提供生产、生活等信息服务。

(二)提高农村义务教育水平

对全部农村义务教育阶段学生免费提供教科书,提高农村义务教育阶段家庭经济困难寄宿生生活费补助标准,扩大覆盖面,提高农村中小学公用经费和校舍维修经费补助标准,加大农村薄弱学校改造力度。加强农村教育经费使用的规范管理。努力提高农村中小学教师素质,实施贫困地区骨干教师远程培训计划,选派和组织城市教师到农村交流任教,鼓励和组织大学毕业生到农村学校任教。

(三)建立健全农村社会保障体系

完善农村最低生活保障制度,在健全政策法规和运行机制基础上,将符合条件的农村贫困家庭全部纳入低保范围。中央和地方各级财政要逐步增加农村低保补助资金,提高保障标准和补助水平。落实农村五保供养政策,保障五保供养对象权益。探索建立农村养老保险制度,鼓励各地开展农村社会养老保险试点。在全省普遍建立新型农村合作医疗制度,提高政府补助标准,适当增加农民个人缴费,规范基金管理,完善补偿机制,扩大农民受益面。完善农村医疗救助制度。加强农村卫生服务网络建设和药品监管,规范农村医疗卫生服务。加大农村传染病和地方病防治力度,优先在农村落实扩大免费预防接种范围的政策。

(四)繁荣农村公共文化

加强农村精神文明建设,用社会主义荣辱观引领农村社会风

尚。深入实施广播电视"村村通"、农村电影放映、乡镇综合文化
站和农民书屋工程,建设文化信息资源共享工程农村基层服务点。
大力创作和生产农民喜闻乐见的优秀文化产品,积极开展健康向
上的农村群众文化活动,着力丰富偏远地区和进城务工人员的精
神文化生活。广泛开展农村体育健身活动。引导和鼓励社会力量
投入农村文化建设。

(五)加快建立健全农民进城就业服务体系

尽快建立面向农民就业的信息网络体系。政府财政要设立专
项资金,在全省范围内建立和完善农村劳动力资源调查制度和资
源数据库,建设覆盖乡镇一级、联通城市的农村劳动力信息互联网
体系,加强区域和城乡合作,促进劳动力合理、有序流动。探索建
立农民进城就业援助制度。采取政府财政提供担保、银行专设窗
口等措施,为农民创业和就业提供小额贷款。要建立和规范中介
行为和中介市场,严格劳动力市场中介机构的审批和登记,加强监
管,严厉打击非法中介,鼓励和支持合法中介。

(六)全面加强农民工权益保障

建立统一规范的人力资源市场,形成城乡劳动者平等就业的
制度。加快大中城市户籍制度改革,探索在城镇有稳定职业和固
定居所的农民登记为城市居民的办法。各地和有关部门要切实加
强对农民工的就业指导和服务。采取强有力的措施,建立农民工
工资正常增长和支付保障机制。健全农民工社会保障制度,加快
制定低费率、广覆盖、可转移、与现行制度相衔接的农民工养老保
险办法,扩大工伤、医疗保险覆盖范围。鼓励有条件的地方和企业
通过多种形式,提供符合农民工特点的低租金房屋,改善农民工居
住条件。农民工输入地要坚持以公办学校为主接收农民工子女就
学,收费与当地学生平等对待。农民工输出地要为留守儿童创造

良好的学习、寄宿和监护条件。深入开展"共享蓝天"关爱农村留守、流动儿童行动。

(七)实施可持续发展战略

加强农业环境保护,加速以发展农村能源为主要内容的循环农业。发展循环农业是农业发展观念和发展模式上的一场革命。建立体现新型工业和农业现代化、走市场之路的北方农村生态循环模式,大面积推广以土地资源为基础,以太阳能为动力,以沼气为纽带的"四位一体"能源生态综合利用体系,能够实现产气、积肥同步,种植、养殖并举,能量多级利用,物质良性循环,改善农村生态环境,提高农民生活质量。

六、培养新型农民发展农业,加强农村劳动力素质培训工程

发展现代农业,最终要靠有文化、懂技术、会经营的新型农民。全面提升农村劳动力的整体素质,既是建设社会主义新农村的有力措施,同时也为迅速振兴东北老工业基地提供坚强的人才保证和智力支持。党的十六届五中全会明确提出,建设社会主义新农村是我国现代化进程中的重大历史任务,提倡要培育有文化、懂技术、会经营的新型农民,充分发挥农民的主体创造作用。辽宁有4200多万人口,其中有一半分布在农村。依据2002年人口普查数据显示,辽宁省农村劳动适龄人口中,文盲半文盲占1.96%,小学文化程度占35.09%,初中文化程度占48.19%,高中以上文化程度占14.76%。可见,在辽宁省农村劳动适龄人口中,小学及以下文化程度的占三分之一还多,85%均在初中及以下文化程度。农民队伍中,系统接受过农业职业教育的农村劳动力不到6%。目前,辽宁省农村劳动力平均文化水平程度偏低,已经成为辽宁省发展现代农业的瓶颈因素。

(一)加强对农民科技教育培训的领导

各级政府在发展现代农业的过程中,应重视和支持农民科技教育培训工作,要把这项工作列入重要议程,常抓不懈,抓出成效。省、市、县、乡(镇)都要建立组织机构,成立农民教育培训工作领导小组,研究解决在农民教育培训工作中出现的重大问题,切实加强对农民教育培训工作的领导。目前,在县级开展的农民教育培训主要以县农业部门为主,具体由县级农民科技教育培训中心(农广校)、农业技术推广部门组织培训。教育培训的内容主要包括新型农民、农民科技、阳关工程、科普之冬、农民学历教育培训等。

(二)加强农民科技教育培训专项立法

要逐步使农民科技教育培训工作规范化、制度化,改变一些地方农民教育培训工作无规划、无人管、无经费的"三无"状态。目前,还没有一部关于农民教育培训的专门法律法规,现行法律虽然对农民教育培训做了一些规定,但由于太笼统、不系统、不具体、不明确、不易操作,使农民教育培训缺乏法律依据,难以适应全面提高农民科技文化素质的要求,应积极借鉴国外先进做法,加快农民教育立法步伐,使农民教育培训工作能够行之有效地依法展开。

(三)制定农民科技教育培训规划

省、市、县、乡(镇)都要制定"十一五"农民教育培训规划。辽宁省主要以各级农民科技教育培训中心为主体,整合各级教育培训资源,重点实施两个计划(培养百万中专生计划、每户一名致富能手培训计划)、四大工程(新型农民科技培训工程、科技入户示范工程、绿色证书工程、阳光工程),搭建两个平台(农民科技教育培训传播平台、农村劳动力转移培训服务平台),办好四大专栏(电台、电视台、报纸、网络四大媒体),逐步建立天网(广播、电视、

卫星网络)、地网(教育培训基地、互联网络)、人网(办学培训队
伍、组织网络)三网合一的全省现代农民科技教育培训公共服务
体系。争取在"十一五"期间,培养农村中等专业人才10万人;培
养新型农民50万人;培训100万人,每人掌握一门致富本领;实用
技术培训500万人;农村劳动力转移培训100万人。

(四)增加农民科技教育培训的资金投入

资金投入是农民教育培训工作的基本保障,国家财政和地方
财政为主要来源,这是由我国国情和农民教育培训公益性所决定
的。目前,辽宁省当地农民教育费用主要来自上级部门的项目拨
款,专款专用,额度很小,对于农民免费参加培训,远远满足不了农
民教育培训工作的需要。各级部门要对农民教育培训部门,特别
是县级培训部门增加必要的投资,购置必要的仪器与设备,使其具
有较现代化的培训手段,尽快将培训基地建成开放、灵活、多样化
的培训网络,逐步形成以培训为主,推广、咨询与信息服务四种功
能齐全的培训新体制和运行机制。

(五)大力培训外向型高技能实用人才

努力培训外向型高技能实用人才,依托对外农业技术交流和
劳务输出等载体,培养外向型农业需要的新型农民。面向未来,加
强农村青年的培养工作。到2010年,要吸引各种人才3000人次,
派出培训6000人次,全面培养和造就一批与国际接轨、掌握现代
化科技知识、复合型的外向型农业技术人才。

七、加快发展资源节约型农业,不断提高农业经营集约化水平

发展资源节约型农业旨在提高土地产出率、资源利用率和农
业劳动生产率,从而提高农业整体素质、效益和竞争力。

（一）节约和集约利用土地

坚持实行最严格的耕地保护制度，控制非农建设占用耕地，确保基本农田总量不减少，质量不下降，用途不改变。加大沃土工程实施力度，综合运用农艺、生物和工程措施，改善土壤肥力。

（二）加快发展旱作节水农业

逐步改革农业用水的价格形成机制，采用经济手段引导农业节水，对农民采取节水措施给予适当补贴。大力推广节水灌溉新设备、新技术，推广渠道防渗、低压管道输水灌溉、喷灌、滴灌、微灌、渗灌等先进实用节水技术，提高水资源利用效率。推广旱作农业技术，提高干旱、半干旱地区农业综合生产能力。培育推广抗旱节水农业新品种，提高农作物自身的水分利用率。有效减少农田蒸发失水，提高自然降水利用率。

（三）努力提高农业投入品利用效率

按照复合化、高效化、缓释性、可控性的要求，发展高浓度肥料和复混肥料，发展商品有机肥。

根据农作物需肥规律、土壤供肥性能和肥料效应，推广测土配方施肥、平衡施肥和深施氮肥等技术。开发高效、低毒、低残留的农药新产品，积极推广生物防治病虫害技术。加强新型农机具开发和有关技术标准制定工作，推广综合配套节能低耗技术特别是少耕免耕技术，为主要农作物生产提供全程、配套的现代农业装备。重点研发高强度、可降解地膜，以及高光合作用生态棚膜，推进农膜向高功能、低成本、无污染方向发展。开展农作物秸秆综合利用，推广机械化秸秆还田技术以及秸秆气化、固化成型、发电、养畜技术。

调查案例:阜新市因地制宜,发展抗旱农业

阜新市的发展抗旱目标是争取到 2010 年和 2015 年,全市抗旱农业面积将分别达到 425 万亩和 350 万亩。今后发展抗旱农业的具体措施如下:

1. 水利措施

阜新市农业灌溉供水水源由蓄水、引水、提水及地下水源组成。全市现有水源工程 7.74 万处,其中大中小型水库 63 座,方塘 355 座,塘坝 150 座,灌溉站 31 座,自流引水 37 处,截潜流 22 处,机电井 1.02 万眼,小井 6.66 万眼。年总供水量 2.98 亿立方米。全市现有机动抗旱设备 6—8 马力柴油灌溉机组 20411 套,小型电泵 48371 台,抗旱水箱 27189 个。有效灌溉面积 102 万亩,其中节水灌溉面积 39 万亩,应急抗旱灌溉面积 25 万亩。由于水资源的制约,阜新市发展灌溉农业,必须坚持大力开发利用地表水,合理开发利用地下水,优化水资源配置,坚持大力发展节水灌溉工程,提高水资源的利用效率,才能提高农业抗灾能力,才能将该市耕地面积大的资源优势转化为经济优势,促进农业的可持续发展。阜新市水资源虽然比较缺乏,但坚持开源节流并进,按照水资源的优化配置原则,农业灌溉水资源能够满足节水灌溉需要。近 10 年,全市每年新增有效灌溉面积 5 万亩,其中节水灌溉面积 1 万亩,采取开源节流提高供水能力,并通过抗旱水箱、灌溉机组配套,增加应急抗旱浇灌面积。到 2010 年全市有效灌溉面积达到 127 万亩,其中节水灌溉面积 44 万亩,应急抗旱浇灌能力达到 49 万亩,到 2015 年,全市有效灌溉面积达到 152 万亩,其中节水灌溉面积 49 万亩,应急抗旱浇灌能力达到 64 万亩。

2. 农艺措施

①抗旱作物。经过多年的生产实践,比较适应干旱气候条件且在阜新市有一定种植面积的抗旱作物主要有花生、杂粮、甘薯等。由于长期的生产栽培,农民不仅积累了丰富的生产经验,同时也使品种资源得以不断积聚和扩大。随着相关龙头企业的引进与培育,农产品加工业的发展,杂粮、花生等抗旱作物已形成产业,市场知名度不断提高,在促进农民增收方面发挥了积极的促进作用。近10年,全市花生面积稳定在80万亩左右,杂粮面积稳定在70万亩左右。②抗旱品种。不同作物抗旱性不同,同一作物不同品种的抗旱性也略有差异。要通过试验对比,逐步筛选出不同作物的相对抗旱品种,每种作物确定3—5个抗旱品种作为主推品种,在全市加以推广,力争抗旱品种占大宗粮豆生产面积的80%以上。③确定最佳播期。阜新市的农作物种植,受干旱和无霜期的双重制约,任何一种作物,在生育期能够满足的前提下,还要提倡一个"早"字,即所有农作物都要进行适时早播。一方面,适时早播可以最大限度地利用春季土壤返浆水出苗,减轻春旱的影响;另一方面,通过早播,作物生长到一定程度,可以降低伏旱、秋吊造成的损失。因此,各种农作物要确定最佳播期,同时要突出适时早播。④添墒播种。阜新市春旱发生频率较高,遇此年份及地块,要采取添墒播种的办法,充分发挥坐水播种机的作用,力争在最佳播期内完成播种任务。⑤增施有机肥和推广秸秆还田。增施有机肥和秸秆还田,可以改善土壤结构,增加土壤蓄水量,可以使有效降水更多地和更长时间地存于耕层土壤中,对缓解干旱影响比较明显,应作为一项主要措施重点推广。要积极争取国家沃土工程项目,同时建立激励机制,引导农民施用有机肥和秸秆还田,提高土壤有机质含量。到2010年,全市大田农家肥亩施用量平均达到4立方米。⑥地膜覆盖。地膜覆盖具有增温保湿的双重作用,能有

效地减少土壤水分蒸发,是应对干旱气候条件的一项重要措施。通过争取省里支持及市本级财政补助的方式,引导农民在蔬菜、花生、鲜食玉米等作物生产上,扩大地膜覆盖技术应用面积,进一步提高生产效益。到2015年,全市地膜覆盖面积达到200万亩。

3. 农机措施

一是实施保护性耕作。保护性耕作技术与传统耕作技术相比有5方面优势:减少地表径流量50%—60%,减少表土流失80%,具有明显的保水、保土效果;可以增加土壤蓄水量16%—19%,提高水分利用效果12%—16%;改善土壤物理性状,增加土壤肥力,增加土壤有机质含量0.03%—0.06%;提高粮食产量13%—16%;抑制沙尘暴,保护生态环境,具有明显的经济效益、生态效益和社会效益。阜新市从2001年开始进行保护性耕作试验示范,已建立40个试验示范点,累计实施面积137万亩,增加粮食产量8500万公斤。通过几年的试验示范,阜新市已确立碎秆覆盖、高茬覆盖、整秆覆盖三种机械化作业模式,保护性耕作技术已被农民普遍接受。

二是做好耙压保墒。耙压保墒是传统的耕地保墒方式,对春季土壤墒情保护作用十分明显。对秋季机械整地地块,要进行秋压和春季顶凌耙压,保证耙压质量,以免失墒。

4. 生态措施

加强封山禁牧和植被保护,改善生态环境,形成良性小气候。阜新市地处科尔沁沙地南部,生态环境十分脆弱,生态建设欠账较多,加强以林业和水土流失治理为重点的生态建设,对改善农村生态环境、提高农业综合生产能力具有非常重要意义。发展抗旱农业,必须把生态建设作为长效措施来抓。一是加强农田防护林建设。全市现有农田林网18.9万亩,其中农田林网面积9.26万亩,路、河、渠带网面积9.64万亩。按照农田防护林建设总体规划要求,到2015年,全市将新建农田林网7.89万亩,改造完善残次农田林网9.2万亩。"十一五"期间,全市将新建农田林网5.2万亩,改造完善残次农田林网4.5万亩。新建农田林网主要是根据规划要求,通过在农田新建林网或以路、河、渠带网,充分发挥农田防护林的防风固沙、保田增产、改善生态环境的作用。改造完善残次农田林网主要是对现有的成过熟农田防护林进行更新改造,对缺苗断条处接严补齐,以达到提高农田林网质量的作用。二是实施林业生态建设工程。按照科学决策、合理布局、统筹规划、因地制宜、生态优先、讲求实效的原则,抓好防沙治沙、村屯绿化、封山育林、矿区绿化、农田林网、荒山整治、杨树商品林基地、特色生态经济林基地等8个子工程建设。积极开展围栏封山、封沙育林,搞好防沙治沙体系建设,大力发展林业产业,完善森保体系和森林防火体系建设,使林业生产形成可持续发展的局面。到2010年,新增造林面积200万亩,完成沙区治理281万亩,使有林地面积达到622万亩,森林覆盖率达到40%,为经济和社会发展营造良好的生态环境。三是实施水土流失治理工程。大力开展水土流失综合治理,平均每年治理20万亩,到2015年,全市水土流失面积得到有效治理,坡耕地改造工作基本完成,消灭顺坡耕作,林草覆盖率由目前的41.8%提高到46.9%;山洪、泥石流等破坏性水土流失危害基本根除;根治矿区水土流失,将矿区排渣场建成高效经济区。四是实施天然草原保护与建设工程。以科尔沁沙地南部天然草原保护与建设为重点,建设北部防风治沙林带。规划设计在沿内蒙古科左后旗、库仑旗、奈曼旗边界,阜新市境内,营造一条东西长270公里、南北宽1000米的防沙治沙林带,项目区涉及11个乡镇,土地总面积374.15万亩。

5. 气象措施

实施人工增雨作业。阜新地区十年九旱,实施人工增雨作业十分重要。人工增雨是采用人为的方法对某一地区上空可能降雨或者正在降雨的云层施加物理影响,开发云层中潜在的降水资源,增加降水量。从1991年到现在,阜新市实施飞机人工增雨作业,使阜新地区的年增雨量达到20%以上,成为阜新农业增产的重要因素。阜新市在人工增雨方面积累了许多成功经验,必须继续大力实施。

八、深化农村改革,创新推动现代农业发展的体制机制

(一)进一步深化农村综合改革

深化和完善乡镇机构改革,强化乡镇政府的社会管理、公共服务职能;继续深化供销合作社改革,不断提高为"三农"服务的水平和能力;加快农村义务教育体制改革,积极推行中小学校长和教职工聘任制,完善校长负责制;开展化解乡村债务工作,探索化解乡村债务的有效途径。

(二)引导金融机构调整信贷结构

巩固和发展农村信用社改革成果,扩大农户小额信贷和农户联保贷款发放范围,简化贷款审批手续。积极探索设立社区型金融机构的方法与途径,鼓励在县域内设立多种所有制的社区金融机构,允许私有资本和外资等参股。引导农户发展资金互助组织,规范民间贷款。大力培育由自然人和企业法人或社团法人发起的小额信贷组织,开展小额信贷和委托贷款以及转贷款业务。稳步推进农业政策性保险试点,鼓励各类信用担保机构积极拓展符合农村特点的担保业务。引导担保机构实施市场化运作,解决农户和农村中小企业的抵押担保难问题。

(三)稳定和完善家庭承包经营

加强农村土地承包规范管理,建立农村土地承包纠纷仲裁机构,妥善处理土地承包纠纷。规范土地经营权流转,积极稳妥发展多种形式的适度规模经营。依法解决养殖用地问题,养殖业场所和畜牧养殖小区建设用地按照农业用地管理。继续深化粮食流通体制改革,积极推进粮食购销市场化和市场主体多元化。推进征地制度改革,积极开展征地制度改革试点,科学合理地提高征地补偿标准,保证征地补偿款按时足额到位,加强被征地农民的就业培训,拓展安置途径,健全对被征地农民的社会保障,确保被征地农民不因征地而降低生活水平。

第九章 以城市化和第三产业推动辽宁经济发展方式的转变

按照科学发展和建设和谐社会的理念,我们以自然科学原理作为我们的研究工具,从能源的角度探讨辽宁经济发展范式的转变构思,以城市化和发展第三产业推动辽宁经济发展方式的转变、带动辽宁的全面发展是建设和谐辽宁的正确决策。那么,为什么城市化和第三产业可以充分推动辽宁经济发展方式的转变? 辽宁的城市化存在哪些问题? 辽宁的第三产业存在哪些问题? 辽宁需要如何进行城市化和发展第三产业? 本章对这些问题逐步探讨。

第一节 城市化和第三产业推动辽宁经济发展方式转变之因由

城市化是发展中国家逐步消除城乡二元经济结构的必经之路。它不仅改变生活方式,也改变人们的思维方式,更决定着经济发展方式的转变。城市化为第三产业的发展提供现实空间,城市化与第三产业共同促进经济发展方式的转变。

一、城市化是后发现代化国家逐步消除城乡二元经济社会结构的必经之路

我们借助自然科学的热力学第二定律分析辽宁经济发展方式

转变的根本原因,由此可以看出,城市化是后发现代化国家消除城乡二元经济社会结构的必经之路。热力学第二定律告诉我们,经济发展的目的是追求有序。第二定律也叫熵定律,叙述的是孤立体系的熵永远是增大的。熵增大就意味着死亡,意味着危机。熵指混乱程度,表示一定数量有用的能变成了无用的能,即不可再用来做功的能。有用的能被耗费得越多,就有越来越多无用的能,就是熵增,就是混乱、无序、死亡。一个系统为了保持有序,就必须把自己内部的熵增排出系统外,并从外界吸收负熵。生命本身是开放体系,它以与外部环境的物质和能量的交换来维持生命系统整体的低熵水平,保持生命的持续。第二定律叙述的是时间的方向,发展的方向,告诉我们什么是发展。社会是一个远离热力学平衡的开放系统。它要保持向上的、不可逆的时间之矢,就必须从外部自然环境获得必要的有效能量。[①] 人类社会的经济发展就是要为人类的生存提供有序,城市就是这个有序的表征。

城市化是人类对生存有序的追求。农村落后的生产方式和生活方式代表的是混乱和无序。熵定律表明,当世界上的有效能量贮备被耗散到一个更低的水平,世界的混乱程度不断增加,环境质变更加剧烈和严酷,人的生命就越来越难以维持,农民在日益贫瘠的环境里求生存而必须付出的功就越来越大。有效能量的总和日益减少,能源环境日益严酷,就要面临生存危机。农村里的农民最先承受最严重的危机。他们所付出的功也就是付出的代价越来越大,那么,后发现代化国家经济发展的目的就是为人类提供有序的生存,提供有序的环境,城市化和第三产业就是必经之路。

后发现代化国家的工业发展,由于二元经济结构的存在,以高

---

①　邓线平:《熵视野里的可持续发展》,《系统辩证学学报》2000 年第 3 期。

能耗代价换取有序的发展。人类发展的现实告诉我们：能源在枯竭、环境在污染、威胁在加剧；人类发展的未来必须重视能源问题。我国经济快速发展，能源消耗急骤增加，环境、生态日益恶化。辽宁的经济就是在这样的现实中发展的。这种对自然无序的、掠夺性索取的发展模式已难以为继，实际上已造成当前十分严重的、不可逆转的后果，大自然的惩罚已经不断地凸显出来，并且可能还会加重。东北地区传统工业化道路引发的资源与环境问题众所周知，新中国成立后，辽宁东北地区曾经创造了前所未有的辉煌，在很短的时间内就建立起了部门较为齐全的工业体系，并成为全国重要的工业基地，为新中国各项事业的发展做出了不可磨灭的历史贡献。当然，这种高速工业化也存在诸多问题，其中资源的掠夺性开发和生态环境的破坏就是我们应该认真总结的教训。①

　　辽宁经济社会发展是后发现代化弊端的代表，是一个能源左右兴衰的缩影。辽宁的工业以高耗能代价换来发展。作为东北老工业基地的辽宁，有着人口多、资源丰富的特点，曾经以重工业的迅猛发展而显赫一时，是我国经济发展的支柱，但随着时间的推移，原有的辉煌逐渐远去，各大中型企业开始破产、转制、解体，现实给了我们警告。虽然原因有很多，不乏经济规律、自然规律等因素，但有一点是肯定的，不断地开采自然界的能源、资源，破坏人类依存的自然环境，这才是其主要因素。过去，借助于东北丰富的石油和矿产优势，不加限制地开采、滥用，谋求单纯的经济效益，以致资源枯竭、环境破坏，人类的生存与发展受到严重的威胁。可以说能源左右了辽宁的兴衰。

---

　　①　王胜今、吴昊：《论"五个统筹"与区域经济发展——以东北振兴为实例的分析》，《社会科学战线》2005年第6期。

　　以辽宁的阜新和抚顺为例,十几年前曾是著名的"煤都",如今大量煤矿由于煤炭资源开采殆尽,基本上都处于亏损状态,大量的煤矿工人下岗、分流。而若干年前他们却热火朝天地工作在煤炭开采第一线,拥有人们羡慕的好工作。到2000年底,阜新累计生产原煤5.3亿吨,如果用60吨卡车装煤排列起来,可绕地球4.3周。但到2003年年底,阜新78万人中有15.6万人下岗。全市19.98万居民处于生活最低保障线以下。而矿区的地面沉降正时刻威胁着居民的安全。全市13个沉降区,总面积101.4平方公里,有2.7万座房屋遭到破坏,1.52万座处于危房状态,涉及2.9万户,7.8万人,并已发生多起地面坍塌造成人员伤亡事故。[①] 现在,煤矿资源枯竭,"煤都"已成为历史。能源的衰竭是经济增长所支付的代价,再加上伴随而来的环境的恶化,成为人类发展终结的威胁。如果人类没有能源,没有生存所必需的资源,有的只是被严重破坏的环境,这种状态和环境甚至低于原始社会,人类的生存都是问题,发展又从何谈起。第二产业的发展停滞,又怎能促进第一产业的农业走向现代化,二元的经济结构就难以摆脱。

　　辽宁是我们国家的老工业基地。我国在20世纪50年代,当时的钢产量的60%左右是来自辽宁,辽宁还有"共和国装备部"之称,不仅提供了大量的工业原材料,而且提供相当数量的机电设备。可是,根据国家统计局发布的"全国2005年单位GDP能耗指标公报",辽宁万元GDP的能耗或者说消耗标准煤是1.83吨,比全国的1.22吨标准煤高出0.61吨标准煤,比上海的0.88吨标准煤高出0.95吨标准煤。辽宁的高能耗是最严重的,也最具有代表性。

---

① 程延:《资源危机逼近中国》,《防灾博览》2005年第3期。

我们用一组数字对比辽宁和广东的经济发展,由此可出看成辽宁的经济发展必须转变其发展方式,转变其高耗能、高污染的经济发展方式。辽宁以高能耗和工业固体废物的大产生量为代价,换来辽宁的经济发展。可是用来衡量经济发展和社会有序的常用数据 GDP 辽宁却不高。2004 年,辽宁省 GDP 是 6872.7 亿元,人均 GDP 是 16297 元。[1] 而排名第一的广东省 2004 年 GDP 是 16039.46 亿元,人均 GDP 是 19315 元,相比之下辽宁明显低于广东。[2] 辽宁 2007 年生产总值 11021.7 亿元,人均生产总值 25725 元,[3]而广东 2007 年全省 GDP 30673.71 亿元,人均生产总值达 32713 元[4]。虽然辽宁有所进步,但还是低于广东。辽宁的原材料工业、石化工业、机械工业、采掘等产业始终是辽宁经济中的基础产业,特别是钢铁、冶金、能源生产等产业,依然是辽宁经济中最重要的基础产业。[5] 可是,根据国家发布的"2005(2007)年各省市 GDP 能耗等指标公报",2005 年辽宁万元 GDP 能耗是 1.83 吨标准煤,而广东是 0.79 吨标准煤。2007 年辽宁万元 GDP 能耗是 1.704 吨标准煤,而广东省单位 GDP 能耗为 0.747 吨标准煤/万元。可见,辽宁始终在走高能耗的经济发展之路。辽宁工业固体废弃物的产生量却比广东高很多,2004 年辽宁全省工业固体废弃物产生量 10241.83 万吨,2007 年为 14341.8 万吨,而广东 2004 年全省工业固体废弃物产生量 2896.2 万吨,2007 年为 3852.43

---

[1] 2004 年辽宁省国民经济和社会发展统计公报。
[2] 2004 年广东省国民经济和社会发展统计公报。
[3] 2007 年辽宁省国民经济和社会发展统计公报。
[4] 2007 年广东省国民经济和社会发展统计公报。
[5] 王宏:《辽宁老工业基地产业结构演进分析与优化对策》,《社会科学辑刊》2005 年第 1 期。

万吨。①

　　城市化和第三产业的发展,就是要把这种高能耗的无序转化为有序的经济发展。辽宁的严峻形势反映了人类社会必须面对能源危机、环境污染的现实,必须转变经济发展方式。在全球化的国际背景下,针对多年来我国在发展中积累下来的矛盾和问题,科学发展观强调"全面、协调、可持续"。以能源枯竭的危机为代价换来的发展,不是科学发展观意义上的发展,不是社会的有序、进步,而是危机、无序和混乱。辽宁的经济发展方式的转变,需要经过科学的发展,就是要克服只重视经济发展,只重视物质成果,而忽视生态环境的严重破坏。科学发展,就是要协调发展,从协调人与人、人与社会、人与自然关系的角度来规范发展,从兼顾现在与未来的角度来规范发展,要以尽量少的能量消耗换取社会的进步、发展。那么,城市化和第三产业就成为我们后发现代化国家的必由之路了。

二、城市化不断地改变着人们的思维方式和生活方式

　　人口从农村转移到城市,首先就是农村生活方式转变为城市生活方式。农民化为市民的同时,摆脱了人多地少的农村加速现代化进程,其生活方式也要发生转变。另外,由于城市的发展,城市规模的扩大、功能的完善,城市的生活质量也会提高。生活方式的转变和生活质量的提高,直接标志着社会的发展。随着城市化的发展,城市的经济关系、组织方式、生活方式、价值观念、文化理念广泛渗透到各个领域,也改变着人们的思维方式。这对于构建和谐社会有着重要的意义。辽宁现有的城市在城市化过程中,人

---

① 2005、2007 年辽宁省环境状况公报,2005、2007 年广东省环境状况公报。

口如果都能发展到百万,不仅城市功能会走向完备,城市生活也会在辽宁成为主流。

城市化中产业的发展,总是以资本密集和知识密集为方向,资本和技术不仅排斥劳动,而且对劳动者素质的要求也相应提高了。进入城市的劳动力人口,就必须进一步接受教育,提高素质,提高就业能力。资本及技术演化出来的力量,使受教育水平低的人在城市就业市场变小,这样就需要接受教育,提高素质和水平。接受教育成为生活中的内容,人口的总体素质在城市化中不断提高。辽宁的城市化不是简单地把农村人口搬到城市,在农村人口变为城市人口的过程中,也是辽宁在第一产业中转移出剩余劳动力。这些劳动力支撑着城市产业的发展。也就是说,城市不仅仅提供生存空间,也提供工作空间。城市化还要有城市产业的配套发展,同时,城市化更需要教育发展的有力保障,保障农民通过城市化化为市民。辽宁教育需要为未来的城市化、为经济发展方式的转变担负重任。

辽宁环境问题的有效处理不仅仅属于环境保护范围,更影响辽宁经济发展方式的转变。在城市化过程中当多数人都集中居住在城市时,不仅仅是农民化市民,有利于和谐社会的构建,而且也有利于人与自然的和谐发展。现代技术全方位渗透到人类的生产和生活领域,农民在生产生活中应用现代技术所产生的环境污染物直接撒向广袤的大自然,污染环境。农民化市民之后,城市的集中居住为集中处理垃圾废物、废水等创造了条件,也为环境管理创造了有利条件。辽宁在城市建设中,创建模范环保城市,建设了大批污水及垃圾处理设施,还有大面积绿地和公园,生产生活能源结构更为环保。与此同时,也在对各种污染源进行综合治理,推行清洁生产,发展环保产业,倡导清洁消费。由于工业和城市污染防治步伐加快,污染增长的趋势会逐步得到遏止。

不管城市怎样发展变化,它作为人们世世代代生活聚居地的基本功能是不会改变的。人们自然希望自己生活的城市环境优美、居住舒适、生活方便、社区和谐,城市发展的过程也因此成为人类始终追求更高生活质量的具体反映。城市化不仅会使辽宁解决经济发展中的问题,而且也是追求社会的全面发展,满足人们不断提高的物质和精神生活需求,寻求可持续发展的必由之路。

三、城市化过程也是经济发展方式不断转变的过程

城市化在辽宁经济发展方式的转变中起着巨大的作用。大量人口转移到城市必须有合适的住宅,还有城市发展的基础结构。建筑行业将是长久不衰的支柱产业。建筑业的发展将带动 50 多个行业的发展,为就业提供的岗位相当可观。辽宁的建筑业是吸纳就业特别是农民工就业的重要行业,2001—2007 年,就业人员年均增长 2.8%,所占比重由 2000 年的 6.1% 上升到 2007 年的6.9%,上升 0.9 个百分点。① 因此,辽宁在城市化的过程中,要以宏观调控保证建筑业的有序发展,保证建筑业以人为本,为城市化服务。

城市化直接影响第一、二产业的发展,城市已经成为一个独立的有机体,承载着经济的发展。辽宁经济发展方式的转变,其中最重要的内涵之一就是城市化过程。在经济发展方式转变中,在城市化过程中,城市在辽宁不再是某种工业发展、某个行业诞生的附属物。辽宁未来的城市应该是辽宁人生产、生活、生存的有机体,

---

① 辽宁省统计局:《辽宁就业态势趋向好转　目前仍存五大挑战》,国家统计局网站:http://job.chsi.com.cn/jyzd/jyxx/200806/20080620/7356770.html。

单一功能的城市在辽宁将会成为历史。把辽宁的城市作为一个有机体的功能建设与辽宁经济发展方式的转变密切关联。城市化把辽宁的农民化成市民,伴随而来的必然是辽宁经济发展方式的巨大转变。这种转变会影响到方方面面、各行各业。

辽宁经济发展方式的转变,就是要追求每一个体都能融入全球市场经济之中,成为市场经济中的主体。伴随着辽宁老工业基地的振兴,辽宁工业化的步伐将会进一步加快,这需要城市化与之同步。辽宁工业已经是企业化形式,生产要素基本已经资本化,可小农生产方式的农业还没有资本化,没有能力加入全球化市场竞争体系。城市化在吸收劳动力的同时,也在为扩大农业规模和农业企业化创造条件。城市人口的增加虽然给农业提供了市场,促进了农业市场化,但也需要农业规模化。城市化创造了巨大的市场内需,推动农业和工业的经济发展。

辽宁经济发展方式的转变,其中最重要的一个内涵就是二元经济向一元经济的转变。这需要辽宁在城市化的过程中处理好农村的土地。城市化为解决环境资源问题创造条件。大量农民变为城市人口,更多的土地可以恢复自然状态,生态环境从根本上得到保护,促进社会经济可持续发展。农民化为市民,会使耕地增加,这能提高农业劳动生产率、促进农业现代化和城乡一体化,推进二元经济向一元经济转变。

四、第三产业是推动经济发展方式转变的重要力量

第三产业是推动经济发展方式转变的重要力量。如何发展、怎样发展是人类当前迫在眉睫的问题。对于辽宁,第三产业以及新兴的第三产业对于经济发展方式的转变至关重要。结合辽宁老工业基地的经济发展特征,辽宁更需要重视用高新技术改造传统

优势产业,提高能源利用率;大力发展循环经济、环保产业,充分有效地利用现有资源;改变能源开发的无序化现状。

辽宁的未来发展应该遵循科学的发展,科学发展观主张走全面、协调、可持续发展的道路。这涉及怎样发展的问题。协调的过程就是解决矛盾的过程。全面发展与可持续发展则主要表现为结果。如果说全面是从空间的角度来规范发展,可持续是从时间的角度来规范发展,那么,协调就是从时空相结合的角度来规范发展。协调发展是把全面发展与可持续发展结合起来的中介,它集中体现了过程与结果的辩证统一。[①] 贯穿于过程之中的本质是能量的流动,结果是能量的转化、贮存、增值,也就是人类及人类社会的发展,是自然过程延伸进入社会过程。

自然科学的热力学第一定律告诉我们,植物、动物、生命世界的发展和演化其本质就是能量的流动,是能量的转化、贮存、增值。人类、人类社会的发展、人类的文化,也是一种自然增值,这种自然增值也是依靠能量从自然界的连续流入实现的。当人类利用科技发展经济,创造财富时,就是把自然界的财富转变为人类社会的财富,其实质是能量从自然界流入人类社会。

社会经济的发展,生产总值的增加,意味着能量从自然界流入人类社会。只有地球经济以整体功能起作用时,人类经济才能以可持续的方式运行。如果没有地球经济,人类经济就没有办法存续或昌盛。如果我们能够以尽量少的能量消耗,换取最大的生产总值,就是追求自然界与人类社会经济的共同繁荣。如果在寻求国内生产总值提高的过程中,却面对着地球生产总值的下降,那么

---

① 高文武、关胜侠:《科学发展观的结构和方法论意蕴》,《哲学研究》2006年第6期。

就要走上不可持续发展的道路。自然不是一个可以被人无限开发和利用的对象,自然的能量是可以耗尽的,是一个有限的存在。自然的这种有限性限制了人的能动性和自主性。这也是自然的能动性和自主性。人的能动性和自然的能动性必须和谐共存,才能使人和自然走向共同繁荣的发展之路。

因此,我们应从能量的维度与经济发展的结合来分析辽宁的经济发展方式。我们依据《辽宁统计年鉴2005》中2004年辽宁的生产总值和能量消耗的数据,对辽宁的社会经济发展进行分析。2004年辽宁的生产总值是6872.7亿元,其中第一产业769.9亿元,第二产业3278.9亿元,第三产业2823.9亿元。第一、第二、第三产业的产值分别占生产总值的11.20%、47.71%、41.09%。总生产能耗是6989.10万吨标准煤,第一、第二、第三产业的能耗分别为150.2万吨标准煤、5927.2万吨标准煤、911.7万吨标准煤,分别占总生产能耗的2.15%、84.80%、13.05%。可以看出,虽然第二产业的产值最高,可是它的能耗也最大,占总生产能耗的84.80%。如此巨大的能耗,它的经济产值仅占生产总值的47.71%。

我们再看第三产业,它的产值占总产值的41.09%,仅比第二产业的47.71%低6个多百分点。但第三产业911.7万吨标准煤的能耗仅占总生产能耗的13.05%。第二产业是第三产业能耗的6.5倍。通过这种对比分析,第三产业在经济中的重要地位是不言而喻的。

从万元能耗来分析,辽宁第三产业的万元能耗是0.32285吨标准煤,而第二产业却是1.80768吨标准煤,是第三产业耗能量的近6倍。就业人数上看,第三产业解决就业789.3万人,而第二产业解决586.8万人。第三产业在辽宁的优势显而易见。另外,第一产业的万元能耗是 0.19509 吨标准煤,虽然比第三和第二产业低很多,但是,它的产值仅占全省三个产业生产总值的 11.2%,原因是第一产业农业的综合生产能力较低,产业化水平也低,区域发展不平衡。小农经济是其发展的致命弱点。

通过上面的分析,辽宁的第三产业,就是以尽量少的能源消耗,换取最大的生产总值,就是追求自然界与人类社会经济的共同繁荣。辽宁第一产业就业人数过多,第二产业比重偏大、结构不合理、技术水平偏低,第三产业发展滞后。作为以传统重工业为主的老工业基地,辽宁省集中了中国十分之一左右的国有大中型企业。近年来,产业结构调整带来大量冗员下岗失业,另外还有农民的进城。辽宁的失业人数和每年新增的劳动力人数使辽宁面临巨大的就业压力。只要注重发展能耗低、就业容量大的第三产业,鼓励发展社区物业服务、家政服务和文化娱乐服务,创造更多的就业岗位,就可以使辽宁走向有序的、和谐的社会发展。

第三产业对于辽宁经济发展方式的转变具有重要意义。第三产业的性质更多地涉及消费领域。第一产业和第二产业是典型的生产领域。消费领域则是以商品的使用价值实现能量从自然流向人类社会,满足着人的需求为特征。消费领域一端连着自然,一端连着人。马克思哲学已经在生产领域对商品的价值、异化劳动作了社会的和意识形态的层面系统全面的批判分析。消费领域直接涉及人与自然的关系,给当代哲学提出了新的研究任务。科学发展观的"以人为本"、"全面、协调、可持续",不仅回答了怎样发展,也回答了为谁发展和依靠谁发展的问题。"以人为本"是以人民群众为本,是要遵循自然和社会的发展规律,是以一个社会中绝大多数人的"需要"为本。科学发展观的"以人为本"就是针对全球性问题——环境污染、资源短缺、人口爆炸等的解决提出的。全球性问题是由人造成的,也需要人自己去解决。无论是解决全球性问题还是本国的问题,都要从人出发,并最终都要落实到人的身上。人与自然的关系之所以成为问题,主要原因也在于人,其解决方式、解决程度也取决于人。①

作为辽宁经济支柱的第二产业,需要依靠高新技术走可持续发展的道路,需要以科学发展观为指导。辽宁工业的现有结构,具有十分明显的依赖资源禀赋的特点。历经半个世纪的开发,大多资源濒于枯竭。老工业基地产业结构的调整,包括处理衰退产业和选择发展新产业。② 因此,应当从资源型工业向加工型工业转变。而装备制造业是加工型工业的集中体现,也是先进生产力的物质载体。辽宁工业要摆脱资源的硬约束,需要集中发展装备制造业。辽宁原材料工业虽然利润、利税总额以及产品销售收入均有大幅增长,经济效益水平也不断提高,但是成本、费用高、效益不理想的问题仍较突出。随着资源日益短缺,使用成本不断增加,从企业生存和发展的高度,从能量消耗的角度,必须加大资源节约、降低成本和费用的力度,以有效控制成本,节能降耗,提高企业经济效益,实现可持续发展。

辽宁的经济发展必须正视所面临的危机。如何发展,怎样发展是人类当前迫在眉睫的问题。结合辽宁老工业基地的经济发展特征,辽宁更需要重视用高新技术改造传统优势产业,提高能源利用率;大力发展循环经济,环保产业,充分有效地利用现有资源;改变能源开发的无序化现状。辽宁省政府已经将单位 GDP 能耗指

---

① 杨华:《关于以人为本的几个问题》,《哲学研究》2006 年第 5 期。
② 王洪飞、张澜:《西方现代化经验对东北老工业基地振兴的借鉴》,《社会科学辑刊》2006 年第 2 期。

标纳入省政府对各市政府目标责任考核体系,并将节能指标分解到各市、产业、行业三个层面,这是符合科学发展理念的。在振兴东北的过程中,我们应以科学发展观为指导,建设辽宁、发展辽宁,我们应该朝着和谐社会的方向发展,追求人与自然共同繁荣的经济发展方式。这是辽宁经济发展方式转变的方向,在这个过程中第三产业应担当重任。

第二节　辽宁城市化发展的现状
以及存在的主要问题

辽宁在其经济发展史上,以其丰富的资源的开采为代价,换取经济发展。辽宁把负熵能量的物质资源不断地给了别人,今天看到了留给辽宁自己的熵的混乱。贡献出负熵的能量储备,其结果就是今天辽宁经济所面临的发展的困境、环境的严酷、资源的枯竭等一系列的熵的混乱。这些也决定了辽宁城市发展的现状,使我们看到辽宁城市化的很多现实问题,也使得人们对于城市问题的解决存在着不同的争论。

一、我国理论界在城市化方面的争论

是城市化还是城镇化?是发展大城市还是发展中等城市?对于这个问题我国理论界存在着很多争议。有的学者主张以大城市的大战略解决城乡二元经济结构问题。比如辽宁的 4200 万人口,就可以在大沈阳的城市化中容纳 1000 万,在大连容纳 1000 万,所以,城市化要发展大城市,城市化就是要做"大"城市。这样解决辽宁的二元结构就不是难题了。持另一种观点的学者认为,解决二元结构应该从农村入手,发展中等城市,城市化就是城镇化。

　　城市是人生活的地方,是人类高度集中生活的地方。那么城市就要高度集中地从自然界中获取负熵能,这就需要自然界提供含有大量负熵能量的物质、资源和能源。城市又是经济发展的载体,它给第二产业和第三产业提供发展空间,还是第一产业产品的集中消费地。能量流动、经济发展、城市化直接关系到人与自然共同繁荣。那么我们就从发挥城市功能的最佳城市规模的角度来研究是城市化还是城镇化的问题。

　　从发达国家看,现代化的过程就是劳动力和人口从偏僻地区、农村、农业向经济中心地区、城市和非农业集中的过程,这也是经济发展方式的转变过程。因此,辽宁必须调整户籍政策,要促进劳动力和人口流动,使之流向城市,发展城市。城市化与生活方式、社会保障、第三产业密切相关,同时也是促进辽宁经济发展方式转变的研究内涵。这些密切相关的因素使城市有一个最佳的存在规模。这个最佳的规模决定着我们是应该城市化还是城镇化。

　　科学发展观提出"坚持以人为本,树立全面、协调、可持续的发展观,促进经济社会和人的全面发展"。它反映了世界发展的趋势,总结了我国发展的经验,这些也是辽宁发展的国内外社会背景。自然科学的热力学第一定律认为,能量可以从一种形态转化为另一种形态,但不能创造它或消灭它,它是自然的客观存在。第一定律叙述的是发展的永恒,过程的不可中断;发展是历史的必然,能量决定发展。第一定律解读了发展的哲学基础,回答了"为什么发展"这一最基本问题。能量存在于流动过程中。来自太阳的能量首先流向自然界,再从自然界流向人类社会,推动社会、城市的发展。

　　城市是人类的技术体系,人类社会的历史就是一部利用能源的历史,经济发展就是以能量的流动为动力,推动人类的技术体系运转。人类社会就像一部机器,能源就是驱动这部机器运转的动力。经济的可持续发展,必然需要可靠的能源。现代技术给我们造成一种错觉,我们好像不再需要追寻阳光来取暖,因为有各种现代化的供暖设备;我们不再躲避烈日酷暑,因为房间里有给我们带来温度适宜的空调;我们不再很费力气地从自然中取水了,因为打开自来水龙头水就流出来;我们不再受遥远的空间距离限制,因为现代化的各种交通工具很轻易地就能把我们带到想去的地方。我们摆脱对自然的依赖了吗? 不! 正好相反,我们对自然的依赖更大了。现代技术更多地耗费着自然的能量,维持着人类的生存。人类从原始社会发展到今天,正在以越来越快的速度消耗着地球亿万年来缓慢积累下来的能量资源。从人类使用能源的速度看,目前人类一天的能源消耗等于过去一年甚至百年的消耗,地球拥有的能源资源越来越少,而消耗的能源却越来越多。当所有的能源将要耗尽时,人类就会为争夺能源而引发战争,直至走向灭亡。因能源而引发的战争在人类历史上屡见不鲜,伊拉克战争就是典型的例子。

我国人口多资源少,能源形势相当严峻,由此决定我们的城市发展必须选择节能降耗的最佳规模,我们的经济发展必须转变为可持续的发展方式。我国曾经号称"地大物博,资源丰富",现在却由于高能耗制造业的大量发展,使得传统经济发展方式面临资源能源匮乏的困境。辽宁就是一个典型的代表。由于经济的快速增长,我国有限的能源资源迅速沦为稀缺,只能依赖进口。一旦国际形势出现变数,发生经济波动或政治危机,我国必然受到致命的影响——赖以为继的能源渠道可能遭到切断。中国有 13 亿人口,任何一个人均指标被这一庞大人口基数一乘,都将变成一个让世界愕然的天文数字。根据《BP 世界能源统计 2005》和美国能源署

（EIA）网站数据,2004 年中国人均能源消费量 1.07 吨油当量,为世界平均水平 1.61 吨油当量的 66.46%,约为美国人均水平的 1/8,日英德法等国人均水平的 1/4。如果中国按照美国消耗能源的标准每人每年消耗 8 吨标准油,13 亿人口需要能源则为 104 亿吨标准油,这个数字无论对中国还是世界能源供应能力,都是难以想象的。2004 年全世界一次能源生产总量才达到 102.81 亿吨油当量。因此我们经济发展方式的转变迫在眉睫。

辽宁的经济发展不仅处在我们中国国情之中,也在世界环境之下。世界各国在现代化的过程中,都出现了严重的问题,突出地表现为经济的增长并不必然地带来社会的全面进步,而且还表现为以巨大的社会代价、能源资源匮乏、生态的破坏来换取经济的增长,因此随着发展问题日益成为人类社会面临的重大而迫切的问题,形成了各种形态的社会发展理论,对发展的哲学反思和科学研究已经成为哲学和科学的"显学"。①

人类的生存与发展正面临能源危机的挑战,辽宁必须直面这种挑战,以节能降耗的最佳城市规模为目标转变自己的经济发展方式。我国经济突飞猛进的发展,带来了更多的能源需求,以致国内能源形势紧张,出现了电荒、煤荒、油荒、运力紧张等问题。城市规模越大,对煤电油运的需求也就越大,产生的环境危害也就越大。与此同时,日益增长的石油价格和有限的地球石油储量对石油供给也产生了巨大压力。随着西方发达国家经济的复苏,和包括中国在内的诸多发展中国家经济的发展,石油消费飞速增长,而地下发现大规模储量的油田日渐艰难,这将更加激化能源供给与需求的矛盾,关系到发展的全局。辽宁既有像阜新这样煤矿资源

---

① 孙正聿:《中国新起点与科学发展观》,《社会科学战线》2004 年第 3 期。

枯竭城市的经济与社会发展的举步艰难,也有像盘锦这样在未来有限时间内地下石油开采殆尽的忧虑。针对人类能源危机的挑战,辽宁必须以最佳的城市规模换取发展的机会,以经济发展方式的转变为自己争取生存的机会。

能源的不可持续决定了我们不能走大城市道路,必须找到城市的最佳发展规模。城市最佳规模意味着城市既不能太大,也不能太小。能源决定发展,既有自然的发展、社会的发展,也有城市的发展。在一个封闭的社会形态下讨论人的发展问题,根本无力说明和解决生存危机、生态问题。自然不是一个可以被人无限开发和利用的对象,自然的能量是可以耗尽的,是一个有限的存在。自然的这种有限性恰恰就是它的能动性和自主性。既然自然具有能动性和自主性,那么哲学就不能只研究自然的性质和为人开发的可能,还必须研究自然存在的条件和不可为人任意开发的价值。应该根据自然自身的价值来研究自然。[①] 这样,自然在哲学研究上不仅进入本体论研究领域,也进入价值论研究领域。人通过自己的生产活动与自然进行能量、物质交换,建立起积极的关系。另一方面,在全球化资本主义市场经济下,人的生产、劳动是人的异化的存在。人的异化活动必然引起"自然的异化"。而城市发展的最佳规模才能避免这种异化,使城市不至于成为自然的对立物,从而尽量解决当代人面临的能源危机、环境污染所引起的一系列生态问题。人与自然、人与社会相互作用以能源为链锁,能源决定经济的运行与发展。

---

① 何萍:《生态学马克思主义:作为哲学形态何以可能》,《哲学研究》2006年第1期。

二、辽宁省城市化发展的现状

辽宁的城市发展是和辽宁的工业紧密联系在一起的,辽宁城市的生成不是城市主体的主动发展,而是被动的因经济需要而生成的。辽宁是国家从"一五"时期建设的老工业基地,曾经是我国工业化的先锋和摇篮。在工业化的带动下,辽宁的城市化水平也相对较高。但是,同时辽宁城市的发展是建立在工业化之上,是我国传统体制下工业化的副产品,不是发展进程中主体能动努力的结果。1953 年全国第一次人口普查时城市化率为 27% ;1964 年第二次人口普查时城市化率为 34% ;1982 年第三次人口普查时城市化率为 42%。在传统经济体制下,辽宁省的城市化水平年均提高 0.7 个百分点,比全国年均 0.3 个百分点高出一倍多。从 1982 年到 1990 年第四次人口普查的 8 年间,辽宁省的城市化率从 42% 提高到 51% ,年均 1.1 个百分点,是辽宁省历史上城市化进程最快的时期。2000 年人口普查辽宁省的城镇人口比例为 54%。[①] 辽宁的城市化率一直居全国各省区之首,是经济社会发展水平的重要标志。

当城市化作为发展战略成为人们自觉选择的时候,由于传统经济体制的羁绊,辽宁的辉煌随着东南沿海地区的高速增长和快速发展而悄然成为昨日。辽宁的城市化进程实际上是处于停滞状态。而在同一时期内,全国特别是东部省市则步入了城市化的加速期。同时,辽宁的资源型城市随着资源的不断开采逐渐走向资源枯竭的困境。

---

① 贺伟:《辽宁城市化问题研究》,《辽宁经济展望》,辽宁人民出版社 2005 年版。

　　我们可以从城镇就业人员的数据变化中看出辽宁城市化的迫切性。由于辽宁经济处于转轨时期,城镇就业人员减少较多(2002—2003 年仅两年时间减少近 90 万人),导致城镇就业人员所占比重缓慢下降。随着近年来农村劳动力转移速度加快,城镇就业人员增长随之加快,2007 年达到 1027.0 万人,比 2006 年增长 3.2%。与之同时,城镇就业人员占全部就业人员比重开始回升,2007 年达到 47.1%,比 2006 年上升 0.3 个百分点;乡村就业人员比重为 52.9%(见表 9-1)。

表 9-1　辽宁城乡就业人员及构成情况

年份	就业人员(万人)		比重(%)	
	城镇	乡村	城镇	乡村
2000	1086.0	966.0	52.9	47.1
2001	1091.8	977.5	52.8	47.2
2002	1031.9	993.4	50.9	49.1
2003	1002.6	1016.3	49.7	50.3
2004	1013.5	1083.8	48.3	51.7
2005	1006.8	1113.5	47.5	52.5
2006	995.2	1132.9	46.8	53.2
2007	1027.0	1153.7	47.1	52.9

　　辽宁城镇化进程加快,促使大量农村劳动力向城镇转移。2007 年,全省城镇人口比重达到 59.2%,比 2000 年提高 5 个百分点,比全国平均水平(43.9%)高出 15.3 个百分点,排在上海、北京、天津、广东之后,列全国第 5 位。城镇化进程的加快,促使更多的农村劳动力向城镇转移,2007 年,全省实现农村劳动力转移(农村劳动力外出半年以上)119 万人,比 2000 年增加

47.2 万人。[①]

综合分析辽宁城市发展的历史与现实,可以看出辽宁依然是城乡二元结构,是中国城乡发展现实的代表。2004 年人口抽样调查推算,年末全省总人口 4172.8 万人,其中,农业人口 2176.3 万人,占人口总数的 56%。城乡二元结构是中国发展的难题,同样也是辽宁发展的难题。根据《辽宁统计年鉴 2005》,2004 年辽宁全省共有 3766593 公顷耕地,每个农民才有 0.173 公顷耕地,约 2.6 亩。4 个人的土地加起来才能有 10 亩。如果保证一个人有 10 亩耕地,才能做到衣食不愁、略有剩余,这就要有 3 人离开农村。这样,就要 1632 万人需要离开农村。根据 2004 年辽宁国民经济和社会发展报告,城镇需要就业的劳动力总量还有 160 万人。即使辽宁能按照每年一个百分点的速度推进城市化进程,到 2020 年,辽宁城市化水平将在 70% 以上,将要转移的农村人口也达到 700 万以上。[②] 如此庞大的人口数字,需要我们发展城市,以城市化的发展来解决千万人的就业问题;以城市的发展化小农为市民,使他们走向现代化;以城市的发展来改变小农生产方式,建设中国特色的社会主义。城市化是伴随工业化的自然发展过程。在一个实现了现代化的国家,农村人口占多数是不可想象的,没有城市化就不可能实现现代化。城市化标志着工业文明取代农耕文明,城市文明取代乡村文明,是社会的进步。

辽宁有以沈阳为中心的城市群,三座特大城市沈阳、鞍山、抚顺汇集的人口都超过百万,还有人口在 50 万以上的本溪、营口、辽

① 辽宁省统计局:《辽宁就业态势趋向好转 目前仍存五大挑战》,国家统计局网站:http://job.chsi.com.cn/jyzd/jyxx/200806/20080620/7356770.html。
② 贺伟:《辽宁经济展望》,辽宁人民出版社 2005 年版。

阳三座大城市和一个中等城市铁岭。还有以大连为中心,以葫芦岛和丹东为两翼的沿海城市群,这个城市群体系内包括了大连、丹东、营口、盘锦、锦州等城市。现在辽宁以"五点一线"来强调这个城市体系。还有以朝阳、阜新两市为中心的区域。大城市产业和人口高度集中,规模经济优势强,"集聚效应"明显,在经济发展中起着骨干作用。大都市带吸纳了大量劳动力和高技术人才,对推动城市化进程起到明显的作用。城市化可以吸纳劳动力,解决就业,劳动力也影响城市化。劳动力是生产力中最活跃的要素,如何创造更多就业机会、提高劳动者素质,是城市化的关键。

三、辽宁省城市化进程中存在的主要问题

(一)辽宁城市化滞后属于城市化进程中的主要问题之一,其严重性首先反映在就业上

我们首先需要明确指出的是,城市化不是城市硬件建设的城市化,而是人的城市化。不是建设豪华的楼房、宽阔的大街、漂亮的广场和绿茵茵的草坪,而是把人化为城市中的人。化农民、失业者为城市的市民。错误的城市化观念不仅滞后辽宁的城市化,也带来相关的社会问题、生态问题。辽宁的下岗失业人员和农村剩余劳动力的转移产生了大量的劳动力,只有通过城市化的发展,才能从根本上解决。我们从 2004 年和 2007 年的数据来看辽宁的人口与就业问题。根据 2004 年国家与辽宁国民经济和社会发展报告,辽宁人口只有 4217 万,并不居全国的前列。但是,辽宁城市的低保人口 2004 年为 151.3 万人,城镇需要就业的劳动力总量 160万人。历史上曾经比较早的、为国家做过贡献的职工,已经进入离退休状态了。2004 年离退休的职工是 333 万。这些数字的总量

在全国各省、自治区、直辖市当中却是数第一的。根据辽宁 2007
年统计公报,2007 年年末以人口抽样调查推算,年末全省总人口
4298 万。2007 年辽宁城市的低保人口依然为 140 万。再根据
2008 年 1 月的辽宁省政府工作报告,2007 年辽宁基本解决了 179
万并轨职工的再就业遗留问题,累计实现城镇劳动力就业 570 万
人次,转移农村劳动力 260 万人。可是依然存在着 4.4% 的城镇
登记失业率。

**(二)辽宁城市化进程中的另一个问题就是如何有效吸纳农
村剩余劳动力问题**

　　发展城市,一方面解决城市的就业问题,另一方面也吸纳转移
农村劳动力资源,解决农村剩余劳动力转移困难。城市化需要经
济发展提供强大动力,经济发展与城市化也是相互促进的。上亿
民工涌入城市形成气势磅礴的打工浪潮,固然是经济发展需要,但
却向社会发出了必须加快推进城市化的强烈信号。城市化是要把
农民化为市民,化为市场经济中的劳动力。社会保障就是最重要
的一个手段。它可以使农民变成真正的市场经济中的劳动力,而
不是现在的"农民工"。真正的市场经济中的劳动力是与土地完
全失去联系的劳动力,而社会保障就是他们最基本的生存保障,这
可以保障他们成为真正的、自由的市场中的劳动力。对于辽宁农
村中的剩余劳动力,政府可以用社会保障换取其土地,使其成为城
市中的市民,成为市场经济中的劳动力。这种社会保障要能够保
证他们在城市中的基本生存。这种基本生存就是指他们在没有找
到工作或失业的情况下,能够有自己的居住之所,能维持日常生存
必需,而且必须保证其人的尊严。把辽宁大量农业剩余劳动力化
为市场经济中的自由劳动力,社会保障是重要的手段。

　　在辽宁的城市化进程中,社会保障还没有成为转移农村剩余

劳动力的重要手段和保证,也没有保证市场经济中的劳动力能够成为真正的、自由的劳动力。市场中的自由劳动力除了来自农业剩余劳动力外,国企改革还产生大量下岗职工。尤其辽宁国企的经济体制改革产生的下岗职工更具典型性。另外,制造业的有机构成随着科学技术进步的不断提高,机器设备代替工人的速度在加快,也会出现越来越多的剩余劳动力,也需要城市的发展来吸收这些劳动力。这个吸收需要一个过程,在此期间保证自由劳动力的基本生存就是我们社会保障的重任。辽宁的社会保障实践不仅惠及全体辽宁人,也为辽宁经济发展方式的转变提供了支持。

社会保障从广义上讲是一项巨大的系统工程。辽宁的社会保障既属于社会保障体系的试点,也是我国现今社会保障体系模式的代表。它包括不断完善的城镇职工基本养老保险、基本医疗保险和失业保险、工伤保险、生育保险,另外还有最低生活保障制度、社会福利制度、优抚安置和灾害救助等等。资金来源除了财政的社会保障投入,还有多渠道筹措社会保障基金。

(三)辽宁的社会保障是辽宁城市化所面临的巨大难题

辽宁在不断采取积极有效措施,努力扩大城镇社会保障的覆盖面,建立社会保障与经济发展水平相适应的动态调整机制。辽宁也在努力解决好关系人民群众切身利益的住房、交通、供水、供气、供暖、医疗、卫生、子女上学等实际问题,加快小街小巷生活区治理,不断改善群众的生活环境和居住条件。过去的5年,民生状况明显改善,发展成果惠及千家万户。辽宁实施棚户区改造一号民生工程,基本完成1万平方米以上城市集中连片棚户区改造任务,拆除了1512万平方米低矮破旧的棚户区,建起了2400万平方米的新楼房,42万户、143万人喜迁新居。基本完成7个采煤沉陷区治理工作。①

辽宁社保工程的启动首先是直接针对城市。我们看 2003 年《人民日报》对辽宁社保试点工作所取得的成果和突破性进展进行了评述。② 第一，城镇企业职工基本养老保险制度趋于完善。各项社会保障费征缴率均在 98% 以上。医保参保人数达到 125.8 万人，参保率 90%。第二，国企下岗职工基本生活保障向失业保险并轨取得突破性进展……第三，城市居民最低生活保障基本实现了应保尽保。全省符合"低保"条件的城市困难居民均被纳入"低保"范围，保障人数由 2000 年的 71.5 万人增加到 150 万人，占全省非农人口总数的 7.8%。第四，就业再就业成效显著，试点以来累计实现就业和再就业 180 余万人，近 50% 的并轨人员实现了再就业。第五，城镇职工基本医疗保险覆盖面扩大，多层次的医保体系初步形成，14 个市都建立了城镇职工基本医疗保险制度，参保人数由 2000 年的 105.1 万人增加到 617 万人，覆盖面由 12.2% 提高到 71.7%。第六，社保管理和服务社会化水平明显提高。全省 90% 以上的街道、92% 以上的社区建立了服务机构，217 万名企业退休人员纳入了社会化管理；失业人员和"低保"对象全部纳入了社区，实行属地化管理。第七，社保试点使辽宁省国企劳动力结构成功地进行了调整，拉动了经济结构的调整。国企在市场经济条件下实现了真正意义上的用工自主，职工的观念发生深刻的变化，以市场为导向的就业观念和就业机制正在形成。

---

① 《辽宁省政府工作报告》。

② 郑有义：《固本宁邦的"一号工程"——辽宁完善城镇社会保障体系试点工作述评》，《人民日报》2003 年 3 月 30 日。

（四）辽宁农村社保尚不完善的现状，在一定程度上对城市化不利

现在辽宁的社保开始逐步推向农村。让我们看 2008 年辽宁政府工作报告中的阐述：辽宁"全面完成国家城镇社会保障体系试点任务，基本建立资金来源多元化、保障制度规范化、管理服务社会化的社会保障体系。全省养老、医疗、失业、工伤、生育五险运转正常，累计征缴社会保险费 1610 亿元，覆盖 3721 万人次。……全面建立城乡最低生活保障制度，使城镇贫困居民、农村特困群众实现应保尽保；覆盖各级各类教育的扶困助学体系使 340 万贫困学生受益终身；社会救助体系使困难群体得到及时救助；扶贫开发使 190 万农村贫困人口稳定脱贫"。

社保试点使辽宁省国企劳动力结构成功地进行了调整，拉动了经济结构的调整，给辽宁经济发展方式的转变打下了坚实的基础。然而，真正的社会保障不应只惠及城市，应该惠及所有的人。而且，农村的社会保障决定着小农经济发展方式转变为现代农业生产方式的顺利与否。辽宁的城乡二元结构的经济也是我国二元结构的写照，农村和城市是一个整体。每一个中华人民共和国的公民都有权利享受社会保障。辽宁把社会保障推向农村就是对推进一个完善的社会保障体系发展的探索。

农村的社会保障需要我们把农村和城市作为一个整体来看，农村问题应该用城市为手段来解决。辽宁的经济发展方式必须适应城市化、城市发展。二元结构的经济是我们必须解决的问题，这也是我们经济发展方式转变的重要内容。辽宁需要探索如何运用社会保障促进农业人口城市化，转变他们的经济发展方式，也就是把小农的经济转变为市场经济体系之中的经济，把部分农民划为城市的市民。城市化为现代化、专业化的生产协作与联合提供了有利的空间环境,也为高效利用土地资源、金融资本、人力资本、信息资源和公共服务设施等奠定了基础。资源、生产、消费在城市的高度集中,需要大量的劳动力才能确保经济发展。城市是市场的施展空间。辽宁的各个城市不仅本身给市场提供了空间,同时也处于全球、全国市场之中。我们需要让辽宁的经济发展融入全国、全球市场。辽宁在城市化进程中,需要建设和发展完备的社会保障体系,以保障经济发展。

第三节　辽宁第三产业发展的现状
及存在的主要问题

一、辽宁第三产业发展现状

　　辽宁第三产业的发展,吸纳了大量劳动力就业。在经济发展方式的转变中,大量吸纳劳动力就业是最适合我国国情的。辽宁第三产业的发展已经取得了一定成绩,从中我们可以看到它吸纳劳动力就业的潜力。这也是劳动力就业潜力的拓展方向。根据国家统计局网站和辽宁省统计局发布的"辽宁就业态势趋向好转目前仍存五大挑战"①中的数据,2007 年,全省第三产业就业人员达到 873.6 万人,比 2000 年增加 156.6 万人,年均增长 2.9%,所占比重为 40%,高出全国平均水平 5.6 个百分点,高于山东、江苏、河北、浙江、广东、福建、海南等 8 个东部沿海省份(见表 9 - 2)。辽宁第三产业吸纳就业的人数最多。可见,这几年辽宁第三产业的发展取得了巨大成绩。

---

① http://job.chsi.com.cn/jyzd/jyxx/20029.4806/20080620/73539.06770.html.

表9-2　2007年东部省份就业人员产业构成情况

省份	第一产业(%)	第二产业(%)	第三产业(%)
全国	40.8	26.8	32.4
山东	37.2	32.7	30.1
江苏	27.6	35.3	37.1
河北	40.4	31.0	28.6
辽宁	32.4	27.6	40.0
浙江	21.5	46.2	32.3
广东	29.4	39.0	31.6
福建	32.7	35.1	32.2
海南	55.3	10.8	33.9

　　辽宁第三产业就业人员比重持续上升,就业人员产业结构也在进一步优化。2007年,第一、二、三产业就业人员构成之比由2000年的33:32:35转变为32:28:40(见表9-3)。辽宁第三产业吸纳的人数不仅在全国领先,在辽宁三个产业的构成中,吸纳劳动力的人数呈现逐渐增多的发展态势。第二产业吸纳劳动力的人数是逐渐降低的态势,但是,第二产业的产值从辽宁历年公布的统计来看却是不断提高的。这说明第二产业的效率在不断提高,产业本身也在优化,另外,第二产业也是一个高能耗产业,优化第二产业、发展第三产业是现代产业的发展方向。辽宁的第一产业和全国一样,存在大量剩余的劳动力,第一产业劳动力就业人数的减少说明辽宁在转移农村剩余劳动力上做出了一定成绩。

表9-3 辽宁人均GDP及就业人员产业构成情况

年份	人均GDP(元)	就业人员构成比重(%)		
		第一产业	第二产业	第三产业
2000 年	11777	33.4	31.7	34.9
2001 年	12015	33.2	30.2	36.6
2002 年	13000	34.4	28.7	36.9
2003 年	14270	34.7	28.2	37.1
2004 年	15835	34.4	28.0	37.6
2005 年	18983	34.1	28.1	37.8
2006 年	21788	33.7	27.7	38.6
2007 年	25725	32.4	27.6	40.0

辽宁第三产业就业人员行业结构出现新变化,服务业就业人员增长最快。随着辽宁经济的发展、科技创新以及新旧产业调整步伐的加快,按行业划分就业人员的产业结构有所变化。劳动密集型服务行业是就业发展的重点行业,相对于工业、建筑业来说,具有资源消耗低、环境污染小、投入少、就业贡献大的特点。2001—2007年,辽宁全省服务业就业人员年均增长2.9%(比全省就业人员增长水平高出0.4个百分点),所占比重上升5.1个百分点。其中,批发零售、住宿餐饮业就业人员年均增长0.9%,房地产、金融、贸易、租赁和商务服务业、文化体育娱乐等服务业的其他行业就业人员均有不同程度的增长。①

辽宁的第三产业发展有利于辽宁经济的高效有序发展,对经济发展方式的转变有重要意义。具有资源消耗低、环境污染小、投

① 辽宁省统计局:《辽宁就业态势趋向好转 目前仍存五大挑战》,国家统计局网站:http://job.chsi.com.cn/jyzd/jyxx/200806/20080620/7356770.html。

入少、就业贡献大的第三产业本身的发展就是经济发展方式的转变。根据国家统计局发布的"全国 2007 年单位 GDP 能耗指标公报",辽宁万元 GDP 的能耗或者说消耗标准煤是 1. 704 吨,比全国的 1. 160 吨标准煤高出 0. 544 吨标准煤,比上海的 0. 833 吨标准煤高出 0. 871 吨标准煤。辽宁的高能耗依然是最严重的,也最具有代表性。辽宁以装备制造业和原材料工业的优势确立自己在市场经济中的特色地位。虽然装备制造业和原材料工业支撑着辽宁经济,但是,其高能耗的性质难以改变。那么,我们必须寻找弥补这种高能耗经济发展方式的措施。一方面,我们要通过技术和产业的发展降低这两个行业的万元能耗,另一方面,充分发展第三产业,以第三产业的低万元能耗来作为补充。发展第三产业必须成为辽宁经济发展的重要内容。辽宁的经济发展要从以装备制造业和原材料工业为主要支撑的经济模式,转变为以装备制造业、原材料工业、第三产业共同构筑的经济发展。

第三产业为生产和生活提供服务,在经济发展过程中可以保证经济效益的实现。虽然第三产业不直接创造物质产品,但却是实现物质生产的必要条件。复杂而又巨大的经济系统的有效运行才会保证经济效益。第三产业是连接、融合经济各个子系统的基础产业,落后的第三产业会严重影响其他行业经济活动的质量和效率。交通、通讯及商业的发展有助于解决大机器工业生产分工带来的原料、产品市场问题。金融、保险、信息咨询、公共事业等生产生活服务业的发展可为产业不断扩张提供良好的外部环境。教育、文化和科研事业的发展,保证了经济发展可获得高素质的人力资源。财政、司法、治安、工商管理等社会公共事业的发展,则为经济发展提供了法律、制度和政策的保障。

辽宁第三产业是辽宁城市化与城市功能的基础。第三产业的发展是城市能级提升的前提条件,是城市化进程之中的内涵。城市的工业化、现代化需要第三产业的发展。城市是工业化的空间聚集,由工业化引起的城市聚集必然要求行业间的要素、产品、信息发生各种交换与联系,从而带动交通、通讯、金融、保险等各类市场的发展。第三产业的发展能够给城市提供社会化、专业化和现代化的服务。城市功能的发展和完善过程就是第三产业、服务业不断发展的过程。城市发展的一个主要表现是人们的生活方式、行为方式、价值观念、文化素质等的全面改变和提升的过程,这一过程的实现则是服务业在城市各方面、各领域的全面渗透。

辽宁的第三产业正走在自己的发展道路上,向着完备迈进。第三产业的完备发展关系到城市的聚集效应和扩散效应。在城市化进程中,随着经济的发展,劳动与资本的聚集引起社会分工深化,专业化程度提高带来收益的提高,资源共享带来生产成本的下降,城市的聚集效益也不断增强。城市聚集效益是通过服务业的发展实现的。城市的第三产业、服务业比重越高,资源共享带来的成本就越低,经济效益就越大,城市的聚集效应就越强。这也是不少大企业和跨国公司的总部设在服务业发达的大城市的主要原因。这就说明要想提高城市的能级,就必须要有发达的现代服务业,完备的第三产业。

此外,第三产业的完备发展是城市经济发挥扩散效应的重要条件。城市往往可以发挥其增长极的作用。中心城市的崛起一般都对邻近地区的发展有较大的扩散效应。现代服务业是实现经济扩散和影响扩散范围的重要条件,而且服务业越发达,城市经济的扩散范围越大。[1] 从城市发展的一般规律来说,城市发展的规模、

---

① 李江龙:《现代服务业发展与城市能级提升》,《理论探索》2007 年第 2 期。

聚集效应、扩散作用以及经济效应与城市第三产业、服务业的发展呈强相关关系,因此一些具有全球影响力的城市,如纽约、东京、香港,均是现代服务业比重很高的城市。辽宁在抓住振兴东北和沿海开放双重机遇的经济发展中,建设"五点一线"沿海经济带,推进辽宁中部城市群建设,加快辽西北地区发展,努力实现沿海与腹地的良性互动,这就是让城市的聚集效应和扩散效应在经济发展过程中充分发挥作用。因此,充分发展第三产业对于辽宁整体的建设与发展具有重要意义。

二、辽宁第三产业发展中存在的主要问题

辽宁第三产业发展虽然取得了一定成绩,但是也有一些问题。辽宁的第三产业发展慢,产业层次偏低,市场竞争力较弱;开放程度不高,国际化程度偏低,高端人才缺乏等等。辽宁的第三产业已经成为制约装备制造业等第二产业向世界高端水平发展,影响辽宁经济整体竞争力提升的因素。在经济发达国家和我国的一些大城市,现代服务业已成为国民经济发展的第一推动力。辽宁经济发展方式的转变,就是要使辽宁第三产业与第二产业成为共同推动经济发展的动力。

辽宁服务业发展缓慢。但近年来已经形成一定的发展态势。根据2007年辽宁全省国民经济和社会发展情况公报,辽宁全年生产总值11021.7亿元,按可比价格计算,比2006年增长14.5%。其中,第一产业增加值1178.4亿元,增长5.5%;第二产业增加值5829.5亿元,增长19.6%;第三产业增加值4013.8亿元,增长10.1%。三次产业增加值占全省生产总值的比重分别为10.7%、52.9%和36.4%。从这些数据中可以看出,辽宁的第二产业依然是经济发展的主要动力,第三产业占有相当大的比重。第三产业

增加值占全省生产总值的 36.4%。这一数据比全国的 39.1% 稍低,这说明辽宁第三产业的发展相对于全国来讲是落后的。可是,这一比重在 2004 年辽宁是 41.1%,2006 年是 38.5%,从 41.1% 到 38.5% 再到 36.4%,这是一个明显的退步,也就是辽宁的第三产业相对来说发展速度越来越慢。滞后的第三产业的发展必然会影响和制约辽宁整体的经济发展和社会生活。

在国际上,与发达国家相比,辽宁的第三产业更是有着巨大的差距。美日欧等发达国家和地区的生产性服务业非常发达,涵盖现代物流业、科技服务业、金融保险业、信息服务业、商务服务业等。从国民经济贡献看,部分发达国家的服务业产值已占到国内生产总值的 55% 左右,个别国家甚至达到 75% 以上,而其中的生产性服务业在发达国家服务业总值中的比重接近 70%,生产性服务业已经成为发达国家经济的支柱产业。如美国生产性服务业增加值占其 GDP 的比重超过 48%,其生产性服务业的增长远远超出服务业的平均增长水平。生产性服务业在提高国民生产总值、增强区域竞争力、提升企业创新能力、增加就业等方面起着越来越重要的作用。[1]

辽宁第三产业市场化程度低是制约发展的重要因素。辽宁在服务业的众多领域市场化程度都比较低,市场配置资源的基础作用没有得到充分的发挥,在城市存在巨大消费需求,却没有正常的和足够的市场来满足,缺乏市场空间对第三产业的发展来说是巨大的制约。另外,辽宁的城市化水平束缚着经济发展方式的转变,在城市化与经济发展同步进行的今天,辽宁的城市化速度相对于其他省反而变慢,辽宁城市化水平开始落后。城市化速度低制约

---

[1]　2007—2008 年中国生产性服务业发展研究年度报告。

了第三产业、服务业的发展。与发达国家相比,辽宁的城市化明显滞后于同期经济发展水平。辽宁除了几个大城市外,城市的规模普遍偏小,城市对人口的集聚效应小,从而使第三产业的发展受到很大的局限。

辽宁没有很好地利用第三产业解决大学生就业问题:能吸纳大量劳动力就业的第三产业,可以解决高校毕业生就业的难题。从第三产业内涵来看,现代服务业为生产、生活和提高科学文化水平和居民素质提供服务;为社会提供公共服务。为提高科学文化水平和居民素质的服务部门包括教育、文化、广播电视、科学研究、卫生、体育和社会福利事业等;为社会公共需要服务的部门,包括党政机关、社会团体以及军队和警察等。这些部门所需要的人员必须具有高素质,最基本的受教育背景应该是大学毕业。如果辽宁甚至全国的第三产业能蓬勃有序地完善发展,我们高等院校的毕业生应该是供不应求。

我们所说的现代服务业与技术发展和进步有着密切的关系,技术的发展要求高等教育必须提高适合现代科技发展的就业人员素质。一方面技术进步是影响产业结构变化的重要因素之一,它需要高等教育能够提供高人力资本投入、能够有高附加价值,能够保证低资源消耗、低环境代价。另一方面,除了技术进步的创造性,新的创意可以创造出创意经济的增长点。创意经济在第三产业的发展占据重要地位,而具有创意能力的人才离不开高等教育。具有高等教育背景的就业人员,具有更多的可能性发挥创意,创作出新兴的服务业形态、新兴的服务业发展方式。

辽宁的电子商务发展欠缺,应加大电子商务的开发,使未来电子商务成为经济发展的又一个效益动力来源。辽宁的政府和企业必须重视电子商务已成为国际贸易发展的新趋势。电子商务采用现代信息网络,改变了传统的商贸交易方式。网上交易、网上支付、网上交流等新兴的电子交易方式具有高效率、低成本、高收益、全球化的特点。辽宁在这些方面没有跟上全球步伐。

辽宁第三产业的发展,需要进一步发展新兴的现代服务业。辽宁的产业升级、社会进步为第三产业、现代服务业发展提供了巨大市场需求,国家振兴东北老工业基地的战略推动辽宁经济、社会发展进入发展快车道,为现代服务业开辟了发展空间。辽宁的现代服务业基础设施完善,拥有东北最大的空港、海港和信息港,还有稠密的铁路、公路交通网。它们把辽宁的地理空间优势体现得非常充分。在辽宁近年来的经济发展中,第三产业、服务业长足发展进步,现代服务业快速发展态势已经形成,2007 年第三产业增加值 4013.8 亿元,国内贸易全年批发和零售业增加值 1076.7 亿元,住宿和餐饮业增加值 229.3 亿元。交通运输、仓储和邮政业发展加快。全年交通运输、仓储及邮政业增加值 692.3 亿元。全年邮电业务总量 703.1 亿元。实施百万农民上网工程、百户企业信息化示范工程和百万家庭上网工程,全省固定电话达到 1729 万户,移动电话达到 2100 万户,完成国家流通体制改革试点任务。旅游业发展加快。2007 年末,星级宾馆已达 522 家,国际旅行社 82 家,国内旅行社 1026 家。全年接待国内外旅游者 16704.1 万人次,全年旅游总收入 1307.0 亿元。① 沈阳成功举办世界园艺博览会,大连圆满承办世界经济论坛夏季峰会。金融环境发生了重大变化:盛京银行、大连银行实现跨区域经营,农村信用社改革试点取得阶段性成果;新增上市公司 25 家,募集资金 691 亿元。2007 年,全省社会消费品零售总额达到 4030 亿元,比 2002 年增长 78%。

---

① 辽宁省 2007 年国民经济和社会发展统计公报。

第四节　加快辽宁城市化进程和发展
第三产业的对策建议

一、加快辽宁城市化进程的对策建议

城市人口规模扩大可以拓展第三产业发展空间,创造更多的就业岗位,缓解就业压力。城市化伴随着工业化和第三产业的发展,城市人口的增长,带动城市建设的同步发展,并拉动第一产业和第二产业的发展。这种城市化过程不仅为居民提供就业机会,也提供必要的生活条件。第三产业的发展不是孤立的,它和工业发展、生产的社会化程度特别是人均收入等密切相关,因此在积极发展第三产业的同时,合理发展高科技和传统的劳动密集型企业,也是城市与经济发展的需要。城市发展和第三产业存在着相互促进、相互依存的关系。

首先从城市规模上看,无论是城市生产还是城市生活都与城市规模大小有关。20 世纪 70 年代后期至 90 年代早期,对于城市的研究主要集中于证实规模收益递增的存在,赛格(Segal)发现人口超过 300 万的大城市,要素生产率比其他城市高 8%。麦尔里(Marelli)研究了 230 个美国城市,结论与赛格(Segal)相似,认为大城市比小城市有较高的要素生产力,但这一结论只在一定的城市规模内有效,超过某一特定城市规模,要素生产力又开始下降。另外,随着城市规模的扩大,大城市的居住成本提高,以生活质量指数为基础,研究发现随着城市规模的扩大,生活质量曲线呈倒 U 形,使生活质量达到最高值的人口规模为 450 万。[①] 城市,也是一

[①]　周文、彭炜剑:《最佳城市规模理论的三种研究方法》,《城市问题》2006 年第 7 期。

个有机整体,有一个最佳的大小规模,不是越大越好。城市,不仅是人类的创造,也是大自然的创造,它存在于大自然之中,因此,城市的大小规模不仅要考虑生产因素,要考虑人的生存质量,也要考虑自然的环境因素。

那么,什么是最佳的城市规模? 在城市的总规模收益和外部成本两者相抵后,大致在 10 万—1000 万人规模区间都有正的净规模收益。尽管净收益的大小依分析方法而变,不同方法得到的最佳城市规模大致在 50 万—400 万人范围之间,其峰值的位置基本上在 100 万—200 万人之间,即在 100 万—400 万人之间时城市的净规模收益最大,更多的发展规模在 100 万—400 万人范围的城市将会大大提高经济效益,提高经济增长的速度与质量。这一区间的城市可以称为最佳规模的城市。在达到最佳规模之前相对净收益随城市规模扩大而递增,在超过这一规模之后随城市规模扩大而递减。①

因此,辽宁应该把不足百万的城市发展成百万人口规模城市。今后城市化进程主要体现在增加规模优化城市(100 万—400 万人)的数量,辽宁政府政策应当有意识地推动一些有条件的中小城市加速发展成 100 万—200 万人的规模优化城市,给予一定的投资、就业等方面的优势政策和其他鼓励政策,促使其加速发展。

辽宁城市化的发展需要第三产业的充分支持。我国学者研究表明城市化的加速发展需要有相应的产业发展相匹配,并提供充分的城市就业岗位。哪些产业可以起这种作用呢? 首先是那些受城市化建设带动的产业,包括建筑、建材、房地产业;其次,由于中国城市第三产业的发展仍远远落后于其他同等收入水平的国家,

---

① 王小鲁:《城市规模　推动经济增长》,《经济研究》1999 年第 9 期。

可以预计生活服务业、城市公用事业、医疗、教育、金融、电讯、文化娱乐、旅游等发展速度都会快于城市发展速度,并提供大量新就业岗位。在这方面,需要解决的瓶颈主要是专业人才的培养。再次,乡村人口进城会提高收入并改变原来的生活方式,带动对日用和耐用消费品、文化娱乐用品、医药保健品的需求。最后,城市经济的扩张会给科技含量高的新兴工业,例如电子和通讯设备、新材料、节能和环保设备、医药等提供发展空间,并将为某些传统产业的大规模更新改造和走向规模经济之路提供空间,提高这些产业的国际竞争能力。[①] 辽宁作为东北老工业基地,有着厚重的工业基础,但是第三产业相对落后。老工业经济发展的转型产生了大量转岗的剩余劳动力,农村人口进城也提供了大量劳动力,这些劳动力有待第三产业来吸纳。同时这些人也是第三产业的消费者,支撑着第三产业的庞大市场。正如我国学者研究的,当城市第三产业增加值达到城市总产值的 49% 之后,随着城市第三产业活动的增加,城市效应也增加。[②] 第三产业需要有规模的城市为其提供庞大的市场,而城市功能的完备发展又以第三产业的发展为基础,城市化有待第三产业的充分支持。

辽宁较高的城市化水平也是我们发展第三产业的有利条件。辽宁较高的城市化水平是传统体制下工业化的副产品,不是发展进程中主体能动努力的目标和结果。辽宁工业发展在经济中所占比重偏大,以此为基础的城市建设发展,需要第三产业来补充,同时也为第三产业的发展准备了市场空间。第三产业为第一产业、

① 周文、彭炜剑:《最佳城市规模理论的三种研究方法》,《城市问题》2006年第7期。
② 周文、彭炜剑:《最佳城市规模理论的三种研究方法》,《城市问题》2006年第7期。

第二产业服务,又可以实现充分就业,吸纳劳动力,在为社会提供服务的同时,更有利于社会的有序、和谐发展。当城市化作为发展战略成为人们自觉选择的时候,辽宁的城市化进程却放慢了。①辽宁的城市化需要奋起直追。城市的发展是经济发展的现代写照。经济的全面发展在消费领域的反映就是消费水平的提高。居民消费水平的提高和消费结构的变化为第三产业提供了广阔的市场。随着经济的发展和居民收入的增加,人们对物质和文化生活提出了更高的要求。职工家庭用于衣食住行等物质消费的比重下降,而用于文化、娱乐、教育、医疗等方面的支出上升,这表明居民的物质生活向高级化、多样化发展。现时人们还要求实现家务劳动社会化,能有更多的闲暇时间用于文化、娱乐、教育、保健、旅游等精神生活。这样,就刺激了第三产业的迅速发展。

二、加快辽宁第三产业发展的对策建议

辽宁的第三产业发展对于辽宁经济发展方式的转变具有重要作用。大力发展现代服务业,使辽宁的第三产业成为经济发展支撑,这是辽宁经济发展的重大战略选择。辽宁应制定第三产业的发展战略,以"服务于辽宁、服务于东北、服务于全国乃至全世界"的理念发展辽宁的第三产业。辽宁第三产业与世界水平相比现在还存在较大差距,现代化程度不高,覆盖面狭窄,结构不合理,针对这种现实,辽宁更需要做出巨大的努力来发展第三产业,转变辽宁的经济发展方式。应当加快推进东北区域商贸物流和金融中心建设,重点发展现代物流、金融保险、商务服务、商贸、旅游、信息服务、房地产与社区居民服务产业。

---

① 贺伟:《辽宁经济展望》,辽宁人民出版社 2005 年版。

　　辽宁的第三产业的发展,可以充分发挥辽宁的地理空间优势,在经济发展方式的转变中,确定和加强辽宁在世界经济体系中的地位和功能。辽宁地处东北亚地区的中心部位,南临渤海、黄海,西南与河北省交界,西北与内蒙古自治区毗邻,东北与吉林省接壤,东南隔鸭绿江与朝鲜半岛相望,国境线长 200 多公里,南部辽东半岛插入黄海、渤海之间,与山东半岛构成犄角之势。辽宁地理空间的优越体现在它是东北与关内通达的重要门户,是连接东亚与欧亚大陆桥的枢纽。辽宁经过建国后多年的发展,现在已是我国现代产业发达的省份之一。辽宁这种地理优势,一方面说明辽宁以发展现代服务业促进第三产业所具有的有利条件,另一方面也说明辽宁已经取得的成绩要想在世界全球市场中确立地位,必须充分发展第三产业,把地理优势发挥出来,从而巩固自己在全球市场中的地位。无论是市场经济中的物质流通还是能量流通或信息流通,都是第三产业的支持。另外还有第三产业给生产和生活提供的服务,都是第三产业的责任。只有第三产业所提供的服务或流通正常运转,辽宁所具有的地理优势才能在经济发展中彰显出来,也才能在世界整体中确立辽宁的地位。

　　辽宁需要加强第三产业的市场化建设。第三产业市场化建设最重要的内容之一就是从事第三产业主体发展完善。政府要制定合理的市场主体资质、市场准入条件和服务质量标准,建立公开透明、管理规范和全行业统一的市场准入制度。要对服务业市场准入的有关规定进行清理,降低市场准入门槛,减少行政审批项目,还要进一步扩大开放,提高现代服务业国际竞争力。要加强与境外服务企业的合资合作,大力引进外资投向基础设施、金融保险、现代物流、旅游设施、公共交通、文化教育、医疗体育、社区服务等服务领域,加快服务业的国际化进程。鼓励外商投资设立各类中介咨询机构,吸收国外先进技术和管理经验,提高服务业的市场化水平。加强与国际知名服务企业的合作,利用跨国公司的经营渠道和市场网络,输出服务产品。鼓励国内外大型服务企业设立研发中心、采购中心、分销中心和配送中心,促进服务业的外向发展。

提高辽宁现代服务业的市场化程度是发展第三产业的重要措施。对于已经有相当高发展水平的行业,如商业、饮食业、服务业、运输业等,要继续鼓励多种经济成分进入,不断提高经营管理水平和运营方式,与世界先进水平接轨。对于有市场需求而供给乏力的社会服务业,必须努力开发建设。对于房地产业、旅游业、中介服务业等大部分放开的产业,需要进一步开发潜力,允许和鼓励各种形式的市场准入,通过平等竞争,提高服务质量,提升全行业整体水平和国际竞争力。对教育、文化、体育、卫生等行业,应努力使其发展满足市场的需求,放开经营,鼓励社会办教育,社会办医院,社会办研究所,社会办体育,培育以民间投资为主体的经营主体,要制定配套政策,为其发展排除制度性障碍。对电信、金融、保险等处于垄断经营的行业,要配合国家加快向现代股份制公司转型的步伐,尽快培育出具有国际竞争力的商业银行、商业保险和电信企业创造合格的辽宁市场。

辽宁要结合辽宁老工业基地的特点做强生产性服务业。生产性服务业是现代工业新的发展平台和经济增长的新动力源。生产性服务业是从制造业内部生产服务部门分离出来,发展而成的新兴产业。现代生产性服务业是一种高智力、高集聚、高成长、高辐射、高就业的服务产业,具有国际性、知识性、创新性、协同性、信用性等特征。辽宁在传统产业基础上发展起来的装备制造业和原材料工业已经比较成熟,但支持传统产业升级的信息服务业还没有跟上来。结合辽宁装备制造业的发展,辽宁的第三产业今后可以重点发展汽车服务、工程装备配套服务、工业信息服务、技术服务、现代物流、工业房地产、工业咨询服务和其他专业性服务的工业服务行业。

辽宁的装备制造业必须面对服务业的发展现实和未来。在全球市场中以特色的"中国制造"确立自己的经济地位的同时，辽宁的装备制造业要努力构建自己的现代服务业，使其成为现代经济增长的基本动力来源，参与辽宁经济发展方式的转变。未来制造业的生产不仅是物质产品，更是服务产品，产品价值会有更多来自于服务业，企业的经济活动由以制造为中心逐渐转向以服务为中心。生产性服务业既是一个国家（地区）现代化水平的集中表现，也是现代经济增长的基本动力来源。同时，生产性服务业的发展水平决定着大都市对城市体系中次级城市的经济支配能力。

辽宁有待加强信息技术服务业。辽宁支持传统产业升级的信息服务业没有跟上我们第二产业的发展。这导致辽宁的综合竞争力没有发挥出来。信息技术扩散是带动现代服务业快速发展的重要因素。信息服务业是发展最迅速的产业，也是现代服务业的基础性产业。辽宁的传统产业与信息技术的结合可以创造出巨大的生产力。正像机械工具成为农业社会向工业社会转型的推动力一样，以信息技术为代表的现代高新技术的扩散正日益成为现代服务业的动力。现代服务业的发展必须依靠高新技术特别是信息技术的支持，依靠高新技术推动经营管理模式和服务流程的优化，促进产业的不断升级发展。辽宁的经济发展、社会服务以及传统产业改造等各服务行业的应用可以与信息技术进行有机的结合，突破现代服务业技术上和模式上的瓶颈，打破"技术孤岛"、"信息孤岛"和"资源孤岛"，从而带动和促进我国现代服务业的整体快速发展,最终形成支持现代服务业发展的产业核心。① 辽宁在信息服务技术的推进中,可以尝试设立软件开发基金,促进软件工程中心的建立,积极发展基于数字平台、移动通讯平台、宽带多媒体平台的信息增值服务。辽宁还应继续发展宽带无线接入和光纤到户,提高信息服务的受众面。

辽宁需要继续发展现代商贸流通服务业,加大电子商务开发。辽宁的商贸物流服务业已经取得了巨大成绩。2007 年辽宁全年社会消费品零售总额 4030.1 亿元,比上年增长 17.3%。辽宁在经济发展方式的转变中,需要继续精心打造城市中央商务区,培育大型商贸企业,继续建设地区商务中心,发展连锁经营。完善沈阳、大连、营口商贸物流业的规划建设,以物流链为主线整合仓储、运输、连锁经营、配送中心和电子商务等相关产业。

当然,辽宁发展电子商务必须面对东北人的传统消费习惯。虽然这种传统的消费习惯对发展电子商务是一种障碍,但我们可以有针对性地制定发展电子商务的规划,确定电子商务的框架,包括网络基础设施和计算机系统、信息基础设施和信息发布系统、公共商业基础设施平台以及在这个平台上的各种商务应用,并提供完善的贯穿全局的技术标准和政策法规。辽宁的电子商务可以在年轻的消费者中开发市场的潜力,扩大电子商务的影响,为辽宁的经济发展方式的转变做出贡献。

辽宁需要加强公共服务业,发展社会服务业,努力满足居民服务业的强大市场需求。加强公共服务业,增加公共产品的供给是辽宁政府义不容辞的责任。要加强城市市政和环保等基础设施建

---

① 李琪、盖建华:《我国现代服务业发展的动态演进分析》,《未来与发展》2007 年第 1 期。

设,健全城市服务功能,完善城市公共交通服务网络,改进公共汽车和出租车服务,加强城市道路、供水、排污和垃圾处理、环卫、防洪、照明、公园绿化等方面的维修管理和服务能力,形成城市供电、供水、供热、供气的配套服务体系。良好的公共服务体系提高良好的公共服务产品,这就为辽宁的经济发展与社会生活奠定了坚实的基础。

社会服务业的良好发展是辽宁经济发展有效运行的环境。辽宁在经济发展方式的转变过程中,需要以现代服务业平台建设为突破口,整合相关资源,在现代服务业重点产业如现代物流、中介服务、旅游、金融、会展、文化、现代商贸等产业建立区域共享、与国内外连接的信息网络平台,提高产业效率,降低交易成本。社会服务的有效发展不仅本身就属于经济发展方式转变内容,而且也为整体经济发展创造高效的社会环境背景。

辽宁居民服务行业的发展给辽宁人民创造良好的生活环境。它为人民日常生活提供了便捷舒适的服务,也为就业创造了广阔空间。美发美容行业经营范围不断拓宽,服务功能日臻完善。洗染业不断创新发展,对方便人民生活,推进家庭劳动社会化发挥了重要作用。沐浴业经营服务项目已由过去简陋服务逐渐向功能齐全、设备先进并能提供桑拿、健身及各种保健浴种的综合休闲娱乐服务方向发展。人像摄影业经营服务项目已由过去简单的黑白照相发展到彩照、化妆、婚纱摄影、扩印、艺术制作、一次成像、立体摄影等多种形式摄影服务。居民服务业的完善发展关系到辽宁人民的生活质量。

作为新兴居民服务业的代表的家政服务业在辽宁的发展根本没有融入辽宁第三产业的经济体系。从另一个方面也说明辽宁的家政服务业具有广阔发展空间和美好发展前景。市场经济的发展促使人们的工作方式和生活方式发生着前所未有的深刻变化,即家庭小型化、人口老龄化、生活现代化、服务社会化。这种社会现象,同时也反映出了相应的社会需求。随着社会经济的持续增长,人们生活水平和生活质量的要求也不断提高,越来越多的人希望从家庭的日常事务中摆脱出来,使自己在紧张、繁重的工作之余能享受更多的生活乐趣和更高的生活品质,这为家庭服务社会化提供了必要的社会条件。辽宁第二产业作为辽宁经济支柱的发展不仅为这种家庭劳动社会化打下了坚实的基础,也迫切需要有完备发展的第三产业来满足其需要。

提高人们对家政业的市场化认识,加强宣传教育,特别要针对人们头脑中固有的陈旧观念的教育和宣传。转变辽宁的经济发展方式,必须充分认识到家政服务业是提高人民生活品质的重要民生行业。如果在意识领域都没有把家政服务业看做是经济增长行业之一,那么这一行业所留下的巨大空间市场不仅不能为辽宁的经济增长做出贡献,影响辽宁经济发展方式的转变,也影响到家庭生活质量,同时也会影响社会发展跟上时代的步伐。养老社会化、婴幼儿护理专业化逐渐成为时尚,更是社会需要,它带动了城市社区的建设,也促进家政服务业蓬勃发展。为此,辽宁政府部门应该给予家政服务业更多的政策扶持,应该帮助家政服务业从业人员的社会地位不断得到提高。

辽宁应积极促进以家政业解决劳动力就业。发展辽宁的家政服务业对辽宁经济发展方式的转变、对于辽宁劳动力就业现实、对于转变辽宁二元城乡结构矛盾具有重要意义。辽宁的家政服务业有着巨大的市场空间,当然需要巨大人力资源,资本投入的重要性也越来越显现出来;它的低资源消耗和低环境代价以及所带来的生活的有序和社会的安定,这些都是增长方式出现积极变化的信号。发展家政服务业对于解决辽宁的就业具有重要意义。随着辽宁经济体制的转轨,就业始终是困扰人们的一个大问题,尤其是随着农村城镇化,更多的人离开土地,加入到需要就业的队伍当中来,这是一个巨大的社会压力。家政服务作为吸收城镇下岗职工和农村剩余劳动力的重要行业,它为人们提供了大量的就业机会,家政服务的市场需求是巨大的,前景是光明的。各级政府要坚持不懈地下大力气抓劳动力转移就业这项重要工作,加大工作力度,加大资金投入,使更多的人能够参加家政服务岗位培训,培养职业意识和职业技能。此外,政府有关职能部门还应加强行业监督管理和指导,维护良好的市场秩序,在未来的经济发展中,辽宁的服务业应当能够有自己著名的服务品牌。

发展辽宁旅游业,是促进经济发展方式的转变重要内容之一。第三产业的旅游业,国际上称之为 tourist industry,也就是旅游产业,被誉为"无烟工业"。它是凭借旅游资源和设施,专门或者主要从事招待、接待游客,为其提供交通、游览、住宿、餐饮、购物、娱乐等环节的服务并获取经济收益的综合性产业。旅游业的能耗远远低于第二产业的能耗,可是,却具有很强的经济增长潜力。如果经过我们的努力,使辽宁的旅游发展走向生态化,生态化的旅游产业对于辽宁的经济发展方式的转变具有重要意义。

辽宁可以利用旅游产业的性质促进经济的协调发展。旅游产业,综合性很强,关联度较高,涉及的部门和行业多,旅游产业的发展就必须依托交通运输、饮食服务、文化、商贸,以及工业、农业和相关基础设施条件,依托城市和旅游集散中心。辽宁旅游业的产业化建设,意味着一个完整的旅游产业体系必须以旅游为纽带,把餐饮、住宿、交通、娱乐、商贸、信息等各个方面的业务整合为协调动作的产业链条,使得各方面都步入有序的经济发展过程。在这个过程中,促使辽宁旅游业发展与相关产业开发结合起来,按照"自然与人文交融、商贸与休闲一体、经济与生态并重"的原则,挖掘内涵,提高品位,推进产业互动,实现联动发展,提高整体效益。一个完整的旅游过程只有在高度的社会整合作用下才能实现。

因此,辽宁需要加强旅游经济内部主导行业的培育以发展旅游产业。实践证明,旅行社在旅游产业发展中越来越起着龙头的作用。应尽快改变过去过度依赖风景资源来发展旅游业的做法,适应现代旅游业发展的新特点,发挥企业的主体作用,把旅行社作为旅游经济的主导行业加以培育。以合理组织旅游生产力,带动和促进其他相关行业的发展。同时,通过资源重组等途径加快培育旅游企业集团。

旅游业产业化过程中,在把各个相关行业整合到一个产业链条的同时,旅游产业也把相关各个行业的人员整合在一个产业链条上。从人口的广义上讲,社会中的每一个人都与这个链条有着联系,他们既可以是旅游产业的劳动力,也可以是这一产业的消费者。辽宁人口不仅面临着城乡二元的现实状况,还有着大量的失业人员。发展旅游产业可以扩大就业机会,这个产业链条可以吸收很多社会剩余劳动力,从而使辽宁社会发展走向和谐有序。

因此,辽宁需要加快旅游人才队伍建设,为旅游业加快发展提供人才和智力支撑。人才是第一资源,是旅游业加快发展的关键要素。专业人才缺乏,人才队伍总体素质不高,是长期制约辽宁旅游业发展的瓶颈之一。应高度重视旅游人才资源开发,支持学校办好相关专业,促使有关部门和企业加强人才培训,提高从业人员的素质,并且积极引进人才,充分发挥人才作用。

当我们说以旅游产业带动辽宁经济发展从而促进辽宁经济发展方式转变时,意味着要发展辽宁的旅游业,把辽宁的旅游业发展成为产业。所谓成为产业,首先看其对当地区域经济的贡献和对相关产业的拉力,不论是直接的还是间接的,都应对区域经济起到积极重要的促进作用,这种作用和积极影响越大说明其产业越成熟。因此,我们提倡以"旅游产业"促进辽宁经济,而不是"旅游业"。那么,辽宁的旅游产业必须努力并具备这些本质特征才能称之为产业,也才能证明其成熟的程度和对辽宁区域经济贡献的大小。只有做成产业也才有长效的投资回报,而不能简单地当作一个旅游目的地去做,那样就失去发展旅游的深远意义。

为了推进辽宁旅游的产业化,首先要进一步加强有关旅游产业的基础条件建设。旅游直接涉及交通运输,在全国加快公路、铁路、机场建设的今天,辽宁应该积极促进交通运输业的协调发展,改善运输组织方式,把辽宁的交通运输协调编织在国内甚至全球的交通网上。同时还要加快餐饮住宿行业的发展,加快酒店业等接待设施建设,使之能适应旅游发展的需要。

其次,辽宁旅游产业化的重要内涵,就是有机整合"吃、住、行、游、购、娱"6要素。产业化的旅游不能只有"游"这一个内涵,那也不能成为产业。克服过去那种只重"游"而忽视其他要素的倾向,把分散的要素整合起来。地域特色、文化特色、经济发展特色等等都融入旅游产业之中,把工艺品、旅游纪念品、特色食品开发等与旅游业结合起来。可以把辽宁所面临的人口、资源、环境问题创造性地编织在旅游产业中,这样,"问题"摇身一变就成了旅游中的内容,这也不失为一种解决问题的方法。特别是把资源开发和文化产业发展与旅游业结合起来,提倡生态旅游,延长产业链,形成依托中心城市和旅游集散中心的大产业格局。比如,辽宁的资源枯竭城市,有着一种特有的文化,它与枯竭的资源可以结合在一起,可以把它开发为旅游资源,使其成为旅游的内涵。还有辽宁的人烟稀少的荒地、边远山区都有着旅游的内涵。

另外,以生态哲学的理念推进辽宁旅游的产业化。这不单单是指人们所熟悉的生态旅游,更重要的是以生态科学的科学规律看待旅游产业本身。生态科学的生物多样性规律告诉我们,辽宁旅游业必须具有自己的特色,有特色才能有地位,才能在国内外旅游市场占有一席之地,也才能使辽宁旅游以自己的优势走向产业化。这种辽宁特色,可以从对景区景点进行深度开发中显现出来,可以在辽宁特色的地域风情中展示出来,可以在文化开发上下工夫,提高旅游产品的文化内涵,着力打造具有较强竞争力的旅游精品,塑造品牌,提升产业质量。总之,可以发挥我们的创意,创造出辽宁独一无二的特有旅游内涵。任何资源都可能具备旅游资源的属性而供人们开发利用,只要我们发挥创造力,旅游资源的广泛性可以让我们挖掘和开发出很多辽宁独具特色的旅游内涵。

由于旅游业的社会性,辽宁需要全方位组织动员社会力量发展旅游产业。旅游产业的发展不是一两个部门的事,必须与有关部门高度协调,密切配合,依靠全社会力量办旅游,组织社会各方面参与发展旅游,这样才能使旅游业的发展具有强劲的生命力和长久的持续力。推进旅游产业的社会化,一方面要加强部门协调和合作,相互配合,联合打造旅游产业的整体形象,共同推进旅游产业发展;另一方面要充分调动社会各方面的积极性,广泛动员社会力量按照旅游产业发展规划,参与旅游产业开发,政府部门为其创造条件,提供服务,营造环境。当旅游可以作为一个产业为辽宁区域经济做贡献时,它同时也承担起了对社会的责任。

总之,辽宁在经济增长方式的转变过程中,第三产业的发展起着重要作用。在这个过程中,一是要以推动高新技术产业发展的力度来发展第三产业、发展现代服务业。现代服务业虽然不都属于高技术产业,但都是高附加值、高知识含量的产业,如创意产业、文化产业、现代物流、旅游等都有很高的知识含量或者文化含量,大力发展现代服务业对优化产业结构、提高产业竞争力有很大的作用。二要以推动主导产业发展的力度来发展第三产业、发展现代服务业。现代服务业具有高成长、强辐射的产业特征,既能成为大的产业,也有很强的带动性,可以发展成为拉动经济增长的主导产业。其三,必须准确把握产业特征。现代服务业与工农业以及传统服务业有很大的差异性,更多的是"生产、创意、制定规则",而不是生产物质商品,其核心能力体现在服务品质、关系网络建设、服务品牌等软要素上。[①] 我们要更多地研究现代服务业的发展规律与产业特征,在遵循规律的基础上促进其更好更快地发展,为辽宁经济发展方式的转变做出贡献。

---

① 李江龙:《现代服务业发展与城市能级提升》,《理论探索》2007 年第 2 期。

第十章 辽宁转变经济发展方式的人力资本战略

经济发展方式代表的是人力资本的需求面,有什么样的经济发展方式就会产生什么样的人力资本需求。教育(包括正式和非正式)、保健以及迁移则构成了人力资本的供给面。三者之中教育又是最为重要和根本的人力资本投资方式,这是由于接受过良好的教育可以增加保健和迁移的能力和意识,甚至可以将保健与迁移看成是教育的函数。只有与需求相匹配的人力资本供给才是有效的人力资本供给,才会促进经济发展。换言之,若不考虑需求,旨在增加教育和人力资本规模的扩张性政策和行为所带来的人力资本投资增加,既非经济发展的必要条件也非充分条件,最终不仅不会带来经济发展,还会引发一系列的社会问题,例如,人力资本因闲置而折旧造成巨大浪费,致使社会稀缺资源使用效率极度低下;因教致贫深化现有的收入差距问题等等。更为重要的是,缺乏有效的人力资本供给,有的只是与经济发展不相匹配的人力资本投资形成的闲置资产,会使经济发展严重依赖能源、劳动、物质资本等其他增长要素,不仅无法发挥人力资本的直接效用实现经济增长,而且也难以通过人力资本的间接效应,通过实现自主创新和技术进步来发展经济,进而无法使经济发展方式得以升级和转型。因此,从这个意义上说,要想实现经济发展方式的转变,供求相匹配的人力资本是关键。本章正是以此为出发点,提出相应的人力资本战略,以促进人力资本供给与需求相匹配,实现人力资本的有效供给,为转变经济发展方式提供必要条件。

第一节　辽宁转变经济发展方式
进程中的人力资本需求

十七大报告在关于促进国民经济又好又快发展部分,提出要加快转变经济发展方式,推动产业结构优化升级。并在进一步论述中明确提出要实现经济发展方式的"三个转变":1. 要坚持走中国特色新型工业化道路,坚持扩大国内需求特别是消费需求的方针,促进经济增长由主要依靠投资、出口拉动向依靠消费、投资、出口协调拉动转变;2. 由主要依靠第二产业带动向依靠第一、第二、第三产业协同带动转变;3. 由主要依靠增加物质资源消耗向主要依靠科技进步、劳动者素质提高、管理创新转变。这一表述,是基于经济发展内在规律对改革开放30年的实践经验的深刻总结,体现了党和政府对于经济理论认识的深化。如果经济发展体现的是量的积累,那么经济发展方式的变迁则是在量的积累上引发的质的结构上的变迁,是经济发展的内在规律使然。

总体来看辽宁的经济发展方式可总结为以供给为导向,投资驱动及资源依赖型的经济发展方式,走的是赶超式的重化工业化道路。这种经济发展方式的确立和变迁有着深刻的制度经济根源。建国初,在基于国防考虑的赶超经济发展战略下,辽宁得以享受得天独厚的廉价资本和自然资源,必然会发展以资本和自然资源密集产品为特征的重化工业。但随着产品和要素价格的计划调节退出,市场化调节为主导,资本和资源的价格随着需求的增加而大幅上升,使得辽宁的经济发展方式面临着严重的成本压力。同时辽宁的重化工业产品无法与主要贸易伙伴形成互补关系,又因其与国际市场需求脱节,无法在竞争中占优,从而使得原有的发展方式无法持续,经济发展方式的转变已经成为一种必然。经济发展方式代表的是人力资本的需求面,有什么样的经济发展方式就会产生什么样的人力资本需求。因此,随着经济发展方式的转变,辽宁的人力资本需求必然会呈现出与以往不同的变化趋势。

一、从产权结构看辽宁人力资本需求的变化

纵观新中国成立以来辽宁的经济发展史,总体来看是供给驱动型的增长,在经济增长中持续保持较高的资本贡献率,投资远大于消费和出口的 GDP 占比。这种供给导向的经济增长方式与产权结构有着密不可分的关系。在公有产权经济占主体的经济体制下,往往不会以产品的市场需求为硬约束和行为导向。2003 年初,温家宝总理就任后在地方系统调研的第一个省份就是辽宁,并提出了振兴东北地区老工业基地的战略思想。同年 8 月,温总理在长春主持召开振兴东北老工业基地座谈会上指出:"东北地区等老工业基地具有重要的战略地位,要把老工业基地调整、改造和振兴摆到更加突出的位置,用新思路、新体制、新机制、新方式,走加快老工业基地振兴的新路子。"而这一思想的核心就是要改变因产权不清导致的软约束问题,使企业面对硬约束,成为真正以市场需求为导向的投资主体。在 2004 年国家支持东北老工业基地振兴采取的重要举措中,第一批东北老工业基地工业国债项目给辽宁安排了 52 项。而更具有重要的深远意义的政策举措则是,自 2004 年 7 月 1 日起,在东北老工业基地试行增值税转型,即将生产型增值税转为消费型增值税。国有产权下企业经营者的业绩主要以上报利税来衡量,而增值税转型意味着,企业经营者无法再用

盲目投资上项目的办法提高自己的管理业绩,只能转而面对市场的需求和消费,在这样的硬约束下,企业的投资必定会是谨慎和效率导向的。同时对于中小企业,特别是私营企业而言,也大大降低了设备和物化技术更新的投资成本。

与物质资本投资相似,企业在进行人力资本投资时,也同样变得谨慎。在市场需求这个硬约束下,企业不仅会尽量避免使用过多的人力,还会尽量购置高于企业本身需求的人力资本,以免形成闲置和浪费。因此企业的人力资本需求更趋于理性,并以效率为导向。

由附录中表1的数据及图10-1(均见后,下同)可见,2003年是一个重要的分水岭。2002—2003年辽宁省在岗总人数由503万降到483万,下降了4%。此后降幅减小,在岗人数逐渐趋稳。从图10-2和图10-3可以清晰看出,全省在岗总人数与国企在

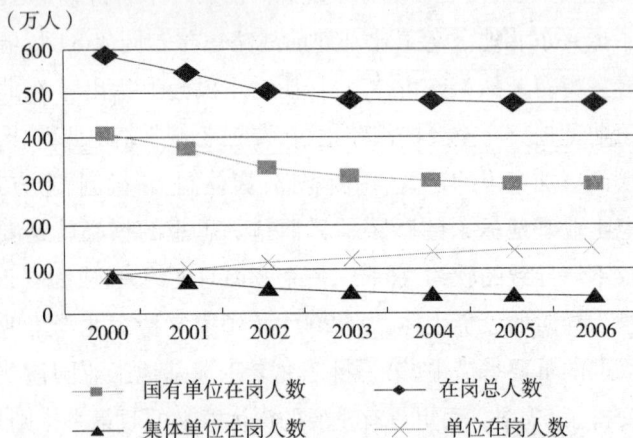

图 10-1　2000—2006 年辽宁省分企业所有制类型
　　　　就业人数(根据附录中表1数据绘出)

岗总人数的变化趋势高度趋同。这表明,全省经济发展中对于人力资本需求的下降主要是由于在改制过程中,辽宁省国有企业对于人力资本的需求有一个释放冗员,回归市场理性的过程。2000年,国有单位在岗职工为 409 万人,占所有在职人数的 69.68%,集体企业在岗职工为 91 万,占比 15.5%。2006 年,国有单位在岗职工降至 292 万人,下降了近 30%,所占比重也下降了 8 个百分点,占 2006 年在职人数的 61.34%。2006 年集体所有制企业在岗职工为 39 万,下降了近 60%,所占比重也下降了近 8 个百分点,为 8.19%。而与此同时,其他类型所有制企业却显示出了不断上涨的人力资本需求。2000 年其他类型所有制企业在岗人数为 87 万,占比 14.82%,2006 年人力资本需求与使用达到了 146 万,增加了近 70%,所占比重增加了近 16 个百分点,达到 30.67%。

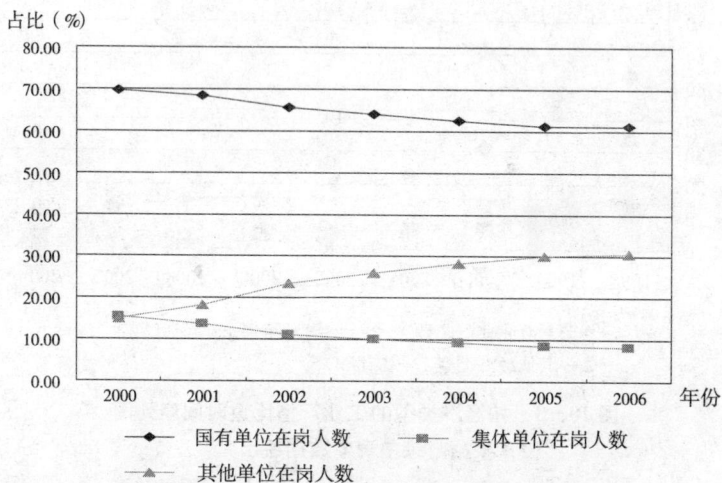

图 10-2 2000—2006 年辽宁省按经济类型的在岗
人数占比(根据附录中表 1 数据绘出)

　　人力资本需求的这种变化趋势与辽宁正在经历的经济发展方式的转变是十分吻合的。自 2003 年提出振兴辽宁老工业基地以来,辽宁的国企改革便加快了步伐,迅速深化,使得国有企业的总产值比重不断下降。1998 年国有企业产值比重在工业总产值中占一半以上,到了 2006 年,产值比重已经降至 11.58%。而与此同时,非国有和集体企业的其他经济类型企业,包括已经进行改制的股份制企业的产值占比迅速攀升。1998 年占工业总产值的三分之一,2000 年超过国有企业的占比,并在 2006 年跃升为占总产值的 85.46%。比较图 10-2 和图 10-3,不难发现经济发展方式的变动趋势与人力资本需求的变动趋势有着相当程度的吻合。

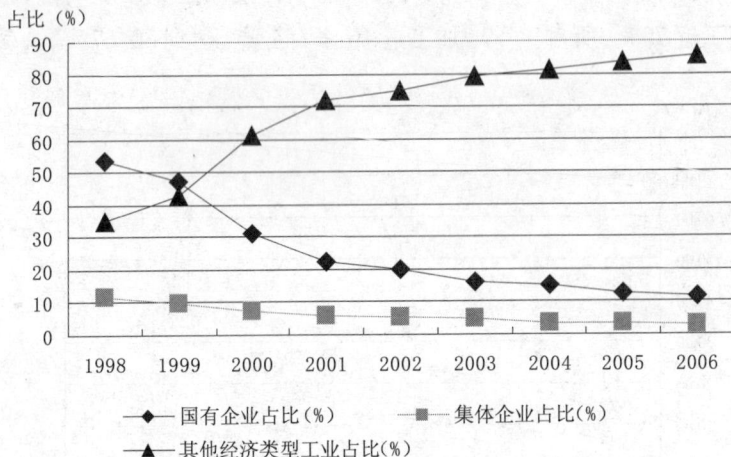

图 10-3　按经济类型的工业产值比重时间序列图
(根据附录中表 2 数据绘出)

　　利用 Excel 对各所有制企业工业产值与在岗职工数做简单的回归分析,会发现两者高度正相关(见图 10-4、图 10-5)。这充分表明,辽宁省不同所有制企业人力资本需求的变化趋势是由经济发展方式决定的。随着国有和集体企业的产值比重逐渐下降，其对于人力资本的需求也必然会下降。尽管相对于其产值的下降速度而言，人力资本需求的下降速度还存在一定程度的滞后，但可以预见，在未来的几年中，国有企业一直作为人力资本需求的主要力量将会被其他所有制企业所取代。从图10-4、图10-5中还可以得到一些更进一步的结论。[①] 以图10-4中国有企业工业产值占比与在岗职工数占比的回归函数为例，由 R^2 值可见其拟合优度很好。根据函数求导，可进一步计算出 X 的临界值为 $1.03^{0.86}$，当 X 大于此临界值时，则 Y 的下降速度慢于 X 的下降速度，但当 X 小于此临界值时，则 Y 的下降速度最终会快于 X 的下降速度。因此可以预见，随着国有企业的产值占比进一步下降，国有企业人力资本的需求最终会因其下降速度超过国有企业占比下降速度而大幅度下降。

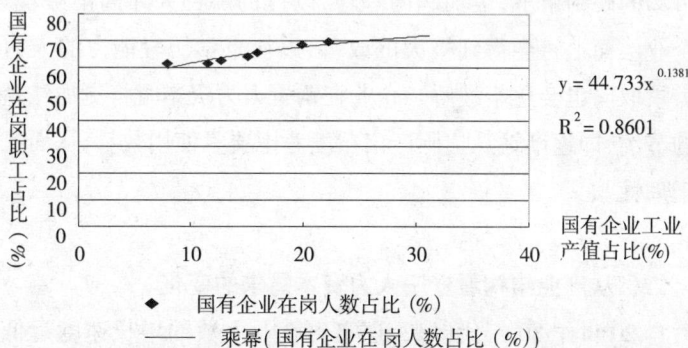

$$y = 44.733x^{0.1381}$$

$$R^2 = 0.8601$$

◆　　国有企业在岗人数占比（%）

―――　乘幂（国有企业在岗人数占比（%））

图 10-4　国有企业工业产值占比与在岗职工数占比简要回归分析（根据附录中表 1 和表 2 数据分析得出）

---

①　对函数求关于 X 的导数，则当此导数 =1 就是一个临界值。

在岗职工数占比（%）

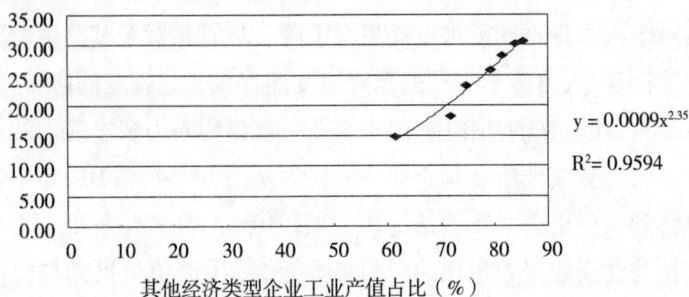

其他经济类型企业工业产值占比（%）

◆　其他单位在岗人数占比（%）

—— 乘幂(其他单位在岗人数占比（%）

图 10 - 5　其他经济类型企业工业产值占比与在岗职工数占比简要
回归分析(根据附录中表 1 和表 2 数据分析得出)

可以预见,伴随着产权改革的不断深化,人力资本的需求将会在市场的硬约束下,更加趋向理性,以往的那种人才高消费现象,在企业层面上将会得到极大的改善;以往重学历轻能力的人力资本需求取向也会逐步缓解。企业在购置人力资本时将更加注重成本的节约,即逐渐地从边际产出角度考虑要素使用数量,从而更加趋于理性。

二、从产业结构看辽宁人力资本需求的变化

自 20 世纪 80 年代以来,辽宁省就业人数的增长速度远低于经济增长的速度,并在若干年份出现了与经济增长率变动相反的趋势(见图 10 - 6)。例如,在 1982—1984、1990、1992 及 2005 年出现了经济增长加速的同时劳动需求的增长却呈现出了减速状态。这可以用制度变量来加以解释。80 年代初,是刚刚改革开放的年份,90 年代初是提出国企改革的年份,而 2005 年则是提出老工业

基地振兴以来的国企改革深化的年份。国企改革的核心是效率导向，其中的一个举措就是减掉冗员，按照边际产出来决定企业员工数，以实现利润最大化。因此这三个时期的数据异常完全可以用外生的制度变量来加以解释。

（单位：%）

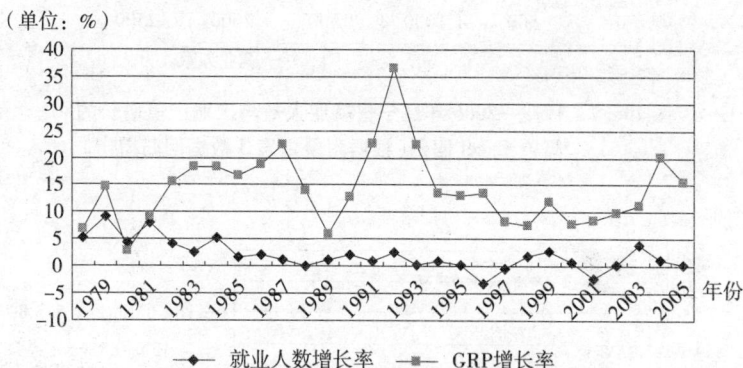

图 10-6　1979—2005 年辽宁就业人数与 GRP 增长率
对照图（根据附录中表 3 数据绘出）

此外，若将就业人数与产值增长进行简单的 Excel 回归（见图10-7），容易发现工业产值增长与就业人数呈指数函数关系。意味着就业人数的增长会带来产值的加速增长。也就是说辽宁的经济增长处于规模经济阶段。在这一阶段，工业产值增加的倍数要大于要素投入增加的倍数。虽然可以确切地知道，规模经济的好处总有用尽的时候，但却无法准确预测这种规模经济可以持续多久。因此从目前来看，在近几年的短时间内，人力资本的需求不会随着辽宁经济的增长而出现大幅增长。

若将二者的函数关系加以对换，以反函数的形式重新做回归分析，则这种趋势会呈现得更加明显。如图10-8所示，人力资本需求与经济增长呈对数关系。初始的经济增长需求的人力资本较

生产总值（亿元）

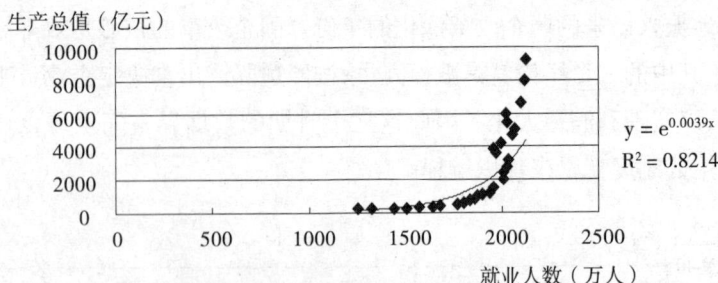

图 10－7 1979—2006 年辽宁省就业人数与工业产值增长的
简单 Excel 回归（根据附录中表 3 数据回归得出）

就业人数（万人）

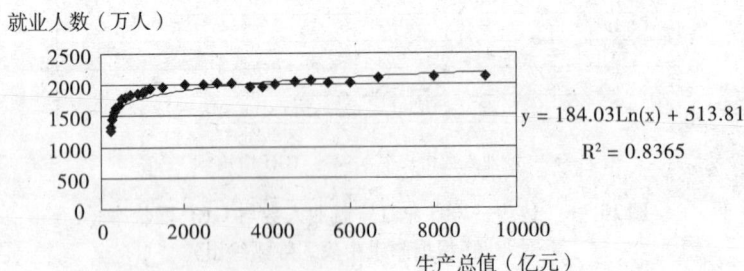

图 10－8 1979—2006 年辽宁省就业人数与工业产值增长的
简单 Excel 回归（根据附录中表 3 数据回归得出）

多,但这种人力资本需求的增速却逐渐趋缓,在有的年份不增甚至
绝对减少。另一个值得注意的事实是,尽管辽宁省的经济增长并
未带来强劲的人力资本需求,但是二者的函数关系却是显而易见,
而且斜率尽管递减,但为正,因此二者呈现出正相关关系。对此有
几个大致的猜想:第一个猜想,可能由于制度的变更使交易费用降
低,从而使企业生产成本呈现出规模经济特征,进而使得生产可以
在不断扩大中降低人力资本使用成本;第二个猜想则是与生产方
式有关。

大学生人力资本作为一种生产要素是且只能是一种引致需

求,从微观上与生产方式,从宏观上与经济增长方式密切相关,由生产方式或增长方式所决定。21世纪关于经济增长的最新文献多与人力资本有关,许多的研究是针对以前的增长模型中不为人们所重视的要素之间的结构关系而展开。技术进步是经济增长的不竭动力,这是所有增长学者的共识。但最近的文献却进一步对增长的方式进行了区分,认为有些技术进步是要素中性的,而有些技术进步具有很强的要素倾向,比如是技能倾向的(Skill-biased)或与人力资本互补的(Human capital complemented)。依据 Goldin 和 Catz 及其他相关国外学者的研究及总结,工业化初期的技术进步往往伴随着人力资本的替代,而在工业化中后期推动经济发展的技术进步则呈现出与人力资本较强的互补关系。国外学者进一步总结说决定技术进步路径(从而经济增长方式)的因素有相对价格、市场规模及制度环境。每一个都可展开来详细论述,用以解释为什么至少到目前为止(也许在未来的几年情况会有所不同),我国的经济增长并未呈现出技能或人力资本与技术进步互补。若这一假说成立,那么推此及彼,如前文所述,辽宁省正处于工业化中前期,也就是说,未来也许技术进步会带来人力资本需求的上升,但很明显推动我国经济发展的技术进步直到近年并不是技能倾向的或与人力资本互补的。在这里只取其结论,即由经济发展方式决定,辽宁省的经济增长并未产生与技术进步相伴的人力资本的强劲需求。(这与美国20世纪整一个世纪的情况截然相反。)除非此种情况有所改观,即经济增长方式发生改变,才会使得经济增长产生对人力资本的同样增长的需求。但因为价格的调整、市场扩容及制度环境的改善均需假以时日,因此可以预见,人力资本的需求曲线在短期内存在一定的刚性,一定不会大幅度右移。

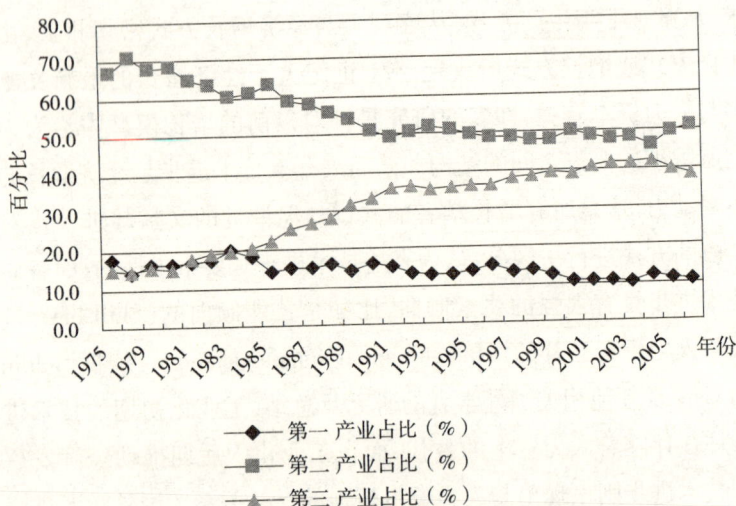

图 10-9　1975—2006 年辽宁三次产业占生产总值比重
变化图（根据附录中表 4 数据绘出）

　　另外,如果将三次产业变动值与三次产业就业变化的趋势分
别加以回归分析,同样可以得到相似的结论,即发展方式决定着人
力资本需求。图 10-11 中,三次产业产值与就业的回归分析表
明,产值与就业二者之间总是存在显著的相关关系,尽管具体是什
么样的函数关系,不同产业的表现并不相同。

　　由图 11-13 可以清晰地看出第一产业人力资本需求随着产
值比重变化的趋势是先下降而后加速上升,之后又逐渐趋稳。结
合图 10-9 和图 10-10 的时间序列数据,可以看出这两个拐点分
别出现在 1995 年和 2004 年。1995 年开始出现的第一产业人力
资本的需求比重加速上升这一逆工业化进程的现象表明,辽宁省
经济当时正在经历从计划体制向按市场经济规律的正常轨道进行
恢复性调整的过程。在原有的重工化优先战略下,工业是人力资

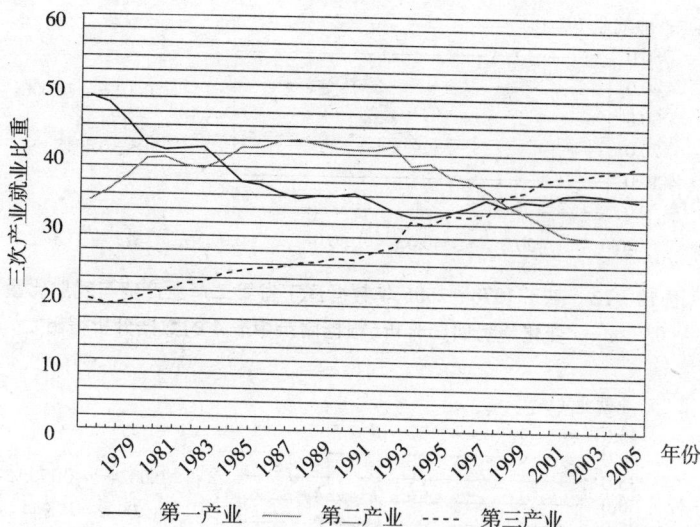

图 10–10 1995—2005 辽宁省三次产业就业比重变化
（根据附录中表 4 数据绘出）

第一产业就业（%）

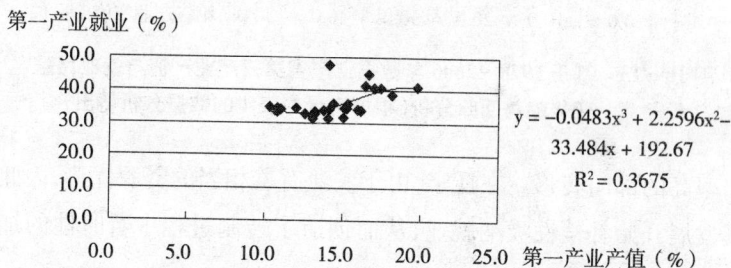

$$y = -0.0483x^3 + 2.2596x^2 - 33.484x + 192.67$$
$$R^2 = 0.3675$$

第一产业产值（%）

图 10–11 基于 1978—2006 年数据辽宁省第一产业产值与就业比重
变化趋势回归分析（根据附录中表 4 的数据分析得出）

本的主要需求部门,但这种需求并非以利润最大化的边际效率为依据,劳动者的生产率低下。因此,一旦这种强制的计划体制和战略在国企市场化改革的实施过程中被削弱,经济就会通过自发调节,使工业生产率低下的劳动力向其他人均劳动生产率或边际产

第二产业就业（%）

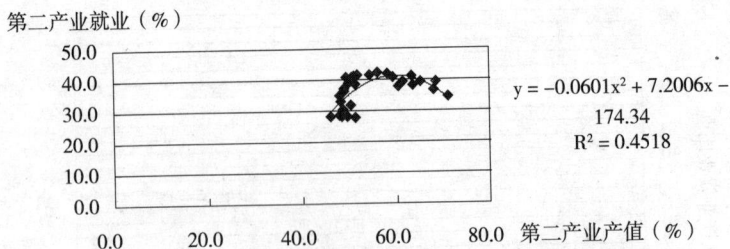

$$y = -0.0601x^2 + 7.2006x - 174.34$$
$$R^2 = 0.4518$$

图 10-12　基于 1978—2006 年数据辽宁省第二产业产值与就业比重变化趋势回归分析（根据附录中表 4 的数据分析得出）

第三产业就业（%）

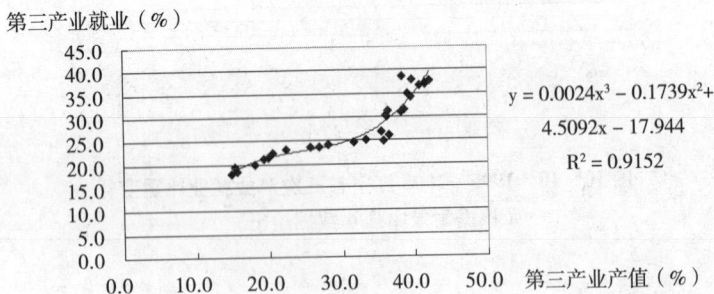

$$y = 0.0024x^3 - 0.1739x^2 + 4.5092x - 17.944$$
$$R^2 = 0.9152$$

图 10-13　基于 1978—2006 年数据辽宁省第三产业产值与就业比重变化趋势回归分析（根据附录中表 4 的数据分析得出）

出率高的部门转移。在辽宁,由于农业有着相当的资源优势,因此其发展开始补偿性吸纳就业,从而创造了转制过程中暂时性的加速人力资本需求。

　　第二产业随着产值比重变化的趋势是先是大幅上升后加速下降。这也是一个与辽宁省目前工业化现状明显相背离的现象。其原因与第一产业的上升基本相同,均是体制改革后,由计划任意配置向市场经济规律回归的表现。另外,这种由任意配置向市场规律配置回归的另一明显表现则是,第一产业与第二产业回归的拟合优度并不高,表明规律性不强,带有强烈的任意和随机性质。这与第三产业的回归结果形成鲜明对比。

　　图10-13是对第三产业产值与就业比重变化趋势的回归分析，拟合优度非常高，接近于1。二者呈现出强相关关系。这主要是因为，辽宁省的第三产业发展一直是处于政府计划之外主要依靠企业的自生能力来发生和发展的产业部门，其发展遵循的是市场的赢利法则，因此呈现出了很强的规律性。其对人力资本的需求比重也呈加速上升的态势，而且这种趋势因其遵循着经济发展规律，因此是可持续的需求。

三、从微观的行业分布看辽宁省人力资本需求的变化

　　根据《辽宁省2006年人才流动与人才市场走势分析》，①2006年第三季度人才需求排行前10位的职位分别是：市场营促销61693人；行政管理10323人；电子、机电、电气10194人；经营管理9866人；计算机与应用9042人；财会及电算8177人；机械、维修、暖通7137人；技工5556人；导游与饭店4884人；师范4093人。2006年第三季度人才供给排行前10位的职位分别是：计算机与应用30014人；经营管理25729人；行政管理15994人；外语15455人；市场营促销15160人；电子、机电、电气14141人；财会及电算9103人；医药卫生8163人；法律7935人；经济7523人。市场需求排行前10位岗位的供求比分别为：市场营销0.2:1；行政管理1.5:1；电子机电电气类1.4:1；经营管理2.6:1；计算机3.3:1；财会类1.1:1；机械类0.9:1；师范类0.8:1。旅游管理和技工岗位没

---

　　①　由于统计年鉴并不统计行业分布及岗位需求的微观信息，因此，本部分的许多数据来自辽宁人才市场的季报、《辽宁日报》及其他信息来源，数据的系统性及精确性都有所欠缺，但也能从中看发现出一般的规律及问题。

有进入供给前20位的岗位。进入市场需求前20位却没有进入求职者需求前20位的岗位还有机械类岗位、师范类岗位。进入供给前10位却未进入市场需求前10位的岗位有外语、医药卫生、法律和经济等岗位。市场营销类岗位供不应求的形势更加严重，人才供给只达到市场需求的五分之一。供不应求的岗位还有机械类和师范类岗位，但幅度没有市场营销岗位那样明显，与上一季度相比，升降幅度不大，应视为正常变动。外语、医药卫生、法律和经济等专业供大于求，这几个专业均进入了求职者专业排行前10位的专业中，分别列第4、第8、第9、第10位。这几个专业在市场需求中除了外语岗位排行第15位、医药卫生排行第16位外，其他各专业均未能进入企业需求前20位。在市场需求前10位的岗位中，经营管理与计算机岗位均供大于求，达到了3∶1，这两大岗位的特点是对工作经验有更高的要求，因此在就业市场以及应届毕业生为主的就业群体中，这两大热门专业反而滞销。

　　根据辽宁省人才市场管理办公室发布的《2008二季度全省人才交流与人才市场走势分析》，2008年第二季度辽宁省人才供求比为1∶1.56，辽宁省企业在人才市场中提供的就业岗位为333961个，二季度人才需求排行前10位的职位分别是：市场营促销85461人；技工30460人；计算机与应用20310人；财会及电算19569人；行政管理19113人；旅游管理13987人；机械、维修、暖通12344人；建筑工程11404人；师范11200人；广告8408人。二季度人才供给排行前10位的职位分别是：市场营促销37586人；计算机与应用36504人；财会及电算32533人；行政管理19089人；机械、维修、暖通18677人；商贸17904人；电子、机电、电气17584人；旅游管理15833人；师范14456人；建筑工程11579人。二季度岗位需求排行前10位中求大于供的岗位分别是市场营销1∶

2.3；技工岗位 1:2.7；行政管理 1:1.0。除行政管理岗位外,求大于供的岗位供求矛盾与上季度相比仍然比较突出。①

另外,作为辽宁省"五点一线"沿海经济带的大连、丹东、锦州、营口、阜新、朝阳、盘锦和葫芦岛 8 城市,联合印发了《辽宁省"五点一线"沿海经济带八城市 2008 年度重点产业人才需求目录》。该《目录》包括"五点一线"沿海经济带 8 城市 14 个重点产业需求的 79 类专业人才。其中,8 城市急需的人才主要是 5 大产业 16 类专业人才,即先进装备制造业中的机械设计与制造、机电一体化、船舶制造、铸造和电气专业人才;港航物流业中的船舶驾驶、物流和港口机械专业人才；电子信息与软件服务业中的计算机和电子技术专业人才；现代服务业中的财会、市场营销、管理和外语专业人才；城市建设与管理业中的建筑和水暖通专业人才等。②

2008 年 8 月 6 日,辽宁省人事厅公布了 2008 年 4 月开始在全省范围内开展的重点企业、重点项目人才需求调查结果。1081 家上报企业和 299 项重点项目共需求岗位 5254 个,需求人才总计 20818 人。其中对机械动力类和冶金材料类人才需求量最大,超过了 40%。沈阳对专业人才需求占全省 8 成。在调查各重点企业和项目对人才的学历和职称的需求比例时,把人才的学历分为研究生、大本、大专、中专四个等级,其比例为 1:8.5:8.4:2;把职称分为高、中、初三个等级,其比例为 1:2.5:2.1。从这一数字可以看出,各重点企业和项目对人才学历和职称的要求仍集中在大学和中、初级阶段。表明大多数重点企业、项目不要求学历和职

① http://www.lnrcsc.com/information/inforContent.aspx.

② http://www.lnrcsc.com/information/inforContent.aspx.

称,也就是说他们更重视的是个人的实践经验、技术水平、专业能力。具体调查数字是:不要求学历的重点企业、项目占 67.7%;不要求职称的占 84.3%。各重点企业、项目对技能性人才需求比较大。如经营管理人才的需求与技能人才的需求比是 1∶8.4;理工类需求与文史类需求之比是 11∶1。沈阳市对专业人才需求量最多,占全省人才需求总数的 83.6%。机械动力类和冶金材料类需求占 4 成。调查还包括各重点企业和项目对专业的需求情况。主要有 15 个专业类别,按需求量从多到少的顺序排前 8 位的是:机械动力类 27.2%;冶金材料类 13.4%;建筑房地产类 8.9%;计算机网络类 7.9%;电子通讯类 7.3%;农林牧渔类 6.7%;化工石油类 6.4%;经营管理类 6.2%。机械动力类和冶金材料类占了 4 成。①

此外,笔者在翻阅《沈阳日报》时发现了 2008 年 7 月 11 日有这样一则报道:2008 年 7 月 3 日,国家统计局沈阳调查队公布的企业用人情况调查结果显示,二季度沈阳市建筑业劳动力需求最旺,景气指数为 181.7,进入"非常景气"区间;信息传输和计算机服务软件业、住宿和餐饮业劳动力需求景气指数分别为 159.5 和 161.0,为近两年的最好水平。②

虽然,数据并不精准,但从上文的公报和相关统计中,不难发现这样一个事实:人力资本的微观供需缺口近几年呈现出很强的一致性,比如技能型人才需求一直存在缺口,普通人力资本的需求缺口也在伴随着民工荒向内地不断扩散而在辽宁省逐渐呈现。与此同时,越来越多的大学毕业生手拿本科、专科文凭徘徊在用

① http://www.51Labour.com.
② 《沈阳日报》2008 年 7 月 11 日。

人单位门前，久久难以找到工作的机会。一面是大学生就业困难的景象，一面却是技工荒和普工荒的日益严重，表明了辽宁省的人力资本供给的调整速度严重滞后于经济发展所产生的人力资本需求。

第二节 辽宁人力资本供求中存在的
问题及成因分析

一、辽宁人力资本的使用效率问题

从全国来看，辽宁是人力资本总量丰富的省份。国家统计局2000年公布的辽宁人口平均预期寿命为73.34，高于全国的71.4的平均水平。2003年劳动年龄人口占辽宁总人口的比重为75.6%，高于全国的71.2%的水平。少儿和老年人口的总抚养比也比全国的平均水平低7.2个百分点。[1] 根据2006年抽样比为0.907‰的全国人口变动情况抽样调查样本数据，2006年辽宁的文盲率仅为4.17%，远低于全国9.31%的水平。东北地区的教育事业发达，理、工、农、医各类高校门类学科齐全，其中哈尔滨工业大学、大连理工大学、东北农业大学、中国医科大学在国内具有较大影响。从科技人力资本和投入水平看，辽宁在全国具有明显优势，人均受教育年限紧跟京津沪之后位列第四。2006年，科技人力资源指数位列全国第5，万人专业技术人数位列全国第5，平均受教育年限列全国第4，高于江苏、浙江、福建等沿海发达地区。[2]

① 王洛林、魏后凯：《东北地区经济振兴战略与政策》，社会科学文献出版社2005年版。
② 鲍振东主编：《2007：中国东北地区发展报告》，社会科学文献出版社2007年版。

综上可见,辽宁的人力资本供给特点与我国学者王洛林和魏后凯对东北人力资本供给现状的总结十分相似:劳动年龄人口不仅数量多、负担较轻,而且劳动者的受教育水平较高,与全国其他地区相比,劳动力资源优势明显。

尽管人力资本供给总量丰富,但辽宁省的人力资本使用效率却不高,人力资本的积累率和运行效率低下,这是目前辽宁省转变经济发展方式中面临的人力资本方面的主要问题。浙江大学的钱雪亚所提出的人力资本积累率和运行效率的统计方法,为衡量一个地区的人力资本利用率提供了重要的统计依据,因此这里将重点引用钱雪亚的统计方法和数据来衡量辽宁省人力资本的使用效率。

根据钱雪亚的统计方法,在计算人力资本存量时应将总量与运行量分开计算。"人力资本资源存量"仅是一种潜在资源,反映的是积累蕴藏于"劳动适龄人口"身上的人力资本存量,它只是一个潜在资源总量。其运算公式为:

$$HL_{Pt} = HL_{P(t-1)} + (P_t - P_{t-1})(\bar{X}_{Gt} + \bar{X}_{Ct} + \bar{X}_{Pt}) \tag{1}$$

$$\bar{X}_{Gt} = \begin{pmatrix} K_S \bar{X}_{GST} + K_{S-1} \bar{X}_{G(S-1)t} + \cdots K_s \bar{X}_{Gst} \cdots + K_2 \bar{X}_{G2t} + K_1 \bar{X}_{G1t} \\ K_{S-1} \bar{X}_{G(S-1)t} + \cdots K_s \bar{X}_{Gst} \cdots + K_2 \bar{X}_{G2t} + K_1 \bar{X}_{G1}t \\ \vdots \\ K_2 \bar{X}_{G2t} + K_1 \bar{X}_{G1t} \\ K_1 \bar{X}_{G1t} \end{pmatrix}$$

$$P_t = (P_{St}, P_{(S-1)t}, \cdots, P_{st}, \cdots, P_{2t}, P_{1t})$$

$$
\bar{X}_{Ct} =
\begin{pmatrix}
\bar{X}_{Ct} \sum\limits_{s=1}^{S} K_x \\[2mm]
\bar{X}_{Ct} \sum\limits_{s=1}^{S-1} K_x \\[2mm]
\cdots \\[2mm]
\bar{X}_{Ct} \sum\limits_{s=1}^{2} K_x \\[2mm]
\bar{X}_{Ct} K_t
\end{pmatrix}
\qquad
\bar{X}_{Pt} =
\begin{pmatrix}
\bar{X}_{Pt} \sum\limits_{s=1}^{S} K_x \\[2mm]
\bar{X}_{Pt} \sum\limits_{s=1}^{S-1} K_x \\[2mm]
\cdots \\[2mm]
\bar{X}_{Pt} \sum\limits_{s=1}^{2} K_x \\[2mm]
\bar{X}_{Pt} K_t
\end{pmatrix}
$$

"人力资本运行存量"才是一种反映人力资本实际运行和运行水平的概念,是指积累蕴藏于"在业人口"身上的人力资本存量,是一个实际运行总量。其运算公式为:

$$
HL_{Et} = HL_{E(t-1)} + (E_t - E_{t-1})(\bar{X}_{Gt} + \bar{X}_{Ct} + \bar{X}_{Pt}) \tag{2}
$$

$$
E_t = (E_{St}, E_{(S-1)t}, \cdots, E_{st}, \cdots, E_{2t}, E_{1t}) \text{①}
$$

人力资本资源存量是人力资本投资积累的直接结果,在所有的资源存量中一般只有一部分伴随其所依附的劳动者进入就业从而成为实际运行中的人力资本存量。参与经济运行的人力资本积

———————

① 其中:P_t为劳动适龄人口向量,元素(P_{st})代表受过第 s 级教育的适龄劳动者人数;E_t为从业人口向量,元素(E_{st})代表受过第 s 级教育的从业者人数;X_{Gt}为政府投入的生均教育事业经费支出向量,元素($K_s X_{Gt}$)代表接受第 s 阶段的教育所需的生均政府教育事业经费支出;$\bar{X}_{Pt}$为个人投入的教育培训支出向量,$X_{Pt} \sum K_s$代表受过第 s 级教育的适龄劳动者(从业者)人均累计接受的个人教育培训支出;$\bar{X}_{Ct}$为企业(单位)投入的培训支出向量,钱雪亚在其研究中,设定X_{Ct}为不同学历层次的劳动者在进入就业岗位后可能获得的累计培训时间长短与其在学校接受正规教育的时间长短相等,从而元素$\bar{X}_{Ct} \sum\limits^{s} K_s$代表受过第 s 级教育的适龄劳动者(从业者)人均累计接受的企业培训支出。

累水平是实际运行存量而非潜在资源存量。而且，当以地域为界限来计算人力资本时，人力资本本身所具有的人身依附性有可能会产生资本投资的发生与资本形成之间的空间不一致问题。当人力资本的流动载体——人发生流动，则人力资本也会发生流动。这必然会导致一国（地区）的累计人力资本投资不一定等于相应期末的人力资本存量：当一国（地区）劳动适龄人口减少（迁出或自然减少），该国（地区）人力资本存量随之减少，尽管该国（地区）的人力资本投资并未减少；相反，当一国（地区）劳动适龄人口增加（迁入或自然增加），尽管人力资本投资没变，但该国（地区）人力资本存量却增加了。

因此，人力资本运行效率可以通过已经形成的人力资本资源有多大的部分被投入到了实际运行当中得到反映。投资形成的人力资本积累只是一种潜在的资源，只有当它随其载体投入生产经营之中，资源才成为真正意义上的经济要素。如前所述，影响人力资本从潜在资源到现实要素转变的因素有技术进步、商业周期、劳动参与意愿等，如果这些因素综合作用的结果使更多的潜在人力资本资源获得与物质资本的有效匹配，则表现为人力资本资源较高的利用，反之则表现为大量的人力资本资源处于"闲置"和"浪费"状态。人力资本资源运行率可以综合地反映上述两方面所决定的人力资本投资所形成的积累的现实有效性。公式（2）与（1）的比值，即潜在的人力资本资源总量中用于实际运行部分的比重大小可以客观地反映人力资本的使用效率 KPL_t：

$$KPL_t = HL_{Et}/HL_{Pt} \tag{3}$$

KPL_t 越大，说明潜在资源的闲置份额越少，利用率越高。

另外，人力资本投资积累率则可以反映人力资本从投资到积累的效率水平。人力资本积累是通过人力资本投资形成的，但是由于人力资本投资方式的多样性以及被投资人,即人力资本载体所具有的流动特性,使得一国(地区)报告期人力资本投资与该国(地区)报告期的人力资本实际积累并不是一一对应的关系。考察一国(地区)报告期人力资本的投资与同期人力资本积累(报告期人力资本存量的增量)的相对水平,可以反映该国(地区)人力资本投资本身的有效性以及区域环境及相关制度对人力资本投资有效性的影响。人力资本投资积累率 KIL_t 可以通过将报告期人力资本资源增量除以报告期人力资本投资额而得到:

$$KIL_t = \Delta HL_{Pt}/HI_t \qquad\qquad (4)$$

用这种方法钱雪亚推算出来 1995—2001 年全国和各省的人力资本总量,人力资本运行总量,人力资本运行效率及人力资本积累率。现将辽宁省和全国数据转引摘出,整理成表 10-1、表 10-2 和表 10-3。由表 10-2 清晰可见,从 1995 年至 2001 年,全国的人力资本运行效率基本稳定,略有上升,而辽宁省的人力资本运行效率不仅一直低于全国水平,并且还不断下滑,与全国水平存在巨大的差异。正如前文所述,这表明辽宁省存在着巨大的人力资本闲置和浪费。一方面是闲置,而另一方面却是某些行业的巨大需求缺口,人力资本使用效率十分低下。

表 10-1　1995—2001 全国和各省的人力资本总量,
人力资本运行总量对照图　　　(单位:亿)

年份		1995	1996	1997	1998	1999	2000	2001
全国总量	总量	57846.34	59269.86	65059.77	67698.65	71716.48	84375.48	91682.75
	高级	9704.57	9749.3	12767.47	13439.4	15956.3	22765.06	28318.42
	中低级	48141.76	49520.6	52292.29	54259.24	55760.18	61610.42	63364.33

年份		1995	1996	1997	1998	1999	2000	2001
全国运行总量	总量	39646.72	39649.29	43494.27	43926.74	46178.95	53163.37	62997.54
	高级	7526.43	7524	10023.93	10099.99	11624.96	16131.45	22131.39
	中低级	32120.29	32125.29	33470.34	33826.75	34553.99	37031.91	40866.15
辽宁总量	总量	3032.07	3090.4	3527.46	3346	3600.07	4022.51	3367.19
	高级	708.5	609.89	1032.13	769.86	998.01	1240.03	705.1
	中低级	2323.56	2480.51	2495.33	2576.14	2602.06	2782.48	2662.1
辽宁运行总量	总量	1903.94	1902.24	2174.09	1670.23	1764.83	1961.73	1682.82
	高级	417.73	416.77	711.34	408.2	532.93	708.5	373.83
	中低级	1486.21	1485.47	1462.74	1262.02	1231.9	1253.22	1308.99

资料来源:根据钱雪亚:《人力资本水平研究》,浙江大学2005年博士论文,第146—156页数据整理。

表 10 - 2　1995—2001 辽宁省人力资本运行率　　　　（%）

年份	全国	辽宁
1995	68.54	62.79
1996	66.9	61.55
1997	66.85	61.63
1998	64.89	49.92
1999	64.39	49.02
2000	63.01	48.77
2001	68.71	49.98

资料来源:根据钱雪亚:《人力资本水平研究》,浙江大学2005年博士论文,第146—156页数据整理。

　　另外从表 10 - 3 的数据来看,人力资本积累率的全国数据存在着波动巨大的特点。某一年份积累率高则下一年分的积累率就会明显下降。有的年份远小于 1,而有的年份则大于 1,对于全国数据的巨大波动,钱雪亚给出的解释是由于数据的统计口径不一致所导致的统计误差引起。此外,每年的留学与归国人员的差值在不断加大也作为一个解释原因。

表 10 - 3　1995—2001 辽宁省人力资本投资积累率　　(%)

年份	全国	辽宁
1996	29.57	29.54
1997	104.96	194.52
1998	43.2	-74.53
1999	58.19	92.83
2000	155.65	126.89
2001	78.39	-180.5

资料来源:根据钱雪亚:《人力资本水平研究》,浙江大学 2005 年博士论文,第 146—156 页数据整理。

　　辽宁省积累率变化波动的趋势与全国的趋势十分吻合,但是幅度要大于全国水平。特别是在有的年份甚至出现了积累率为负的情况。正如前文所述,人力资本积累率衡量的是人力资本的资本投资效率,这个指标与物质资本的资本形成率相似,只不过物质资本的资本形成率一般不会为负,这是由物质资本一旦形成不易移动的特性决定的。但人力资本不同,有可能在一地投资而在外地从业。在辽宁,这种积累率为负的情况,恰恰应该是人力资本流失所致。

　　辽宁省的人力资本利用效率低的直接原因是人力资本供求失衡问题严重。辽宁的人力资本供求失衡主要表现在三个方面:一是总量人力资本供求失衡,即人力资本总量供大于求。辽宁转制过程中释放的下岗失业人员、国企改制重组的离岗人员众多,森工、农垦、军工、煤炭行业等困难群体庞大。① 除此之外,面临着以大中专学生、复转军人、初高中毕业生等城镇青年为主体的新成长劳动力以及农村剩余劳动力的转移压力,一般性人力资本供给远远超出人力资本需求。2006 年辽宁下岗、失业人员数量居全国首位,城镇有 170 万人需要就业和再就业,如果考虑农业剩余劳动力转移,则这种总量的供求失衡问题则更为严重,据统计,2006 年辽宁省有 200 多万农村富余劳动力需要转移。二是结构性的人力资本供求失衡,即某些产业或行业的人力资本需求在较长时期内发生短缺。如前文所述政府供职人员,供大于求,与此同时,技工短缺却在一直持续。根据东北老工业基地调整和改造规划纲要,除高技能人才外,未来 5 到 10 年内,优秀的管理人才和职业化、现代化、国际化的企业家以及一些高素质的复合型人力资本也存在严重短缺。第三则表现为人力资本的外流,即省内投资,省外积累和运行的问题。辽宁培养的技术熟练、技术攻关能力强的技术与研发人才,很多流向东南沿海地区及京津地区,呈现出"走的是精英,来的是新生现象"根据 2006 年末《沈阳日报》一则题为《北上沈阳揽才"华南虎""抢"人才势头汹汹》的报道,广州市 100 余家企业组团来沈招贤纳士,需求定位为博士、硕士和本科生,涉及机械、电子、建筑、计算机甚至劳动卫生、麻醉科、皮肤科、检验分子生物学、放射诊断等众多的医学专业,其中多为大学、医疗事业单位和包括松下(广州)压缩机有限公司以及广州丰田汽车有限公司在内的众多国内外知名企业,且用人条件极具竞争力。

前两个方面的失衡可以解释为什么辽宁省的人力资本运行效

① 鲍振东等:《2007 年:中国东北地区发展报告》,社会科学文献出版社2007 年版。

率从 1991 年的 62.79%一路降至不足 50%。而人力资本流失则可以有效地解释辽宁的人力资本投资效率不高,甚至有的年份为负的情况。

这种总量过剩但局部短缺的失衡现象被有的学者总结为结构性失衡。但无论如何总结,辽宁的人力资本供求失衡问题都已经成为一个共识。与这些共识相比,对这些现象和问题的根源的考察,以及对这些问题会如何影响辽宁省经济发展方式的转变加以研究则更加意义深远。

二、辽宁人力资本使用低效率问题的经济解释

首先,从需求看,经济增长并未带来人力资本需求的同步增长。

在辽宁省,人为压低的资本价格导致物质资本和人力资本双重过度投资,并且物质资本对人力资本形成替代,而非互补关系。因此经济增长并未带来人力资本需求的同步增长。考察发达国家,特别是市场化国家的工业化进程,不难发现工业化初期的特征主要表现为机器对于人力资本的替代,特别是对中低级人力资本的替代。这一特征和表现作为一种结果并非必然,背后有其产生的原因和市场规律。在自由市场程度高的国家,工业化的进程一般始于需求的大幅增长,致使产品需求增加。同时,人力资本的生产率,特别是中低级人力资本的生产率低下,无法满足产品需求的供给。在资本投资一定的前提下,依靠不断增加人力资本的使用数量来扩大生产,最终总是要面对人力资本的边际产出下降的问题,因此才出现了工具的改进,也即机器对于中低人力资本的替代。也就是说,工业化进程开始的初期,总有一个对于中低级人力资本的需求增加,而后减少的抛物线过程。这不仅是英国 18 世纪

工业革命前发生的故事,而且同样的故事还在我国的东南沿海,并将在全国范围内上演。改革开放不仅带来了资金和技术,更是带来了让我们今天瞠目结舌的巨大的世界市场的需求。为了获得这需求背后的潜在利润,企业日夜开工,大量雇用人手,因此在我国出现了20世纪初的民工荒特别是普工荒问题,并正在向内地蔓延。民工荒并不真正是由于民工短缺,而是由于边际产出下降导致的实际工资的下降。这和英国的工业化进程十分相似。但这一幕却并未在辽宁省上演,辽宁并未经历普通人力资本需求上升这一阶段,而是在工业化伊始便逆比较优势而行之,使用物质资本替代人力资本。这个结果源于辽宁省的工业化进程并非始于市场的激励,而是由政府和国家投资主导。这使得辽宁省的工业化进程,从一开始就并非以市场需求为导向,以利润为最终目的,而是以国家的计划指令为导向,以完成产值任务为最终目的。这样的企业因没有赢利能力而无法自生,若想让其存活下去继续执行计划指令,只能依靠压低成本,包括人力资本成本和物质资本成本。而若想人为压低人力资本和物质资本的成本,依靠市场提供必然行不通,则银行作为资本要素的直接供给部门和学校作为人力资本要素的生产部门就必然是国有的,其产品的配置也必然要依靠计划调配而非市场价格配置。因此,在辽宁省,无论是物质资本还是人力资本要素的价格都被长期人为地压低,导致物质资本对于人力资本的替代,并且致使在辽宁省内的人力资本投资却并不完全在省内形成人力资本,而是流入外省,导致长期以来辽宁省的人力资本积累率偏低,甚至在有的年份为负值。

　　21世纪关于经济增长的最新文献多与人力资本有关,且对以前增长模型中不为人们所重视的要素之间的结构关系产生了浓厚的兴趣。技术进步是经济增长的不竭动力,这是所有增长学者的共识。但最近的文献却进一步对增长的方式进行了区分,认为有些技术进步是要素中性的,而有些技术进步具有很强的要素倾向,比如是技能倾向的(Skill-biased)或与人力资本互补的(Human capital complemented)。有国外学者总结说,工业化初期的技术进步往往伴随着人力资本的替代,而在工业化中后期推动经济发展的技术进步则呈现出与人力资本较强的互补关系。若这一假说成立,那么推此及彼,辽宁省正处于工业化进程从初期向中后期过渡的阶段,也就是说,未来也许技术进步会带来人力资本需求的上升,但很明显推动我国经济发展的技术进步直到近年并不是技能倾向的或与人力资本互补的。国外学者进一步总结说决定技术进步路径(从而经济增长方式)的因素有相对价格、市场规模及制度环境。辽宁的经济发展显然并未产生与技术进步相伴的人力资本的强劲需求(这与美国20世纪整一个世纪的情况截然相反)。除非此种情况有所改观,即经济增长方式发生改变,才会使经济增长产生对于人力资本的同样增长的需求。但因为价格的调整、市场扩容及制度环境的改善均需假以时日,因此辽宁省的经济发展方式虽然正在经历着重要的转变,但这个过程一定渐进的,而不会一蹴而就。可以预见,各类人力资本的需求曲线在短期内存在一定的刚性,不会大幅度右移,因此会为供给的相应调整留有充分的空间和时间。

其次,从供给看,教育体制改革的滞后使人力资本的供给与市场的需求严重脱节。

从第二节第三部分的分析可见,有些岗位供大于求,而有些岗位却人才难求。这种微观的供求不匹配,事实上,无论在哪个经济社会中,都是一种常见的现象。随着工业化、产业升级或增长方式的转变,必然会发生需求的变化,而供给的相应调整总要经历一个磨合、适应的过程。但通常这个时间都不会太长。而辽宁的这种供求结构性不匹配情况的特殊性就在于,供给随着需求的变化加以调整的时滞过长。一个不得不问的问题就是人力资本供给为何无法根据需求的变化迅速调整?

此外,根据表10-4的数据,可以进一步分别计算出各类人力资本的运行效率(见表10-4)。无论是高级人力资本,还是中低级人力资本,辽宁的人力资本运行效率都与全国水平存在巨大差距。特别是高级人力资本,最高的年份也未突破79%,仅在50%—60%的区间徘徊,而且与全国的差距还有逐渐拉大的趋势。由此,另外一个不得不问的问题是,人力资本水平位列全国前列的辽宁省,是何原因得不到充分的利用?

表10-4　1995—2001年全国和辽宁分类人力资本运行效率比较

年份	全国高级人力资本运行效率	辽宁高级人力资本运行效率	全国中低级人力资本运行效率	辽宁中低级人力资本运行效率
1995	77.56%	58.96%	66.72%	63.96%
1996	77.17%	68.33%	64.88%	59.89%
1997	78.51%	68.92%	64.01%	58.62%
1998	75.15%	53.02%	60.66%	48.99%
1999	72.85%	53.40%	61.97%	47.31%
2000	70.86%	57.14%	60.11%	45.04%
2001	78.15%	53.02%	64.49%	49.17%

资料来源:根据钱雪亚:《人力资本水平研究》,浙江大学2005年博士论文,第146—156页数据整理计算。

1998年,中国高等教育领域开始了两项影响深远的工作:一是高等院校招生规模大幅度扩张;二是部分高校出现了合并和规格升级的浪潮,综合化趋势大为加强。当时,高等教育扩大招生规模的初衷有5个:其一,当时中国大学生数量远低于同等发展中国家水平,18—22 岁适龄青年入学率仅为 4%,当时菲律宾 31%,泰国 37%,印度 8%;其二,1998 年国企改革,大量下岗工人进入就业市场,如果大量年轻人参与竞争,就业将面临恶性局面;其三,国家提出保持经济增长 8% 目标,扩招前经济增长率为 7.8%,急需扩大内需,教育被认为是老百姓需求最大的,于是酝酿增加高校收费;其四,当时高校有能力消化扩招,平均一个教师仅带 7 个学生;最后也是最重要的,高等教育的普及事关中华民族的整体振兴。

表 10-6 1997—2005 普通高等学校招生人数

年份	1997	1998	1999	2000	2001	2002	2003	2004	2005
总招生人数(万)	100.04	108.36	159.68	220.61	268.28	320.50	382.17	447.34	504.46
本科(万)	57.97	65.31	—	—	—	—	—	209.91	—
专科(万)	42.07	43.05	—	—	—	—	—	237.43	—

资料来源:转引自谢作诗、杨克瑞:《大学生就业难问题的制度经济学分析》,《北京教育》2007 年第 9 期,原文数据引自教育部《全国教育事业发展统计公报》,http://www.edu.cn。

表 10-7 1994—2005 全国普通高等学校、中等专业学校数量

年份	1994	1995	1996	1997	1998	1999	2000	2001	2002	2003	2004	2005
本专科	1080	1054	1032	1020	1022	1071	1041	1225	1396	1552	1731	1792
本科	627	616	608	603	590		599			—	684	701
专科	453	438	424	417	432		442			—	1047	1091
中专	3987	4049	4099	4143	4109	3962	3646	3260	2953	3065	3047	3207

资料来源:转引自谢作诗、杨克瑞:《大学生就业难问题的制度经济学分析》,《北京教育》2007 年第 9 期,原文数据引自教育部《全国教育事业发展统计公报》,http://www.edu.cn。

然而,高校合并并没有带来预期中的规模经济,相反,伴随着

规格升级的浪潮,学校综合化趋势大为加强,学科结构趋同严重,学校之间专业化分工程度总体上是大大降低了。其结果,大学生人力资本差异化程度自然减少。一个明显的表现就是理论型人才偏多,实务型人才严重不足。由表中数据可见:第一,从1999年起,高等院校招生规模经历了持续大幅度的扩张;第二,从1997年到2002年,中等专业学校数量大幅减少,平均每年减少238所,共计减少了1190所;第三,普通高等学校数量在2001年前基本稳定,1997年前呈小幅减少状态,1997年后呈小幅增长状态,但2001年后呈现出大幅增长状态,其中专科学校数量的增加尤其巨大。其中的一部分中专升格成为专科学校,还有大量的学校则主要以行政手段的方式合并到大专院校去了,相应地,一部分专科学校升格成为本科院校,一部分本科院校又升格成为综合性大学。另外,按照国际上一般的划分,大学入学率在15%以下的高等教育属于精英教育阶段,入学率在15%—50%之间的高等教育属于大众教育阶段,入学率在50%以上的高等教育属于普及教育阶段。2003年中国大学生入学率达到17%,目前为21%,高等教育处于大众教育阶段。在这个阶段,大学教育的功能主要是技能培养,课程设置应该模块化、差别化,并富有弹性,而培养方式则应主要采取课堂讲授、专题研讨会、实验实习等形式。应该说,这个一般规律与中国现实的人力资本需求结构的要求是高度一致的。但实际上,其培养方式严重偏离了高等教育大众教育阶段标准的培养方式——高比例大班课、趋同的学科结构显然与高等教育中大众教育阶段所要求的培养方式不一致。①

---

① 谢作诗、杨克瑞:《大学生就业难问题的制度经济学分析》,《北京教育》2007年第9期。

　　分析起来,我国这种重理论、轻实务的人力资本供给方式和发展倾向与我国高等教育的公立性质有着直接的关系。正如我国新制度经济学学者谢作诗、杨克瑞所指出:公立大学名义所有权与实际所有权不一致,这使得主要以拥有剩余控制权的形式而拥有实际所有权的大学管理者,因无法将大学未来的良好声誉贴现为现期收益以弥补长期投资行为成本,所以不容易关心大学的长期利益,从而像过度扩招这样的短期利益行为就是一种自然选择,最终影响了大学的培养质量。其次,公立大学的学术及岗位职责的评价内含高交易费用,从而使得在选择学术评价准则时会采用重理论轻实务但易于衡量和达成一致的量化指标。公立大学一般选择用文章、课题的数量和级别来做学术评价准则,教师均以理论见长,学生自然是不会通过学习获得动手能力的。通常来讲越是私立学校,越是小学校,因其岗位评价的交易费用不高,完全可由学校的所有者自己决定,必然以好就业、实务型、适应需求的专业,以及受学生欢迎的教师和教法作为标准。但随着应用型专业学校与理论型专业的学校相合并,在高交易费用的约束下,大家又不得不采用共同的易观察、好量化的指标,也就是用文章、课题的数量和级别来做学术评价准则。这势必促使过去搞实务的人转而去搞理论。而且,因为这种评价准则重形式胜于重内容,实际上大家很难静下心来去真正地做好理论研究。

　　第三,从个人人力资本投资与供给决策来看,在现有制度环境下居民基于个人理性追加人力资本投资的行为具有持续性。

　　扩招和高校合并是政府政策引导的结果,但充其量也只是为公民提供了上学的可能性。那么居民为什么在就业形势如此不乐观的前提下还要选择继续追加人力资本投资呢?2001、2002 年的首届扩招毕业生因没有前车之鉴,所以并不奇怪。但是该怎么解

释 2003 年之后入学的大学生们的投资决策呢? 关于大学生就业
难现象的报道铺天盖地,先前毕业的学哥学姐具有的示范效应都
使信息接近完全,那么基于此完全信息的关于上大学的选择,只有
一种解释,那就是,一定是某种制度安排使得对于那些选择上大学
的学生和家庭来说,收益尽管如此之低,但还是大于投资成本。首
先来看大学生供给成本。上大学的成本包括学杂费,及其他机会
成本。除了上大学的显性成本低,更重要的是上大学的机会成本。
第一,在中国初中毕业生可以有就业和升学的选择,但高中毕业生
只有一条选择,那就是升学。原因是升学的机会成本为零。普通
高中三年的课程只是初中普通认知的深化,没有任何关于技能和
工作的培训,因此,此时就业,高中毕业生与一个初中学历的同龄
人相比没有任何优势,因为同龄人已经在三年中学习了实际生存
的基本技能。因此,对于高中毕业生只有升学才是唯一的出路。
第二,大学毕业后,毕业生的就业成本趋于零。不就业,就创业。
若不能创业,则就业的成本就是零,理性人考虑边际量,那也就无
怪乎大学毕业生要喊出零工资的口号了。那么大学生能否创业
呢? 中国的创业环境非常不利于大学生,体现在两点:1. 整体的创
业环境不好,表现在创业资金门槛高,审批程序复杂,这对于初出
校门的大学生来说尤其致命。2. 产权保护不利。大学生物质资本
相对不充裕,但人力资本充裕,其创业资本更多的是体现在对于知
识性产品的投入和研发方面,比如可以申请专利的毕业设计,或产
品从生产到销售过程的某种创意均有可能构成创业的基础,但这
需要强有力的产权保护,才有可能使毕业生以人力资本出资创业。
但在中国这还只是个梦想,在中国要产生比尔·盖茨,智力资本不
缺,缺的是相对完善的智力资本创业的产权保护制度。此外,大学
的专业和课程设置严重趋同,致使大学生人力资本除了用毕业学

校等级来区分能力素质外,同质化严重,这就使其在劳动力市场上更趋于完全竞争的地位,没有议价能力,从而使其在企业之间选择的可能性极低,因此机会成本趋于零。再来看看大学生供给收益。在这里不妨借用一下弗里德曼的永久收入理论,大学生供给的收益应该是指永久收入,即考虑风险因素后对一生当中各个时期的预期收入折现。在中国,市场分割严重是学界共识,不仅体现在产业部门还体现在地域划分上。因此,要想跨部门就业跨地域就业,上大学可能是不多的出路之一。比如从农业劳动者变成工业劳动者;从工业劳动者变成白领;从北方去南方就业;从家乡的大山走出去进城。在中国正规就业部门主要由四部分构成:政府机关,事业单位,国有企业,外资企业。原因很简单,中国的创业环境堪忧,私营企业多举步维艰,朝不保夕,小富即安,自然出不起高价来购置风险相对较大的人力资本。即使出得起高价,大学生也还要考虑日后的风险和预期。因此大学生的收益主要体现在能够获得敲开正规就业部门的大门的砖头。即使是进行两种极端的成本收益分析,高中毕业生发现,大学毕业若能在正规就业部门就业,则一劳永逸,升职、福利、退休、劳保一应俱全,毫无后顾之忧。若果真不能就业,也不损失,因为隐性成本为零,充其量损失些学费而已。况且高中毕业生进行上大学的决策时,更多的是对于两种可能的结果出现的概率进行加权平均。因此,大学毕业生失业的概率不上升到一定的高度,正规就业部门和非正规就业部门之间的加权工资差额不小到一定的程度,高中毕业生上大学的进行大学生供给的决策就不会逆转。

最后,人力资本要素市场的不完善加重了人力资本的供求失衡。

原本在需求相对静止、供给增加的情况下,若市场可以充分发挥作用,则通过价格的调节,会缓解过剩或不足的情况。以大学生为例,若过剩的高级人力资本的均衡工资不断下降,就不会存在现实经济中的大学生非自愿失业问题。在现实的经济社会中,确实可以观察到大学生实际工资下降的情况,但仍远未达到均衡工资水平,存在一定的黏性,关键是怎样解释这一工资黏性呢? 有三个解释:一个是基于产权角度的解释,一个是基于效率工资理论的解释,还有就是基于市场分割理论的解释。

在中国土地公有、主要生产性资产国有,据耶鲁大学终身教授、北大教授陈志武初步核算,到去年国有土地的总价值约为50万亿元。另据国资委主任李荣融在2007年8月《求是》杂志上谈到,到2006年年底,全国有11.9万家国有企业,平均每家资产2.4亿元,所有国企资产加在一起值29万亿元。也就是说,国有土地加国有企业的总价值为79万亿元。假如这些资产价值每年照GDP的10%的速度增长,一年会增7.8万亿元。另外,2007年,全国财政税收增长31%,达到5.1万亿元。从1995到2007年间,虽然GDP年增长速度为10.2%,国家财政税收却年增15.9%,政府财政税收以GDP一倍半的速度增长。5.1万亿元财政收入约占GDP的20%,再加上国有资产增加值,国有经济占GDP的比重约为52%。如果按照陈志武在其所撰《中国政府有多大》一文中的估算:2007年,国有企业的总利润为1.6万亿元,那么去年国家作为"资本家"和土地所有者的"可支配收入"共有10.6万亿元。把国家的资产性可支配收入和财政税收的5.1万亿加在一起,去年政府可以支配的总收入是15.7万亿元,2007年的GDP总量为246619亿。

和全国情况相似,在国有企业仍占产值60%强的辽宁省,经济增长中最大的雇主无疑是政府。当然也就无怪乎政府机关、事业单位及国有企业等部门提供了正规就业的主要岗位。公有产权下的制度安排,必然导致天然的投资饥渴。对此,陈志武也有精彩论述:"在没有对财政预算过程的实质监督的情况下,政府钱多后更倾向于在形象工程、政府办公大楼上浪费,政府可能花相当的钱在固定资产投资上。这就带出另外一个同样严重而时常被忽视的问题,那就是国家办企业、搞经济必然偏重工业、轻视服务业。换句话说,所有制形式对产业结构有重要的决定作用,以国有企业为主体的经济会侧重高消耗型的重化工业,而以私有企业为主体的经济中服务业会更强。其原因包括几方面。第一,国有企业往往不是以利润为目标,因此对市场的敏感度低,而私有企业为赚钱而必然很在乎市场的需求和需要,所以,前者受自上而下的行政意图影响较多,后者主要受市场的影响。这就是为什么在20世纪六七十年代,苏联和美国都在快速发展经济、发展高科技,但到后来发现,苏联的高科技都用于工业和国防,基本没有用于民生领域,更没有用于服务业,可是美国的高科技远远更侧重与民生相关的行业,服务业也最发达。中国国有经济的经历跟当年的苏联类似,在计划经济鼎盛时期的20世纪60年代和20世纪70年代,也只有工业、没有第三产业,到今天,中国的产业结构还是重工业、轻服务业。第二,跟服务业相比,工业项目既可看得见,又往往规模宏大,是典型的形象工程,有利于政绩评估。由于国有企业和政府主管单位看重的更多是政绩而非经济利益,工业的有形特征当然正中下怀。第三,工业制造技术已充分成熟、极易复制,并且工业生产流程比较"死板",不需要太多创意,所以,相对而言,不管是国有企业还是民营企业,基本都能从事工业项目,工业项目远比服务业更适合于官僚化管理。可是,服务业更需要对客户、对市场需求有高度敏感力,需要更高的应变能力,这是一般国有企业所欠缺的。

公有产权制度安排下对于人力资本的购置和更新也大可沿用此理。随着大学生供给的增加,公有用人单位首先考虑的不是基于边际产出来考虑降低工资,而是在现有价格下重置更高档次的人力资本,所以在机关和事业单位,广泛存在着人力资本高消费(过度教育)现象,博士干硕士的活,硕士干本科生的活。原因也有三:第一,国有企业不是以利润为目标,对市场的敏感度低,因此就不存在以要素的边际成本决定其价格的硬约束。第二,与由劳动者素质决定的生产率以及边际产品相比,更高形式的人力资本既可看得见,又往往昭示规模,是典型的形象工程,有利于政绩评估。由于国有企业和政府主管单位看重的更多是政绩而非经济利益,因此更高档次的有形特征当然正中下怀。第三,国有企业创新激励不强,因此,雇用更高形式的人力资本实际上并不是为了进行技术革新,只是相对而言,这种易于衡量的形式化的人力资本受自上而下的行政意图影响较多,更适合于官僚化管理。

另外,正规就业部门中的外资企业也是大学生需求的重要部门。由于外资企业一般都有自己比较成型的管理模式和运作流程,以及核心技术,因此一方面需要员工具备较强的学习能力,另一方面出于保密和技术安全的考虑,通常需要员工队伍具有一定的稳定性,因此,外资企业通常都会以高于市场均衡工资的效率工资来吸引和留住优秀的毕业生,这也是导致工资居高不下的一个原因。

此外,市场的多元分割也加重了人力资本的配置失灵。除上文论述的以国企和外企为代表的正规就业部门与其他类型就业的非正规部门之间存在着市场分割之外,在辽宁省还存在着城乡、区域等多元化的市场的分割,使得转行、转地域、转部门的门槛及交易成本极高,从而使得人力资本无法垂直及横向替代,专用性增强,加重了人力资本的供求失衡。

第三节　为辽宁转变经济发展方式提供
人力资本有效供给的政策建议

人力资本的低效利用会对辽宁省经济发展方式的转变产生诸多不利影响。一方面与需求不相适应人力资本的过度投资会对消费形成替代和挤占,会导致内需不足,从而阻碍投资需求共同促进经济发展方式的实现。其次,由于教育体制中的行政干预过多,产权改革严重滞后,使得人力资本的供给无法根据经济发展的需求得到适时调整,重理论,轻实务,无法适应辽宁省产业及工业升级过程中对于人力资本的需求,从而阻碍产业以市场为依据顺利升级。因此人力资本的有效供给问题亟待解决,以便为辽宁经济发展方式的转变提供必要条件和有力支撑。

一、深化产权改革以市场为导向形成人力资本需求

人力资本的需求具有导向作用,为人力资本的供给提供标准。在一个经济中,若政府和国有企事业单位构成了人力资本的主要需求,则这种需求很难以市场为导向,而大多以容易量化和衡量的学历为导向。最终的结果必然会导致人力资本的供给重学历轻能力,全社会追求学历教育,弱化职业教育。能读博士不会止步于硕士,能读硕士不会止步于本科。只有市场化的企业和事业经营主体才能以边际产出作为人力资本需求决策的依据,而不会去盲目追求无法带来经济利益的一纸文凭,才能真正做到重能力,轻出身,轻文凭。只有这样的人力资本需求才能引导人力资本的有效供给。

　　"十一五"以来,虽然辽宁省国企改革的步伐在不断加快,但因为其基数过于庞大,因此与市场化还有一定的差距,还有相当大的进一步深化的空间。2006年辽宁省国有企业的工业增加值比重占总体工业增加值的45%,远高于全国的20.5%。但根据可得的2003年的数据,辽宁的国企成本利润率却仅为3%,远低于全国7%的水平。此外,辽宁的人力资本需求仍主要来源于国有单位。2006年统计年鉴中公布的职工工资总额及构成中,国有单位占64.9%,城镇集体经济单位占4.5%,而其他经济单位仅为30.5%。职工总收入中教育部门和公共管理部门又分别以16.3%和16.1%位列第一位和第二位。教育供给的公有性质,由此可窥一斑,这一点在后文会有专门论述。国有企业能以最小的社会成本实现转制退出的前提是全民创业,民营企业自生能力的增强以及私营经济的繁荣。这个过渡和衔接处理不好,就有可能重蹈苏联的覆辙,使经济陷入严重的衰退,从而激化各种社会矛盾,使改革的成果功亏一篑。所以保持经济的稳步增长是一个重中之重的大前提。

　　因此,在国有企业不断退出的过程中,要特别重视中小企业、特别是民营企业的自生能力,培育公平良好的竞争环境,使经济运行不会出现断层和休克。目前来看,民营企业的发展遇到了各种阻力,有些是企业自身的问题,这可以由市场用优胜劣汰的规则自行解决,但还有很多是体制的问题,就需要政府的行为来加以解决。目前,辽宁省人力资本需求的正规部门主要由国有单位构成。2006年,国有单位的平均工资为20681元,比全省的平均工资16204元高出27.6%。很明显,国有单位的吸引力在于其较高和较稳定的收入。这势必会与民营企业形成人力资本需求的竞争之势,使民营企业在现有的高于均衡工资的价格下,难以承受和负担高质量的人力资本投资成本。随着近年来劳动力成本开始快速攀升，能源价格飙升，以及长年贸易顺差引发的汇率上升，均使利润最大化私营企业面临转型危机。用机器来替代劳动力，用品牌和技术创新来赢得市场势力，从而摆脱完全竞争市场下的血拼厮杀，用更加节能的技术来节省或代替昂贵的能源，是谋求生存的企业在今后的几年中不得不面对的课题。再加上难以获得高质量的人力资本作为支撑，使民营企业的发展受到重重阻碍。急需国有经济部门加快其自身的市场化步伐。

　　另外，形成市场导向的人力资本需求，更重要的是要构建良好的创业环境，鼓励创业替代就业，增加省内居民收入中其他经济单位收入来源的占比。这样做的优点是当政府以服务者的姿态来对待创业者，用政府信用担保企业通过正当竞争和风险投资完全有权利获取未来收益时，各种人力资本供给就可以转化为人力资本需求。当创业成本的降低而提高了创业的收益时，正规部门就业的机会成本会相对上升而相对收益会相应下降，居民们会发现与其充当人力资本供给方，不如创业，担当人力资本的需求方。这样的结果最终只有一个，即人力资本需求增加而同时供给减少，人力资本的均衡工资增加，达到现有的实际工资水平，从而实现供求均衡。要做到这一点，首先，要建立能够提供足够激励的支持体系，包括固定或不固定期限减税，一站式创业服务，提供项目的评估和担保服务，将创业数量（新企业注册数量）和质量（以企业的赢利和缴税能力衡量）纳入地方各级政府的绩效评估体系等等。此外，对各类人力资本加强创业宣传和教育也是这一支持体系当中的重要环节。这一点，可以美国的经验作为借鉴。根据我国学者何亦名的调查发现，美国的创业教育已纳入国民教育体系，贯穿了从初中、高中、大学本科直到研究生的正规教育。高校的创业活动已成为美国经济的直接驱动力,当代许多著名高科技公司几乎是老师大学生创业者们的成果。根据他的研究,"1974 年,全美只有 75 所大学开设了创业课程,而目前已经有超过 1100 所大学、学院和伊妹儿创业教育课程。""美国的创业教育甚至延伸到了中学教育,现在至少 30 个州的 K—12 年级的学生正在接受创业教育。一项对全美高中生的抽样调查表明,70% 的学生希望拥有自己的企业,86% 的学生希望学习有关创业的知识。在加拿大,了解和选择创业的青年迅速增加,1989 年,不到 5% 的青年人对创业有了解,而到了 1999 年,有 64% 的青年将创业作为他们就业的第一选择。"①以此为借鉴,可以在学校教育中开设创业教育的专门课程或讲座,帮助青年人了解创业流程,包括如何注册公司,寻求资金支持,法律服务,以及如何开办和经营企业等内容。

二、加快教育体制改革以需求为硬约束形成人力资本的有效供给②

首先要硬化高校的预算约束。对于高等学校决不能像当初对待中等专业学校一样,办不下去了,就用行政的手段将其升格为专科学校或者让其与大学合并,或者采取其他的办法予以救助。在硬预算约束下,要通过学校之间的竞争,适者生存,各学校只能根据自身的优势面对市场需求谋求发展,从而自然而然会向着专业化并且学科多样化的发展路径演进。

要逐步放松对于学费和招生计划的统一管制,并给予学校更

---

① 《中国高等教育扩张的就业与工资效应研究》,浙江大学 2007 年博士论文。
② 谢作诗、杨克瑞:《大学生就业难问题的制度经济学分析》,《北京教育》2007 年第 9 期。

多的其他方面的办学自主权。考虑到公立学校具有内在的扩张冲动，只能是逐步放松管制。可以根据科学研究、学生就业情况等数据给出一定的浮动区间，而浮动区间本身又根据科学研究、学生就业情况等数据定期进行调整。这样，各学校才有可能沿着不同的路径沿着不同的办学路径演进。例如，一些学校适宜搞精英教育，就会向收取高价学费，招收少量学生的方向演进；一些学校适宜搞大众教育，就会向收取较低的学费，招收较多的学生的方向演进；一些学校具有培养博士生、硕士生的条件，就会选择培养更多的博士生、硕士生；一些学校更具有培养本科生的优势，就会安心于本科生的培养；每一个学校都在约束条件下实现了自己的利益最大化，从而达成均衡。对于硬件条件过关的民办学院或民办二级学院，对其所开列专业的审批应有别于公立学校。比如，可以宽进严出。开设专业时，可以以合同和合约形式约定毕业生最低就业率及学生的投诉率，违反合同则予以返还学费贴现值惩治等等。

要努力建立科学、公开、透明的信息披露机制，对于各大学的科学研究、学生就业等情况做出及时、公开、透明的披露。一是政府对于高等教育的管理和资助要依赖于这些信息，二是考生可以根据这些信息进行选择，用脚投票，对各学校形成约束——在高等教育市场将由卖方市场转变为买方市场的情况下，考生的用脚投票将是重要的约束。但是，这种信息披露机制主要不能依靠政府机构来提供，要由独立的依靠其信誉而生存的认证机构来提供，政府要做的主要是培育这样的市场中介机构生存的环境。

要改革配置高等教育资源的方式。政府对于高等教育的资助主要应建立在事后的绩效评价指标之上，例如科学研究和学生就业等指标，而不是教职工人数、学生人数以及学校级别等指标，要考虑直接补贴学校为间接补贴学生的可能性及实施办法。在大学内部,强化二级学院的独立性同样重要,因为只有这样,大学内部的分离均衡才可能出现。

要逐步实现研究型教育与技能型教育的分离与定位。研究型教育主要基于国家产业长期竞争力的形成,以培养能做出原创性成果的科研人员为目标。由于这些研究成果关系到国家长期的发展能力和国际竞争力,且主要属于基础性和技术性研究,具有公共产品的某些性质,因此主要应由政府投资和资助。技能型教育则主要着眼于中国当前及今后一段时期制造业的发展格局,维护和增强国际竞争中的劳动力优势,以培养能熟练进行某项操作的技术人员和中低层管理人员为目标。由于教育的产品可以直接与就业市场的需求相对接,因此这种教育应随着市场变化而加以调整,其投资方式更多地应该采取市场化方式。在上海浦东有一个大学城,其特殊之处在于,进驻期间的均是清一色的民办学校,专业各取所长,若按学历和发表文章数,这些民办教师虽然与公立学校的教师有很大差距,但学校的就业率却大有与同处本地的优秀综合性大学呈分庭抗礼之势。这对于辽宁省的高等教育改革也许是一个很好的借鉴。

从长期来看,还必须改革更为基础的制度安排,高等教育领域的产权改革势在必行。可以借鉴经济改革的经验,采取渐进的和增量式的改革方式。当然,产权改革不是在某天突然间启动的一个间断的活动,在高等教育领域内制定的每一项政策、实施每一个措施都在事实上不同程度地改变着高等教育的实际产权配置。上面提出的“硬化高校的预算约束,逐步放松对于学费和招生计划的统一管制,给予学校更多的其他方面的办学自主权,改革配置高等教育资源的方式”等措施,其实本身就是渐进改革高等教育产权配置的重要内容。可以预期,在大学生就业难的背景下,这些措施或多或少是要被付诸实践的;在大学生就业难的背景下,民办高等教育也将会得到更大的发展,甚至高等教育对外开放的步子也可能加快。还可以预期,随着大学投资主体越来越多元化,由利益相关者组成委员会来治理大学最终将会成为现实,高等教育最终将形成面向市场的办学机制,高校将主要对学生负责,而不是对教育主管部门负责。

三、发挥政府在人力资本要素市场中的引导、保障和补充作用

经济发展方式要由市场选择和决定,要做到这一点,政府要主动退出,还富于民,鼓励私企发展,创造良好的创业环境,不仅仅是物质环境,更重要的是制度环境,包括更加自由开放的要素市场,更加有利于市场发挥主体作用的税收政策,从而切实缩小部门之间的收入差别。只要政府保护好企业这个微观的市场经济基础,那么转变经济发展方式、自主创新和环境友好等等企业公民行为均是水到渠成之事。而也只有以能赢利的企业为基础的市场才能够最有效地使用人力资本,并且进一步激励人力资本供给。

在这个过程中,政府的引导作用主要体现在:要建立长效机制,包括以法律形式规定平等物权的保护,确保用宏观政策来替代微观的行政指令式的相机抉择的政策,以使企业形成稳定的政策预期。总体来说宏观政策要优于微观产业政策,长效机制要优于相机抉择的产业政策,指导性指令要优于强制实施的政府政策。政府要深深地懂得,事实上,企业的发展不仅企业本身受益,经济社会也会因其所创造的就业岗位增加收入,因其生产的产品来满足需求,从而可以实现整体收入和福利的普遍增长。因此,政府的作用还应体现在大力完善融资体系,特别是要大力培育和完善金

融市场。改变企业以间接方式融资为主的局面,使企业的融资渠道多元化。通过充分发育的金融市场融资,不仅可以使金融资源在市场的指引下高效配置,而且可以分担企业的投资风险。而对于辽宁省来说,应该鼓励企业上市融资,特别是中小企业,同时严格监管企业的信息披露,一旦有虚报和瞒报现象发生,一定启动相关法律程序,依法加以严厉惩治,其目的就是要引导市场良性运转,培育富有生命力的企业。因为只有富有生命力的企业代表才能形成人力资本的有效需求;也只有富有生命力的企业,在利润的约束下,既不会过度使用也不会闲置不用所需的人力资本。

此外,政府在保障人力资本市场顺利运行的作用还体现采取切实可行的措施统一各类人力资本市场。不仅要通过保护私有产权和收益,培育非国有单位的生存能力,以扩大非国有单位的资本积累和投资能力,缩小部门之间的收入差距,使人力资本的匹配更加灵活。还要降低城乡和地区之间的流动成本,一方面可以转移剩余劳动力,另一方面有利于引进所需人力资本。城乡二元分割,大大加剧了劳动力的迁移成本,导致有些地区缺人招不到,有些地区却有人赋闲在家,苦于求职无门。因此要降低这种迁移成本,一是要给予在职人员相同的市民待遇,包括子女入学、医疗保险和养老保险等的费用缴纳和办理。二是在改革户籍制度时,以实际居留和工作年限为标准而不是以出生地及有些地区现行的房屋产权为标准。

要加快人事制度改革。目前人事档案关系的管理主体多元化,有的是人事代理,有的是单位管理,将档案的保管服务转化为用人权利的现象时有发生,从而严重限制了流动就业和人力资本重新匹配。建议建立一套统一的管理系统,可以与警务系统的身份识别、社会保障系统、汽车驾照和银行信用同时实现联网,甚至合并,由所在单位及各个相关单位负责提供奖励处分晋职保险所得税缴纳等信息,便于信息的对称,信用评估,从而真正实现由人事管理变为人事信息服务,切实降低人事服务的成本,实现社会化。

最后也是最重要的是,政府在人力资本投资方面的力度要加强,但方式要转变。根据我国学者钱雪亚的统计,从人力资本投资主体所占份额来看,人力资本投资总量中接近一半的投资是个人人力资本投资,这与美国的情况正好相反,美国人力资本投资主体构成中,政府所占的比重最大。因此,从投资力度上来看,从全国到辽宁省,政府在人力资本投资中所占比重应该得到加强。即教育占 GRP 的比重至少应该与 GRP 的增长速度持平。但是如果单纯增加投资量,是无法解决投资效率问题的。对此,美国 20 世纪七八十年代兴起的学券制度是一个重要的启示。

学券,也称教育券或教育凭证,是在教育领域中试行的一种代币券。其基本思路是,由政府把经过预算的教育经费折算成一定数额的学券直接发给学生,学生凭学券自主选择公立学校或私立学校。学校在收到学券后,凭券从政府那里兑换与学券等额的教育经费。弗里德曼教授相信,实行学券制度后,学生家长手中握有学券,就可以自由地选择学校,从而能够较有效地监督学校;学校为了取得学券,就会致力于改善教学,从而有效地提高教育质量。

我国的教育投入,绝大部分由机构获得,而以助学金、奖学金等直接补贴的形式较少,这就使得市场的自由选择无法得以实现,学校为了得到办学经费只需面对负责拨款的上级,而非直接为其服务的学生。对于教学质量和专业的好坏,学生和家长最有发言权,如果能够帮助他们获得和保留用脚投票的权利,那么学校的质量评价和监督就不再是政府勉为其难的事。学生只要考上大学,就可以申请奖学金,拿着政府奖学金再去选学校。这样一来,势必会使学校面向学生面向市场而非向上级调整专业方向,因为只有这样才能在竞争中吸引优秀的学生,从而实现学校的生存和长远发展。

学券制度是弗里德曼于1955年在一篇随笔《政府在教育中的作用》中首先提出的。此后,弗里德曼教授在1979年的《自由选择:个人声明》一书和1995年《公立学校:使其私有化》的文章中,进一步阐述了其学券制思想。弗里德曼教授倡议学券制的立意是,将市场机制引入公共教育领域,借助竞争的力量迫使公立教育改善教学,提高教育质量。

弗里德曼教授提出的学券制思想,在美国乃至世界各国的公共教育改革中产生了重要影响。在美国,20世纪60年代末开始实验政府资助的学券制度,到90年代初正式付诸实施。1990年,威斯康星州米尔沃基市开始正式实施学券制度。1999年春,佛罗里达州议会批准全美第一个全州性的学券实施计划。现在美国已有2个城市和1个州正式明确实施了公款资助的学券计划,还有10个州实施私人和私立机构资助的学券。世界上一些国家,诸如智利、哥伦比亚、瑞典、芬兰、英国、波兰、澳大利亚、肯尼亚、荷兰等,以及中国的台湾和香港地区,也开始试行学券制度,其中智利和哥伦比亚的做法较为成功。

中国浙江省的长兴县从2001年开始试行学券制。据介绍,实施学券制度以来长兴县民办教育快速发展。截止到2004年,全县吸纳社会资金4.45亿元,占同期全县教育投入8亿元的一半以上,新办上规模上档次的民办学校6所。职业教育蓬勃兴起,职业学校与普通高中招生的比例上升到1:1,高中教育的入学率由2001年的不到70%,上升到2003年的85%,2004年上升到84%,

确保了农村所有的孩子,不因贫困而失学或者辍学。小学入学率、巩固率都达到100%,初中入学率巩固率也在99%以上。长兴县的实践初步显示了学券制在刺激教育多样性和增强学生主体地位方面的诸多优势。继长兴改制之后,浙江省和其他省份的一些县市也开始效仿长兴县经验,推行学券制。① 在深圳,2001年该市教育局出台的《加入WTO后深圳教育的应对思路与措施》中就提出,对享受义务教育者提供教育券。政府给每个学龄儿童等同于现金面额的教育券,让学生自主选择学校就读,以教育券代替学费。另外,针对许多流动人口子女要么在高收费民办学校接受义务教育,要么就在"窝棚学校"就读的情况,出席深圳"两会"的人大代表、政协委员提出了建立政府对入学学生发放教育券制度的建议。对于民工子女的就学问题,浙江省教育厅厅长侯靖方也曾提出试行教育券制度的建议。其具体操作方式是:委托某个机构(如户籍管理部门)向尚处于义务教育阶段的流动人口子女发放一定面值的教育券,民工子弟学校可凭收取的教育券向有关部门领取等值的专款补充办学经费。

目前来看,学卷制度的推行有一个难点,在现有的政府直接拨款给学校的教育财政体制下,要想推行学卷制度就要有额外的政府教育财政预算,需要较强的地方经济作为支撑。目前来看,长兴的主体教育拨款的流向主要还是公立学校,教育券发放仅限于民办学校中的义务教育段学生、初中毕业后就读于职高的少数学生和义务教育阶段的贫困学生,其目的是为了扶持民办教育。尽管范围不大,但全县共有3220名学生享受教育券,还是要额外发放

---

① 徐秋慧:《弗里德曼与学券制——兼论中国大学学券制改革》,网易博客:http://blog.163.com/chen_samulsion/blog/static/102670872007 0273754877/。

156万元的教育券。弗里德曼教育券理论的主旨是,当学生可以凭券自主选择学校时,就可以促成学校之间的竞争局面,促使教育教学质量的普遍提高,最终让学生和社会受益。因此,普遍性和选择权是弗里德曼教育券理论的核心内容。然而,这种大范围的教育券的实施要求政府的财政拨款方式要彻底转变。长兴的教育券实践一开始就因为具有极强的指向性,学生的选择是一种带有强制性的选择,其范围还不是很大,只局限于民办教育和职业教育的少数几所学校。因此,在现行教育财政投入体制下,要推行教育券,如果不改变现行教育投入体制,就必须在财政预算之内再增加一部分教育投入。对于长兴,作为一个财政预算内可用资金近2亿元的全国百强县,拿出几十万上百万元推行教育券,不是太难的事。但对于辽宁省的一些财政收入本来就捉襟见肘的贫困县市来说,几十万元并不是个小数字。从目前的情况看,上述推行学券制的地区之所以敢于试行此种改革,一个很重要的因素就是经济实力。因此要想使教育券的效能得到彻底发挥,彻底地改革教育的公共投资方式是根本。但在全面推行社会成本更为高昂时,也可仿效长兴的办法,在彻底改革之前,双轨并行,试点改革,结合各自地方的特色,发挥教育券的教育调控作用。

四、拓宽教育的融资渠道,防止因教致贫及收入分配差距加大

　　人力资本的利用效率低下的直接后果是人力资本投资风险加大。这一方面会使居民的教育投资无法获得预期的收益,从而导致因教致贫,另一方面会使低收入家庭放弃人力资本投资,从而彻底丧失未来增加收入的可能性,导致收入分配差距在代际不断加大。因此,除上述切实增加人力资本利用效率的战略之外,还应拓

宽教育的融资渠道,分担教育风险和成本,从而切实减少因教致贫及收入分配差距代际加大的现象。

为此,我国从1999年开始在全国推行助学贷款,最初的助学贷款分为国家助学贷款和一般商业性助学贷款。中国工商银行主要承担了国家助学贷款的发放任务。建行、农行等银行可以开办商业性助学贷款。在国家助学贷款的发放中,比较优惠的政策是国家财政将给予贴息50%。

国家助学贷款,是由政府指定的商业银行面向全日制高校中经济困难学生发放的个人信用贷款,目的是帮助贫困大学生支付学费、住宿费和生活费,以保障其顺利完成学业。由于国家助学贷款是一项国家政策,而商业银行又以追求利润最大化、风险最小化为目标,因而两者之间不可避免地存在一定矛盾。对于商业银行来说,助学贷款的利润空间较小,笔数多额度小,管理成本较大;而且,助学贷款依靠的是个人信用担保,还款拖欠风险完全由银行自身承担,风险太大,呆坏账问题严重。因此在商业银行眼里,助学贷款就如同"鸡肋",他们承办助学贷款更多的是为了完成指令,而不是一种完全的市场行为。因此在推行初期阻力重重。根据中国建设银行提供的一般商业性助学贷款数字显示,截至2000年3月底,该行共发放助学贷款647笔,总金额达到了1014万元,目前只收回36万元。北京海淀区是高校云集的地区,具地利优势的建行北京分行海淀支行发放的商业性贷款有700万元左右,总笔数在近300笔,截至2000年5月只有7笔获得还款。信用难觅,担保不保。

为此,2003年,国家针对助学贷款的风险问题出台了新的规定,各省也根据国家的统一文件下发了各自的调整办法。

根据2003年辽宁省政府办公厅正式下发的《关于加强和改进

辽宁省国家助学贷款工作实施意见和通报》,从2004年开始,国家助学贷款实行在校期间助学贷款利息全部由财政贴息,毕业后全部由个人支付。同时制定国家助学贷款优惠政策,对毕业后自愿到国家需要的艰苦地区、艰苦行业工作的借款学生可给其减免贷款本息,由有关部门代其还贷。按照新的助学贷款政策,辽宁省高校每年的国家助学贷款计划实行总额包干,原则上按全日制普通本专科生(含高职生)、研究生以及第二学士学位在校生总数20%的比例、每人每年6000元的标准计算确定。贫困大学生共有三种途径获得助学贷款。考上省内大学,属农村户口的贫困学生,可以申请生源地助学贷款;对于考上省内、外大学,属城镇户口的贫困学生和现已在校的贫困学生,开学后均在就读学校申请国家助学贷款;未获得生源地助学贷款的且属贫困学生(找不到担保人)可到其考入的高校申请国家助学贷款。此外,允许生源地助学贷款适当延长还贷期限。国家助学贷款所产生的风险由政府和高校共同承担,政府将向银行承担一定数额的风险金。风险补偿专项资金由贷款学生所就读高校和财政部门各承担50%。

　　新的贷款政策提高了助学贷款比例,但仍未能根本解决问题。截至2008年6月底,全国银行累计审批了377.4万高校贫困学生的助学贷款,累计审批金额为354.3亿元,全国获贷学生占在校生总数的平均比例仅为11.2%。推行助学贷款至今10年,比例依旧偏低。归结原因主要有三:1.人力资本投资风险加大,使得毕业生的收入难以稳定,降低助学贷款人的信用度,使银行惜贷。2.贷款手续烦琐。贷款对象要先由毕业学校和县、区教育局审核提出名单,并在公示后报当地经办银行,没有列入贫困学生名单的学生,经办银行将不给其办理生源地助学贷款。同时,被列入贷款对象的学生,必须提供具备代偿还能力的担保人,担保人要出具责任承诺书,并经经办银行认可,担保人可多人担保,但不可互为保人或连环保人。3. 无法有效甄别贷款人信息,致使贷款资金无法有效配置。目前贷款人的信息主要由街道社区和学校三方出具证明来证实,且仅限于对目前经济状况的说明。很多贫困学生自动放弃申请贷款是因为对于未来的还款能力持谨慎态度。因此助学贷款推行的关键还是在于学生的预期还款能力。

作为均等化资源禀赋约束的重要手段,各个国家都将助学贷款作为一项经常性的教育支持计划,其中对于解决学生预期还款能力的问题,美国的做法颇值得借鉴。

美国政府贷款分为 FFEL/直接贷款与联邦帕金斯贷款。就FFEL/直接贷款而言,联邦政府规定,连续 5 年在指定的小学或中学作为全职老师从事低收入家庭学生的教学服务工作的大学毕业生,可以享受免除贷款的政策。就联邦帕金斯贷款而言,大学毕业生在以下条件下最高可以免除 100% 贷款:在指定的小学或中学作为全职教师从事低收入家庭学生的教学服务工作;在公立或者其他非营利性小学或初中从事残疾儿童教学等全职特殊教育教师工作;从事残疾人早期干预服务的全职注册专业职业;在教师短缺地区全职从事数学、科学、外语、双语教育或其他领域的全职教师作为全职雇员在公共或非营利儿童/家庭服务机构为来自低收入社区的高风险儿童及其家庭提供服务;全职护士或医疗技术人员;全职的法律执行官员或教养官员;在 HSP 计划(Head Start Program)下的教育机构做全职成员。此外,如果毕业生成为 Vista/Peace Corps 志愿者,最高可免除 50% 贷款额。除了联邦政府的减免政策之外,各州亦有各种政策规定。此外,美国国防部、美国国民服务公司、健康与人类服务部等机构也有各种就业政策支持学生的还贷计划。例如,国家护理教育贷款偿还计划(NELRP),该计划要求受益的护士在护士短缺地区合格的健康机构提供服务。该计划为那些在规定健康机构工作2年的毕业生偿还60%贷款，为工作3年的毕业生偿还85%的贷款。

以此为借鉴，辽宁省也可以考虑号召就业困难毕业生去贫困地区支教，或政府的其他公共福利部门提供服务，并就此减免贷款额度。计划可由不同的政府部门发起，可以针对特定专业和领域的毕业生，也可针对所有毕业生。政府一方面可以帮助毕业生还清贷款，激励银行的助学贷款业务良性运转，另一方面也可使毕业生的人力资本得到利用，同时，毕业生也可由此获得社会和工作经验，发展技能，加强学校与社区之间的联系，可谓一举数得。

总之，辽宁省人力资本的供求失衡和低效率利用只是经济体制改革进程中产生的不可避免的现象和问题之一。要想从根本上解决这种制度层面上引发和导致的失衡，就要加快产权改革进程，让人力资本的需求和供给约束都面对市场的硬预算约束，让要素市场得以确立，市场的作用得以充分发挥，并使其顺畅运行得到切实有力的保护，唯有如此才能从根本上解决这一经济重要链条上的失衡，保证经济发展方式以市场为导向得以顺利转变，使各个经济运行环节良性运转，最终促进经济和社会的和谐发展。

附录：

表1　2000—2006年辽宁省分企业所有制类型在岗人数及占比一览表

年份		在岗总人数	国有单位在岗人数	集体单位在岗人数	其他单位在岗人数
2000	人数（万人）	587	409	91	87
	占比（%）	100.00	69.68	15.50	14.82
2001	人数（万人）	545	373	74	99
	占比（%）	100.00	68.44	13.58	18.17
2002	人数（万人）	502	329	56	117
	占比（%）	100.00	65.54	11.16	23.31
2003	人数（万人）	483	310	49	125
	占比（%）	100.00	64.18	10.14	25.88
2004	人数（万人）	481	301	44	136
	占比（%）	100.00	62.58	9.15	28.27
2005	人数（万人）	477	292	41	144
	占比（%）	100.00	61.22	8.60	30.19
2006	人数（万人）	476	292	39	146
	占比（%）	100.00	61.34	8.19	30.67

资料来源：根据2001—2006年《辽宁统计年鉴》整理计算得出。

表2　按经济类型的工业产值及比重

年份	工业总产值（亿元）	国有企业工业总产值（亿元）	集体企业工业总产值（亿元）	其他经济类型工业总产值（亿元）	国有企业产值占比（%）	集体企业产值占比（%）	其他经济类型工业产值占比（%）
1998	3147.86	1687.23	364.46	1096.17	53.6	11.58	34.82
1999	3390.27	1600.68	337.14	1452.45	47.21	9.94	42.84
2000	4249.46	1326.14	315.12	2608.2	31.21	7.42	61.38

年份	工业总产值（亿元）	国有企业工业总产值（亿元）	集体企业工业总产值（亿元）	其他经济类型工业总产值（亿元）	国有企业产值占比（%）	集体企业产值占比（%）	其他经济类型工业产值占比（%）
2001	4480.32	999.33	265.07	3215.92	22.3	5.91	71.78
2002	4888.02	971.82	258.34	3657.86	19.88	5.29	74.83
2003	6112.96	973.99	285.24	4853.73	15.93	4.67	79.4
2004	8603.9	1303.1	292.76	7008.04	15.15	3.4	81.45
2005	10814.51	1375.59	368.45	9070.47	12.72	3.41	83.87
2006	14167.95	1641.23	419.1	12107.62	11.58	2.96	85.46

资料来源：根据《辽宁统计年鉴2007》整理计算得出。

表3　1978—2006 年辽宁省在岗就业人数与地区
生产总值及增长率一览表

年份	就业人员		生产总值	
	总量（万人）	变化（%）	总量（亿元）	变化（%）
1978	1254.1		229.2	
1979	1321.5	5.32	245	6.89
1980	1441.7	9.1	281	14.69
1981	1505.1	4.4	288.6	2.7
1982	1571.6	7.97	315.1	9.18
1983	1638.6	4.26	364	15.52
1984	1680.7	2.57	438.2	18.35
1985	1769.1	5.26	518.6	18.35
1986	1799.2	1.7	605.3	16.78
1987	1835.4	2.01	719.1	18.8
1988	1858.6	1.26	881	22.51
1989	1874.8	0.09	1003.8	13.94

年份	就业人员		生产总值	
	总量（万人）	变化（%）	总量（亿元）	变化（%）
1990	1897.3	1.2	1062.7	5.87
1991	1938.3	2.16	1200.1	12.93
1992	1957.8	1.01	1473	22.74
1993	2006.1	2.47	2010.8	36.51
1994	2009.3	0.16	2461.8	22.43
1995	2027.8	0.92	2793.4	13.47
1996	2031.8	0.2	3157.7	13.04
1997	1967.1	-3.19	3582.5	13.45
1998	1958.8	-0.42	3881.7	8.35
1999	1994.4	1.82	4171.7	7.47
2000	2052	2.89	4669.1	11.92
2001	2069.3	0.84	5033.1	7.8
2002	2025.3	-2.13	5458.2	8.45
2003	2018.9	0.32	6002.5	9.97
2004	2097.3	3.88	6672	11.15
2005	2120.3	1.1	8009	20.04
2006	2128.1	0.37	9251.2	15.51

资料来源：根据《辽宁统计年鉴2007》计算得出。

表4　1975—2006年三次产业的产值及就业比重变化表

年份	第一产业产值占比（%）	第二产业产值占比（%）	第三产业产值占比（%）	第一产业就业占比（%）	第二产业就业占比（%）	第三产业就业占比（%）
1975	18.1	66.9	15.0	48.2	33	18.8
1978	14.1	71.1	14.8	47.4	34.6	18
1979	16.6	67.9	15.5	44.7	36.8	18.5
1980	16.4	68.4	15.2	41.4	39.2	19.4

年份	第一产业产值占比(%)	第二产业产值占比(%)	第三产业产值占比(%)	第一产业就业占比(%)	第二产业就业占比(%)	第三产业就业占比(%)
1981	17.0	65.0	18.0	40.6	39.4	20
1982	17.4	63.4	19.2	40.7	38.2	21.1
1983	19.9	60.3	19.8	40.9	37.8	21.3
1984	18.3	61.2	20.5	38.4	39.1	22.5
1985	14.4	63.3	22.3	35.9	41	23.1
1986	15.3	59.1	25.6	35.6	40.9	23.5
1987	15.2	58.0	26.8	34.4	42	23.6
1988	16.1	55.9	28.0	33.6	42.2	24.2
1989	14.1	54.3	31.6	34	41.5	24.5
1990	15.9	50.9	33.2	34	41	25
1991	15.1	49.2	35.7	34.4	40.7	24.9
1992	13.2	50.4	36.4	33.3	40.7	26
1993	13.0	51.7	35.3	31.9	41.3	26.8
1994	13.0	51.1	35.9	31.2	38.5	30.3
1995	14.0	49.8	36.2	31.2	38.8	30
1996	15.0	48.7	36.3	31.7	37	31.3
1997	13.2	48.7	38.1	32.5	36.4	31.1
1998	13.7	47.8	38.5	33.6	35	31.4
1999	12.5	48.0	39.5	32.7	33	34.3
2000	10.8	50.2	39.0	33.4	31.7	34.9
2001	10.8	48.5	40.7	33.2	30.2	36.6
2002	10.8	47.8	41.4	34.4	28.7	36.9
2003	10.3	48.3	41.4	34.7	28.2	37.1
2004	12.0	45.9	42.1	34.4	28	37.6
2005	11.0	49.4	39.6	34.1	28.1	37.8
2006	10.6	51.1	38.3	33.7	27.7	38.6

资料来源:根据《辽宁统计年鉴2007》整理计算得出。

参考文献

[1]李成勋:《中国经济发展战略》,社会科学文献出版社2008年版。

[2]厉无畏、王振:《转变经济发展方式研究》,学林出版社2006年版。

[3]鲍振东等:《2007年:中国东北地区发展报告》,社会科学文献出版社2007年版。

[4]岳岐峰:《辽宁经济事典》,人民出版社1992年版。

[5]李宗植、张润君:《中华人民共和国经济史》,兰州大学出版社1999年版。

[6]孟赤兵:《循环经济要览》,航空工业出版社2005年版。

[7]姜国刚:《东北地区循环经济发展研究》,中国经济出版社2007年版。

[8]周宏春、刘燕华:《循环经济学》,中国发展出版社2005年版。

[9]张思峰等:《循环经济:建设模式与推进机制》,中国发展出版社2007年版。

[10]迈克尔·波特:《竞争优势》,华夏出版社1997年版。

[11]牛维麟:《国际文化创意产业园区发展研究报告》,中国人民大学出版社2007年版。

[12]于立:《规制经济学的学科定位与理论应用》,东北财经

大学出版社 2005 年版。

[13]仲跻全、李戈军:《辽宁省"十一五"发展战略研究》,辽宁教育出版社 2005 年版。

[14]姜作勇:《2008 年辽宁省国民经济和社会发展报告》,辽宁人民出版社 2008 年版。

[15]马凯:《"十一五"规划战略研究》(下),北京科学技术出版社 2005 年版。

[16]国家计委高技术产业发展司:《中国高技术产业发展报告——"十五"重大问题研究》,中国计划出版社 2001 年版。

[17]赵玉林:《高技术产业经济学》,中国经济出版社 2004 年版。

[18]楚尔鸣、李勇辉:《高新技术产业经济学》,中国经济出版社 2005 年版。

[19]方在农:《科技进步与科技创新研究》,人民出版社 2003 年版。

[20]辜胜组、李正友:《创新与高技术产业化》,武汉大学出版社 2001 年版。

[21]吴敬琏:《发展中国家高新技术产业:制度重于技术》,中国发展出版社 2002 年版。

[22]王洛林、魏后凯:《东北地区经济振兴战略与政策》,社会科学文献出版社。

[23]王意恒、刘一力:《新中国工业化的奠基——毛泽东与 20 世纪中国社会的伟大变革》(上、下),中央文献出版社 2007 年版。

[24]中国社会科学院经济学部:《中国经济研究报告》,经济管理出版社 2007 年版。

[25]金凤君:《东北地区振兴与可持续发展》,商务印书馆

2006 年版。

[26]张军涛、傅晓锋:《以生态产业推动辽宁老工业基地的振兴与发展》,《中国人口资源与环境》2004 年第 2 期。

[27]韩永文:《经济增长要向依靠消费、投资、出口协调拉动转变》,《宏观经济研究》2007 年第 11 期。

[28]白露等:《循环经济实现途径研究的回顾和展望》,《湖南师范大学学报》2007 年第 1 期。

[29]刘贵富:《循环经济的循环模式及结构模型研究》,《工业技术经济》2005 年第 8 期。

[30]诸大建等:《中国发展循环经济的战略选择》,《中国人口、资源与环境》2005 年第 6 期。

[31]刘滨等:《试论以物质流分析方法为基础建立我国循环经济指标体系》,《中国人口、资源与环境》2005 年第 4 期。

[32]于丽英、冯之浚:《城市循环经济评价指标体系的设计》,《中国软科学》2005 年第 12 期。

[33]汤天滋:《主要发达国家发展循环经济经验述评》,《财经问题研究》2005 年第 2 期。

[34]《辽宁省 2007 年国民经济和社会发展计划执行情况与2008 年国民经济和社会发展计划报告》,辽宁环保产业暨环保科技网:http://www. lnepia. com。

[35]李王锋、张天柱:《资源型城市循环经济评价指标体系研究》,《科学学与科学技术管理》2005 年第 8 期。

[36]牛桂敏:《循环经济评价体系的构建》,《城市环境与城市生态》2005 年第 4 期。

[37]章波、黄贤金:《循环经济发展指标体系研究及实证评价》,《中国人口、资源与环境》2005 年第 3 期。

[38] 张军涛:《辽宁老工业基地振兴与发展中的生态产业研究》,《社会科学辑刊》2004年第1期。

[39] 于中涛等:《大力发展循环经济,振兴辽宁老工业基地》,《农业经济》2005年第1期。

[40] 樊奇、王大超:《依托循环经济理念　振兴辽宁老工业基地》,《沈阳师范大学学报》2006年第3期。

[41] 秦书生等:《辽宁发展循环经济建立环境友好型社会的思考》,《科技创业月刊》2007年第1期。

[42] 杨慧民:《德国发展循环经济的经验及其对辽宁老工业基地的启示》,《科技管理研究》2007年第1期。

[43] 赵丽、邓峰:《建循环经济型城市　走可持续发展之路》,《辽宁城乡环境科技》2003年第2期。

[44] 项学敏:《产业生态链构建研究——以大连市旅顺口区为例》,《环境科学与技术》2006年第4期。

[45] 李晶等:《沈阳市循环经济建设工作的实践和思考》,《环境保护与循环经济》2008年第1期。

[46] 樊根耀等:《经济激励与循环经济的制度构建》,《特区经济》2005年第1期。

[47] 张小兰:《论实行循环经济的制度障碍》,《经济问题》2005年第2期。

[48] 钟丽景、白庆中:《可持续发展的"零排放"生态城市模式初探》,《环境污染治理技术与设备》2002年第5期。

[49] 高慧斌:《新闻视点·装备制造业成为辽宁第一大支柱产业》,《辽宁日报》2007年11月19日。

[50]《辽宁省加快老工业基地调整改造进程》,网址:http://www.c-cnc.com。

［51］《辽宁推动装备制造业实现跨越式发展》,《经济日报》2007 年 3 月 6 日。

［52］《辽宁装备制造业变壮了》,《辽宁日报》2006 年 9 月 27 日。

［53］高慧斌:《自主创新看辽宁、沈阳 IC 装备勇攀行业最高峰》,《辽宁日报》2007 年 11 月 8 日。

［54］常丽:《产业集群的一般规律与辽宁装备制造业发展对策》,网址:http://i. db86. com。

［55］高怀、赵宇平:《国内外企业竞争力理论研究现状分析》,《重庆工学院学报》2004 年第 8 期。

［56］师萍、刘小康:《企业竞争力评价的指标体系法》,《西北大学学报》2004 年 3 月。

［57］金碚:《企业竞争力测评的理论与方法》,《中国工业经济》2003 年第 3 期。

［58］贺爱忠:《竞争力的本源探讨》,《软科学》2006 年 4 月。

［59］赵蕙萱:《辽宁工业结构优化升级中的重点跨越》,《中共辽宁省委党校校报》2007 年 10 月。

［60］《滕卫平在全省文化局长会议上的讲话》,2008 年。

［61］祝兴平:《文化产业的软实力角色》,《中国教育报》2008 年。

［62］《加强文化建设助力盘锦经济转型》,《盘锦日报》2008 年 9 月 10 日。

［63］相卫刚:《文化大发展大繁荣在推动我国经济持续发展中的作用》,文化部党建在线网:http://dangjian. ccnt. com. cn/。

［64］《“二人转”转出大舞台　民营资本搅热辽宁文化产业》,《经济参考报》2007 年 3 月 9 日。

[65]《辽宁省国民经济和社会发展第十一个五年规划纲要》，网址：http://www. china. com. cn/aboutchina/zhuanti/09dfgl/2009—10/19/content_18728980. htm。

[66]陈政高:《关于辽宁高新技术产业园区发展的几个问题》,《科技管理》2000 年第 4 期。

[67]陈柳钦:《高新技术产业发展的人力资本支持研究》,《光明观察》2007 年 10 月 26 日。

[68]中央政府门户网站:www. gov. cn。

[69]王敏洁:《辽宁发展高新技术产业的比较优势和客观要求》,《东北财经大学学报》2003 年第 10 期。

[70]徐铭:《辽宁高新技术产业发展现状与前景》,《党政干部学刊调查报告》2003 年第 7 期。

[71]胡锦涛:《加快转变经济发展方式·中共中央政治局进行第五次集体学习》,《新华每日电讯》2008 年 4 月 30 日。

[72]洪涛:《国内外高新技术产业发展综览》,博客网址:http://blog. hjenglish. com/ehongtao/articles/5021. html。

[73]辽宁省科技厅:《辽宁省科技厅深入贯彻落实十七大精神:推动科技创新工作迈上新台阶》,部门户网站:www. most. gov. cn。

[74]韩红:《全省高技术产业发展现状及建议》,辽宁大政网:http://www. lnjd. com/Photo/ln/200709/15. html。

[75]《辽宁省"十一五"期间高新技术产业发展战略研究》,省政府发展研究中心网址:http://www. lngh. gov. cn。

[76]李丹等:《辽宁省高新技术产业发展现状及对策分析》,《科技管理研究》2007 年第 1 期。

[77]刘树成等:《中国地区经济发展研究》,中国统计出版社

1996 年版。

[78]《辽宁省科学技术发展"十一五"规划》,辽政办发[2006]号附件 8。

[79]李广全、杨晓慧:《发展东北地区高新技术产业的制约因素及对策》,《东北师大学报》2004 年第 5 期。

[80]张佳:《高新技术产业发展的制约因素与对策》,《财经界——学术探讨》2007 年第 3 期。

[81]《辽宁省"十一五"期间高新技术产业发展战略研究》,省政府发展研究中心网址:http://www.lngh.gov.cn。

[82]陈瑾玫等:《辽宁省高新技术产业竞争力研究》,科学技术厅科技统计中心。

[83]逯宇铎、侯铁珊:《辽宁省高新技术产业跨越发展的对策探讨》,《科学与科学技术管理》2001 年第 7 期。

[84]吴敬琏:《为高新技术产业创新构建一个良好的环境》,《新浪财经》2008 年。

[85]武晓鹏:《园区战略转型的三大方向》,《中国高新区——理论与探索》2007 年第 7 期。

[86]辜胜阻:《加强自主创新 实现我国高新技术开发区的二次业》,网页:www.chinainfo.gov.cn。

[87]谢作诗、杨克瑞:《大学生就业难问题的制度经济学分析》,北京教育出版社 2007 年版。

[88]陈柳钦:《借鉴国外经验 完善我国高新技术产业发展的税收支持政策》,《光明观察》2007 年 10 月 29 日。

[89]张金英、孙淑文:《浅析我国政府对加速高新技术产业发展的作用》,《经济师》2002 年第 4 期。

[90]胡斌:《高新技术企业绩效评价与激励机制》,《安徽电气

工程职业技术学院学报》2006年第6期。

[91]傅道朋:《人力资本与中国高新技术产业》,《成才》2001年第1期。

[92]王晓玲:《运用风险投资推进高新技术产业化》,《经济论坛》2007年第14期。

[93]何爱东:《风险投资与高新技术产业化互动机理及应用研究》,《企业技术开发》2006年第7期。

[94]王芳等:《风险投资与我国高新技术产业化》,《河北金融》2007年第7期。

[95]武巧珍:《网络经济条件下高新技术产业创新的战略性思考》,《生产力研究》2006年第12期。

[96]吉峰、周敏:《构建高新技术园区创新网络的意义及措施研究》,《工业技术经济》2006年第5期。

[97]王艳丽、刘传哲:《全要素生产率对中国经济增长的贡献:1952—2002》,《北京理工大学学报》2006年第5期。

[98]石慧、孟令杰:《中国省际间农业全要素生产率差距影响因素分析》,《南京农业大学学报》2007年第2期。

[99]张小蒂、李晓钟:《对我国长三角地区全要素生产率的估算与分析》,《管理世界》2005年第11期。

[100]张军、施少华:《中国经济全要素生产率变动:1952—1998》,《世界经济文汇》2003年第2期。

[101]张军、章元:《对中国资本存量K的再估计》,《经济研究》2003年第7期。

[102]周方:《科技进步与"增长函数"——兼评Slow教授的原理性错误》,《数量经济计量经济研究》1999年第10期。

[103]胡华江:《我国农业综合生产率地区差异分析》,《农业

技术经济》2002 年第 3 期。

［104］徐建军、汪浩瀚:《全要素生产率测定的数理分析和方法比较》,《宁波大学学报》2007 年。

［105］郭庆旺、贾俊雪:《中国全要素生产率的估算:1979—2004》,《经济研究》2005 年第 6 期。

［106］《阜新市建立适应干旱气候条件农业产业结构课题组研究报告》2007 年第 1 期。

［107］陈嵩:《职业教育支持东北老工业基地振兴的对策研究》,《职业技术教育》2005 年第 13 期。

［108］Solow,R. M. 1957,"Technical Change and the Aggregate Production",Review of Economics and Statistics.

［109］Bartel,A. P& Sicherman. N. 1995. "Technological Change and the Skill Acquisition of Young Workers",Columbia-Graduate School of Business.

［110］Jacob Mincer,1989. "Human Capital Responses to Technological Change in the Labor Market",National Bureau of Economic Research,Inc. Mincer Studies in Human Capital. 1993

［111］John A. James & Jonathan S. Skinner,1984. "The Resolution of the Labor Scarcity Paradox",National Bureau of Economic Research,Inc. NBER Working Papers 1504.

［112］Fallon. P R & Layard. P R G,1975. "Capital-Skill Complementarity,Income Distribution,and Output Accounting",Journal of Political Economy,University of Chicago Press,vol. 83(2).

［113］Claudia Goldin & Lawrence F. Katz,1998. "The Origins Of echnology-Skill Complementarity",The Quarterly Journal of Economics,MIT Press,vol. 113(3),pages 693－732,August.

[114] Griliches, Zvi, 1969. "Capital-Skill Complementarity", The Review of Economics and Statistics, MIT Press, vol. 51 (4), pages 465 - 68, November.

[115] Aimee Chin, Chinhui Juhn, Peter Thompson. (2006) Technical Change and the Demand for Skills during the Second Industrial Revolution: Evidence from the Merchant Marine, 1891—1912. Review of Economics and Statistics 88:3, 572 - 578.

[116] John Duffy, Chris Papageorgiou, Fidel Perez-Sebastian. 2004. Capital-Skill Complementarity. Evidence from a Panel of Countries. Review of Economics and Statistics 86:1, 327 - 344.

[117] David H. Autor, Frank Levy, Richard J. Murnane. (2003) The Skill Content of Recent Technological Change: An empirical exploration. Quarterly Journal of Economics 118:4, 1279 - 1333.

[118] Daron Acemoglu. 1998. Why Do New Technologies Complement Skills? Directed Technical Change and Wage Inequality. Quarterly Journal of Economics 113:4, 1055 - 1089.

后　记

在一个经济总量十分有限但人们扩张经济的欲求却异常强烈的历史时期,"增长"和"发展"这两个概念,既可作为一种动机又可作为一种行为,既可作为一种目的又可作为一种手段,同义通用。但当环境和资源并非如同假设那样不存在问题,且一个社会在短暂的周期内不断翻番递增其经济总量时,"增长"和"发展"便有着不同的内涵:针对比照系统的水平、范围,"增长"追求的是规模的扩张,总量在短期内的不断增大,它更注重总量的增幅以及如何缩短实现这一增幅所耗费的时间;"发展"强调的则是质量的提升以及这种提升的可持续能力,它更加关注总量增大中所投入的成本和所付出的代价。在科学发展观的统领下,如何实现辽宁经济发展方式的转变,既是目前学术界正在探讨的理论问题,又是辽宁经济发展中亟待回答的现实问题。

根据辽宁省中青年哲学社会科学人才第四期培训班的工作部署,沈阳师范大学王大超教授于 2007 年 12 月申报了面向"工程"专家招标的辽宁省社会科学规划基金委托重点项目"辽宁转变经济发展方式研究",2008 年 4 月获得批准,批准号为:L07WTA009。课题组以来自于沈阳师范大学、沈阳航空工业学院、沈阳工程学院、沈阳工业大学等部分"工程"人员为核心,同时吸纳了沈阳师范大学、辽宁大学部分学历层次较高、科研能力较强的教师参与,使课题组成员的专业领域、学缘结构、年龄结构、学历结构趋于合理和优化。

主持人王大超教授对课题进行了总体的论证和设计,根据辽宁省情,围绕着辽宁产业结构的历史、现状及调整方向,辽宁资源枯竭型城市生态环境建设及都市圈建设,辽宁装备制造业机制创新,辽宁能源、原材料、冶金、石化工业发展模式,辽宁大中型企业改制及竞争力,辽宁农产品深加工及农产品贸易,辽宁文化产业及高新技术产业的发展模式,辽宁人力资源强国战略等问题,从不同视角,探寻促进辽宁经济发展方式转变的有效途径。本课题共设计出十个子课题,以书稿的形式编排为十章,其中,杨童舒、郭洪渊负责第一章;孙强负责第二章;刘春芝负责第三章;李威、王大超负责第四章;王志文、王大超负责第五章;陈慧颖负责第六章;赵冰梅、晏鄂龙负责第七章;赵慧娥、董运来负责第八章;李世雁负责第九章;袁晖光负责第十章。总课题由王大超、赵慧娥统稿,研究报告由王大超、杨童舒完成。

课题研究伊始,课题组成员在研究框架的基础上,分别对总课题和各个子课题进行开展。此后,多次以会议讨论的形式,从各自专业和子课题的角度,对国内外相关理论进行反复、系统的比较、分析,结合辽宁的经济结构,不断调整细化研究方案。课题进行过程中,课题组成员还结合实际,有选择地进行调研取证工作。在几个月的时间中,分别走访了沈阳沈北新区管委会、朝阳北票市政府、辽宁五十二家企业联合体、抚顺大伙房水泥有限公司、沈阳机床(集团)有限责任公司、沈阳鼓风机(集团)有限责任公司、阜新市农委等政府部门和企业,获取了大量的第一手资料,使理论研究与实证分析得以结合,使相关的对策建议更加具有针对性。其间,课题组成员研究过程中的部分阶段性成果陆续发表在《中国市场》、《农业技术经济》、《经济研究导刊》、《辽宁日报》、《沈阳工业大学学报》、《沈阳师范大学学报》、《中国集体经济》、《消费导刊》等刊物上。目前,课题的研究成果已经形成 30 余万字的书稿。

　　该课题从论证、立项到研究、统稿,得到了辽宁省委宣传部、省社科规划办、沈阳师范大学科研处各位领导、同仁的大力支持,得到了多家企事业单位的关心帮助,课题在形成书稿过程中,沈阳师范大学国际商学院 07、08 级部分研究生同学参与了编撰工作,于治贤老师也提出了宝贵的意见。在此,课题组一并表示诚挚的谢意!

　　本课题形成书稿时,虽经多次讨论和修改,但由于时间仓促,加之我们水平有限,难免出现疏漏和不足,期待着读者提出宝贵意见和建议。

王大超于 2009 年 11 月末